I0620111

BIOGRAFÍA DEL GENERAL FRANCISCO MORAZÁN

EDUARDO MARTÍNEZ LÓPEZ

ERANDIQUE

COLECCIÓN

BIOGRAFÍA DEL GENERAL FRANCISCO MORAZÁN
Eduardo Martínez López

©Editorial Erandique 2024
Supervisión Editorial: Óscar Flores López
Diseño de portada: Andrea Rodríguez-Lilyana Gálvez
Administración: Tesla Rodas y Jéssica Cordero
Director Ejecutivo: José Azcona Bocock

Segunda edición
Tegucigalpa, Honduras-febrero de 2024

PRÓLOGO

Por RÓMULO ERNESTO DURÓN

La figura más gloriosa de la historia moderna de Centroamérica es la de Francisco Morazán.

Aquel hombre que en sus primeros años no recibió más instrucción que la muy incompleta que entonces permitía el medio social que se impartiera, estaba llamado a ser uno de los que forman la escogida legión humana como guías de los pueblos.

Poco importaba que no hubiese en aquella época centros de enseñanza que le facilitaran de pronto el desarrollo de su inteligencia: el afán de saber y esa fuerza misteriosa que impele a los hombres destinados a la altura, le había de hacer aprovechar en la vida activa la sabiduría y la experiencia de otros y perfeccionar su educación. Lo demás había de hacerlo su genio, y su genio no tardó en revelarse.

La vida política de Centroamérica empezó bajo muy malos auspicios. Luchas empeñadas, primero por la anexión al imperio mexicano, y después por la forma de gobierno, produjeron hondas divisiones entre los directos de la política, y esto dejó el germen de grandes discordias y de males sin cuento, cuyo fin no hemos visto, y acaso no veamos muy pronto.

Dictada en 1824 la defectuosa e inconveniente Constitución Federal, solo podía salvar a Centroamérica la presencia en el poder de un hombre que, por su carácter, firmeza e ilustración, hubiera sabido y podido dirigirlo todo de manera que, inaccesible a las pasiones de partido, se hubiesen, a tiempo, hecho las enmiendas precisas, y adoptado las medidas necesarias para vigorizar el organismo político y dar estabilidad al edificio construido.

Pero en vez de llegar al poder un hombre de estas condiciones, un José del Valle, que era quien las reunía y quien, por otra parte, había sido electo popularmente, subió, por un fraude escandaloso que no perdonará la historia, Manuel José Arce, guerrero que había alcanzado laureles en la pacificación de Nicaragua, pero que no era capaz, como su competidor, para hacer estables las instituciones y afirmar sobre seguras bases la vida y la paz de la República.

Pronto entró Arce en el camino de la arbitrariedad, y ejércitos federales invadieron El Salvador y Honduras, habiendo ya conmovido a Guatemala la disolución del Congreso Nacional, la prisión del jefe de Estado don Juan Barrundia y el horrible asesinato del vicejefe don Cirilo Flores.

Las fuerzas federales en Honduras traían por misión deponer al jefe de Estado don Dionisio de Herrera. Esta misión había de poner en escena a Francisco Morazán.

Morazán peleó en defensa de Comayagua, a la que había puesto sitio el coronel Justo Milla, y fue tan brava la resistencia de los sitiados, que el invasor apeló al recurso de incendiar la ciudad. Morazán logró una salida para procurar auxilios, y se batió en La Maradiaga, pero este esfuerzo resultó inútil. El sitio concluyó a los 37 días con la entrega de la plaza, efectuada por un traidor, y el jefe Herrera fue preso y conducido a Guatemala.

Pero Morazán no había de ver impasible las desventuras de la patria. No tardó en organizar una división de hondureños y nicaragüenses en Choluteca, y con ella obtuvo sobre Milla en La Trinidad la más esplendida victoria.

Desde este momento ha cambiado la suerte de Centroamérica: hay ya un guerrero ungido por la gloria, que volverá por los fueros de la Nación, ultrajados. A la victoria de La Trinidad sucede la de Gualcho, que contribuyó a que los sitiadores de San Salvador quedaran en poder de los sitiados; a la de Gualcho, la de San Antonio, en que Morazán se portó con generosidad que Aycinena no supo corresponder; y a esta siguen la de San Miguelito y la de Las Charcas, y finalmente, la ocupación de Guatemala, a los tres días de asedio, bajo las condiciones que el vencedor impusiera.

Morazán se rodea de hombres como Barrundia y Valle, y el fruto de sus victorias es el restablecimiento de las autoridades disueltas por Arce, la pacificación de Nicaragua que había vuelto a caer en la anarquía, la disolución y expulsión de las comunidades religiosas que habían hecho a la libertad mucho daño, y la perspectiva de las más lisonjeras esperanzas mediante los planes de progreso que se pusieron por obra.

A ser Morazán un ambicioso vulgar, habría tratado en Guatemala de asaltar el poder, prevalido de sus triunfos; pero restablecido el orden y restituido todo a la esfera constitucional, volvió a Honduras.

A su llegada en diciembre tomó posesión del cargo de jefe del Estado, para el que había sido electo en marzo; pero se alteró de nuevo la paz, y volvió a ponerse al frente del ejército, dejando en la jefatura al consejero Arias. Voló a Olancho donde las facciones se presentaban amenazadores, y pronto los hizo capitular en Las Vueltas del Ocote. Otra facción aparece en el acto en Opoteca, al mando del presbítero Antonio Rivas. Morazán se presenta allí, y otra vez le sonríe la victoria. "Su aureola entonces en la pequeñez de nuestro suelo, como dice el doctor. Montúfar, era la que rodeaba en grande escala a Bonaparte al volver de Egipto".

Afirmada la paz, volvió a sus funciones de jefe de Estado; pero su nombre y su fama no consentirían en dejarlo allí. Todos los centroamericanos tenían en él fija la mirada, y con sus votos espontáneos lo llevaron luego a la Presidencia de la República.

En ese alto puesto dio pruebas de sus altas miras políticas y de su acción eficaz para promover el progreso.

Amenazado el país por una gran revolución conservadora, supo conquistar nuevos lauros para sus sienes. Las victorias alcanzadas casi simultáneamente, sobre Arce, que invadió por Soconusco; en Omoa sobre Ramón Guzmán, que izó en el castillo bandera española; en Tercales, La Ofrecedera, Trujillo y Jaitique sobre Domínguez; y en Jocoro y San Salvador sobre Cornejo, que había declarado que El Salvador se sustraía del Pacto Federal, acciones las dos últimas libradas en persona por Morazán, demostraron la previsión, actividad y tino del gran guerrero y la firmeza con que defendía las instituciones restauradas en abril de 1829.

Las elecciones para presidente ene l nuevo periodo le presentaron ocasión de dar otra vez pruebas de su republicanismo y de su acendrado amor a las instituciones. No se creyó *hombre necesario*, y, como lo había hecho con las demás libertades, garantizó la del sufragio: el resultado fue la elección de don José del Valle. Pero este, que se hallaba postrado por larga y grave enfermedad, falleció en los momentos en que se iban a abrir los pliegos que contenían su elección. Una nueva elección popular confió otra vez la presidencia a Morazán.

Los enemigos de la causa federal no descansaban, y nuevas perturbaciones iban a presentarse. Entonces se erigió en distrito federal el departamento de San Salvador, y allá tomó posesión de la Presidencia por segunda vez el general Morazán.

Las pasiones siguieron exacerbándose, y con ocasión de funestas divisiones Surgidas entre Gálvez, jefe del Estado de Guatemala, y Barrundia, jefe de la oposición, tomó cuerpo la facción que acaudillaba el indio Rafael Carrera. Los conservadores, en presencia de los sucesos y deseosos de llegar al poder a cualquier costa, le ofrecieron su apoyo a Morazán, al llegar este a Guatemala, con tal que asumiera la dictadura; pero Morazán rechazó indignado la proposición, y regresó a El Salvador. Los conservadores entonces apoyaron a Carrera, quien al fin entró victorioso a Guatemala, inaugurándose desde ese momento una era en que desaparecieron las libertades y había de consumarse la desmembración de la República.

Morazán terminó su segundo periodo de Gobierno. Nadie había de sucederle, porque Centroamérica no practicó elecciones. Entonces fue electo jefe del Estado de El Salvador. En esta época había de cubrirse de gloria nuevamente.

El general Francisco Ferrera invadió a El Salvador al frente de los ejércitos aliados de Honduras y Nicaragua. Morazán le sale al encuentro, y con una fuerza que era dos veces menor en número, lo derrota en la memorable batalla de El Espíritu Santo.

Poco después, una facción sorprendió el cuartel de la capital y exigió a Morazán la entrega del poder bajo la amenaza de que, si no accedía, su familia, que estaba prisionera, sería pasada a cuchillo. La respuesta pone de manifiesto el temple de su alma y recuerda la de Guzmán el Bueno en lo alto de Tarifa. Sus heroicas y generosas palabras fueron: "Los rehenes que mis enemigos tienen, son para mí sagrados y hablan muy alto a mi corazón, pero soy el jefe del Estado y debo atacar, pasando sobre los cadáveres de mis hijos; mas no sobreviviré un momento a tan horrible desgracia". Morazán atacó y recobró la ciudad; su familia quedó en salvo.

A esta victoria siguió la de San Pedro Perulapán, que obtuvo sobre Ferrera, que había envuelto a invadir con los ejércitos aliados de Honduras y Nicaragua.

Como el foco separatista que agitaba a aquellos Estados se hallaba en Guatemala, Morazán se propuso cortar el mal de raíz. Al efecto, sitió y tomó a Guatemala con 800 hombres. Habiendo sido contra sitiado por más de 2,000, y no teniendo refuerzos que esperar, rompió la línea y volvió a El Salvador. Sus últimas victorias resultaron así infructuosas: la causa federal estaba ya perdida.

Morazán no quiso que por continuar en el Gobierno de El Salvador siguiera la guerra, y se expatrió voluntariamente.

En el destierro escribió parte de sus *Memorias*. No pudo concluirlas porque en 1842 el pueblo oprimido de Costa Rica le llamaba para que viniese a romper sus hierros y libertarlo.

Preparó su expedición, y después de tocar en El Salvador, partió de la isla de Martín Pérez, en el Golfo de Fonseca, con 500 hombres en cinco buques, y se dirigió al puerto de Caldera, en donde desembarcó sin obstáculo. Carrillo, jefe de Costa Rica, envió a su encuentro un gran ejército al mando del general Villaseñor. Morazán hizo capitular a este jefe, y de este modo quedó dueño del poder en aquel Estado, sin derramar una gota de sangre.

La Administración de Morazán fue reparadora y progresista. Este contaba con el amor del pueblo, y todo habría marchado bien si se hubiese limitado a gobernar aquel pequeño país. Pero se proponía restablecer la República de Centroamérica, y los aprestos que al efecto hacía, unidos a un desgraciado incidente particular, hicieron estallar una revolución formidable, cuyo resultado final fue, debido al traidor que le entregara, la muerte del gran caudillo y de Villaseñor en el patíbulo, el 15 de septiembre, aniversario de la Independencia. "En los momentos en que el sol se hundía en el ocaso, desapareció la luz que desde el Cerro de La Trinidad iluminaba a los libres".

Esta gran vida en que brillan con intensidad y fuerza los resplandores del genio y de la gloria, y en que se oyen las palpitaciones de un gran corazón, es la que narra en este libro con prolijidad de detalles y con amable sencillez mi amigo, el doctor don Eduardo Martínez López.

El autor ha sentido, al contemplar ese gran personaje histórico de la América Central, el entusiasmo que naturalmente inspiran los varones excelsos cuya fama pregonan nobles y heroicas acciones. Pero no se limitó a admirarlo.

Encontró incompletas las narraciones que conocía de sus hazañas, y para que estas se puedan valorar mejor, emprendió con ahínco la tarea de escribir la biografía del eminente centroamericano, recogiendo datos de las personas que le conocieron y trataron de cerca, y explorando los archivos de San Salvador, en donde encontró gran cantidad de documentos originales, hoy desconocidos, algunos de ellos escritos de puño y letra del mismo general Morazán, y que servirían para rectificar muchos errores históricos.

Esta biografía viene siendo, pues, como la narración de un testigo ocular. La colección de documentos unidos por el relato da a conocer los hechos sencillamente, con la importancia que se les dio al concurrir, y no con el lente de aumento que un panegirista emplearía; y tal sistema hace que se pueda apreciar mejor al hombre y al héroe.

La grandeza surge así de las cosas. La verdad no queda cubierta como pudiera quedar con la sola narración por la envoltura del estilo y el criterio del escritor. Hacer esto es colocarse en el camino de escribir la verdadera historia.

El autor de este libro, por otra parte, no olvidó que Morazán, al despedirse de Villaseñor en el patíbulo, le dijo estas palabras: "*Querido amigo, ¡la posteridad nos hará justicia!*". Y por ello ha recogido todas las manifestaciones que se han hecho en honor del héroe y mártir, que demuestran que aquellas palabras fueron proféticas.

La figura de Morazán no cuenta hoy en Centroamérica más que con reducido número de anatematizadores; son unos pocos que piensan en Guatemala que será posible volver al régimen de tinieblas que la revolución liberal de 1871 echó por tierra; son unos pocos que por clase, localismo y tradiciones, y olvidándose de que, desde la frontera Sureste de Costa Rica hasta la frontera Noroeste de Guatemala, todos somos centroamericanos, no pueden aún tolerar la idea de que un humilde hijo de Tegucigalpa haya interrumpido con su genio y sus victorias el curso que a la política centroamericana se le dio, empezando con Arce en 1826 y concluyendo con Aycinena en 1829, para no volver sino hasta diez años después con el triunfo de Carrera.

Esos pocos fueron los que por la prensa sostuvieron gran campaña contra la celebración del centenario de Morazán por parte del Gobierno que presidía el general José María Reina Barrios, y amenazaron con derribar algún día el monumento que por decreto del mismo se le mandó erigir; y esos pocos han demostrado con su actitud, que, si aún hay pasiones contra el grande hombre, el campo en que se agitan es ya muy estrecho y concluirán por desaparecer.

Este libro del doctor Martínez López contribuirá a ello, indudablemente, porque hará, con los documentos que contiene, que Morazán sea mejor conocido y su conducta mejor juzgada.

AL QUE LEA ESTA OBRA

———

Después de algunos años de constante y asiduo trabajo en el Archivo Federal de San Salvador, logré hacer un acopio de documentos relativos a los principales acontecimientos políticos que se relacionan con la vida pública del general Morazán.

Con esta obra deseaba contribuir a la celebración del Centenario (1892) de aquel gran patricio; pero no me fue posible hacerlo, aunque el Gobierno de El Salvador acordó su impresión, por los acontecimientos políticos que en aquel entonces se verificaron, los cuales obligaron al autor a abandonar aquel país hospitalario. Últimamente, el Gobierno de Honduras acordó su impresión, y a él se debe esta costosa edición.

La única importancia que este trabajo encierra es la fuerte documentación que contiene la mayor parte inédita y hasta desconocida para la mayor parte de los historiadores y cronistas centroamericanos.

El autor no tiene pretensiones de haber hecho ningún servicio al país; pues, además de haberse ocupado solo de enlazar los documentos, a efecto de que hubiera congruencia conforme a las épocas en que se sucedieron los hechos, el autor empezaba a concurrir a las aulas universitarias, no teniendo los conocimientos necesarios para hacer un estudio filosófico acerca de la vida del Héroe.

Pero, con vista de ellos, ya tendrán los escritores una fuente verdadera que les sirva de base en sus estudios históricos.

Es de esperarse que el público será indulgente, recibiendo con benevolencia este trabajo que hoy presenta humildemente.

EL AUTOR

Tegucigalpa: agosto de 1899

13

DEDICATORIA

———

A la memoria de mi distinguido amigo

Dr. Lorenzo Montúfar

Gran luchador y sostenedor de las libertades públicas en Centroamérica e infatigable defensor de la memoria de Morazán.

EL AUTOR

LIBRO PRIMERO

COMPRENDE DESDE EL NACIMIENTO DE MORAZÁN HASTA LA TOMA DE GUATEMALA POR EL MISMO, EN 1829

TEGUCIGALPA. Lugar donde nació MORAZÁN

CAPÍTULO I
Nacimiento de Morazán

SUMARIO: Consideraciones generales. – Francisco Morazán. – Fecha y lugar de su nacimiento.

Hacia los últimos años del siglo pasado, cuando todos los pueblos de la América Latina estaban gimiendo bajo el yugo de la esclavitud; cuando el cielo del mundo americano cubría, en lugar de ciudadanos, a hombres reducidos a la degradante condición de ilotas; cuando el egoísmo metropolitano más se esforzaba en poner diques para que la instrucción fuera desconocida en las regiones del Nuevo Mundo; cuando las densas nieblas de la ignorancia y del despotismo se espesaban más, un rayo de luz rompió aquellas nieblas e iluminó los florecientes campos de la América Central, formando su foco en la heroica ciudad de Tegucigalpa, que se levanta majestuosa al pie de altas y pintorescas montañas; teniendo al Sur, a muy pequeña distancia, el hermoso Cerro de Hule, que le envía sus suaves y frescas brisas, y el caudaloso Guacerique, que pasa por sus orillas, acariciándola con sus mansas y cristalinas aguas, y las pequeñas colinas que la rodean, como si quisieran adormecerla, mientras germinaba el árbol de la libertad que dio existencia política a nuestros antepasados.

Por este tiempo en que la Francia había roto sus cadenas, derrumbado Bastillas, establecido guillotinas, formado comités de salud pública, y apelaba al terror para enfrentarse a los sicarios de las libertades públicas; por este tiempo, en que se verificaban los sucesos más grandiosos que ha podido contemplar la humanidad; por este tiempo, en que los descendientes de los antiguos galos se sobreponían a la nobleza a pesar de sus polvosos pergaminos, y al clero, no obstante sus tradicionales fanatismo y superstición, armas poderosas de que se han valido en todos los tiempos para alcanzar los fines que se han propuesto; por este tiempo, en que todos los tiranos de la Europa se unían para humillar al pueblo francés, arrojar al fuego los libros que contenían sus santas doctrinas enviar a la

Inquisición a sus propagandistas, cortar de raíz el árbol de la libertad y sembrar sobre sus raíces la tiranía; por este tiempo, en que los apóstoles de las nuevas ideas pagaban con su sangre los sacrificios que hacían; el espíritu puro y ardiente de uno de tantos mártires, alzó vuelo y vino a tomar forma, es decir, a tomar cuerpo, bajo la denominación de hombre, escogiendo para ello el lugar [1] más seductor y que más atractivos tiene en el territorio de Centroamérica; de la tierra donde siempre hay corazones resueltos a sacrificarse en defensa de la Patria, y en donde encuentra siempre calor la democracia.

El 3 de octubre de 1792 vino al mundo el que más tarde sería el terror de los serviles y el mártir de la Unión centroamericana; el gran gladiador y defensor de la libertad; el apóstol más grande y más abnegado de la Unión; el que con un puñado de hombres deshizo por doquiera las huestes de desgraciados mercenarios que, pagados del pasado, ayudaban a los retrógrados a defender sus añejas creencias; "el que despreció la dictadura por establecer el Gobierno de la Democracia": ¡FRANCISCO MORAZÁN!

Sí, vino Morazán, el hombre creador de las grandes concepciones; el genio predilecto de la gloria; el héroe de la fama que, con un corto número de admiradores, unió los cinco pedazos, restos que aún quedaban de nuestra antigua patria; y sobre aquellas ruinas fundó la República, grande e imponente, y a la que la mayor parte de los pueblos cultos admiró con asombro, apresurándose a ofrecerle su amistad.

CAPÍTULO II
Primeros años de Morazán

SUMARIO: Francisco Morazán. – Sus padres. – Dónde hizo sus primeros estudios. – Apertura de una clase de Latín. – Personas con quienes se relacionaba. – Materias que más estudiaba. – Su traslación a Morocelí.

---

[1] Tegucigalpa, lugar donde nació Morazán

– Lo que allí hizo durante su permanencia. – Su regreso. – Dónde adquirió los primeros conocimientos sobre Derecho.

Francisco Morazán era hijo legítimo de don Eusebio Morazán y de doña Guadalupe Quesada. [1] Su abuelo era natural de Córcega, Italia, y cuando emigró a una de las Grandes Antillas, traía a su hijo (don Eusebio) muy pequeño. Allí permanecieron mucho tiempo entregados a la agricultura, hasta que este último resolvió trasladarse a Honduras, fijando su residencia en Tegucigalpa, donde contrajo matrimonio con la señora Quesada. Don Eusebio Morazán, hombre activo y laborioso, trabajaba con ahínco, ejerciendo el comercio; y debido a esto, pronto adquirió una regular fortuna.

Algunas personas aseguran que Morazán nació en San Salvador, y otras en Comayagua, y últimamente creen otras que vino muy joven a Honduras. Para esclarecer la verdad histórica, publicamos la siguiente certificación de bautismo: "Yanuario Jirón, Cura y Vicario de este Beneficio, certifica: Que en uno de los libros de bautismos de esta Parroquia, que comienza el año de 1792 y concluye en 1802, al folio 73 vuelto, número 365, se encuentra la partida siguiente: ´En la Iglesia Parroquial del señor San Miguel de Tegucigalpa, a 16 de octubre de 1792, yo, don Juan Francisco Márquez, Cura y Vicario, juez eclesiástico de este Beneficio, solemnemente bauticé a un niño que nació a tres de dicho mes, a quien puse por nombre José Francisco, hijo legítimo y de legítimo matrimonio, de don Eusebio Morazán y doña Guadalupe Quesada, de esta feligresía. Fue su madrina, que lo tuvo y sacó de pila, doña Gertrudis Ramírez, viuda, de este vecindario, a quien advertí su obligación y parentesco espiritual, y lo firmé. – Juan Francisco Márquez. – Hay una rúbrica. – Al margen, José Francisco Morazán. – Yanuario Jirón. – Tegucigalpa, abril 16 de 1880". Pierre Larousse dice en su *Gran Dictionaire Universel du XIX siecle*, que Morazán nació en San Salvador el año de 1796.

_____

[1] El abuelo de Morazán era apellido Morazani.

Francisco Morazán tenía tres hermanos más, de los cuales era él el mayor. Desde sus primeros años dio a conocer el gran talento con que Dios le había dotado; y en aquella criatura, en aquella diminuta naturaleza, se reflejaba algo de grande, algo de extraordinario; aquella vivacidad e inteligencia tan despejada, daban a comprender que con el tiempo sería un genio, porque es difícil encontrar esas cualidades a tan temprana edad.

Al Gobierno español, celoso de que en América no se divulgara la enseñanza, jamás le pasó por la mente fundar ni un establecimiento de enseñanza secundaria, donde hubiera podido educarse la juventud. Como ni una escuela primaria había, Morazán hizo sus primeros estudios en privado, donde aprendió a escribir con mucha elegancia [1] y algunas nociones elementales de Aritmética.

Fray José Antonio Murga daba una clase de Gramática Latina en el convento de San Francisco de Tegucigalpa, establecida a esfuerzos de fray Santiago Gabrielín, a cuya clase asistía Morazán. Esta clase apenas llevaba un año de vida, cuando fue cerrada de orden de fray José Antonio López, que sucedió en el puesto a Gabrielín. Muchos esfuerzos se hicieron, principalmente por los padres de familia, para que la continuara desempeñando el señor Murga, siendo todos estos trabajos estériles, porque este regresó a Guatemala.

Morazán, no obstante los tropiezos con que se encontraba a cada paso, debido al egoísmo español, trataba de relacionarse con las personas más inteligentes que llegaban a aquel lugar (Tegucigalpa), y era tanta su afición por instruirse, que, aun sintiendo repugnancia por todos los hombres que entonces figuraban, tuvo necesidad de tratar a aquellos que creía más entendidos o suponía que poseían conocimientos superiores a los que él tenía ya.

Morazán se dedicaba particularmente a estudiar Matemáticas y al dibujo, y estos dos ramos, puede decirse, que absorbían todo su tiempo, pues tenía por ellos demasiada predilección. [2]

---

[1] El autor posee muchos manuscritos de Morazán.
[2] Antonio R. Vallejo. – Historia Social y Política de Honduras.

A la edad de diez y seis años (en 1808) fue a establecerse al pueblo de Morocelí, a cuyo lugar había trasladado su padre los negocios. La vida que llevaba en aquella su nueva residencia era bastante monótona, y pronto comprendió que las únicas personas con quienes podía relacionarse eran el alcalde y secretario municipal. Morazán era de carácter alegre, agradable y cortés, y tan simpático, que no había persona que al tratarlo no se sintiera atraído hacia él. Con tan bellas cualidades, no es de extrañarse que pronto tuviera amistad con las personas que nos hemos referido, y les ofreció ayudarles a trabajar en su oficina las horas que tuviera desocupadas.

A los pocos meses de estar Morazán en aquel despacho había llegado a tener tanta influencia sobre la Municipalidad, que esta no podía resolver un asunto sin haber oído antes el voto del *señorito*, como le decían.

Morazán, por naturaleza activo y laborioso, no podía ver pasar con indiferencia el tiempo, y en los ratos desocupados que tenía en la oficina, registró el archivo del Juzgado, y no hubo escrito de que no se enterara. [1]

Pero aquella inteligencia joven y sedienta de saber, no podría permanecer muchos años en aquel pueblo; el horizonte que allí se le presentaba era muy reducido. En este concepto, y de acuerdo con sus padres, regresó a Tegucigalpa, colocándose en la escribanía de don León Vásquez, con quien adquirió algunos conocimientos sobre Derecho.

CAPÍTULO III
Morazán trabaja por la Independencia

SUMARIO: Lugar en que se encontraba Morazán cuando la independencia. – Morazán partidario de las nuevas ideas. – El brigadier Gainza. – José Cecilio del Valle. – Morazán en unión de otros patriotas ayuda a proclamar y sostener la independencia. –

---

[1] Relación hecha al autor por doña Manuela Morazán.

Desavenencia entre Comayagua y Tegucigalpa. – Estas dos provincias se preparan a la guerra. – Morazán es nombrado oficial de la primera compañía. – Morazán deja este puesto para pasar a ser ayudante del primer batallón. – Morazán sale en comisión. – Su prisión en Comayagua. – Su regreso. – El general Filosofía.

Morazán se encontraba todavía empleado en casa del escribano don León Vásquez, cuando vino la gloriosa emancipación de los pueblos del centro.

Morazán, admirador y partidario de las nuevas ideas, abandonó el puesto que hasta entonces había desempeñado, y se unió a los patriotas que con más ardor defendían la independencia.

El brigadier Gainza, que desde el 7 de marzo de 1821 había entrado a hacerse cargo del Gobierno General de todas estas provincias, se encontraba ejerciéndolo aún, cuando estas se proclamaron libres; y, queriendo evitar la responsabilidad que el Gabinete de Madrid pudiera hacerle en un caso dado, publicó un manifiesto, que bien pronto hubo de recoger. También se vio en la necesidad de convocar una junta para tratar del asunto más importante para los centroamericanos, cuál era el de su emancipación política.

El sabio hondureño José Cecilio del Valle redactó el acta de independencia, que fue comunicada a todas las provincias para que estas procedieran a la elección de diputados para el Congreso que, de conformidad con la misma acta, debería reunirse el 1° de marzo del año siguiente. Gainza quedó encargado del gobierno político y militar de las expresadas provincias.

El 28 de septiembre llegó a Tegucigalpa la noticia de haberse proclamado la independencia en la capital del Reino, y ese mismo día se adhirieron a lo acordado en Guatemala.

Francisco Morazán, en unión de Dionisio y Justo Herrera, León Rosa, José Antonio Márquez y otros muchos individuos importantes, fueron los que más se esforzaron en proclamar y sostener la independencia.

Por desgracia, la provincia de Comayagua se independizó de muy diferente manera a como lo había hecho Tegucigalpa, pues aquella se incorporaba a México. Aquí comenzaron las desavenencias entre estas dos provincias, porque la de Comayagua quería someter a su obediencia a la de Tegucigalpa, mientras esta le prometía obedecerle en todo aquello que no se opusiera a las leyes o a lo pactado el 28 de septiembre.

José Tinoco y Contreras, viendo frustradas sus esperanzas, organizó sus milicias con el objeto de someter por la fuerza a la expresada provincia de Tegucigalpa; pero esta, aunque escasa de recursos para poder entrar en una contienda militar, no se arredró ante el peligro.

El pueblo se presentó en masa a pedir las armas, siendo tan crecido el número de patriotas que hubo necesidad de organizarlos por compañías, habiendo nombrado ellas mismas sus oficiales. La 1ª compañía hizo su nombramiento en Francisco Morazán, quien ya era conocido por su carácter arrojado y valeroso.

Los independientes de Tegucigalpa contaban ya con una fuerza de 1,500 hombres dispuestos a batirse. Morazán tuvo que dejar con sentimiento su compañía por haber recibido orden de pasar con carácter de teniente a ser ayudante del primero batallón.

Con motivo de estas desavenencias, Valle participó al Ayuntamiento en Tegucigalpa que pronto se les mandaría dinero y unos tantos barriles de azogue. Este convoy se encontraba ya en los Llanos de Santa Rosa, y temiéndose que los imperialistas de Comayagua quisieran apoderarse de él, comisionaron al efecto a Francisco Morazán para que, pretextando negocios de comercio, pasase al lugar donde estaba el expresado convoy, y con todas las precauciones del caso, lo arreglara y enviara por el lado de San Miguel.

Sin pérdida de tiempo se puso en marcha Morazán con su sirviente a cumplir su cometido. En el valle de Comayagua estaba una escolta que lo redujo a prisión; y conducido a Comayagua, permaneció en la cárcel por espacio de dos días, durante cuyo tiempo fue objeto de horribles amenazas, que hasta llegaron aponerlo en capilla; pero Morazán presentaba tal serenidad y un disimulo tan grande en aquellas críticas circunstancias, que fue imposible averiguar nada; y convencidos de su inocencia lo pusieron en libertad, mandándole extender su pasaporte. Al regreso se volvió por el mismo camino, trayendo doce soldados, sin duda para desquitarse del ultraje que le habían inferido de ida. [1]

Por este tiempo, y debido a los muchos trabajos que hubo, todas las provincias quedaron anexadas a México, con excepción de la de San Salvador, que, aunque vino el coronel Arzú, no pudo someterla.

El general Filísola, que estaba en Guatemala con fuerzas mexicanas con el objeto de proteger los pronunciamientos a favor de Iturbide, se vino para la provincia de San Salvador, y llegó el 11 de diciembre de 1822 a la hacienda de Mapilapa, desde donde intimaba a los que estaban en la capital para que entregasen las armas; pero esta humillación no quisieron soportarla, y se decidieron a defender la ciudad, hasta que al fin tuvieron que desocuparla y retirarse con dirección a Zacatecoluca. Así fue como Filísola ocupó esta plaza.

CAPÍTULO IV
Principio de la vida pública de Morazán

SUMARIO: Verdadera independencia de Centroamérica. – Disposición de la Asamblea Nacional Constituyente. – Elección de don Dionisio Herrera. – Morazán es nombrado secretario general. – Morazán sale en comisión para Tegucigalpa. – Herrera levanta fuerzas. – Fondos que se toman para sostenerlas. – Nota explicativa de Morazán.

La abdicación de Iturbide, en México, desligó a estas provincias de aquella anexión criminal de que fueron víctimas, y el 1° de julio de 1823, se declararon independientes de España, México y cualquiera otra nación. Desde esta fecha data la verdadera

---

[1] Antonio R. Vallejo. – Historia Social y Política de Honduras.

independencia de Centroamérica, pues la de 1821 fue momentánea e ilusoria.

La Asamblea Nacional Constituyente dispuso, entre otras cosas, que todos los Estados reunieran sus Congresos, y que sus pueblos procedieran inmediatamente a nombrar sus respectivos jefes.

En este concepto, salió electo para jefe del Estado de Honduras, el ciudadano Dionisio de Herrera, que tomó posesión de la jefatura el 16 de septiembre de 1824. Herrera era uno de los hombres más ilustrados de su tiempo.

Comprendiendo Herrera las altas dotes de Morazán y su carácter activo y laborioso, dispuso nombrarlo Secretario General, en 25 del mismo mes de septiembre.

A pesar de ser tan legítima la elección de Herrera, no dejó de tener enemigos que desprestigiaron su Administración. Varias personas de Comayagua tramaban una sublevación en Tegucigalpa, que sería encabezada por el Comandante y Alcalde de este último lugar, y que se conjuró por la oportunidad con que Herrera nombró a Morazán secretario general, para que pasase a calmar los ánimos, enviando una fuerza que hiciese guardar el orden. Morazán lo arregló con tal velocidad, que en el acto estaba ya de regreso.

Con motivo de permanecer en desacuerdo el jefe Cerda y el vicejefe Argüello, en Nicaragua, Herrera tuvo que levantar fuerzas para situarlas en diferentes puntos del Estado; y no teniendo el dinero necesario para sostenerlas, se vio en la necesidad de tomar algunos fondos de las rentas federales en calidad de reintegro, de acuerdo con el Congreso.

Esto no dejó de disgustar al Gobierno Federal, que dirigió al de Honduras varias notas pidiéndole explicaciones por este proceder, y a las cuales Morazán contestó en los siguientes términos:

"Ministerio General del Gobierno Supremo del Estado de Honduras. Al secretario de Estado y del Despacho de Hacienda.

Con la nota de Ud., fechada a 7 del presente, ha recibido el jefe supremo de este Estado, 40 ejemplares del dictamen de la Comisión de Hacienda de 7 de noviembre próximo pasado, emitido con motivo de la solicitud de la Asamblea Constituyente de este Estado, para que se le franqueasen por la Federación veinticinco mil pesos. Ha visto también la orden del Congreso Federal de 11 del mismo mes, en que manda se imprima y circule dicho dictamen en el número preciso de ejemplares para su circulación en lo interior de la República.

Mi Gobierno ha decretado su cumplimiento; sin embargo, de considerar que, aun cuando solo se circule el dictamen de la comisión en lo interior a países extranjeros, ya sea por los muchos hijos de otras naciones que hay, o ya por los mismos hijos de ella que por inadvertencia o malicia la han desacreditado otras tantas veces, lo cual cederá en grave perjuicio del crédito nacional.

Cuando la Asamblea de Honduras acordó que con salidas de reintegro se tomasen algunos fondos de las rentas federales, dando aviso a las autoridades de la Federación, como se verificó, fue porque este Estado que ha tenido que vencer mayores dificultades que ningún otro, se hallaba próximo a su disolución por falta de Hacienda, y porque esta disolución hubiera acarreado a toda la República males muy graves, y para su remedio habrían causado erogaciones que también lo fuesen. Fue, finalmente, porque el Estado es respectivamente el que más ha sufrido en la época anterior en materia de Hacienda, y en medio de sus escaseces es tal vez el que más ha contribuido a los gastos de la Federación, pues sin contar con diversas cantidades que se han remitido de la Tesorería de Comayagua y de otros puntos, de los puertos de Omoa y Trujillo, sin enumerar las sumas pertenecientes a las rentas del mismo Estado que en dichas plazas se han consumido, y sin hacer cuenta del entretenimiento de la plaza y tropa veterana, y de otros varios gastos considerables, solo que se ha extraído de la Tesorería de Tegucigalpa, para objeto de la Federación, asciende a más de veinticinco mil pesos.

Mi gobierno desearía que en la resolución que sobre el particular recaiga del Congreso Federal, y en las que el Gobierno Supremo tenga a bien dictar en la materia, se tuvieran presentes los datos que se han expuesto, y las circunstancias en que la Asamblea Nacional Constituyente del Estado dictó el acuerdo de que se ha hecho mérito, que propiamente fue arrancado por la necesidad y a pesar del respeto con que siempre ha visto las decisiones de la Federación. Que cuando esta tenga presentes todos los datos que se le remitirán oportunamente, hará el Estado de Honduras la justicia a que es acreedor, y nadie podrá dudar del honor y delicadeza de sus procedimientos.

Lo digo a usted todo de orden del Gobierno, para conocimiento del Supremo de la Federación. – Dios Unión, Libertad. – Comayagua: diciembre 24 de 1825. – *Francisco Morazán*". [1]

Como se verá por el oficio que procede, el tesoro estaba exhausto y no había con qué pagar los sueldos de las tropas, y era muy justo que teniendo fondos la Federación, los supliera para ser devueltos; lo cual Morazán trata de demostrar hasta la evidencia con las sobradas razones que asistían para tomar los fondos a que hemos hecho referencia.

CAPÍTULO V
Morazán es nombrado presidente del Consejo

SUMARIO: Se nombra a Morazán presidente del Consejo Representativo. – Matrimonio de Morazán. – Desacuerdo de Arce con Herrera. – Trabajos del clero. – Narración de Morazán. – El provisor Irías excomulga a Herrera. – Morazán continúa sus narraciones. – Cómo justifica Arce la invasión de Milla. – Réplica de Morazán.

El 6 de abril de 1826, Morazán fue nombrado presidente del Consejo Representativo, habiéndole sucedido en el puesto de secretario general don Liberato Moncada.

En este mismo año, Morazán contrajo matrimonio con doña María Josefa Lastiri.

Arce, que había subido a la Presidencia de la República, de la manera más inconstitucional que imaginarse pueda, empezó a

---

[1] Tanto esta nota como otras muchas originales que posee el autor, están escritas de puño y letra de Morazán.

cometer arbitrariedades de todo género; y como el jefe de Honduras era netamente liberal, y no quisiese apoyarle en nada, de acuerdo con Fr. Ramón Casaus y Torres y el vicario Nicolás Irías, facilitaron recursos a todos los descontentos de Herrera para hacerla la guerra.

El clero había entrado en lucha con él, y el 1° de noviembre del mismo año se veían por las calles de Comayagua bandadas de frailes y sacerdotes, de esos que aquí en la tierra se llaman *Ministros de Dios*, excitando al pueblo para que se lanzase a derramar la sangre inocente.

Este mismo día, por la noche, dispararon tiros por los balcones de la casa de Herrera, atentando no solo contra la vida de este, sino contra la de su esposa e hijos.

Morazán, narrando este suceso, dice: "Despachados los enemigos del jefe Herrera con el mal resultado que tuvieron los medios que habían empleado hasta entonces para trastornar el orden, se decidieron a quitarle la vida. A medianoche, los asesinos dirigieron sus tiros, por dos balcones de la casa en que habitaba, a otras tantas camas colocadas al frente. Los malvados ignoraban cuál de ellas pertenecía al jefe Herrera; pero sabían muy bien que una era ocupada por su esposa. Sin embargo, antes quisieron triplicar las víctimas, agravando su crimen con la muerte de la madre inocente y del hijo tierno que aquella tenía en sus brazos en el fatal momento, que permitir se les escapara el que era objeto de la venganza de aquellos que habían estimulado su sórdido y mezquino interés. Pero, por una feliz casualidad, las balas se introdujeron en el colchón de la cama en que se hallaba la señora de Herrera, y otras rompieron una columna del catre en que dormía este, sin haberles causado daño alguno".

"Los asesinos presentaron en su precipitada fuga las señales positivas de su crimen. En aquella misma noche desaparecieron de la ciudad de Comayagua el escribano Ciriaco Velásquez y Rosa Medina, quien después acreditó, en la destrucción de las mejores casas de Comayagua, mandada a ejecutar por el coronel Milla, cuando sitiaba aquella ciudad, que era tan buen incendiario como torpe asesino".

El vicario Irías, con el objeto de hacer más odioso a Herrera, le excomulgó para *honra y gloria de Dios*, apoyándose para ello en fútiles pretextos. Mientras tanto algunos pueblos desconocían el Gobierno de Herrera, y en otros se formaban escándalos, como el que tuvo lugar en Tegucigalpa, donde los plazuelas atacaron el cuartel, y debido al apoyo decidido de los patriotas, tuvieron que retirarse los agresores, dejando un muerto.

Morazán continúa en sus *Memorias* diciendo: "Pocos meses después de haberse intentado este crimen, se introdujo en el Estado de Honduras el batallón federal N° 2, al mando del coronel Milla, con el pretexto de custodiar los tabacos que existían almacenados en la Villa de los Llanos pertenecientes al mismo Estado, y distante sesenta leguas de la capital de Comayagua, que era entonces la residencia del jefe Herrera. Este, que tenía mil motivos para temer un atentado del presidente de la República, y que no venía el riesgo que corrían los tabacos existentes en el departamento de Gracias, se persuadió que él era el único objeto de aquella fuerza. Tomó, en consecuencia, algunas precauciones, y reunió varias compañías de milicias".

"Para observar la tropa federal destinada a cuidar los tabacos, que por diversos avisos se sabía haber dado órdenes del presidente de la República para marchar sobre Comayagua, se mandaron cuarenta hombres a las órdenes del oficial Casimiro Alvarado, que llegó hasta el pueblo de Intibucá, distante treinta leguas de la Villa de los Llanos. Allí supo Alvarado que el coronel Milla se había puesto en marcha con toda la fuerza. Para conocer la dirección que traía hizo marchar al oficial ciudadano Francisco Ferrera, con diez hombres. En el pueblo de Yamaranguila, distante dos leguas de Intibucá, se encontró Ferrera con la división federal, y para memoria de un hecho heroico, se batió solo con sus diez soldados, logrando detener por algún tiempo la marcha de toda la división de Milla. Obligado luego a retirarse, como era regular, dio parte a Alvarado de lo que había ocurrido, el que al instante contramarchó con sus cuarenta hombres a ponerlo todo en conocimiento del Gobierno, en cumplimiento de su comisión".

Arce, para justificar la invasión de Milla, dice que fue por intentar Herrera apoderarse de los almacenes de tabacos pertenecientes a la Federación; la guerra civil en que estaba envuelto este Estado, y haber atacado a Milla en Yamaranguila las fuerzas del Gobierno.

Morazán replica a Arce en estos términos: "Para justificar la marcha del coronel Milla sobre Comayagua, dice el presidente Arce en sus *Memorias*, que fue ocasionada por el acto hostil que recibió este jefe en Yamaranguila de parte de las milicias del Estado. Pero si se observa que Herrera tenía seiscientos hombres, y que podía disponer de todos ellos para dirigirlos sobre Milla, porque no había otro enemigo en el Estado que le llamase la atención; que los cuarenta hombres que mandó en observación a Intibucá eran pocos para atacar las fuerzas de aquel jefe, pero bastantes para llenar el objeto a que se les había destinado; que los tabacos, única mira que había traído a Milla con su batallón a Honduras, se hallaban en los Llanos, distante sesenta leguas de Comayagua, veintiocho del pueblo de Yamaranguila, donde le encontró la descubierta de diez hombres del oficial Ferrera, y treinta del pueblo de Intibucá, en donde se hallaba igual número de soldados en observación a que pertenecían los de Ferrera; se vendrá en conocimiento que no hubo ninguna clase de provocación por parte del Gobierno del Estado, que en uso de las facultades que le conceden las leyes, bien pudo dirigir las milicias a cualquiera de los pueblos del mismo Estado. Si todos estos hechos comprueban que el presidente Arce fue el primer agresor en la guerra de Honduras, sin ninguna provocación por parte de sus autoridades, la nota reservada que dirigió al coronel Milla, fechada en 7 de marzo en el cuartel general de Apopa, y firmada por su jefe de Estado Mayor, el coronel ciudadano Manuel Montúfar, en que le previene sustancialmente: "*Que ponga término a los males que causa el jefe Herrera en Honduras, haciendo uso de las armas, y que proteja a los que este perseguía*", [1] pone en un punto de vista

---

[1] "Esta nota fue tomada con la en que se previene al mismo coronel Milla pase a custodiar los tabacos, fecha de octubre, y con todos los documentos

más claro aquel hecho: descubre los únicos culpables de la guerra y justifica la resistencia que los hondureños hicimos con las armas".

CAPÍTULO VI
Morazán en el sitio de Comayagua

SUMARIO: *Memorias* de Morazán. – Incendio de Comayagua. – Nota de Milla. – Lo que hizo Morazán durante el sitio. – Morazán derrota las fuerzas de Milla en La Maradiaga. – Lo que dice Morazán respecto de la rendición de la plaza. – Ascenso de Milla. – Parte de este jefe. – Antonio Fernández traiciona a Herrera.

Con motivo del sitio de Comayagua, Morazán se expresa así: "Milla, sin encontrar en el camino ninguna resistencia, llegó a la ciudad de Comayagua el 4 de abril, y estableció su cuartel general en la iglesia de San Sebastián. Unas trincheras mal construidas y un jefe militar traidor, eran dos obstáculos de fácil acceso para los sitiadores, si la vigilancia de los soldados patriotas no hubiera hecho impotentes por largo tiempo las maquinaciones de la intriga, así como los diversos ataques que dieran a la plaza. Estos no tuvieron otro resultado que el saqueo de toda la ciudad, que se hallaba fuera de trincheras, y el inútil incendio de sus mejores edificios, con que se vengara la cobardía, ofendida de la tenaz resistencia que le opusiera el valor de un puñado de soldados hondureños y leoneses".

---

pertenecientes al Archivo de la Comandancia de aquel jefe, contenido en dos baúles que la señora Mariana San Martín había mandado a ocultar al señor J. Uncal, en el mineral de Yuscarán, que cayeron en mis manos de resultas de la derrota que sufrieron las fuerzas federales al mando de Milla, en La Trinidad. Aquella nota original, con otros papeles interesantes que podrá consultar el que guste, se encuentran reunidos con el objeto de escribir la Historia de Centroamérica, cuyo primero tomo se imprimió en la ciudad de Guatemala". — Nota de Morazán.

"En tanto que tenían lugar estos sucesos, la fuerza enemiga se aumentaba en razón de que se disminuía la de la plaza. Los víveres faltaban ya en esta, y muchas veces era mayor la sangre que se derramaba que el agua que se tomaba en el río, defendido por los contrarios".

Milla, desde que llegó a la ciudad de Comayagua, la sitió, incendiando una parte de ella; acción cobarde y odiosa que jamás podrán vindicar sus autores ante la severidad de la Historia. Muchos creerán que tal vez es exageración, porque falten documentos para comprobarlo, y por esto publicamos la nota siguiente de Milla:

"Comandancia General de la División de Honduras. – C. Jefe encargado de la Secretaría de la Guerra. – El 12 del corriente, a las 5 de la mañana, amaneció sobre la Catedral de Comayagua un cañón, con que el enemigo comenzó a batirme, y en el instante dispuse que se *incendiase la ciudad por tres rumbos*, atacándola al mismo tiempo. Se *quemaron quince casas*[1], y después de un tiroteo vivo, que duró cinco horas, hice replegar la tropa a este campo, habiendo tenido de pérdida un muerto y tres heridos. Ignoro la que haya tenido el enemigo, pero se me asegura que excede a la nuestra.

El 21 del corriente he estrechado más el sitio a Comayagua, y mis avanzadas llegan hoy a cuatro cuadras distantes de la plaza. Conjeturo que esta debe rendirse pronto, pues estoy cierto que carecen de víveres y que estos no le entran por punto alguno.

Tengo pedidos 200 hombres al departamento de Olancho y 100 morenos al comandante de la plaza de Omoa, cuyas tropas espero con alguna probabilidad dentro de unos seis u ocho días. El comandante García, que se halla en Opoteca, me escribe que ha fabricado un cañón, y que solo espera concluirlo para remitírmelo; no sé de su calibre, y de consiguiente la utilidad que pueda ofrecer.

---

[1] Comayagua era entonces una población de 18,000 habitantes. Puede juzgarse cuál sería la conducta de Milla en el sitio por el hecho de haberse visto obligadas a emigrar la mayor parte de las familias, quedando reducida la población a 6,000 habitantes, número que en 72 años transcurridos hasta hoy (1899), no ha aumentado. La despoblación de Comayagua se le debe, pues, a Milla.

Ayer ha entrado la tropa de Yojoa, en número de 36 hombres, y mañana o pasado deben llegar otros 30 morenos del mismo pueblo.

Tan luego como se reúnan las fuerzas indicadas, volveré a intimar la rendición de la plaza, y de no verificarse, obraré activamente, según las circunstancias que entonces me rodeen.

En las pequeñas acciones parciales que he tenido desde que ocupé este punto, me han hecho algunos heridos, y aún hay quien haya muerto por falta de un facultativo y medicinas. Es de suma urgencia que el vicepresidente se sirva mandarme una y otra cosa con la brevedad posible, pues encarezco a Ud. y repito la necesidad que hay de estos auxilios.

Ayer, con 50 hombres, ocupé la iglesia de La Merced; hubo un pequeño tiroteo, del que no resultó desgracia alguna. Daré a usted partes detallados de lo que vaya ocurriendo.

Dios, Unión y Libertad. – Cuartel general del barrio de San Sebastián, de Comayagua: abril 27 de 1827. – *José Justo Milla*". [1]

Durante el sitio, Morazán hizo varias salidas de la plaza a traer gente y víveres de los pueblos inmediatos. También salía con algunas escuadras a atacar a Milla por la retaguardia, causándole muchos daños en cada sorpresa que le daba; y era tal el odio de Milla hacia Morazán que le aborrecía más que a Herrera junto con todos sus enemigos, pues comprendió que la resistencia de la plaza era debida a Morazán. La última salida que dio este, fue cuando se dirigió a Tegucigalpa en busca de recursos, en unión de los coroneles Díaz y Márquez. Allá reunieron 300 hombres, con los que a marchas forzadas regresaron a Comayagua; pero al llegar al valle, tuvieron noticias que podrían ser atacados en el camino. En este concepto, se dirigieron hacia la hacienda de La Maradiaga, de donde se mandó una pequeña fuerza a las órdenes del capitán Felipe Peña, para que se situara en la villa de La Paz, quien apenas había llegado, cuando fue atacado por 400 hombres, mandados por el teniente coronel Hernández y el capitán Rosa Medina. Peña, no obstante, de

---

[1] Copia sacada del Archivo Federal de San Salvador.

haber hecho una resistencia heroica, salió derrotado, teniendo que replegarse a La Maradiaga.

Sabedores Morazán y Díaz de lo ocurrido, parapetaron toda su fuerza en los corrales de la hacienda; en esto estaban cuando se presentó el enemigo, rompiéndose un fuego tan nutrido por ambas partes, que por espacio de hora y media estuvieron disputándose la victoria. Hernández se vio en la necesidad de retirarse a Comayagua, por ser muchas las pérdidas que tenía.

Esta retirada se hizo en el mayor desorden, lo que produjo gran alarma en las fuerzas sitiadoras. [1]

Morazán no pudo continuar su marcha a socorrer a los sitiados porque se le había concluido el parque, teniendo que regresar a Tegucigalpa con su fuerza.

"La esperanza –dice Morazán–, de un pronto auxilio, hacía, sin embargo, sufrir estos males con resignación; pero esta desapareció muy luego. Cuando se supo en la plaza que la tropa auxiliar se había disuelto en la hacienda de La Maradiaga, después de haber rechazado la división que la atacara al mando del teniente coronel Hernández, el desaliento se apoderó del ánimo de los cobardes".

"La perfidia del comandante tuvo en ellos un apoyo, y la plaza se rindió el 9 de mayo de 1827, por una capitulación en que todo lo sacrificaba el traidor, por la conservación de su empleo, al jefe que no había podido lograr ninguna ventaja sobre los sitiados. Y para que nada faltase a este documento vergonzosos, la firmeza con que había el jefe Herrera rechazado las proposiciones de rendirse, que se le hicieron, fue castigada dejándole a merced del vencedor como prisionero de guerra".

Milla fue ascendido al grado de coronel por los muchos incendios y saqueos que mandó a ejecutar en Comayagua. La plaza se rindió el 10 de mayo [2] de 1827, según el parte que dice:

---

[1] En esto ha cometido un error Marure, al decir que Morazán traía 200 hombres y que fue sorprendido por Milla en La Maradiaga, dispersándole toda su gente allí.
[2] El general Morazán en sus *Memorias* dice que el 9, y el licenciado Vallejo en su *Historia* que el 11, pero por el documento que se inserta aparece que fue el 10.

"Comandancia de la División de Honduras. – C. Jefe de Sección encargado del Ministerio de la Guerra. – Ayer a las 11 del día he ocupado esta plaza, precediendo las capitulaciones que me hizo su guarnición, y acompaño a Ud. en copia para que se sirva elevarlas al conocimiento del vicepresidente de la República.

Sírvase Ud. admitir las consideraciones muy distinguidas de mi aprecio. – Dios, Unión y Libertad. – Comayagua: mayo 11 de 1827. – *José Justo Milla*".

El comandante de la plaza era Antonio Fernández, español, que se vendió a Milla, traicionando a Herrera la mucha confianza que este depositara en él.

CAPÍTULO VII
Morazán es reducido a prisión en Ojojona

SUMARIO: Cómo respetaba Arce la ley. – Herrera es conducido preso a Guatemala. – Morazán es reducido a prisión en Ojojona; se dirige a Milla; se evade de la cárcel. – Exhorto contra Morazán.

"El presidente de la República –dice Morazán–, que pocos meses antes, queriendo acreditar su respeto a la ley, puso al jefe del Estado de Guatemala, en el término de tres días, a disposición de la Asamblea que debiera juzgarlo, hizo conducir a Herrera preso a la capital de la República, ciento sesenta leguas distante de la ciudad de Comayagua, a donde debiera reunirse la Legislatura para conocer de su causa, si aquel magistrado hubiera tenido esta vez el deseo de ser un religioso observante de la Constitución. Pero se olvidó entonces de ella por no convenir a sus dobles miras de humillar al jefe Herrera, dándole por prisión en mucho tiempo la misma casa que él habitaba, y de acreditar a sus contrarios el desprecio que hacía de las leyes".

"Como uno de los jefes de la fuerza que se disolvió en La Maradiaga, marché en busca del auxilio que mandaba el vicejefe del Estado de El Salvador. Pero este auxilio, que llegó a Tegucigalpa después de haberse rendido la plaza de Comayagua, era tan pequeño, que tuvo que retirarse hacia el Estado de Nicaragua. Los coroneles Díaz, Márquez, Gutiérrez y yo, buscando nuestra seguridad, acompañamos al jefe salvadoreño, que se retiraba a Nicaragua. Un incidente desagradable, que podía comprometer nuestro honor, nos obligó a separarnos de él en la villa de Choluteca, y a pedir garantías al coronel Milla para permanecer en Honduras. Nuestros deseos fueron satisfechos por este jefe, mandándonos el pasaporte con el mismo correo que condujo la solicitud. Al instante marché con dirección al pueblo de Ojojona para disfrutar, en unión de mi familia, de la gracia que se me concediera. Por un presentimiento, que jamás cupo en la confianza que me inspiraba la palabra de Milla, dichos jefes no corrieron la suerte que se nos aguardaba en aquel pueblo, y yo, víctima de mi credulidad, conocí, aunque tarde, lo poco que debe confiarse en los que defienden una mala causa. Diez horas después de haber llegado al pueblo que había señalado para mi residencia, fui reducido a prisión por el teniente Salvador Landaverri, de orden del mayor Anguiano, comandante local de Tegucigalpa, y conducido a aquella ciudad. A pesar de haber presentado a este jefe mi pasaporte, me hizo poner en la cárcel pública".

"La seguridad de que en semejante atentado no tuviera parte el coronel Milla, me hizo dirigirle una exposición en que le expresaba, con bastante energía, los males que me ocasionaban sus ofrecimientos. La contestación de este jefe me dio a conocer el lazo que había tendido a mi confianza, y solo procuré entonces los medios de evadirme de la cárcel".

"Después de haber sufrido veintidós días una estrecha y penosa prisión, pude burlar la vigilancia de mis carceleros y retirarme a la ciudad de San Miguel. De allí pasé a la de León en busca de auxilios para volver sobre Honduras".

Como Morazán estuvo preso junto con todos los reos procesados por diversos delitos, y en un lugar muy reducido, se enfermó, debido a la poca ventilación que allí había; y como estaba grave, pidió y se le concedió la excarcelación bajo fianza para permanecer en su casa durante su enfermedad. Inmediatamente que llegó, se disfrazó, atravesó el río Grande, que separa a Tegucigalpa de Comayagüela, y montó en una mula que se le tenía preparada. Al siguiente día que se le fue a buscar para intimarle una orden, no se le encontró ya; entonces se dirigió el exhorto que literalmente dice:

"C. Joaquín Espinosa, alcalde 1° de esta y juez de 1ª instancia del Partido. A Uds. ciudadanos alcaldes, anotados al margen, hago saber: Que en este Juzgado de mi cargo se sigue causa criminal contra el reo Francisco Morazán, como a uno de tantos facciosos contra el Supremo Gobierno y la Nación; y aunque se hallaba preso en estos calabozos, anoche a las ocho de ella se excarceló bajo fianza, a virtud de hallarse gravemente enfermo; y ahora que son las siete de la noche se ha buscado en la casa de su habitación para intimársele providencias de este Juzgado, y no se ha encontrado. Por tanto: de parte de los Tribunales de la Federación y a nombre del Gobierno del Estado, exhorto y requiero a todos los jueces de mi comprensión, y a los de extraña ruego y suplico, que inmediatamente que el expresado Morazán se presente en sus dominios, procedan a su captura, y de pueblo en pueblo, con la correspondiente custodia, remitirlo a este Juzgado; que al tanto me ofrezco cuando, en iguales casos, sus apreciables letras se me presenten. Fecho en la ciudad de Tegucigalpa, a veintinueve de junio de mil ochocientos veintisiete, con testigos en falta de escribano, y en este papel, por no haber del que corresponde".

Morazán, José Antonio Márquez, Francisco Lozano (el mestizo), Remigio Díaz y otros, fueron objeto de las más grandes persecuciones de parte de Milla, no teniendo otro delito estos, que haber peleado en defensa de la patria.

CAPÍTULO VIII
Morazán hasta la batalla de La Trinidad

SUMARIO: Auxilio que dieron a Morazán en Nicaragua. – En Choluteca organiza su fuerza con el auxilio de El Salvador. – Batalla de La Trinidad. – Lugar a que se dirigió Morazán después.

"En mi tránsito –continúa Morazán–, por el puerto de La Unión, hablé por primera vez con don Mariano Vidaurre, que, como comisionado del Gobierno del Estado de El Salvador, pasaba al de Nicaragua con el objeto de procurar un avenimiento entre el jefe y el vicejefe de aquel Estado, que mutuamente se hacían la guerra. Vidaurre se interesó mucho para que se me auxiliase por este último".

"Entretanto, el coronel Ordóñez, que llegó preso a León, pudo formar una revolución contra el vicejefe Argüello, que tuvo por resultado la deposición de este funcionario, y el auxilio que se me dio de los militares que le eran más adictos. Ciento treinta y cinco, entre jefes y oficiales, componían mi pequeña fuerza. Su fidelidad al Gobierno a que habían pertenecido me inspiraba la mayor seguridad; y la fundada esperanza de reunir los descontentos hondureños que produjeron las persecuciones de Milla y sus agentes, ponían de nuestra parte todas las probabilidades del triunfo".

"En la villa de Choluteca, con un auxilio que mandó el Gobierno de El Salvador, pudo organizar una considerable división, y en el campo de La Trinidad acreditar a los hondureños que era llegada la hora de romper sus cadenas. Milla fue allí completamente batido dejando en nuestro poder los elementos de guerra que había acumulado y toda su correspondencia oficial".

La batalla de La Trinidad fue librada el 11 de noviembre de 1827 y dirigida por Morazán. Al siguiente día (el 12) Morazán se dirigió con todas sus fuerzas libertadoras a Tegucigalpa, a donde llegó el mismo día: el 26 hacía su entrada a Comayagua.

(Batalla de La Trinidad).

CAPÍTULO IX
Morazán se encarga del Poder Ejecutivo. – Su invasión a El Salvador

SUMARIO: Morazán divide sus fuerzas. – Se reúne el Consejo y encarga interinamente el Poder Ejecutivo a Morazán. – Continúan las *Memorias*. – Crimen de Domínguez. – Lo que dice de él Morazán. – Deposita este el mando e invade el Estado de El Salvador.

Morazán, antes de salir de Tegucigalpa para Comayagua, dividió su ejército, mandando al coronel Díaz con 200 hombres que ocupara a San Pedro Sula y desalojara el enemigo, que se hallaba fortificado en el Castillo de Omoa; el coronel Pacheco se dirigió con igual número de fuerzas al departamento de Gracias, advirtiéndole que en cuanto lo pacificara, se replegara a San Salvador, que estaba sitiada por fuerzas federales; y él, en unión de Osejo, se fue a ocupar la capital. [1]

Inmediatamente que llegó a Morazán a Comayagua reunió el Consejo, quien, a falta de jefe y vicejefe, le encargó el Poder Ejecutivo en concepto de presidente de él, y no como consejero más antiguo. [2]

Morazán se dedicó a hacer aumentar las rentas, porque el tesoro estaba exhausto por haberlas arrasado Milla, y a organizar las milicias con que debería invadir el Estado de El Salvador.

Continúa Morazán: "Libres ya los pueblos de Honduras de sus enemigos, me dediqué a la reorganización del Estado. El Consejo se reunió en la ciudad de Comayagua, y me encargó del Ejecutivo, conforme a la ley, en concepto de Consejero, por falta de jefe y vicejefe del Estado".

El presidente de la República, al saber la derrota de Milla en La Trinidad, ordenó al coronel Domínguez saliera al encuentro de las fuerzas auxiliares que venía de Honduras, habiendo derrotado a estas en Quelepa, el 13 de abril. Esta victoria le hizo dueño del departamento de San Miguel, donde cometió atrocidades de todo género: una de ellas fue haber extraído del bergantín *Caupolicán* al general Merino, quien fue conducido a la ciudad de San Miguel y fusilado sin ninguna fórmula de ley.

Morazán, refiriéndose a este crimen, dice: "Por este tiempo, el general Merino, después de haber estado al servicio del Gobierno de El Salvador, se embarcó en Acajutla, para retirarse a Guayaquil, de donde era natural. Habiendo tocado el buque que lo conducía en el puerto de La Unión, fue capturado a bordo por el coronel Domínguez, que ocupaba el departamento de San Miguel con fuerzas federales, sin respetar la bandera chilena, ni atender a los reclamos que le hiciera el capitán".

"A Merino no debía tratársele como prisionero de guerra, porque no se le tomaba con las armas en la mano; no era ya un

---

[1] Historia Social, etc., de Honduras, por Antonio R. Vallejo.
[2] Bosquejo Histórico, etc., por Marure, página 129

soldado, porque se había separado del teatro de la guerra; no podía considerársele como enemigo, porque no tenía la intención de ofender, puesto que se retiraba a su patria, ni siquiera pisaba ya el territorio de la República y se hallaba bajo la protección de una nación amiga. No había, pues, ni un pretexto para reducirlo a prisión, y menos para fusilarlo pocos días después en la ciudad de San Miguel, faltando al derecho sagrado de la guerra y a los principios establecidos en los pueblos menos civilizados".

"Este asesinato, sin ninguna mira política; esta víctima sacrificada a la venganza ajena, cerró todos los medios de conciliación entre Domínguez y yo, rompiendo la correspondencia que habíamos establecido con este objeto; presagió la suerte que correríamos los que fuésemos prisioneros de semejantes enemigos, y acabó de uniformar la opinión pública".

Morazán depositó el mando para ponerse al frente de las fuerzas expedicionarias, estableciendo su cuartel general en Texiguat. Aquí engrosó sus filas con todos los vecinos de este pueblo que se le presentaron voluntariamente y que siempre le fueron muy adictos, y con los restos de la columna que salió derrotada en Quelepa se dirigió a Choluteca.

Domínguez intentó varias veces atacar a Morazán, pero nunca se resolvió a llevarlo a cabo.

El 4 de junio salió Morazán de Choluteca con 600 hombres, con dirección a San Miguel, lugar en que se hallaba Domínguez. Este le hizo saber el tratado que se había celebrado en San Salvador, a lo que Morazán contestó que no podía respetarlo en razón de no habérsele comunicado a él oficialmente. Morazán continuó su marcha hacia el Lempa, a pesar de lo movimientos que Domínguez hizo para cortarle el paso.

CAPÍTULO X
Batalla de Gualcho

SUMARIO: Morazán aguarda un refuerzo. – Batalla de Gualcho. – Entusiasmo que produjo esta victoria en San Salvador. – A los vencedores de Gualcho (himno). – Concepto que se habían formado de Morazán.

Morazán llegó hasta el pueblo de Lolotique, lugar verdaderamente militar, donde contuvo su marcha para aguardar el refuerzo que debían mandarle de San Salvador.

Morazán, en sus *Memorias*, continúa así: "La esperanza del auxilio que me había ofrecido el Gobierno del Estado de El Salvador para engrosar mi pequeña división, me obligó a colocarla en el pueblo de Lolotique, fuerte por su localidad y por su posición, aparente para proteger la llegada de los salvadoreños.

El coronel Domínguez, con todas sus fuerzas, vino a situarse a distancia de una legua, en el pueblo de Chinameca.

Hizo varias tentativas para forzar las guardias avanzadas colocadas en los desfiladeros que conducían a la altura que yo había ocupado; y aunque siempre fue rechazado con pérdidas, logró, sin embargo, ver desplegarse la fuerza, y se enteró de su número. La confianza que le inspiró este conocimiento la acreditaron sus hechos posteriores. Domínguez pudo muy bien contar nuestros soldados; pero pronto conoció, por una costosa experiencia, que no es dado calcular a un jefe mercenario el valor de hombres que defienden su patria y sus hogares.

Once días se pasaron sin ocurrir nada notable entre las dos fuerzas. Al duodécimo recibí una comunicación del teniente coronel Ramírez, jefe de la tropa auxiliar tanto tiempo esperada. Me aseguraba que al siguiente día pasaría con alguna dificultad el Lempa, por falta de barcas.

La felicidad con que el enemigo podía descubrir la aproximación de aquel jefe y destruir su pequeña fuerza, me decidió a protegerle. A las 12 de la noche emprendí mi marcha con este objeto, pero la lluvia no me permitió doblar la jornada, y me vi obligado a aguardar, en la hacienda de Gualcho, que mejorase el tiempo".

Entretanto, Domínguez, que había sabido mi movimiento y marchaba por mi izquierda, detenido también por la lluvia, fue igualmente obligado a situarse a una legua distante de aquella hacienda, sin que se hubiera podido descubrir su movimiento hasta entonces.

A las tres de la mañana, que el agua cesó, hice colocar dos compañías de cazadores en la altura que domina la hacienda, hacia la izquierda, en razón de ser el único lugar por donde debía presentarse el enemigo. A las cinco supe la posición que este ocupaba, y pocos minutos después, el jefe de una partida de observación aseguró que se hallaba a tiro de cañón de las dos compañías de cazadores.

No podía yo retroceder en estas circunstancias, porque una retirada con tropas que no son veteranas, tiene peores consecuencias que una derrota, sin la gloria de haber peleado con honor. No era ya posible continuar mi marcha, sin grave peligro, por una inmensa llanura y a presencia misma de los contrarios. Menos podía defenderme en la hacienda, colocado bajo una altura de más de 200 pies, que en forma de semicírculo domina a tiro de pistola el principal edificio, cortado por el extremo opuesto con un río inaccesible que le sirve de foso. Fue, pues, necesario aceptar la batalla con todas las ventajas que había alcanzado el enemigo, colocado ya en actitud de batirse a tiro de fusil de nuestros cazadores.

Conociendo el tiempo que había de gastar la división en salvar la altura que se hallaba entre el campo y la hacienda, hice avanzar a los cazadores sobre el enemigo, para detener su movimiento, porque, conociendo lo crítico de mi posición, marchaba sobre estos a paso de ataque.

Entretanto subía la fuerza por una senda pendiente y estrecha, se rompió el fuego a medio tiro de fusil, que luego se hizo general. Pero 175 soldados bisoños hicieron impotentes por un cuarto de hora los repetidos ataques de todo el grueso del enemigo. Este, obligado por instinto a tributar el respeto que se debe al valor, no se atrevió a hollar la línea de cadáveres a que quedó reducido el pequeño campo que ocupaban los cazadores, para detener la marcha de la división que volaba en su auxilio.

El entusiasmo que produjo en todos los soldados el heroísmo de estos valientes hondureños, excedió al número de los contrarios. Cuando la acción se hizo general por ambas partes, fue obligada a retroceder nuestra ala derecha, y ocupada la artillería ligera que la apoyaba; pero la reserva, obrando entonces por aquel lado, restableció nuestra línea, recobró la artillería y decidió la acción, arrollando parte del centro y todo el flanco izquierdo, que arrastraron, en su fuga, al resto del enemigo, dispersándose después en la llanura.

Entre los muchos prisioneros que se hicieron, se encontraron algunos vecinos del departamento de San Miguel, que vinieron en gran número a ser testigos de nuestra derrota. Tal era la seguridad que tenían en la táctica, en la disciplina y en el número de nuestros contrarios.

Los salvadoreños auxiliares, que abreviaron su marcha al ruido de la acción, con el deseo de tomar parte en ella, llegaron a tiempo de perseguir a los dispersos.

Cediendo a un sentimiento de justicia, he descendido a pormenores que no a todos podrán ser agradables. Mi deber ha sido honrar la memoria de los patriotas hondureños y nicaragüenses que pelearon aquel día; es el de fijar los hechos que tuvieron lugar en aquella jornada, desfigurados después por la malicia o la ignorancia; es el de dar a conocer la importancia que merece este hecho de armas. Si él fue en sí bien pequeño, produjo sin embargo los mejores resultados, porque economizó la sangre que inútilmente se derramara en las trincheras de El Salvador, facilitando la rendición de Mejicanos, y abrevió el desenlace de la revolución de 1828, revolución que tan abundante fue en acciones de guerra ganadas por nuestros soldados a consecuencia del memorable triunfo de Gualcho".

Esta victoria llenó de entusiasmo a todos los que defendían heroicamente la plaza de San Salvador, y abrevió la rendición de Mejicanos. Como una prueba de aquella alegría insertamos el himno siguiente:

A LOS VENCEDORES DE GUALCHO

HIMNO

CORO

Columna gloriosa,
Legión de Honor,
La patria hoy respira
Por nuestro valor.
*

De males sin cuento
La habéis libertado,
Habiendo triunfado
Del servil poder.
Desde este momento
De inmortal memoria,
Su esplendor, su gloria,
Verá renacer.
*

Que tiemble el tirano
Godo detestable [1]
Que la paz amable
Turbó en San Miguel.
Que tiemble el que vano
Y erguido creyera
Que siempre le diera
La suerte un laurel.
*

No es la vez primera

---

[1] Domínguez

45

Que a serviles cuellos
Humillan aquellos
De Marte en la lid;
No es de hoy que los viera
El sol combatiendo,
Bizarros venciendo
A ibero adalid.

*

¡Cuál huye el infame!
¡Cuál huye el malvado,
De oprobio colmado,
De horrible estupor!
¡Cuál por donde quiera
Van despavoridos
Los restos vencidos
Del vil opresor!

La batalla de Gualcho hizo temblar a los marqueses de Guatemala y a todos los partidarios del extinguido imperio mejicano. El nombre de Morazán era admirado por unos y maldecidos por otros; sin embargo, todos ensalzaban su táctica militar. Morazán era ya el hombre popular, y el Partido Liberal veía en él a el salvador de las instituciones liberales, vilmente pisoteados por Manuel José Arce desde el año de 1826.

CAPÍTULO XI
(Continuación).

SUMARIO: Sucesos que tuvieron lugar en San Miguel. – Cargos que hace Montúfar a Morazán. – Este se vindica en sus *Memorias*. – Regreso de Morazán a Tegucigalpa. – Insurrección de Opoteca. – Fecha en que salió Morazán para El Salvador. – Dos notas de Morazán.

El coronel Montúfar dice en sus *Memorias* que Morazán, después de la batalla de Gualcho, "impuso fuertes contribuciones a los vecinos de San Miguel y de otros pueblos del departamento; que confiscó bienes de comercio, y que a las personas que se negaban a pagar las cantidades que se les asignaba se les daba de alta, y que se vieron comerciantes ancianos y respetables agregados a una compañía de cazadores, obligándoseles por la verga férrea de un cabo de escuadra a acelerar sus movimientos contra la torpeza natural de sus cansados miembros. De esta suerte hizo Morazán un rico botín en San Miguel".

"De Gualcho –dice el general Morazán en sus *Memorias*–, me dirigí a la ciudad de San Miguel, en busca de recursos, para pagar los haberes atrasados a los soldados, vestirlos y darles la gratificación de un medio sueldo, que se les había ofrecido. En el camino se me presentó una comisión de los principales vecinos de aquella ciudad, para suplicarme fuese a proteger las propiedades que, a pretexto de pertenecer a los enemigos del Gobierno, eran amenazadas por un puñado de malvados. Pude llegar a tiempo de evitar el saqueo de muchas casas, aunque ya estos habían tomado de la de Barriere algunos objetos de comercio. En uso de la facultad que me había concedido el Gobierno del Estado de El Salvador, mandé a exigir un empréstito forzoso de diez y seis mil pesos. Este se distribuyó en un pequeño número de propietarios que más servicios habían prestado al enemigo.

La noticia que se difundió en la ciudad, de que el general Arzú había salido para atacarme, del cuartel general de Mejicanos, produjo una fuerte resistencia en algunos prestamistas, que se negaron a pagar, bajo diferentes pretextos, sus respectivos contingentes. Cuando se confirmó la noticia de que el enemigo de aproximaba al Lempa, expedí una orden para que al que no quisiese prestar sus servicios como propietario, se le obligara a hacerlos como soldado, presentándose en el cuartel de cazadores. Todos pagaron a esta intimación; solo el ciudadano Juan Pérez, primer propietario del departamento, quiso tomar las armas. Pero pocas horas después de hallarse sufriendo en el cuartel todos los castigos y privaciones de una recluta, entregó cinco mil pesos que le fueron asignados, y volvió a su casa. La cantidad recaudada fue distribuida a los soldados en medio de la plaza, a presencia de los jueces municipales, de los ciudadanos: Gregorio Ávila, que contribuyó con el género suficiente para dos mil vestuarios; Pedro Gotay y otros muchos de los principales de aquella ciudad, que aún existen hoy en ella para comprobar esta verdad. [1] Como este fue el último empréstito y el único de alguna consideración que yo asigné hasta la conclusión de la guerra, y como algunos han exagerado su valor y tratado de tiránicas las medidas que se tomaron para realizarlo, no me ha sido posible pasar en silencio estos pormenores. Si hubo alguna severidad contra Pérez, fue provocada por su misma resistencia; lo exigía, además, el orden público, amenazado por los soldados leoneses, cansados ya de sufrir la escasez y de esperar el día, tantas veces prometido, de que esta cesara; y lo demandaba imperiosamente la necesidad de marchar a disputar el paso del Lempa al enemigo. El único atentado que yo supiese y pudiera remediar, fue cometido por el capitán Cervantes, que arrancó del cuello a una señora prestamista su cadena de oro, por lo cual fue sentenciado a muerte y fusilado en la plaza de San Salvador. Los soldados leoneses, que no pertenecían a ningún Gobierno y que voluntariamente se habían puesto a mis órdenes, expresaron de diversos modos sus deseos de regresar a Nicaragua. Al coronel Valladares, que se propuso evitarlo, lo amenazaron haciendo uso de sus armas, y yo solo pude lograr que sesenta soldados continuasen en el servicio.

Entretanto, el general Arzú llegó al Lempa con una fuerte división. Al momento marché a evitarle el paso de este río, y lo hubiera conseguido, si el teniente coronel José del Rosario López Plata no hubiera descuidado el punto por donde logró aquel

---

[1] Morazán reunió en la plaza de San Miguel a todo su ejército para darle el medio sueldo que les había ofrecido, diciéndoles: "Valientes soldados, venid a recibir este insignificante premio, en recompensa de vuestros sacrificios y de vuestro indomable valor". Él mismo puso en mano del soldado la gratificación. (Relación hecha al autor por un antiguo soldado de Morazán).

desembarcar. Disminuida mi fuerza por la deserción de los leoneses, tuve que retirarme a Honduras para organizarla. El enemigo, que marchaba a mi retaguardia, llegó hasta la ciudad de Nacaome, y no atreviéndose a perseguirme por el camino de La Sierra, que había ya fortificado, regresó a San Miguel".

Morazán continuó su marcha hasta Tegucigalpa, y en su tránsito dejó al coronel Miguel S. Ramírez levantando las fortificaciones que hoy se conocen con el nombre de "Trincheras de la Venta", y al coronel Manuel Escobar, en el pueblo de Ojojona, para que protegiera a Ramírez en caso dado.

Inmediatamente que tuvo noticia Morazán de la sublevación de los opotecas y de la toma de Comayagua por los mismos, hizo salir al coronel Márquez a sofocarlos, quien los sorprendió y deshizo por completo.

Morazán, desde su llegada a Tegucigalpa, se ocupó de organizar su ejército y aumentarlo lo más que pudo, para volver sobre San Miguel, donde se encontraba el general Arzú con una fuerte división.

De Tegucigalpa dirigió a San Miguel el siguiente oficio:

"Tegucigalpa, agosto 28 de 1828. – Señor ministro general del Gobierno del Estado de El Salvador. – Al mismo tiempo que se ha organizado el ejército, se han destruido las facciones que existían en este Estado y ocupaban la atención del Gobierno. La que se hallaba en Comayagua, en número de doscientos y tantos hombres, al mando de Rosa Medina, ha sido sorprendida y desarmada por las tropas que mandaba el coronel ciudadano J. Antonio Márquez, quedando muertos sus principales cabecillas. Se les tomaron noventa fusiles y trece barriles de pólvora. Este suceso ha puesto a los opotecas en el mejor sentido, y se han prestado voluntariamente a tomar las armas en número de cien hombres. Los hijos de esta plaza han seguido su ejemplo, y han entregado sesenta y tantas carabinas y un número considerable de municiones.

A la sola noticia de este triunfo, se ha retirado a Los Llanos el llamado jefe de Honduras, Jerónimo Zelaya, llevando únicamente los pocos soldados derrotados que le presentó el oficial Muñoz. La dirección de Zelaya, según las noticias más ciertas, es a Guatemala; y esto da idea que ha perdido las esperanzas de mandar en Honduras, y ha conocido que no se puede ya, como en otro tiempo, hacer obedecer a los pueblos de Gracias por la fuerza.

Tengo la satisfacción de comunicar a Ud. estas ventajas que se han adquirido en favor de nuestra causa, las que estoy seguro de que, aunque son pequeñas en sí, son grandes por las consecuencias que han producido.

Sírvase Ud. elevarlo todo al conocimiento de ese digno jefe, y protestarle las consideraciones más sinceras de mi aprecio. – Dios, Unión, Libertad. – *F. Morazán.*

El 2 de septiembre salió de Comayagua el coronel Márquez con 400 hombres, con dirección a la frontera salvadoreña, y este mismo día salía de Tegucigalpa el general Morazán con 1,200 hombres, habiéndose unido ambos ejércitos en el pueblo de Goascorán.

De aquí envió Morazán la siguiente nota:

"Comandancia General del Ejército de Honduras. –Ciudadano ministro general del Gobierno del Estado de El Salvador. –El comandante de vanguardia me remitió al camino la nota que Ud. se sirvió dirigirme con propio, y las que me mandó el jefe político de San Vicente, dándome la plausible noticia de la derrota última hecha por el jefe Prem, y de estar avenido el coronel Montúfar a pasar por las proposiciones que le hizo ese digno jefe, por no perecer. Sucesos tan plausibles, al paso que han salvado a la patria, han llenado de gloria al ejército vencedor y a ese digno jefe, que ha sabido allanar con su constancia y acertadas providencias todos los obstáculos que se le ha presentado.

Sírvase Ud., ciudadano ministro, felicitar a su Gobierno por los triunfos adquiridos, y aceptar Ud. las consideraciones de mi aprecio. – Dios, Unión, Libertad. – Cuartel General en Goascorán, octubre 2 de 1828. – *F. Morazán.*

CAPÍTULO XII
Triunfo de Morazán en San Antonio

SUMARIO: Regresó de Morazán. – Triunfo de este en San Antonio. – Constancia del pueblo salvadoreño. – Observaciones sobre la capitulación de San Antonio. – Cargos que se hacen a Morazán.

El general Morazán, continuando sus *Memorias*, dice: "En pocos días pude aumentar la división en la ciudad de Tegucigalpa, y volví con ella sobre la misma ciudad de San Miguel. El general Arzú ocupaba entonces dicha ciudad, que por una marcha forzada amanece atacar. Como aquel jefe no quería comprometer una acción, se retiró por la villa de Usulután, para atravesar después el llano de La Pava, y tomar el camino del departamento de Gracias, con el objeto de pasar a Guatemala. Yo, que calculaba esta retirada, me coloqué por un movimiento de flanco en aquel llano, al mismo tiempo que la vanguardia enemiga tomaba posición en la margen izquierda de un arroyo profundo. Era su mira disputarnos este paso, para poder evitar la ocupación de la hacienda de San Antonio, en la que comienza a elevarse la sierra por donde había pensado retirarse. Pero fue arrollada y arrojada al llano, en donde estaba formada la retaguardia, dejando en nuestro poder un cañón. [1] La hacienda fue enseguida ocupada por nosotros, y los contrarios pasaron la noche deliberando. Al amanecer se me aseguró que deseaban capitular. Al efecto, hablé con el teniente coronel Aycinena, que había sucedido en el mando al general Arzú. Me ofreció aquel jefe entregar las armas y quedar prisionero con sus principales soldados; pero no a disposición del Gobierno del Estado de El Salvador.

La capitulación que redacté fue firmada inmediatamente, y con sorpresa vieron los enemigos que cuando ellos habían convenido ya en ser más prisioneros de guerra, se les dejaba en libertad para volver a Guatemala, suministrándoles, además, el dinero necesario para el *prest* del soldado, y concediéndoles, por una gracia, todo lo

---

[1] Esta acción duró cerca de una hora, y se suspendió al entrar la noche.

que solicitaban. Aunque nunca me arrepentí de haber observado esta conducta, pocos días después tuve el disgusto de saber que el enemigo saqueaba los pueblos del tránsito y había cometido un asesinato, en pago de la generosidad con que se le trató, violando así la capitulación que se acababa de firmar, en la que se había consignado un artículo a la seguridad de estos mismos pueblos. Un jefe militar del Estado de El Salvador, que con dos compañías ocupaba Ocotepeque, por donde aquellos debieran pasar, recibió de los pueblos iguales quejas, y redujo algunos oficiales a prisión, por orden de su Gobierno, a quien yo había dado conocimiento de aquellos hechos. Aunque siempre he creído que el jefe Aycinena no los mandó ejecutar, él es, sin embargo, único responsable de ellos, por haber abandonado la tropa a su propia suerte, forzando sus marchas para llegar a Guatemala con todos sus jefes y oficiales allegados.

La fortuna, que jamás protege a los que huyen de los peligros de la guerra para poder disfrutar de las ventajas del triunfo, castigó a los que sitiaban la plaza de El Salvador, haciéndolos, por una capitulación, prisioneros de los sitiados y premiando, de este modo, el valor con que estos defendieran por tanto tiempo su patria y sus hogares.

Este desenlace se debió a la constancia con que el pueblo salvadoreño, sin armas y sin jefes, sostuvo el sitio por largo tiempo; al patriotismo y generosidad de las mujeres del pueblo, que alentaban al soldado con su valor y alimentaban con el trabajo de sus manos; a la firmeza con que el Gobierno se negó siempre a admitir las proposiciones desventajosas que le hiciera el enemigo para rendirse; y al general Juan Prem, que disciplinó algunas compañías, y colocándose con ellas a la retaguardia del enemigo, le interceptaba los convoyes y aprisionaba las reclutas que venían de Guatemala, batía las fuerzas que salían del cuartel general de los sitiadores en busca de víveres y alentando con todos estos hechos al pueblo, hizo a los soldados concebir esperanza de un triunfo próximo y creer al coronel Montúfar, jefe del ejército sitiador, que se hallaba sitiado, cuando dijo en uno de sus escritos: *que no puede sostenerse por mucho tiempo plaza que no es socorrida, y menos cuando la atacan enemigos muchos y porfiados".*

Es necesario advertir, antes de pasar adelante, que la capitulación de San Antonio fue propuesta cuando se encontraron rodeados por las fuerzas de Morazán y sin poder seguir su camino, ni retroceder. Como a las 4 de la tarde en que Aycinena se acercaba con sus fuerzas a la hacienda de San Antonio, vio a una distancia como de 1,000 varas una descubierta de caballería, e inmediatamente lanzó sobre ella la suya, que fue rechazada por la de Morazán y obligada a replegarse a donde estaba la retaguardia.

Aycinena mandó a ocupar algunas alturas, al mismo tiempo que Morazán daba esta orden, y después de un fuego muy reñido, que duró tres cuartos de hora, y en que ambos combatientes se disputaban los lugares más dominantes, las fuerzas de Morazán quedaron en posesión de ellos. El enemigo pasó toda la noche deliberando, hasta que manifestó al amanecer que deseaba capitular.

Algunos han hecho cargos a Morazán por no haber cumplido el convenio de San Antonio; mas estos no tienen ninguna razón para ello, pues se consignó un artículo relativo a la seguridad de los pueblos por donde tenían que pasar, y los que allí capitularon cometieron en el tránsito toda clase de abusos, hasta el grado de asesinar a un individuo; y si se les redujo a prisión fue porque ellos dieron lugar, pues Morazán no pudo ser más generoso con los vencidos, a quienes dio $3,000 y les dejó 100 fusiles con 30 cartuchos cada uno. [1]

CAPÍTULO XIII
Marcha de Morazán a San Salvador

SUMARIO: Morazán se dirige a la capital salvadoreña. – Oficio de Morazán y su llegada a San Salvador. – Lo que dice Morazán en sus *Memorias*. – Mediación de Costa Rica. – Pronunciamiento de la Antigua.

---

[1] Véanse las *Memorias* de Miguel García Granados.

Con el último fracaso que sufrieron las fuerzas federales en San Antonio, quedaron libres los Estados de El Salvador y Honduras. Morazán era entonces el hombre llamado a redimir a los pueblos del Centro, del despotismo de la nobleza de Guatemala.

Vencido el enemigo por todas partes, ya no tenía qué hacer Morazán, y se dirigió a San Salvador, recibiendo en todas las poblaciones del tránsito numerosas muestras de gratitud. En Cojutepeque tuvo un espléndido recibimiento, y allí recibió del Gobierno varias invitaciones para que pasara lo más pronto posible a la capital; tal era la avidez que tenían por conocer a aquel joven militar.

De Cojutepeque dio Morazán la contestación que dice:

"Comandancia General del Supremo Gobierno del Estado de El Salvador. – En los momentos de llegar a este pueblo me ha entregado el C. Capitán Manuel Arellano la estimable comunicación de Ud., de 16 del presente. En ella me manifiesta los deseos de ese digno jefe, y los de la Municipalidad y honrado vecindario de esa ciudad. Yo aprecio en gran manera las demostraciones honrosas con que se me quiere distinguir, por unos pequeños servicios con los que no he hecho más que llenar en una mínima parte mi obligación como centroamericano; y desearía se omitiese todo aquello que puede ser molesto o gravoso a unos ciudadanos de cuyos sentimientos y bondad estoy íntimamente penetrado. Yo salgo de este pueblo mañana al amanecer, y si no llego a Soyapango a la hora que desea ese supremo jefe, pasaré en dicho pueblo todo el día.

Sírvase Ud. manifestarlo así, y aceptar las consideraciones del distinguido aprecio que me merece. – Dios, Unión, Libertad. – Cojutepeque: octubre 21 de 1828. – *F. Morazán*".

El 23 de octubre entró el general Morazán a la ciudad de San Salvador, en medio de las aclamaciones del pueblo, que bajo diversos modos le demostraba las grandes simpatías que por él tenía.

Desde su llegada a esta ciudad, y de acuerdo con el jefe de este Estado, Morazán se ocupó de levantar y disciplinar el ejército con el que debía hacer su expedición sobre Guatemala.

Morazán en sus *Memorias* dice: "Pocos días después de mi llegada a San Salvador, recibió el jefe político, ciudadano Manuel Rodríguez, orden del Ministerio para hacer salir del Estado al presidente Arce, que despojado ya del Gobierno que existía en la ciudad de Santa Ana, porque su permanencia en ella era perjudicial. Una persona afecta al mismo Arce me suplicó evitase a este jefe el disgusto de ser conducido hasta el río de Paz por una partida de soldados que tenía ya preparada el jefe político. No quise perder la ocasión de acreditar a Arce que había yo olvidado la memoria que hizo de mí en la lista que dirigió al coronel Milla, para que, en unión de otros, me remitiera preso a Guatemala, a pesar de salvoconducto que me dio este jefe. Con aquel objeto, mandé al coronel Gutiérrez que comunicase al presidente la orden del Gobierno, y le expresase mis deseos de evitarle el compromiso en que podía colocarlo su permanencia por más tiempo en Santa Ana. Pero este hecho lo tuvo Arce como un agravio, según se expresa en sus *Memorias*, aunque yo lo consideraba como un servicio, puesto que le suplicaba lo que podía mandarle con el mismo derecho que él quiso se me condujese preso a Guatemala. Con el mismo derecho digo, porque él usó de la fuerza para obrar contra mí, no estando autorizado por la ley, y yo podía haber usado también de esta fuerza, en justa represalia, cuando me tocaba mi vez".

Costa Rica, viendo que la sangre de sus hermanos se derramaba a torrentes, quiso intermediar en aquella lucha fratricida, provocada por los serviles de Guatemala, y con este objeto propuso el jefe de aquel Estado que hubiera una conferencia en Ahuachapán, compuesta de comisionados de El Salvador y Guatemala; pero todos estos trabajos fueron inútiles.

El 22 de enero de 1829 hubo un pronunciamiento en la Antigua, y estaban tan de acuerdo todos sus vecinos, que hasta los principales funcionarios se habían adherido. Sebastián Morales, que era el jefe político, asistía a las juntas que tenían los revolucionarios, acordando en ellas no reconocer más autoridades que las disueltas en 1826. Morales fue el que trajo a San Salvador los pliegos en que ponían aquel departamento bajo el amparo de Morazán. Este paso hizo comprender el descrédito en que se encontraban las autoridades intrusas del Estado de Guatemala; y Morazán hizo ver al Gobierno de El Salvador la necesidad que había de marchar inmediatamente sobre aquel Estado. [1]

CAPÍTULO XIV
Sitio y capitulación de Guatemala [2]

SUMARIO: Morazán invade a Guatemala. – Fortificaciones de esta ciudad. – Esfuerzo de Aycinena por reunir fuerzas. Columnas que adelantó Morazán. – Derrota de Mixco. – Triunfo de San Miguelito. – El general Verveer. – Victoria de Las Charcas. – Conferencias.

De San Salvador se dirigió a Morazán a Ahuachapán, donde estableció su cuartel general, marchando enseguida sobre Guatemala, a la cabeza de 2,000 hombres, entre hondureños y cuscatlanes. Esta fuerza tomó el nombre de *ejército aliado protector de la ley*.

Dice don Miguel García Granados que "Guatemala estaba guarnecida por una triple línea de defensa. La primera, o exterior, comprendía por el Sur, lo que era conocido con el nombre de Buenavista, extendiéndose por el Oeste hasta La Barranca del Incienso, y por el este, hasta más allá de la Barranquilla. Del lado del Norte, la línea se trazó sobre las garitas del Golfo y de Chinautla, formando así un perímetro de Nornordeste a Sur Suroeste, y de tres cuartos de legua de Este a Oeste. En cuanto a las dos líneas anteriores, de las cuales solo la cercana a la plaza quedó concluida, consistía en un cordón de barricadas o parapetos, llamados aquí impropiamente "trincheras".

---

[1] Montúfar. – Historia de Centroamérica.
[2] En estas narraciones seguiré al doctor Montúfar.

Como al partido entonces reinante no le convenía que gobernara Arce, le excluyeron e hicieron sacrificios por reunir fuerzas, apelando al fanatismo para hacerse de soldados, pero todo fue en vano. A este respecto dice el ilustrado Dr. Montúfar en su *Reseña Histórica*: "Se pusieron en pleno juego los recursos del arzobispo Casaus, de los frailes y de las monjas. Se vieron palmas en el cielo, emblema de la gloria que esperaba a los que murieran defendiendo a don Mariano Aycinena; la madre Teresa redobló sus conferencias con la Divinidad; los monjes salieron por los barrios y por los pueblos predicando que se trataba de defender la religión, y que destruirla era el único objeto del ejército invasor. Estos sermones iban acompañados de algunos decretos y estrictas órdenes generales llamando a las armas a todos los guatemaltecos y amenazándolos con las penas más severas si no acudían al llamamiento. A pesar de tantos esfuerzos combinados, solo 2,000 hombres pudieron levantarse en todo el territorio del Estado".

Desde Ahuachapán mandó Morazán una columna de 1,000 hombres sobre Chiquimula, a las órdenes del general Prem. El coronel Domínguez (Derrotado en Gualcho) salió al encuentro de Prem, situándose aquel en La Arada; pero este, comprendiendo lo ventajoso que era este punto, obligó a Domínguez a abandonarlo, quien intentó de nuevo resistir en los callejones de Guastatoya, siendo rechazada por Prem, continuando el ejército invasor hasta la hacienda de Aceituno, según órdenes superiores. Morazán dice lo siguiente: "Luego que el ejército recibió alguna disciplina, marché sobre la ciudad de Guatemala, y di orden al general Prem, que obraba ya en el departamento de Chiquimula con una división, que ocupase la hacienda de Aceituno, distante una legua de aquella ciudad, el mismo día que yo debía situarme a dos leguas de ella en el pueblo de Pinula. Mi orden fue cumplida por el coronel Enrique Terrelonge, que había sucedido en el mando a aquel jefe, que permanecía enfermo en Chiquimula".

Otra división había ido a situarse a Corral de Piedra. "En esta hacienda –dice Morazán– se nos unió un escuadrón de patriotas antigüeños, al mando del general Isidoro Saget, que fue de mucha utilidad en la campaña. En Pinula supe que la fuerza del Estado se había concentrado toda en la ciudad. Para evitar la introducción de víveres y agua en la plaza, mandé situar una división en el pueblo de Mixco, al mando del coronel Cerda, con orden de fortificarse inmediatamente".

Morazán hizo salir una división para la Antigua para que se apoderara de aquella ciudad, a la que se unieron Raoul y todos los que eran perseguidos por Aycinena, y las autoridades que habían sido disueltas por Arce el año de 1826 se reinstalaron, haciéndose cargo del Ejecutivo el senador Mariano Centeno, por ausencia de Barrundia. Este nuevo Gobierno desplegó toda la actividad que le fue posible para auxiliar a Morazán con hombres, armas y dinero.

Al llegar el coronel Cerda a Mixco no se fortificó como se lo había ordenado el general Morazán. El 15 de febrero, por la noche, salió el coronel Pacheco a la cabeza de 1,000 hombres sobre Mixco, derrotando completamente a Cerda. "Este jefe –dice Morazán–, a quien solo conocía por la buena recomendación que de él se me había hecho, se confió en un valor de que carecía. Ni quiso fortificarse, ni tuvo la presencia de ánimo y arrojo que se necesitan para defender un puesto que fue sorprendido por el enemigo. Cerda acreditó, con esta derrota, su ineptitud, y el enemigo su crueldad con el asesinato de los vencidos. Este, en lugar de marchar inmediatamente sobre el cuartel general de Pinula, aprovechando mi permanencia en la Antigua, a donde había ido con el fin de organizar un Gobierno provisional, volvió a entrarse a sus trincheras, y yo regresé a Pinula. Al día siguiente concentré todas las fuerzas en este pueblo, y marché con ellas a la Antigua, para reponer las bajas y pedir recursos al nuevo Gobierno".

La noticia de esta derrota llegó exageradísima a San Salvador, asegurándose que Morazán estaba sitiado en la Antigua, y temiéndose que pereciera allí y fuera invadido nuevamente el Estado de El Salvador, para lo cual se empezó a fortificar la capital.

Triunfo de San Miguelito

Continúa Morazán: "El enemigo, envalentonado con el triunfo de Mixco, salió segunda vez de sus fortificaciones para atacarme en la Antigua. Yo marché inmediatamente a su encuentro; pero las noticias de los espías me persuadieron de que no lo encontraría en el camino que yo llevaba. Regresé por esto a la ciudad, dejando a las órdenes del coronel Terrelonge un batallón y un escuadrón para que explorara el campo. En San Miguelito, distante una legua de la Antigua, se encontró este jefe con el enemigo, y se batió con tal ardor, que la infantería, que había sido rodeada por aquel, se defendía a la bayoneta de tal modo, que se confundió con los contrarios y se le consideraba ya muerto o prisionero. En este momento, usando de su arrojo acostumbrado el teniente coronel Corzo, comandante del escuadrón, cargó con 40 dragones sobre el enemigo, con tan buen éxito, que llegó a tiempo de salvar nuestra infantería, que todavía peleaba sin quererse rendir. Los contrarios retrocedieron asombrados, y una segunda carga completó su derrota. Cuando recibí el parte de que el coronel Terrelonge se hallaba al frente del enemigo, marché con el resto del ejército. Las descargas seguidas que oía en el camino, me acreditaban que aquel jefe se había comprometido en una acción con tan poca tropa, pero todos mis esfuerzos por tener parte en ella fueron inútiles. Solo llegué al campo de batalla para premiar el valor, socorrer a los heridos y proteger a los prisioneros. Perseguí los restos del enemigo hasta Sumpango, y pasé el día siguiente al pueblo de Mixco, en donde permanecí algún tiempo".

El general Verveer, ministro plenipotenciario de Holanda, intermedió para que la guerra terminara por medio de tratados honrosos para ambas partes combatientes, pero él se interesaba más cuando veía la probabilidad de que sucumbieran los de la plaza, porque él deseaba el triunfo de los serviles. Al fin este ministro manifestó al general Morazán su interés por que se abrieran más conferencias, las que tuvieron lugar en la hacienda de Castañaza, sin obtener ningún resultado.

El general Morazán hizo salir al coronel Jonama con una división sobre Quezaltenango, donde se encontraba don Antonio José de Irisarri con fuerza de Aycinena. Don Miguel García Granados dice: "Irisarri era hombre duro, inflexible y con poco tacto para manejar nuestros pueblos. La administración de Guatemala estaba ya allí desprestigiada y encontró resistencias que creyó vencer con el rigor. Morazán envió una división en su seguimiento; los pueblos, sabiendo que serían sostenidos y auxiliados, se sublevaron contra Irisarri, lo derrotaron e hicieron prisionero en unión de casi todos los oficiales. Tanto este como sus principales, fueron conducidos a San Salvador prisioneros de guerra, y alojados con Montúfar".

Victoria de las Charcas

El general Morazán en sus *Memorias* continúa diciendo: "De Mixco marché a situarme a la hacienda de Aceituno. Antes de llegar a la de las Charcas se me aseguró que el enemigo se aproximaba a la misma hacienda. Cuando llegué a ella observé que venía en marcha, a distancia de un cuarto de legua. Entonces conocí que quería aprovechar para atacarme, el momento en que se había dividido el ejército con la marcha de la primera división sobre el departamento de Los Altos. Al momento formé la fuerza para aguardar al enemigo, que en triple número se presentaba en la llanura. Todo el valle se veía cubierto de caballería, que se aumentaba a la vista con una multitud de espectadores. Esta caballería se formó fuera de los tiros de nuestra artillería ligera. El de su fusil no alcanzaba al grueso de la infantería. Solo una parte de esta, en número de 500 soldados, se aproximó, formada en batalla, a menor distancia, y rompió el fuego al mismo tiempo que las guerrillas de cazadores que hizo desplegar. Los nuestros lo contestaron a pie firme. Cansado de aguardar que se aproximase el resto de la infantería y toda la caballería enemiga, que continuaba guardando la distancia en que se había colocado al principio, hice marchar dos compañías de cazadores por el flanco derecho, y tirar algunas bombas. Estas causaron mucho estrago en la caballería, y a las primeras descargas que aquellos hicieron, avanzando siempre sobre el enemigo que peleaba, este huyó y el resto siguió su ejemplo sin haber hecho un solo tiro. La caballería lo imitó volviendo caras, y la nuestra, aunque en pequeño número, cargó sobre esta masa confusa de hombres, que huían sin motivo, haciendo un terrible estrago en todo el valle y centenares de prisioneros. Los que no lo fueron, entraron en la plaza en gran desorden; y no hice un esfuerzo por ocuparla aquel día, por aguardar que se incorporara la división que obraba en Los Altos".

"Al siguiente día de la batalla de Las Charcas, marché a la hacienda de Aceituno, en donde permanecí hasta la llegada de la tropa que se hallaba en Quezaltenango, de la que se reorganizaba en la Antigua Guatemala, y reclutaba en el Estado de El Salvador. Pocos días después, me dio parte el coronel Jonama de haberse echado el pueblo del barrio sobre dos enemigos, y entregándoles prisioneros a los principales jefes. Pero a esta noticia, que no podía ser más satisfactoria, añadía otras sumamente desagradables. Me aseguraba que el teniente coronel Menéndez había sublevado contra él la división, a pretexto de obrar de acuerdo con los enemigos, por el buen trato que diera, en cumplimiento de mis instrucciones, al coronel Irisarri y demás prisioneros; y que la viruela maligna, que había comenzado a propagarse entre los soldados, le obligaba a regresar al cuartel general. Temiendo que muy pronto cundiese esta epidemia en todo el ejército, tomé varias precauciones para evitarlo, aunque no quedé satisfecho por no haber encontrado la vacuna. Con la mediación del ministro de los Países Bajos, de que he hablado, se reunieron en el sitio de Ballesteros, para tratar de la paz, los ciudadanos Arbeu, por el vicepresidente de la República, y Pavón por el Gobierno del Estado de Guatemala, el general Espinosa por el de El Salvador, y yo por el de Honduras y Nicaragua. Las proposiciones que por una y otra parte se hicieron fueron desechadas, y los comisionados se retiraron. Pero mis deseos de una transacción eran tan vivos, como fundados los temores que tenía de que se disolviese el ejército por la epidemia de viruelas. Volví, por esto, a excitar al general Verveer, ministro de los Países Bajos, para una nueva conferencia, a la que concurrieron los mismos comisionados. El general Espinosa y yo les presentamos la proposición siguiente:

1°. – Que se estableciera un Gobierno provisorio en el Estado de Guatemala, compuesto del mismo jefe ciudadano Mariano Aycinena, ciudadano Mariano Prado y yo.

2°. – Que los dos ejércitos debían reducirse al número de mil hombres, y componerse, en iguales partes, de guatemaltecos y salvadoreños.

3°. – Que el Gobierno provisorio debía instalarse en Pinula y entrar después a Guatemala con aquella fuerza, destinada a dar respetabilidad al mismo Gobierno y a mantener el orden en el Estado.

4°. – Un olvido general por lo pasado.

Tan satisfecho estaba yo de que sería admitida, sin discutirse, esta proposición, porque conocía la debilidad a que se hallaba reducida la plaza, como grande fue mi admiración al verla desechada. Si el enemigo ignoraba la causa de tanta generosidad, sabía muy bien que no era acreedor a ella, por su conducta observada con los Gobiernos y pueblos de El Salvador y Honduras, en circunstancias menos difíciles para estos. Sabía, además, que ni su posición actual, la más ventajosa en que pudo colocarse, ni sus futuras esperanzas, puesto que no aguardaba ningún auxilio, ni la moral de su tropa, conocida ya en la acción de Las Charcas, pudieron hacerle esperar un mejor desenlace. Pero todavía aparece más ventajosa esta proposición, si se compara con las que hicieron a los salvadoreños para que rindiesen la plaza, tan fuerte entonces, que lejos de alcanzar la mejor ventaja, concluyeron los sitiadores por rendirse a los sitiados. Y siempre merecerá el nombre de generosa, porque se hizo en la seguridad de que la plaza de Guatemala se rendiría con poca resistencia, como sucedió diez días después, que fue entregada bajo las condiciones que le impusiera el vencedor".

CAPÍTULO XV
Continuación

SUMARIO: Regreso de Jonama a la Antigua. – Informe de Raoul. – Comunicación entre Aycinena y el general Morazán. – Capitulación. – La nobleza.

La división que andaba en Quezaltenango bajo las órdenes del coronel Jonama, regresó dirigiéndose a la Antigua, donde se alistó para marchar sobre la capital con todos los elementos de guerra necesarios. Al batallón que venció a Prado, se le dio desde entonces el nombre de *Charcas*.

En un informe detallado que envió al Gobierno de El Salvador, el coronel Raoul presenta minuciosamente los sucesos ocurridos durante los días 7, 8, 9 y 10. Este documento es de tanta importancia que por lo mismo se inserta literalmente; dice así: "El día 7 yo había practicado, de orden del general, los reconocimientos necesarios alrededor de Guatemala, a fin de alcanzar la victoria con los menores sacrificios posibles, porque el ejército había adquirido tanto valor, que no se podía dudar del buen éxito, cualesquiera que fueran las dificultades que se presentaran.

El día 7 fui yo con toda la caballería y dos compañías de infantería a explorar el terreno que está situado al Oeste de Buenavista, con el fin de fijar toda la atención del enemigo sobre este punto, y desde luego debió concebir el temor de ser volteado por su derecha. El día 8, después de haber distribuido a todos los comandantes las instrucciones para que obrasen con acierto, el general me mandó salir del campo con toda la caballería, tres divisiones de infantería y toda la artillería, prescribiéndome dejar en la posición de San Pedro Las Huertas, una división de infantería, la artillería y el escuadrón Charcas, mientras que con dos divisiones de infantería y el resto de la caballería yo marchaba hacia la garita de Mixco, desfilando al frente de las fortificaciones enemigas, con el objeto de dar color de verdad a la noticia que el general, por el conducto de sus espías, insinuó al enemigo, de que la noche misma, del 8 al 9, salían del campo 1,000 hombres para San Salvador para apagar una revolución supuesta, y que el resto de la fuerza se retiraba a la Antigua; o por lo menos, si este ardid no surtía efecto, el movimiento hacia la garita de Mixco debía confirmar al enemigo en la idea (que la víspera pudo nacer del reconocimiento que hice) de que el general intentaba envolverlo por su derecha. Este movimiento y el ardid referido fijaron de tal modo la atención del enemigo, que en la noche sacó del frente de las garitas del Golfo y de Chinautla, la mayor parte de su fuerza para Buenavista, y al tiempo mandaron un reconocimiento a Mixco para observar nuestra marcha a la Antigua. Desfilando al frente de las fortificaciones yo había colocado una cadena de granguardias de caballería, desde San Pedro Las Huertas al punto más al Oeste de Buenavista, con el intento de persuadir al enemigo que teníamos un gran interés en observar su actitud, y disimular nuestro movimiento. Estos granguardias tuvieron orden de retirarse a la garita de Mixco después de anochecer.

Habiendo así atraído a Buenavista la mayor parte de la fuerza enemiga, para confirmarla en su error, al retirarme de la garita de Mixco para volver a San Pedro Las Huertas, dejé en el primero punto cincuenta caballos, treinta infantes y una banda a las órdenes del sargento mayor Estupinián, comandante de los falsos ataques, con el objeto referido en sus instrucciones. (Documento N° 1) [1]

---

[1] El documento N° 1 dice: Instrucción para el comandante de los falsos ataques. Colocará tres guardias de caballería de 12 hombres cada una sobre el frente de las fortificaciones del enemigo, desde La Barranquilla hasta e lado opuesto de Buenavista; cada granguardia colocará tres centinelas a caballo sobre este frente, como a dos cuadras de su puesto; estas avanzadas, colocadas de día a distancia libre de los fuegos, se acercarán de noche a las fortificaciones, de modo que se reúnan en una de las tres avanzadas como al centro; las centinelas se retirarán en el mayor silencio cuando sea ya de noche, y en el curso de la noche se mandará muy cerca de las fortificaciones, patrullas de cuatro soldados con un cabo; cuando se acerquen al foso, uno se apartará como una cuadra de la patrulla, y dará el *quien vive* a los otros; estos responderán una vez: *ronda mayor*; la centinela llamará de fingido al cabo de guardia, haciendo las demás formalidades de recibirlo, y para el buen éxito de esta operación la hará en persona el

De vuelta a San Pedro Las Huertas a las 9 de la noche, yo tenía orden de reunir la mayor parte del ejército en la Chacra de Santo Domingo, y mandar el escuadrón Charcas a Aceituno a juntarse a la segunda división a las órdenes del coronel Gutiérrez, que debía salir de su campo a las diez de la noche para obrar según las

---

comandante de los falsos ataques, repitiéndola en cuatro puntos por lo menos, desde La Barranquilla hasta el otro lado de Buenavista.

Otras veces mandará dos soldados cerca de las fortificaciones en los lugares ocupados por el enemigo; después que uno haya dado el *quien vive* y haber respondido *San Salvador*, este preguntará al otro en dónde está la primera división, a que le responderá en muy alta voz: *tomó el camino para la Antigua*; sobre otro punto, haciendo lo mismo y preguntando por la tercera división, contestarán *marchó a San Salvador*.

A las tres de la mañana un tambor tocará diana; inmediatamente una de las dos bandas que se quedarán en la garita de Mixco, tocará en este mismo punto, y la otra a dos cuadras por lo menos; cada banda tocará diana en dos lugares diferentes; después juntas la llamada, y a las cuatro de la mañana precisamente, marcha hacia las fortificaciones; cuando estén a una distancia racional de ellas, tocarán ataque, y los que estén armados harán algunos tiros; toda la caballería de los falsos ataques reunida en un punto, fingirá carga sobre Buenavista; después de un rato harán silencio; el comandante en alta voz gritará que el general manda que se aguarde el día, regañando mucho en nombre del general por haber atacado importunamente; verificado todo esto, todos los individuos de los falsos ataques se reunirán, y se retirarán por Ciudad Vieja al lugar donde esté el ejército.

Cuartel general en Aceituno, 8 de abril de 1829.

NICOLÁS RAOUL.

instrucciones. (Documento N° II) [1]. El resultado de esta empresa está detallado en el documento N° III". [1]

---

[1] Documento N° II: Instrucciones para el coronel Gutiérrez, jefe de la segunda división de infantería.

Artículo 1°. – El escuadrón Charcas, a las órdenes del teniente coronel Corzo, se agregará a su división a las diez de esta noche.

Art. 2°. – Como este escuadrón vendrá de San Antonio Las Huertas por el camino recto de la Chacra de Santo Domingo, será preciso que Ud. haga mantener un fogón en el lugar donde está acuartelado el batallón n° 8, para que sirva de punto de dirección al teniente coronel Corzo, y no se extravíe en la marcha de noche.

Art. 3°. – Unido el escuadrón a su división, se pondrá Ud. en marcha para la garita de Chinautla, pasando por el molino de La Merced, o si fuere posible no dar esta vuelta, tomará un camino más corto, haciéndolo reconocer con mucha escrupulosidad, a fin de que no resulte ningún embarazo.

Art. 4°. – Como las marchas de noche son llenas de dificultades, y exponen los soldados a extraviar, que del orden perfecto de esta depende la suerte de la República, el comandante de la segunda división tomará todas las precauciones que estén a su alcance, y entre ellas, la más importante es hacer un alto de diez minutos cada cuarto de hora.

Art. 5°. – Llegado con toda su fuerza arriba de la laguna de la garita de Chinautla, hará sus disposiciones para pasar el foso del guarda a la derecha de ella, de modo que vaya a resultar al potrero de Martínez, sirviéndose como prácticos de los tres patriotas que llegaron ayer de la capital por una vereda que atraviesa el potrero de Moreno.

Art. 6°. – Ud. mandará dos cuartos de caballería en el llano que está entre la ciudad y las dos garitas, con el fin de observarlas, y hará guarnecer con su infantería los fosos que separan este llano del potrero de Martínez, mientras que un batallón a las órdenes de un oficial de toda su confianza marche a ocupar el cerro del Carmen por la vereda del potrero de Moreno ya referida.

Art. 7°. – Si el ataque del Carmen tiene buen éxito, Ud. marchará con toda su tropa a ocupar la plazuela de San José el viejo, mandando una compañía en el potrero de los Matamoros, a fin de destruir en caso de resultar desgraciado el ataque que va a dirigir; debe verificarse por la calle que va de la plazuela de San José a los baños del administrador, y de allí a Aceituno, por una vereda que indicará uno de los patriotas que han venido por esa dirección.

Art. 8°. – Al mismo tiempo Ud. mandará una partida de caballería por la calle más exterior, cual es la de Las Tenerías hasta el potrero de Eustaquio, detrás de Santo Domingo, con el fin de establecer sus comunicaciones con el ataque mayor que debe dar una división del ejército a este convento.

Art. 9°. – El oficial encargado de la ocupación del Carmen prescindirá de ella, en caso de encontrar resistencia, e irá a esperar las órdenes de Ud. detrás de la iglesia de La Candelaria, mientras que él mande algunas partidillas en dirección al convento de La Merced, para saber si el enemigo lo ocupa.

Art. 10°. – En fin, señor Coronel, las instrucciones no pueden indicar sino los puntos generales que coordinan sus esfuerzos con las disposiciones del general en jefe; a lo imprevisto, Ud. opondrá el valor de nuestra tropa y la decisión que caracteriza a Ud.; debemos ser persuadidos todos que mañana se levantará sobre Guatemala el sol de la libertad, o que va a hundirse en la noche de la impostura; que la patria nos mira y que no hay medio para nosotros entre vencer o morir.

Cuartel General en Aceituno, 8 de abril de 1829.

NICOLÁS RAOUL.

[1] Documento N° III: Comandancia de la segunda división. – C. Jefe del Estado Mayor. – En virtud de las instrucciones que Ud. me dio el día 8 del presente, emprendí mi marcha a las doce de la noche con la división de mi mando, una compañía de dragones y un piquete de alumbradores y ordenanzas, a las órdenes del teniente coronel Doroteo Corzo, con dirección al molino de La Merced.

La maleza del camino y la oscuridad de la noche, no me permitieron llegar al guarda de Chinautla, sino después de haber amanecido, lo cual me obligó a atacar sus fortificaciones que fueron tomadas de frente y al paso de trote por el teniente coronel graduado Felipe Peña y el oficial Calderón.

El enemigo perdió diez hombres, 14 carabinas, algunas municiones y un prisionero; este me informó que en la garita del Golfo había 200 hombres. Destaqué contra ellos dos compañías de fusileros a las órdenes del teniente coronel Peña, y una cuarta de caballería del escuadrón Charcas, a las del teniente Curbal, los que se posesionaron del punto indicado sin ninguna oposición.

Estas pequeñas acciones me dieron una idea del terror e ineptitud del enemigo, al mismo tiempo que me confirmaron la constante intrepidez de los soldados y oficiales que tengo el honor de mandar. Sus deseos por llegar hasta las fortificaciones, que se habían juzgado como el asilo impenetrable del despotismo; su ardor por avistar al enemigo, que parecía insultarnos desde sus atrincheramientos, me inspiró una ciega confianza en un triunfo seguro. Deseoso y convencido de él, mandé al teniente coronel Corzo que al paso de trote avanzase con la caballería por la calle de San José, protegido por el teniente coronel Peña y dos compañías de infantería, mientras yo, con el resto de ella, me dirigía contra el cerro del Carmen, cuyo punto tomé sin oposición alguna. Establecí en él al teniente coronel Villaseñor con un batallón, y enseguida me dirigí para el convento e iglesia de La Merced con solo una compañía al mando del capitán Cabañas. Al llegar al primer fortín, se me hicieron algunos tiros por el enemigo, contra quien destaqué cinco cazadores con orden expresa que no hiciesen más que cinco tiros. Al llegar al fortín que cubre la calle de la iglesia de La Merced, descubrí una partida considerable de caballería enemiga, hice que los cazadores

Reunido el ejército a las doce de la noche, el ingeniero en jefe hizo sus disposiciones para facilitar el paso, según el documento N° IV [1]; pero los prácticos, sea malicia o ignorancia, en lugar de dirigir

---

saltasen el foso y disparasen contra ella algunos fusilazos. Mi sorpresa fue extraordinaria cuando vi que este grupo de hombres desaparecía a mi vista sin atreverse a disparar sus pistolas, que llevaban en mano, lo cual me proporcionó la ocupación del convento de La Merced y trincheras inmediatas.

Cubierta mi retaguardia por dos puntos fuertes, me dirigí a la plaza vieja, en donde me reuní con los tenientes coroneles Corzo y Peña, y desde allí mandé ocupar las de Santo Domingo y Capuchinas.

Difícil sería hacer distinción de los oficiales y soldados, pues todos se portaron con tanto honor como valentía, y tengo el placer de recomendarles a las consideraciones de Ud.

En este día y en los demás que ha durado el sitio de esta plaza, he tenido nueve muertos y veinticinco heridos, entre ellos tres oficiales, que son el capitán Carías, el subteniente Pineda y el de igual clase Ályaro; la mayor parte de ellos, por su arrojo e intrepidez, que me fue imposible contener,

Quiera Ud., C. Jefe, ponerlo todo en conocimiento del general en jefe, y admitir las consideraciones de mi aprecio.

D. U. L. – Cuartel General en Guatemala, 14 de abril, 2 de su rendición, de 1829.

J. M. GUTIÉRREZ

[1] Documento N° IV: Instrucción para el ingeniero en jefe. – Cuando el ejército esté reunido en la Chacra de Santo Domingo, se pondrán a disposición del ingeniero en jefe tres compañías de cazadores, los alumbradores que quedan disponibles, con todos los indios, las herramientas, escaleras, etc., para ir a trazar un camino para penetrar en el potrero de Rubio y en el edificio de Santo Domingo. Los alumbradores de a caballo servirán para colocarlos de trecho en trecho sobre la dirección que debe seguir el ejército, y los oficiales que llevan órdenes del general o partes de los comisionados y del ingeniero en jefe; estos alumbradores servirán como de miras sobre el nuevo camino. Luego que la primera pared sea cortada, dará aviso el ingeniero en jefe, a fin de que el ejército pueda aproximarse a la dificultad inmediata que se pueda penetrar en el potrero de Rubio; dos compañías de las tres de cazadores ya mencionadas, volverán en el mayor silencio a ocupar la casa de altos del potrero de Rubio, llevando las herramientas precisas para hacer troneras y procurar se hagan fuegos obligados y libres de los del enemigo. Todos los afanes del ingeniero en jefe serán los de ocupar lo más ventajosamente posible los edificios del convento de Santo Domingo, que será ocupado por los batallones números 7 y 8, que forman la cuarta división a las órdenes del teniente coronel Peña, procurando colocar el morterito sobre una de las azoteas, si no fuere posible disponerlo a cubierto, para lanzar piedras, y de

los operarios al potrero de Rubio, los condujeron al de Conde, y despertaron una avanzada enemiga, que desde luego anunció, por sus fuegos, nuestra presencia en estos parajes. Habiéndonos sorprendido el amanecer en esta posición, fue preciso renunciar a la gloriosa empresa de ocupar Guatemala sin derramar sangre, como lo hubiera indudablemente sucedido si hubiéramos podido ocupar el potrero de Rubio antes del amanecer.

Frustrada la esperanza más lisonjera de ocupar silenciosamente el potrero de Rubio para que nuestra caballería pudiese atacar La Barranquilla y las fuertes posiciones de Buenavista, fue necesario tomar de pronto una resolución imprevista, pues era probable que el coronel Gutiérrez estaba empeñado con el enemigo, a pesar de que no oíamos el fuego, que nos habría servido de norma si lo hubiéramos percibido.

Desde luego el general hizo replegar sus guerrillas y tomó disposiciones para atacar La Barranquilla, y decidir forzosamente la suerte de la República.

Así que la cabeza de nuestra colmena se acercó al punto de ataque, el enemigo hizo movimiento concéntrico, y parecía disponerse a una resistencia decidida; pero estremecido por el fuego de nuestra artillería que había sido colocada en una posición feliz, y sin duda por los progresos del ataque del coronel Gutiérrez, pareció desordenarse, lo cual advertido por los cazadores del batallón número 7 que mandaba el teniente coronel Hueso, se arrojaron estos soldados sobre las trincheras, que fueron desocupadas, sin que nuestros bravos hayan podido alcanzar al enemigo, que se retiró a la plaza principal en la mayor confusión, abandonándonos aún su

---

consiguiente reunirá muchas piedras al derredor del mortero, para cargarlo con ellas. Examinará el lugar en donde se puede colocar u cañón con seguridad y ventaja. En fin, el punto importante del ingeniero en jefe es la ocupación del convento de Santo Domingo.

Cuartel General en Aceituno, 8 de abril de 1829.

NICOLÁS RAOUL.

segunda línea, compuesta de un recinto de trincheras, que desde luego nos sirvieron para contenerlo en el reducto de la plaza mayor.

Aquí se presenta un vacío inmenso, ¿cómo nuestra brava y numerosa caballería permitió a las tropas que guarnecían La Barranquilla y Buenavista entrar a la plaza mayor? La severidad de la historia me arranca una verdad que han contenido un momento los respetos y consideraciones debidos a un patriota ilustre cuyos méritos envuelven a toda su familia.

El general había formado en masa todo su ejército de infantería y caballería detrás de San Pedro Las Huertas, mientras que yo recibía sus órdenes sobre las circunstancias; y al momento de ver nuestras guerrillas apoderarse de La Barranquilla, volé a comunicar todas las órdenes a la infantería para que se precipitase sobre la línea de operación, sobreponiéndose a todos los obstáculos que pudiera encontrar; al mismo tiempo, el general mandó a su ayudante, teniente coronel Pedro Molina, para que condujese la caballería por el camino recto; pero por un error que no se puede calificar, y cuyas consecuencias son borradas por la mano del triunfo, este oficial dirigió la caballería a Buenavista por un camino exterior a las fortificaciones, lo que percibiendo el enemigo, se retiró en seguridad y con toda la lentitud posible. [1] Este extravío prueba que los ayudantes de un general en jefe deben ser los oficiales que reúnan el valor a la prudencia, el tino al arrojo y la actividad a la sangre fría, en la proporción que caracteriza a los otros ayudantes del general, teniente coronel José del Castillo y capitán José Robles.

Las primeras disposiciones del general fueron tomar por punto de apoyo el convento de San Francisco, que ocupó la tercera división al mando del teniente coronel Cordero. La primera

---

[1] La severidad de la historia me obliga a llamar la atención sobre que el mismo Raoul no atribuye esto a malicia sino a error. Era imposible que don Pedro Esteban Molina, declarado fuera de la ley por Aycinena, e hijo del Dr. Don Pedro Molina, que tantos esfuerzos había hecho y estaba haciendo por el triunfo del general Morazán, y que también se hallaba fuera de la ley por la voluntad de Aycinena, hiciera o dejara de hacer maliciosamente un movimiento militar en perjuicio de una causa que con tanto ardor defendió. – *Nota del doctor Montúfar.*

división, al mando del teniente coronel Angulo, asaltó el edificio de la Universidad para ocupar sus techos y ventanas, y desde allí poder caminar a cubierto del fuego del enemigo hacia la plaza mayor, cortando las paredes de las manzanas que nos separaban de ella. Al entrar a este edificio cayó de una muerte gloriosa el teniente coronel Villacorta, que es la única pérdida que sufrió el ejército en la ocupación importante de Guatemala.

La cuarta división ocupó todas las bocacalles al frente de las trincheras enemigas, y fue la que sufrió todo el día 9 la pérdida más sensible, porque su ardor era indomable. La intención del general era que nuestras tropas no hiciesen fuego; pero el arrojo no pudo someterse a las reglas de la prudencia, y en este combate, contrario a las disposiciones del general, que fue sin fin como sin resultado, hemos tenido 4 muertos y 18 heridos, entre los últimos al teniente coronel Hueso y al capitán Joaquín Guzmán, con otros oficiales. Tengo el sentimiento de añadir que esta pérdida fue debida a una felonía que acusa la firmeza del cónsul general de Holanda: nuestras bravas tropas, que son el modelo de todas las conveniencias, respetaron la casa sobre la cual estaba desplegado el pabellón holandés, y creyendo nuestra derecha suficientemente apoyada por la neutralidad de este edificio, tuvimos que arrepentirnos de una confianza inspirada por la inviolabilidad del carácter del cónsul general, pues que el enemigo, aprovechándose de esta circunstancia, se apoderó de la casa y nos hizo un fuego mortífero; pero fue desalojado luego, dejando en el patio del cónsul un testimonio de mala fe en un oficial enemigo muerto; esta circunstancia, unida a la impresión que dejaron en nuestro campo los mediadores holandeses que se habían mostrado parciales, al grado de querer que el ejército vencedor se retirase a Ahuachapán después de los triunfos de San Miguelito y Charcas, pusieron los intereses de la legación holandesa en un peligro inminente; sin embargo, nuestros bravos prescindieron de su indignación para que no hubiese un mínimo pretexto de negar su respeto por todas las conveniencias sociales.

A la oración del día 9, el general mandó que se retirasen las tropas a sus cuarteles: la primera división a la Universidad, la segunda a La Merced, la tercera a San Francisco, la cuarta a Santo Domingo y la caballería a los potreros que están a retaguardia de este convento.

Aun vencedores, nos hallábamos en una posición llena de inquietudes: la administración anterior a la mía había llevado el descuido hasta no tener más que quinientas piedras de chispa de reserva, que fueron gastadas en las acciones de San Miguelito y Charcas, y carecíamos de ellas a tal punto, que más de cien soldados nuestros tenían sus fusiles sin piedras, y por consiguiente, muchos los tenían inservibles, circunstancia que nos impuso la ley de obrar con timidez, pues que la noche del 9 una cuarta parte del ejército se hallaba en imposibilidad de hacer fuego.

Cuando yo salí por la mañana del día 10 a recorrer los puestos y prohibir que los soldados saliesen de sus cuarteles, los comandantes de división, por un celo mal entendido, habían vuelto a colocar sus avanzadas en las bocacalles, y el fuego se había roto, a pesar de las órdenes terminantes para que no sucediese, pues que de él resultaban dos inconvenientes grandes: el primero, de hacer creer al enemigo que su fuego era un freno al arrojo de nuestras tropas; el segundo, que se inutilizaba una gran cantidad de soldados por destruirse las piedras. En esta alternativa tan inquietante se determinó el general a hacer ocupar todas las manzanas que se hallaban entre la plaza mayor y nuestros fuertes puntos de apoyo; en consecuencia, después de haber puesto un cañón en el campanario de La Merced y colocados allí los mejores tiradores a fin de contener las guerrillas del enemigo, empecé a caminar desde La Merced a cubierto de los fuegos, atravesando las casas particulares, cortando las paredes que se oponían a un tránsito fácil; cuando llegué a la gran calle de Belén, di las órdenes para que iguales ataques fuesen dirigidos, atravesando las manzanas que se hallaban entre la Universidad y el que yo dirigía.

Llegué sin pérdida alguna a ocupar las casas enfrente a la Vicepresidencia, cuya esquina se hallaba a tiro de pistola de la trinchera enemiga construida detrás del Sagrario, que era la que más nos incomodaba. El motivo táctico que tuve para dirigir estos cuatro ataques paralelos y simultáneos, había sido el fijar toda la atención del enemigo sobre los fuegos que yo quería establecer en las esquinas de la calle del Comercio con la plaza del Sagrario, y hacer desfilar la caballería por el ataque que yo dirigía correspondiente a la trinchera enemiga colocada al lado del Palacio del Arzobispo un paso, a donde podían desfilar dos caballos de frente; yo esperaba que a las dos o tres de la tarde podría darse el golpe decisivo, y con este intento había mandado prevenir al general se sirviese dar orden a la caballería de reunirse sobre la plaza vieja; pero no pudo verificarse así, porque los oficiales encargados de la dirección de otros ataques, no correspondiendo a mis esperanzas, habían adelantado poco; y el principal ataque que debía tener por base la casa de Marticorena, dirigiéndose a la esquina del Sagrario, ni aun había empezado. Esta ocurrencia me hizo renunciar al proyecto de dar el golpe decisivo en el día; desde luego me trasladé al cuartel general de Santo Domingo, para dar parte al general y recibir sus órdenes; allí supe que estaba empeñando en rechazar un ataque tan temerario como disparatado; el enemigo, en su desesperación, obrando sin plan, sin tino y sin acierto, había imaginado tomar a viva fuerza el Calvario, y fue rechazado por la tercera división unida a nuestra intrépida caballería que le hizo una mortandad espantosa; la relación de este episodio de nuestras operaciones en el día 10, que fue dirigido por el general en persona, es el objeto de los documentos números V y VI. [1]

---

[1] Documento N° V: Ejército aliado. – Tercera división. – C. Mayor General del Estado.

El 10 del corriente, a las cuatro de la tarde, tentó el enemigo batirme en la posición que había tomado el día anterior, por la fuga vergonzosa que hizo, abandonando su segunda línea. El quinto batallón estaba colocado en la iglesia y convento de San Francisco, de cuya fuerza se cubrían cuatro avanzadas que en las bocacalles impedían las salidas que por el flanco derecho quisiera hacer el enemigo, y el resto de la fuerza de dicho batallón estaba repartido sobre la misma iglesia, en la de Santa Clara y en una trinchera que se formó frente a la calle principal de la plaza. El sexto batallón lo coloqué en la Tercera Orden con el objeto de tener cubierta mi retaguardia.

El enemigo, antes de cargar con toda su fuerza, mandó guerrillas que tiroteasen las nuestras; y habiendo observado que no teníamos caballería, se decidió a dar un ataque brusco con 400 hombres de infantería, 60 caballos y una pieza de a 4. Luego que se emprendió la acción por la calle del ataque, se observó que la parte de la fuerza enemiga daba vuelta a cortarnos la retirada, y los que guardaban la trinchera de Pavón salieron a batirnos por el frente, de manera que el ataque lo hicieron por cuatro puntos. Los soldados que el día anterior habían peleado con tanta bizarría y bravura, no era posible que fuesen vencidos después de un triunfo tan glorioso. Así es que con el mayor denuedo fue rechazado el enemigo, habiendo perdido un número considerable de tropa y el cañón de a 4, que aun después de tomado fue defendido por el que estaba colocado en la trinchera de la calle de Taboada. Un piquete de caballería que pedí, aunque no estuvo en el principio de la acción, llegó con oportunidad, pues él completó la derrota.

Yo recomiendo, C. Mayor general, el valor y decisión que en esta vez han manifestado todos los soldados y oficiales de mi división, como lo presenció el C. General y el subjefe de E. M. Benítez, que se hallaba en la trinchera de la izquierda del frente del enemigo con el quinto batallón; y el teniente coronel Carlos Salazar, jefe de Estado Mayor de la división de mi mando, que se hallaba también en la plazuela de la Tercera Orden con el sexto. La premura del tiempo no me había permitido dar estos pormenores por escrito, como me lo previene Ud. en su nota de ayer, de que contesto.

Quiera Ud., C. Mayor general, recibir las consideraciones de mi aprecio y respeto.

D. U. L. – Guatemala, convento de San Francisco, abril 18 de 1829.

El Comandante, INADELCIO D. CORDERO.

Documento N° VI: Comandancia de la brigada de caballería. Al C. Jefe de Estado, mayor general de los ejércitos aliados.

En cumplimiento a la orden que por nota de Ud. he recibido, fecha del día, contesto: Que el 10, como a las dos de la tarde, se me mandó de orden superior el que marchase una partida a obrar sobre la izquierda en unión de la división acampada en San Francisco; inmediatamente mandé al teniente coronel Argueta con 25 dragones, los que entraron en combate desde su llegada; se encontraron con toda la fuerza de caballería enemiga; dio dos cargas nuestra partida, haciéndoles como 20 muertos; y cuando intentó hacer la tercera, se encontró con un cuerpo de infantería, en número como de 300 hombres; nuestra partida no pudo hacer otra cosa que sostener el puesto a que había avanzado. Se pidió entonces de la izquierda más caballería, y marché yo en unión del teniente coronel Corzo, con 20 dragones más; dimos una nueva carga hasta encerrarlos en su trinchera, y perdimos de nuestra parte solamente al sargento 2° Paredes, que murió valiente, y el enemigo perdió como 12 hombres en esta última carga.

Es cuanto tengo que decir a Ud. en contestación a su nota, sirviéndose aceptar las protestas de mi aprecio.

D. U. L. – Abril 15 de 1829.

Cuando fui enterado de las circunstancias de este ataque, no pude dudar que el enemigo había percibido los peligros de que estaba amenazado del lado del Sagrario, y procuraba por todos los medios que le quedaban, hacer una inversión poderosa hacia San Francisco; penetrado de estos proyectos, volví al galope hasta el Sagrario para activar allí las operaciones por todos los medios posibles".

El 11 por la mañana, Morazán recibió la nota siguiente:
"Al C. Francisco Morazán, general en jefe del ejército de Honduras y de El Salvador.

Señor general: Creo haber llenado mis deberes defendiendo el Estado y la capital, hasta donde me ha parecido razonable.

Ahora propongo a usted se suspendan las hostilidades, ínterin se arregla una capitulación para la que estoy dispuesto, y espero se sirva usted decirme el punto a que deben concurrir los jefes que anunciaré al efecto.

Tengo el honor de ofrecer a usted mis respetos y consideración. – D. U. L. – Guatemala: 11 de abril de 1829. – *Mariano de Aycinena*".

Morazán contestó lo siguiente:
"Al C. Mariano Aycinena, general de las fuerzas que existen en la plaza mayor de esta ciudad.

Señor general: Acabo de recibir la estimable nota de usted en la que, al manifestarme haber cumplido hasta hoy con su obligación defendiendo este Estado y su capital, me propone suspensión de hostilidades para arreglar una capitulación, a cuyo efecto vendrán dos jefes por su parte al punto que señale. La posición en que me hallo no me permite perder un momento, ni convenir en otra cosa que no sea la rendición de la plaza, ofreciendo que se garantizarán las vidas y propiedades de cuantos existen en ella.

H. TERRELONGE

Creo, señor general, que está en los intereses de usted y de cuantos se halla a sus órdenes, el adoptar esta proposición, pues estoy seguro de que los nuevos esfuerzos no harán más que multiplicar víctimas y desmejorar su situación.

Tengo el honor de ofrecer a usted mis respetos y consideración. – Dios, Unión, Libertad. – Fecha ut supra. – *Francisco Morazán*".

Aycinena, viendo que la plaza no podía sostenerse por más tiempo, y no teniendo el valor necesario para hacer una resistencia más dilatada, contestó a Morazán de la manera siguiente:

"Al C. Francisco Morazán, general en jefe de las fuerzas de Honduras y El Salvador.

Señor general: Al excitar a usted para una conferencia en que pudieran fijarse las bases bajo las cuales pudiera ser ocupada esta plaza, no he tenido otro objeto que evitar la efusión de sangre y ahorrar víctimas a nuestra patria.

Veo con sentimiento que se desecha este medio tan necesario para arreglar puntos demasiado interesantes a ambas partes; y me queda la satisfacción de haber agotado mis recursos a fin de impedir la prolongación de los males consiguientes a la guerra. Aún es tiempo, C. General, de poner término a estos desastres, cuya responsabilidad no puede ya pesar sobre el Gobierno que es a mi cargo.

La conferencia sería indispensable aun cuando la plaza se hallase en el caso de una rendición, y no veo los inconvenientes que puedan impedirla, así como tampoco alcanzo que esta llegue a verificarse sin una suspensión momentánea de hostilidades por ambas partes.

Tengo el honor de repetir a usted las seguridades de mi aprecio. – D. U. L. – Guatemala: 11 de abril de 1829. – *Mariano de Aycinena*".

La nota que se acaba de ver fue contestada por Morazán así:
"Al C. Mariano Aycinena. – Cuando usted se sirva decirme que conviene en lo que le he propuesto en mi nota de hoy, estaré pronto

a admitir los comisionados que deban arreglar la capitulación, y entonces se suspenderán las hostilidades por el tiempo que sea necesario.

Señor general: los males de la guerra que afligen a Centroamérica, pesarán sobre los autores de ellos, y nunca sobre aquellos que la han hecho por defenderse y por sostener los derechos del pueblo.

Tengo el honor de protestar a usted mis respetos y alta consideración. – D. U. L. – Fecha ut supra. – *Francisco Morazán*".

Mientras se cruzaban estas comunicaciones, las fuerzas aliadas por una parte iban reduciendo a sus últimos recintos a los sitiados, y por otra parte, la deserción que estos sufrían era considerable; y Aycinena, horrorizado cada vez más de los estragos de la metralla, mandó con un oficial la nota que sigue a Morazán:

"C. Francisco Morazán, general en jefe de las tropas de San Salvador y Honduras.

Estoy de acuerdo con las bases que usted fija en su primera nota, y esto quise decir en la mía última.

En tal concepto, mandaré los comisionados al punto que usted designe, desde luego que se sirva darme el correspondiente aviso.

Reitero a usted mis consideraciones y respetos. – D. U. L. – Guatemala: 12 de abril de 1829. – *Mariano de Aycinena*".

Sin aguardar Aycinena que Morazán le contestara, envió a Arzú y Pavón con la comunicación siguiente:

"C. General Francisco Morazán. –Los CC. Brigadier Manuel de Arzú y teniente coronel Manuel Francisco Pavón son los comisionados que he nombrado para las conferencias en que se debe arreglar el modo en que ocupe usted la plaza con sus tropas.

Ya he dado mis instrucciones, y suscribo a cuantos ambos convengan.

Reitero a usted mis consideraciones y respetos. – D. U. L. – Guatemala: 12 de abril de 1829. – *Mariano de Aycinena*".

Los comisionados Arzú y Pavón celebraron con Morazán la siguiente capitulación:

"Art. 1°. – Desde esta hora habrá una suspensión de armas, y tanto el ejército del general Morazán, como el que se halla en la plaza, recogerán sus partidas a los puntos que ocupan, evitando todo acto de hostilidad.

2°. – Mañana a las 10 del día entrará el ejército sitiador a la plaza principal de esta ciudad.

3°. – Las tropas sitiadas se replegarán antes de este acto a sus cuarteles, y se depositarán en la sala de armas todas las existencias en la plaza mayor.

4°. – El general Morazán, si lo tuviere por conveniente, incorporará a su ejército los individuos de las fuerzas capituladas que no quisieren ser licenciados, ya sean de las milicias del Estado, o de la fuerza federal que exista unida a ellas.

5°. – Cuatro comisionados del ejército sitiador pasarán mañana a las 8 del día a la plaza, para asegurarse del cumplimiento del artículo 3°, y luego que se hayan recibido formalmente de todos los elementos de guerra y armas que existen en la plaza, darán aviso de ello, para la ocupación de la misma plaza.

6°. – El general Morazán garantiza las vidas y propiedades de todos los individuos que existan en la plaza.

7°. – Les dará pasaporte, si lo tuviere por conveniente, para que salgan a cualquier punto de la República o fuera de ella.

8°. – El general Morazán, y los comisionados a nombre del jefe que presentan, ofrecen, bajo su palabra de honor, cumplir esta capitulación en la parte que les toca.

En Guatemala, a 12 de abril de 1829. – Francisco Morazán. – Manuel Arzú. – Manuel Francisco Pavón".

He aquí todos los sacrificios y toda la sangre derramada por causa de la nobleza de Guatemala que, queriendo entronizar la tiranía, aniquiló a todos los pueblos del Centro con todos sus asesinatos e incendios.

Incendios de que fueron víctimas Comayagua y San Salvador y muchos pueblos cercanos a esta, y cuyo número ascendió a 1,268 casas en El Salvador.

Por doquiera que la nobleza mandaba sus huestes de mercenarios iba dejando señales de ruina y desolación. Pero cuando menos se esperaba, se levantó un guerrero hondureño y anunció a los pueblos que era llegado el día de su redención, y en unión de todos los liberales, desenvainó su espada y trozó aquel árbol fatídico, sembrando en su lugar el de la libertad, el memorable día 13 DE ABRIL DE 1829.

CAPÍTULO XVI
Entrada de las fuerzas de Morazán a la plaza de Guatemala. Prisioneros notables

SUMARIO: Desórdenes en la plaza de Guatemala. – Prisioneros. – Continuación de las *Memorias* de Morazán. – Prisiones del 19 de abril. – Consideraciones que se guardaron a los presos.

Cuando se supo que habían capitulado los de la plaza, unos cuantos comerciantes españoles repartieron sus mercaderías entre los soldados de Aycinena, porque decían que los salvadoreños se robarían todo. Esto produjo grandes desórdenes, que obligaron a Aycinena a suplicar a Morazán, por medio del sargento mayor Pedro González, ocupara aquel mismo día la plaza; y aunque Morazán se resistió, tuvo que ceder a las muchas y repetidas instancias y ruegos que González le hiciera. "Morazán, en virtud de estos ruegos, –dice el doctor Montúfar–, envió con una fuerza al coronel don Gregorio Villaseñor, no para que se hiciera cargo de la plaza inmediatamente, sino para que, colocándose a las órdenes de don Mariano Aycinena, sofocara la insurrección. Villaseñor buscó a Aycinena en el palacio arzobispal, y este jefe no quiso ya dar ninguna orden ni intervenir. El mismo Villaseñor dio parte a Morazán, quien ordenó que Raoul fuera a ponerse la cabeza de las fuerzas que habían entrado a la plaza. Así quedó sin efecto el artículo 5° de la capitulación redactado por Morazán, para cerciorarse de la entrega del armamento. Raoul, inmediatamente que se vio dentro de las fortificaciones, puso en libertad un gran número de presos guatemaltecos, que por ser liberales se hallaban en las cárceles. El 13 de abril, a las diez de la mañana, el general Morazán, a la cabeza del ejército entró a la plaza mayor y se alojó en el Palacio Federal".

El general Morazán dice: "La plaza fue ocupada al día siguiente de la capitulación, y yo me alojé en la casa del Ejecutivo. Pasados algunos minutos se me presentó el ministro de Relaciones del Gobierno Federal, y me entregó una nota del vicepresidente de la República, C. Mariano Beltranena, en la que me preguntaba si debería continuar en el ejercicio del Poder Ejecutivo. Los que recuerden que el vicepresidente, apoyado en el ejército del Estado de Guatemala, había usurpado el mando al presidente de la República, a nombre de la mayoría de los Gobiernos del Estado que componen la Federación, se persuadirán fácilmente de que mi contestación fue negativa".

En el mismo día mandé reducir a prisión al presidente y vicepresidente de la República, a los miembros de este, de Hacienda y Relaciones, y al Jefe del Estado de Guatemala. Esta medida ejecutada en cumplimiento de las órdenes que había recibido de los Gobiernos de los Estados, estaba en consonancia con mi opinión, de reducir el número de los presos al menor posible; y tenía también por objeto poner en absoluta incapacidad de obrar a los principales jefes que habían llevado a la guerra a los Estados".

Había muchos jefes de importancia que conspiraban contra el nuevo orden de cosas, y como muchos estaban fuera de la ciudad, fue preciso darles cita para las 4 p.m. del 19 de abril, en la Casa Presidencial, y una vez que estuvieron allí reunidos, fueron conducidos presos al edificio de la Universidad".

Continúa el general Morazán así: "A pesar de que en mi opinión, el número de los presos debía ser el menor posible, como lo había acreditado reduciéndolo a cinco individuos de los más notables, la de los pueblos, así como la de los Gobiernos de tres Estados, y la del ejército, era enteramente contraria. El Gobierno del Estado de El Salvador, por medio de sus comisionados, CC. José María Silva y Nicolás Espinosa, y el de Honduras y Nicaragua, por las exposiciones que se publicaron entonces, pedían el castigo de todos los culpables; y yo, que no desconocía la justicia de estos reclamos, y debía cumplir las órdenes de los jefes que habían depositado en mí su confianza, me vi obligado a reducirlos a prisión".

Sin embargo, los presos no fueron conducidos a bóvedas mortíferas, como en otras épocas, sino el convento de Belén, donde vivían con todas las comodidades posibles y con permiso de recibir a sus familias y amigos.

CAPÍTULO XVII
Morazán anula la capitulación

SUMARIO: Infracción de Aycinena. – Acuerdo de Morazán anulando la capitulación. – Continuación y fin de las *Memorias* de Morazán.

Aycinena, no obstante que se comprometió en el artículo 3° de la capitulación a depositar el armamento en la sala de armas, las ocultó en las bóvedas de la catedral de Guatemala. Morazán, convencido de este engaño, mandó seguir una información sobre si se había infringido dicho artículo 3°, y como resultara cierto, dictó lo siguiente:

"En la ciudad de Guatemala, a veinte de abril de mil ochocientos veinte y nueve. – Vista la información sumaria, mandada instruir con el objeto de averiguar la conducta que observó el jefe de las fuerzas enemigas que se hallaban en la plaza mayor de esta capital, el día 12 del corriente, después que esta se rindió a los ejércitos aliados por la capitulación celebrada en el mismo día; deduciéndose por el mérito de lo actuado que varios jefes y oficiales influyeron activamente, a vista de su general, para que los soldados se retirasen con sus armas a los pueblos de Los Altos; considerando que las deposiciones de los testigos intachables que han declarado, son confirmadas con el hecho de no haberse entregado más que cuatrocientos treinta y un fusiles, de los mil quinientos que existían entonces en manos de los que se hallaban en la plaza, como lo acreditan los estados del día 8 de este mes, advirtiendo también que esto lo hacen más indudable las actuales vejaciones que experimentan los que transitan los caminos de estas inmediaciones, en donde varias partidas de caballería e infantería se hallan asesinando y robando; estando al mismo tiempo demostrada la ocultación de armas por haberse entregado al jefe de Estado Mayor un número considerable de ellas después de reducidos a prisión los jefes que existían en esta plaza, sin haberse podido lograr antes, a pesar del bando publicado el 13 del corriente; y observando, por último, que fueron inútiles las diferentes reconvenciones que con este objeto se hicieron a varios sujetos que tenían interés en que se cumpliese la capitulación, he tenido a bien decretar y decreto:

1°. – La capitulación celebrada con los comisionados del jefe Aycinena en concepto de Comandante de Armas de esta plaza, es en todas sus partes nula y de ningún valor y efecto.

2°. – Que en consecuencia se haga publicar y circular esta declaratoria para los efectos convenientes. – *Francisco Morazán*".

A este respecto dice Morazán en sus *Memorias*: "No habiendo tenido mis reclamos para que se observase la capitulación ningún resultado favorable, expedí un decreto en el que manifestaba los motivos que tenía para no cumplirla por mi parte. El señor Arce ha querido inculparme por este hecho en sus *Memorias*: en ellas pretende demostrar con los mismos estados que yo cito, el no haber habido ninguna falta de parte de los vencidos. Si en dichos dos estados aparece un número de armamento casi igual, es porque en uno se comprendieron las armas inútiles que había en el almacén, en tanto que en el otro solo figuraban los fusiles útiles que se hallaban en manos del ejército enemigo. Varias pruebas podían aducir para poner en un punto de vista más claro el hecho a que me refiero, si el tiempo, que todo lo descubre, no hubiera venido a justificar la conducta que observé en aquella vez, presentando como una prueba irrefragable el armamento que de las bóvedas de la catedral de Guatemala sacó Carrera a la vista de todos; el mismo que, en el año de 1829, fue el objeto de mis reclamos, y la causa por que se anuló la capitulación. Mis hechos posteriores acreditan que no tuve otras miras. Por el artículo 6° de dicha capitulación se garantiza la vida y propiedades de todos los individuos que existían dentro de la plaza. Esta era la única seguridad que se les daba. A nadie se castigó con la pena de muerte; ni se le exigió, por mi parte, ninguna clase de contribución. *La capitulación fue religiosamente cumplida, aun después de haberse derogado.* La obligación cedió entonces su lugar a la generosidad, y no tuve de qué arrepentirme. Y no se diga que faltaba sangre que vengar, agravios que castigar, reparaciones que exigir. Entre otras muchas víctimas sacrificadas, los generales Pierson y Merino fusilados, el uno sin ninguna forma judicial, y arrancado el otro de un buque extranjero para asesinarlo en la ciudad de San Miguel, pedían entonces venganza, así como los incendios, saqueos de los pueblos de El Salvador y Honduras demandaban una justa reparación".

Continúa Morazán: "Pocos días después se comenzó a difundir en la ciudad la noticia de que se intentaba...". Hasta aquí escribió Morazán; y no dice lo que se *intentaba*. Pero se presume que se fraguaba una contrarrevolución, para lo cual se escondieron unas armas que el año 1840 sirvieron para atacar a Morazán, e hicieron una horrible matanza de salvadoreños, hecho odioso que se recordará siempre con indignación.

LIBRO SEGUNDO

COMPRENDE DESDE LA TOMA DE GUATEMALA POR MORAZÁN HASTA SU SALIDA PARA EL SUR

CAPÍTULO I
Sucesos que tuvieron lugar después de la toma de Guatemala

SUMARIO: El general Morazán asume todos los poderes. – Se condecora a Morazán. – Apertura de la Asamblea. – Indulto. – Decreto de la Asamblea de El Salvador. – Protestas contra Morazán. – Nota dirigida a Morazán. – Destierros. – España. – Oficio del general Morazán.

El general Morazán, desde la toma de Guatemala, asumió provisionalmente todos los poderes, pero convocando inmediatamente el Congreso y Senado, que fueron disueltos por Arce el año de 1826, e hizo trasladar a Guatemala las autoridades que en la Antigua se habían reinstalado desde el principio de la revolución.

La Asamblea de Guatemala acordó el 30 de abril condecorar al general Morazán con una medalla de oro, dictando también un decreto en que se le declaraba BENEMÉRITO DE LA PATRIA, y ordenando se colocase su retrato de cuerpo entero en el salón de sesiones. Por este mismo tiempo, la Asamblea de Honduras mandaba hacer dos retratos del mismo Morazán, con sus trofeos militares, y que se colocaran uno en el salón de sesiones y otro en el del Ejecutivo. [1]

A Morazán le colmaron entonces de felicitaciones, y cabildos enteros le prodigaban miles de elogios.

La Asamblea abrió sesiones, asistiendo a su apertura el jefe don Mariano Centeno, que se había encargado provisionalmente del Ejecutivo, en razón de no haber regresado aún de su destierro don Juan Barrundia. Este, a pesar de un acuerdo de la Asamblea, en que lo excitaba a tomar nuevamente las riendas del Gobierno, se excusó,

---

[1] Cuando se discutió en la Asamblea mandar hacer los dos retratos de que arriba se habla, el diputado Santos Bardales dijo: "que no era de mejor condición el general Bolívar, que hizo la independencia de las Repúblicas del Sur que el general Morazán, que ha dado vida a Centroamérica".

hasta que, obligado por las repetidas instancias del general Morazán, tuvo que ceder.

Esta Asamblea dio un decreto indultando a todos los que habían tomado parte en la revolución que acababa de terminar y a los que de cualquier modo hubiesen apoyado las autoridades intrusas de 1826.

En vista de este indulto, la Asamblea de El Salvador, entre otras cosas, decretó lo siguiente:

"1°. – Nombra de su seno dos comisionados para que manifiesten a las autoridades federales, a las del Estado de Guatemala y al general Francisco Morazán, los votos del Estado de El Salvador, y representen para que sean cumplidos estos mismos votos, que son los contenidos en los artículos siguientes.

2°. – El Congreso Federal debe circunscribir sus tareas a dar la convocatoria para las elecciones de los funcionarios federales, fijar el lugar de la residencia del Congreso fuera del Estado de Guatemala, y depositar el Poder Ejecutivo Federal.

3°. – Si el Congreso tomase conocimiento en otras materias que las contenidas en los artículos anteriores, el Consejo convocará la Asamblea, sin dar entretanto el Gobierno del Estado pase a resolución alguna.

4°. – Si el día 15 del próximo julio no se hubiese aún reunido el Congreso Federal, el Gobierno faculta al general Morazán para que en su nombre invite a los Estados de la Unión a fin de que procedan a nuevas elecciones.

5°. – Dentro de este tiempo ejercerá el Poder Ejecutivo el senador más antiguo, sin otras atribuciones que activar la reunión del Congreso por medio de las nuevas elecciones.

6°. – La Asamblea de El Salvador no reconoce en la del Estado de Guatemala facultad para *indultar*, sin anuencia de los Estados, a los facciosos trastornadores del orden público.

7°. – Declarada nula la capitulación celebrada entre el general Morazán y Mariano Aycinena, como comandante de la fuerza que existía en la plaza de Guatemala, los presos son verdaderos prisioneros de guerra de los Estados aliados, y por lo mismo sujetos a la jurisdicción militar de los mismos Estados.

8°. – La Asamblea del Estado de El Salvador excita a los otros Estados de la Unión a fin de que secunden sus deseos. Con este objeto el Gobierno comunicará a los mismos Estados el presente decreto...
....”.

Dice doctor Montúfar: que "don Manuel José Arce dirigió al general Morazán una protesta virulenta. En ella hace cargo al vencedor de cuanto se practicaba en la República contra la opinión del expresidente. Arce se jacta en sus *Memorias* de haber tenido valor para dirigir esa protesta a un tirano. El expresidente, que no comprendía bien muchas cosas, no se fijó en que los tiranos no soportan ese lenguaje. Si Arce hubiera dirigido su protesta al general Carrera, el protestante hubiera sido decapitado, como lo fue Corzo en Los Altos, y de su cadáver se habría hecho befa como se hizo befa del cadáver de Corzo".

Igual protesta le dirigieron don Antonio José Irisarri y don Manuel Montúfar. El primero se vanaglorió después por su desmedido valor de haber dirigido semejante protesta al general Morazán. "No se necesita valor –dice el doctor Montúfar–, sino otras cualidades, para insultar a un jefe que trataba a sus enemigos como el general Morazán trató a Aycinena en San Antonio". [1]

El Congreso se instaló el 22 de junio, y sus secretarios enviaron al general Morazán el oficio siguiente:

"Al C. General en jefe del Ejército Protector de la Ley.

En la mañana de este día, a las doce de ella, se ha declarado legítimamente constituido e instalado el Congreso Federal de la República, con todas las formalidades prescritas por la Constitución y por el acuerdo de la penúltima junta preparatoria: los representantes nuevamente electos han prestado el juramento de ley

---

[1] Recuérdese que Morazán no solo dejó en libertad a Aycinena de regresar a Guatemala, sino que le dio $3,000 para que se los diera a sus soldados en el camino.

al incorporarse con los que quedan del año de 1826, y en conformidad a lo que el reglamento previene, se ha hecho ya el anuncio del día señalado para la apertura solemne de sesiones.

El Congreso ha acordado que todo se comunique a usted para su inteligencia y fines consiguientes: que se le manifestasen al mismo tiempo los sentimientos de aprecio que le animan respecto de usted y de las tropas de su mando, por lo que sus esfuerzos han contribuido a tan fausto acontecimiento y que la noticia de este se traslade sin demora a los Gobiernos de los Estados de la Unión.

Tenemos el honor de decirlo a usted en cumplimiento de lo mandado; y el de ofrecerle nuestra consideración y particular aprecio. – Dios, Unión, Libertad. – Guatemala: Junio 20 de 1829. – M. Gálvez, diputado secretario. – Simón Vasconcelos, diputado secretario".

Los serviles, apoyados por el clero, preparaban una revolución que estallaría luego; pero habiéndoseles descubierto, el Congreso acordó expatriar al Arzobispo Casaus y a todos los frailes de los conventos, con excepción de los de La Merced y Belén, que nunca tomaron ningún participio en los asuntos políticos. Todos ellos fueron puestos a las órdenes de Raoul, quien los condujo a Omoa, donde los embarcó con dirección a la Habana; otros se embarcaron en Acajutla, con rumbo a Méjico.

España, que no había perdido la esperanza de volver a dominar las provincias americanas que se habían independizado, organizó una expedición para invadir a Méjico y en seguida a Centroamérica. El general Mariano Mantilla, jefe del distrito de Magdalena, participó estas noticias, las que, aunque con mucho retraso, llegaron a conocimiento del jefe del Estado de Guatemala, quien inmediatamente las comunicó al general en jefe de los ejércitos aliados, C. Francisco Morazán, que las contestó en los términos siguientes:

"He recibido la copia que usted se ha servido acompañar a su estimable nota del 12 del presente. Ella comprende la noticia que se ha dado al vicejefe del Estado de Nicaragua por la autoridad militar del distrito de Magdalena, en la República de Colombia, sobre prepararse una división española en la Habana con el objeto de invadir la de Centroamérica por el puerto de Omoa. Comprende igualmente la nota de la Asamblea, en que manifiesta su buena disposición para preparar todos los auxilios necesarios. El mismo vicejefe de Nicaragua me remitió hace días igual copia, y desde entonces dicté las providencias que me parecieron convenientes para asegurar los puertos del Norte, y poner en estado de defensa sus plazas, dando orden al mismo tiempo para que se arreglen las milicias de Gracias, Santa Bárbara, Usula, Yoro, Olancho y Sulaco, y que auxilien a los comandantes de Omoa y Trujillo. En virtud de estas providencias, han salido ya para Omoa 100 hombres de Gracias y 100 de Usula.

Tenga usted la bondad de ponerlo así en conocimiento de ese digno jefe y manifestar al Cuerpo Legislativo, que aprecio en el grado que debo, su buena disposición para proporcionar los recursos del Estado de Guatemala contra la invasión a la patria; y lo satisfactorios que me son sus sentimientos en un negocio de tanta importancia".

La noticia anterior coincidió con la invasión a Méjico del general Barradas, con 5,000 hombres, que pronto tuvieron que rendirse ante los mejicanos, que los acosaban por una parte, y la insalubridad del clima, que los diezmaba por otra. [1]

CAPÍTULO II
Regreso de Morazán a Honduras

SUMARIO: Domínguez subleva los pueblos de Olancho y Opoteca. – Salida del general Morazán para Tegucigalpa. – Morazán es nombrado jefe del Estado de Honduras. – Manifiesto que dirigió. – Nota de Morazán. – Triunfos de este en Las Vueltas del Ocote, y Opoteca. – Oficio del ministro general. – Morazán, pacificador de Nicaragua.

---

[1] Doctor Montúfar. – Reseña Histórica.

El coronel Domínguez, que había sido derrotado por Morazán en Gualcho, fomentó una nueva insurrección en Honduras, para lo cual se entendió con todos los refractarios a las nuevas reformas, sublevando a los olanchanos y opotecas.

Con este motivo, el general Morazán salió de Guatemala a sofocar los rebeldes, llegando de paso, y en demanda de auxilios, a San Salvador, donde se le dieron 400 hombres y continuó su marcha hasta Tegucigalpa, a donde llegó en los últimos días de noviembre.

El 5 de marzo de 1829, el general Morazán había sido electo por la Asamblea de Honduras, jefe de Estado, tomando posesión de este elevado puesto el 4 de diciembre de este mismo año ante la Asamblea que se había reunido extraordinariamente con este objeto.

Con esta misma fecha, el general Morazán dirigió un manifiesto a los pueblos insurgentes, concebido en términos demasiado bondadosos, sin que surtiera ningún efecto.

Viendo Morazán que los insurrectos cada día tomaban más cuerpo, dispuso ir a batirlos personalmente, para cuyo efecto depositó el mando en el senador Juan Ángel Arias; y el 24 de diciembre se puso en camino con las fuerzas que allí reunió y con otros 400 hombres que le había enviado el Gobierno de El Salvador.

De Morocelí dirigió Morazán el siguiente oficio:

Al C. Ministro de Guerra y Marina de la Federación. – Con fecha 23 del presente me dice el C. Coronel José Antonio Márquez, lo que copio:

Después de haberle contestado su apreciable de 14, y es lo que en ella le tengo comunicado, tuve parte el 21, y se me ha repetido hasta ahora por distintos conductos, es que el enemigo está reunido, y dispuesto a atacarme por diversos puntos; es que no se aguarda para esta operación, que debe ser el lunes próximo, más que la llegada del coronel Domínguez a este departamento, quien se halla en el de Yoro y está en estrecha correspondencia con los insurgentes de Agalta y Zapote, y aún se asegura que trae pertrechos y armamento. También se dice que Domínguez ha estado mucho tiempo dentro del departamento de San Miguel y en relaciones con los enemigos que existen en el Estado de El Salvador.

Qué sé yo si se quiera exagerar, pero también se me dice que trae alguna tropa armada del citado departamento de Yoro, que se ha pronunciado en su favor, inclusive algunos morenos de Trujillo. Yo no creo esta especie, aunque se me ha asegurado igualmente que las relaciones de comercio entre esta facción y el vecindario de Trujillo siguen como siempre, pues que actualmente se arrean para aquella ciudad dos partidas de novillos de alguna consideración, y hay, venidos de ella al pueblo de Zapote, un vecino del citado pueblo, Clímaco Martínez, y otro comerciante con varios efectos de ropa, aguardiente, etcétera.

Las Catacamas han estado en la hacienda de la ′Herradura′ antes de ayer, y ahora, cuando el mayordomo de dicha hacienda venía para acá, dejaba incendiados por los citados las barracas y atrincheramientos que en dicha hacienda formó la división del coronel Herrera.

Por otros varios antecedentes, que los forman una porción de pequeñeces, soy en creer que la fuerza enemiga se ha querido aparentar que está en el valle de arriba, se ha fingido el disgusto y deserción de las Catacamas, y todo es con la mira de cogerme descuidado para atacarme, o interponer las fuerzas para cortarme toda comunicación y auxilios con el supremo Gobierno.

La presencia de Domínguez ha animado necesariamente la facción, y será organizada en poco tiempo; todo se puede creer de la actividad y política de este. Un incidente semejante va a dificultar la pacificación del departamento de Olancho, porque los rebeldes cuentan con la protección de un hombre, que a su juicio puede dirigirlos con buen éxito; porque este sabrá seducir a los pueblos sencillos que no sabrían formar un plan, y que habían dirigido todos sus esfuerzos a eludir el castigo de los que se substrajeron a la obediencia del Gobierno, y marcharon hoy por el que les trace Domínguez; y este seguramente será el de formar una reacción general en la República para que la aristocracia vuelva a poner en práctica sus miras de opresión.

De todo se deduce que la suerte de la República se empeora cada día más; que la reacción se aumenta en este Estado, y que de un momento a otro se experimentará en los otros el contagio de este funesto mal. Nicaragua tiene pueblos desafectos, y sus directores han sido unidos a la aristocracia en todo el periodo de la revolución, sea cual fuere la conducta que observan en el día. En el Estado de El Salvador hay departamentos que, siempre unidos a los enemigos, han hecho la guerra a su capital. El de Guatemala está plagado de este vicio, y seguramente será el primero que se pronuncie a favor de los disidentes. Pero aún se puede evitar el trastorno general que nos amenaza si se me auxilia por el supremo Gobierno, o interpone su influjo para que lo haga el Estado de Guatemala, que es tan interesado como los demás en conservar el orden.

Sírvase, C. Ministro, ponerlo todo en conocimiento del senador presidente, y aceptar las consideraciones del alto aprecio que me merece".

Cuartel General, en marcha. Morocelí, diciembre 28, a las 4 de la mañana, de 1829. – *F. Morazán.*

El general Morazán engrosó sus fuerzas con el auxilio que le llegó de Guatemala, y entonces acosó a los rebeldes por todas partes, hasta que al fin los obligó a rendirse en el lugar denominado Las Vueltas del Ocote, el 21 de enero, celebrando una convención, mediante la cual se prometían los olanchanos a reconocer al Gobierno de Honduras.

De allí marchó Morazán precipitadamente sobre Opoteca, y cayó como rayo sobre los insurrectos, derrotándoles completamente el memorable 19 de febrero de 1830.

En cuanto se supo en Tegucigalpa la noticia de estar ya pacificados los pueblos de Olancho, el ministro general dirigió el oficio que dice:

"Ministerio General del Gobierno de Honduras. – Al C. Ministro de Estado y del Despacho de la Guerra del Gobierno Supremo de la Federación. – El general jefe supremo, Francisco Morazán, ha logrado terminar la guerra de Olancho, por medio de una capitulación que celebró con los comisionados de los pueblos disidentes de aquel departamento, según él lo comunica por separado a este Ministerio.

Mi Gobierno, penetrado de reconocimiento por los auxilios que el supremo de la Nación se ha dignado franquear con aquel objeto, me ha ordenado hacer a usted esta comunicación, para que se sirva elevarlo al conocimiento del C. Senador presidente, con el fin de manifestarle los sentimientos de su gratitud y darle las más expresivas gracias.

Quiera usted, C. Ministro, aceptar los votos de mi consideración, aprecio y respeto. – D. U. L. – Tegucigalpa: 9 de febrero de 1830. – *Liberato Moncada*".

Morazán tenía el proyecto de ir a su regreso a pacificar a Nicaragua, que se encontraba envuelta en una guerra civil, con cuyo objeto envió como comisionado a don Dionisio de Herrera, quien supo cumplir su cometido según los deseos del general Morazán, evitando de esta manera el viaje que este intentaba hacer.

CAPÍTULO III
Morazán es nombrado presidente de Centro América

SUMARIO: Elección de presidente de la República. – Personas que obtuvieron votos. – Lo que dice Montúfar. – Elección de Morazán. – Lugar en que este se encontraba. – Fecha memorable. – Morazán toma posesión. – Discursos de Lorenzana, Morazán, Marure y Barrundia. – Felicitaciones dirigidas a Morazán. – Devolución de la isla de Roatán.

Es el año de 1830, época en que concluye los periodos para que fueran electas las autoridades federales.

Se ha procedido en toda la República a la nueva elección, y han sacado votos para el desempeño del puesto más delicado el general Morazán, José Francisco Barrundia y José Cecilio del Valle.

Barrundia no ambicionaba la presidencia, y deseaba que recayera la elección en el general Morazán. Valle la anhelaba, y sin disputa alguna era el más sabio que había en toda la extensión de Centroamérica. Morazán tampoco trabajaba en su favor, pero en cambio, estaba coronado con los laureles hace poco conquistados no solo en los campos de La Trinidad, Gualcho, San Antonio, San

Miguelito y Las Charcas, sino también en Olancho y Opoteca, siendo además el pacificador de Nicaragua. "Su aureola en la pequeñez de nuestro suelo era la que rodeaba en grande escala a Bonaparte al volver de Egipto". [1]

El doctor Montúfar dice: "En junio se hizo el escrutinio. Los votos populares estaban divididos entre Morazán y Valle. Morazán tenía mayor número; pero para averiguar si había o no elección popular, era preciso que se declarara si sería la base el número de sufragios que la República tenía derecho a emitir o el de los sufragios emitidos y tomados en cuenta al tiempo del escrutinio. En el primer caso no había elección popular, y el Congreso debía decidir entre Morazán y Valle. En el segundo caso estaba electo popularmente el general Morazán. La misma cuestión se presentó el año de 25, entre Arce y Valle. Si se tomaban por base los sufragios que se debían emitir, no había elección popular. Si la base eran los sufragios emitidos, Valle estaba electo popularmente. Entonces el Congreso, para excluir a Valle, declaró que la base eran los sufragios que debían emitirse, y procediendo a decidir entre los candidatos fue electo Arce. Valle escribió luminosos folletos, demostrando que la base debían ser los sufragios emitidos y que se le había usurpado la Presidencia de la República. El año de 30, conforme al texto literal de los folletos de Valle, se tomó por base el número de los sufragios emitidos, y se declaró electo popularmente al general Morazán. Valle no reclamó. Para hacerlo habría tenido necesidad de combatir sus doctrinas y sus protestas del año 25. El Congreso Federal se componía casi en su totalidad de partidarios de Morazán. Si se declara que la base debían ser los sufragios que debieron emitirse, el Congreso habría procedido a decidir entre Morazán y Valle, y en aquellos momentos la elección no podía ser dudosa. Bastaba para la ambición de Valle haber podido competir desde su bufete de Abogado con Morazán, en días en que Centroamérica, políticamente hablando, casi no hacía más que tributar elogios al vencedor de Gualcho".

---

[1] Doctor Montúfar. – Historia de Centroamérica

Se había designado el 15 de septiembre para que tomara posesión de la Presidencia el general Morazán; pero, como aquel día se iba a emplear en la celebración de la Independencia, se resolvió transferirle para el día siguiente.

Morazán se encontraba a la sazón en Honduras, dedicado en hacer algunas reformas en los diferentes ramos de la administración pública, cuando fue llamado de Guatemala para que fuera a tomar las riendas del Gobierno Nacional, e hizo su entrada a aquella ciudad el 14 de septiembre por la tarde, entre las aclamaciones del pueblo.

He aquí una de las notas a que nos referimos en el párrafo anterior. [1]

---

[1] Morazán, además de haber sido llamado oficialmente, lo fue en particular por don José Francisco Barrundia, como se verá por la carta siguiente:

Guatemala, junio 22 de 1830. – C. Presidente Francisco Morazán. – Muy estimado señor mío. – Tengo la complacencia de felicitar a usted por la elección a la Presidencia que ha obtenido del pueblo, y se ha declarado por el Congreso. Al fin se completó la renovación constitucional tan deseada, y tan esencial para la marcha regular de la República. Usted la salvó de los tiranos, usted tiene a su cargo el afianzar sus leyes y libertades. Yo le envidio a usted su gloria al mismo tiempo que ansío por mi retiro, pues no nací para el mando. Ya está en un patriota firme que lleva una espada triunfante en favor de las instituciones y de los hombres libres. Pueda su brillo acabar de ofuscar a los miserables refractarios que tanto nos han denigrado. Usted entra ya en buen tiempo, cuando el orden se ha restablecido y se empiezan a cicatrizar las llagas de la República; pero es tanto o más glorioso el conservar la conquista que el hacerla, y esto último va a coronar el brillante principio de su carrera política. Véngase usted al instante; yo se lo exijo como amigo, y como un magistrado que está palpando la necesidad de que tome posesión el propietario para dar consistencia a las medidas más esenciales. La debilidad de un Gobierno provisional es tan patente que no necesita manifestarse a su penetración, y ningún plan formal y arreglado cual corresponde al estado de defensa que requiere la República y a sus relaciones exteriores, puede ahora efectuarse con el pie en el estribo para desmontar, como yo me hallo. Véngase usted, amigo mío, y llene los deseos del público liberal, de la mayoría de la nación que lo ha escogido, y de todos los hombres de bien que quieran dar estabilidad y vigor a nuestro Gobierno; de mí en particular que le deseo vivamente a usted tan bello honor, y a la República este alivio de sus males. He llamado al benemérito Prado con urgencia; pero me dicen que no podrá verificar su marcha antes que usted, y además, siempre hay el inconveniente del interinato, y de la oscilación en las providencias, aunque no tanta acaso como la hay ahora. Espero,

La historia centroamericana tendrá pocas fechas tan notables como la del 16 de septiembre de 1830, día en que fue elevado por el voto popular, el general Morazán, a desempeñar la primera magistratura de la Nación. Todas las autoridades civiles y militares, y multitud de invitados, estaban allí reunidos para presenciar el acto solemne en que el más abnegado de los patriotas del Centro entregaría al mando a su sucesor.

El presidente del Congreso dirigió al general Morazán, al prestar el juramento de ley, el discurso siguiente:

---

pues, que tendré el gusto de dar a usted pronto un abrazo, y de colocarla a usted por mi mano en el punto a donde usted me hizo subir por su victoria. Por acá todo va bien; aunque pobremente hay lo suficiente para la guarnición actual. El Estado está en completa armonía y tiene su regular milicia para mantener el orden.

Le recomiendo a usted mucho que no demos ningún paso de gran movimiento en el orden actual, que conviene continuar sin novedad, pues al fin veo que este sistema ha echado ya raíces nacionales, y que con prudencia y energía puede irse consolidando más y más; fuera de que no hemos quedado muy vigorosos para exponernos a nuevos sacudimientos. ¿Creerá usted, amigo mío, que en medio de nuestros males, estoy en la inteligencia que no hay en el día una República hispanoamericana que esté mejor que la nuestra? Conviene, pues, que no alteremos en la sustancia nuestras instituciones y que formemos un plan inalterable de quietud, de sosiego, de transacción en nuestras desavenencias y de simplicidad republicana. Me persuado de que usted pensará como yo.

El gran negocio del canal de Nicaragua presenta a usted la más bella ocasión de una empresa grandiosa, digna de su ambición y de su nombre. Este negocio va muy bien. Si las propuestas se aprueban y verifican, usted tendrá el indecible placer de hacer en su tiempo la gran revolución comercial que va a trastornar el mundo en favor nuestro y de ponernos en una actitud respetable contra las pretensiones de todos nuestros vecinos. Después de dar el triunfo a la Constitución, después de expeler al monstruo del fanatismo y de las reacciones y purgarnos de frailes y refractarios, no es un objeto de menos valer hacernos el emporio de las relaciones del mundo. Esta lisonjera perspectiva es capaz de suavizar a usted los males y penalidades de un Gobierno, y aun de hacérsele apetecible. Yo me alegro de solo contemplar tan bellos objetos. Estoy de buen humor, y veo que a un tiempo he logrado presentar la República tranquila y libre, y entregarla a un patriota firme que ha nacido para grandes cosas. Venga usted, pues, pronto, a realizar este deseo, el más ardiente de su afectísimo amigo Q. S. M. B.

J. BARRUNDIA

"El décimo año de nuestra Independencia ha venido a ser la segunda época constitucional de la República. Si se cuentan los años transcurridos, la hallamos atrasada por algún tiempo, pero no es este el modo de mirar en los fastos de una nación. Los grandes hechos fijan las épocas que se eternizan por la historia, y son los que dan a los pueblos su esplendor. Dos principalmente caracterizan nuestra edad. La noble espada, espada de dos filos, del guerrero patriota que batió a derecha e izquierda el fanatismo y la tiranía; y conservando las instituciones que se diera el pueblo soberano al sacudir el yugo de la dependencia, selló con sangre el dogma de la soberanía nacional, y cegó los planteles odiosos de las ideas que lo combatían.

Las conquistas y las reconquistas riegan el suelo con sangre, y siembran al paso calamidades y miserias. Se afirman las primeras por el terror y la destrucción; y las segundas no se logran sin destruir grandes obstáculos. Son los derechos del hombre el objeto de la ambición desenfrenada de pocos; pero los más fuertes, ellos las han conquistado por sí solos, por lagos siglos, y en muchas y diversas naciones.

Los pueblos tienden ahora en todas partes a reconquistarlos. ¿Dónde está el ejemplo singular de que en esta lucha no se hayan experimentado desastres? Llórelos el hombre sensible enhorabuena; yo también me contristo a su aspecto; pero cuando a través de infortunios pasajeros se descubren bienes permanentes, ¡Oh, cuánto no debe ser nuestro regocijo!

Por poco, después de haber logrado nuestra independencia, una facción queriendo obligar al pueblo con la espada a mudar de instituciones, le usurpa. Por poco, alzándose el pendón monacal entre sus banderas, abisma en una guerra cruel de religión a Centroamérica. Ya, empero, después del triunfo de los libres, nadie osaría atacar las libertades públicas, ni invocar bajo el manto de la religión el nombre de Dios en favor del sistema opresor.

Ciudadano presidente: el pueblo ilustrado de Centroamérica bendice vuestra espada. Si algunos detestan vuestros laureles, porque no os lo debemos ocultar, estos también recogerán ya, aun sin saberlo, los bienes opimos de una victoria que extinguió los gérmenes de la discordia, y de inminentes y perpetuas contrarrevoluciones. Eran institutos varios e incapaces de amoldarse al régimen que establece por bases la libertad, la igualdad, la seguridad y propiedad de los asociados. Vuestra es ahora la empresa de conservar los felices resultados de la victoria. El pueblo centroamericano os la ha confiado con las riendas del Gobierno; y sus representantes, gozosos de hallar el discernimiento, la justicia y la gratitud en su elección, nada más desean que hallar en la cabeza de la República un juicio recto que sepa objetar sus determinaciones cuando os parecieren peligrosas e inasequibles, y adoptarlas de buena voluntad cuando no fueren desviadas de la senda que conduce a la felicidad pública. La representación nacional cuenta con vuestro fuerte brazo para defender la patria y sus leyes sacrosantas; y con vuestro patriotismo, no solo para conservar, sino para aumentar en lo posible los bienes comunales.

Difíciles son aún las circunstancias de la República; no es el placer tranquilo, no es el descanso para los funcionarios de un pueblo naciente; ¿pero qué obstáculos hay que no pueda vencer la armonía entre sus poderes, la confianza en sus gobernantes y los conatos del civismo ilustrado por afianzar la paz, conservar el orden público y dar impulso a todas las cosas que hacen prosperar las naciones? La nuestra será feliz, C. Presidente. Para la generación actual, para nosotros, los funcionarios públicos, más inmediatamente son los trabajos; quizá la ingratitud será nuestra recompensa; más la posteridad ¿no recordará el nombre de los fundadores de la República? ¿No conservará en las páginas de la historia el de los defensores de sus instituciones, el de sus conservadores, el de aquellos que haciendo desaparecer el espíritu odioso de partido, derramaron la confianza y el placer en los corazones de sus compatriotas? Duerma, enhorabuena, el mío en el pacífico olvido, con tal que mi último sentimiento sea el de la consoladora esperanza de un feliz porvenir para la patria. – *E. Lorenzana*".

El general Morazán le contestó en los siguientes términos:

"Los centroamericanos han practicado uno de los actos más dignos de su soberanía, nombrando el que debe colocarse en el Poder Ejecutivo Federal, y yo tengo el honor de haber sido el depositario de su confianza. Confianza tanto más respetable y sagrada para mí, cuanto es de grande y temible a los celosos ojos de la Nación, después de los inmensos peligros a que se vio expuesta en las manos del primer elegido del pueblo.

No era posible prometerme en las varias posiciones en que me colocaron los diversos acontecimientos de la revolución que terminó en 1829, que mis pequeños servicios llegasen a merecer la confianza con que me han honrado los Estados prefiriéndome a sus hijos más beneméritos.

Cuando abracé la causa común, no existía un solo principio de esperanza, sino es para aquellos que desean morir en defensa de la ley. La República se hallaba envuelta en una guerra insensata y fratricida, desacreditando el nombre centroamericano, sin mancilla hasta entonces, pronunciado después con desprecio por los enemigos de su engrandecimiento, y próximo a sepultarse en las ruinas de la patria ese puñado de valientes defensores de la libertad, que, arrostrando toda clase de peligros para salvarla, supo arrancar con la palma de la victoria a los enemigos, y reivindicar el honor nacional.

Estos hijos predilectos existen entre nosotros, en unión de otros muchos, cuyo mérito conocido e ilustración acreditada en diversos tiempos, ha justificado que son más dignos que yo de merecer la confianza que se me dispensa, y capaces de gobernar, principalmente en tiempos peligrosos.

Esta satisfacción, la mayor a que puede aspirar el ciudadano que se interesa en la felicidad de su patria, será siempre muy lejos del que se halle colocado en mis circunstancias. Aun aquellos que poseen los profundos conocimientos que constituyen la difícil ciencia de gobierno han desacreditado muchas veces esos descubrimientos que pasan ya como verdades, cuando no han consultado con la experiencia para su aplicación. El pueblo soberano, sin embargo, me manda colocarme en el más peligroso de sus destinos, y debo obedecer sus respetables preceptos, y cumplir el solemne juramento que acabo de prestar en vuestras manos. En su observancia ofrezco sostener a todo trance la Constitución Federal que he defendido como soldado y como ciudadano. Ella establece como una de sus bases la Santa Religión de Jesucristo. Esta ha triunfado del fanatismo que la desacreditaba; y muchos de sus ministros que excitaban en su nombre a la matanza y a la destrucción, han justificado con su conducta, la providencia que los separó de la República, y han descubierto desde el lugar de su destierro las miras criminales del tirano español a quien servían. La religión se presenta hoy entre nosotros con toda su pureza, y sus verdaderos enemigos que la tomaban en sus labios para desacreditarla no la harán aparecer ya como el instrumento de las venganzas. Yo procuraré que se conserve intacta, y que proporcione a los centroamericanos los inmensos bienes que brinda a los que le profesan. Las comunicaciones que van a establecerse con la Silla Apostólica aquietarán las conciencias de los verdaderos creyentes, y harán cesar la orfandad en que se halla nuestra iglesia.

Las relaciones exteriores se conservarán o aumentarán en razón de su utilidad, procurando siempre que el orden interior, y los progresos del sistema hacia su perfecta consolidación, faciliten las que deben tener por resultado el reconocimiento de la independencia, el aumento del comercio, de la riqueza y de la población. Con este interesante fin, nuestras leyes llaman al hombre ilustrado e industrioso, sin examinar su origen, ni su religión; el centroamericano lo recibe con sus brazos abiertos, y el Gobierno lo protege.

La alianza de los pueblos americanos, aunque se ha frustrado hasta ahora, no está lejos el momento de ser puesta en práctica esta combinación admirable. Ella hará aparecer el nuevo mundo con todo el poder de que es susceptible por su ventajosa posición geográfica e inmensas riquezas, por la justicia de los gobiernos y por la identidad de sus sistemas; por su crecido número de habitantes y, sobre todo, por el común interés que los une.

El ejército que debe conservar el orden interior y defender la integridad de la República, procuraré que sea capaz de llenar estos dos objetos grandes. Se perfeccionarán las fortalezas de los puertos y se pondrán estos en el mejor estado de defensa.

La Hacienda Pública ha podido cubrir hasta ahora la pequeña suma a que ha sido reducida la lista civil y militar, en el tiempo que ha gobernado mi digno antecesor, el senador C. José Barrundia. Todo es debido al sacrificio voluntario que a su generoso ejemplo han hecho de una parte de sus sueldos los funcionarios y al pequeño número a que ha sido reducido el ejército. Pero no será posible que satisfaga en lo sucesivo los gastos más precisos, si al mismo tiempo que se cree la fuerza que debe sostener la independencia, se amortiza la deuda extranjera, origen en mucha parte de nuestras desgracias, y se paga lo que ha sido necesario contraer para dar la paz a la República. El arreglo de este ramo interesante exige la ocupación exclusiva de los legisladores.

La instrucción pública, que proporciona las luces, destruye los errores y prepara el triunfo de la razón y de la libertad, nada omitiré para que se propague bajo los principios que la ley establezca. Por desgracia, hasta ahora mucha parte de la juventud se ve entregada en manos de la ignorancia y la superstición. Los funestos vicios del sistema colonial se trasmiten entre nosotros, de padres a hijos, y el trastorno y las revoluciones que se han repetido en los Estados desde su independencia son la escuela en donde aprende a conocer sus derechos esa desgraciada y preciosa porción de la República que es la destinada a consolidar el sistema que nos rige.

Los diversos obstáculos que se han opuesto harán ahora a las miras benéficas de los que han intentado dar a la industria la protección que merece, es tiempo ya de removerlos; nada omitiré, que se halle en mis facultades, para mejorar este ramo interesante y para darle impulso al mismo tiempo que a todo lo que sea de utilidad general.

Tal es la apertura del canal en el Istmo de Nicaragua. Esta obra grandiosa por su objeto y por sus resultados, tendrá el lugar que merece en mi consideración; y si yo logro destruir siquiera los obstáculos que se opongan a su práctica, satisfaré en parte los deseos de servir a mi patria.

Cuando una nación llega a sufrir grandes revoluciones y trastornos en su orden interior, sus más celosos hijos se dedican a examinar la causa que las produjo; y los centroamericanos, animados de tan sublimes sentimientos, se ocupan hoy en investigar el origen de los males que han afligido a la República.

A los legisladores toca removerlos y destruir los obstáculos que se oponen a la consolidación del sistema. Desde Costa Rica hasta Guatemala, una sola es la opinión, unos los sentimientos y deseos que animan a los centroamericanos. Todos tienen fijas sus esperanzas en el primer poder de la nación. Todos, sin excepción, esperan que los ilustrados patriotas que lo componen harán la felicidad general.

Los representantes de la Asamblea Nacional Constituyente, al determinar el carácter y fisonomía política del Gobierno que nos rige, trazaron una senda segura a sus sucesores y proporcionaron al Congreso de 1830 la gloria inmarcesible y pura de dar la última mano a la grande obra de nuestra legislación. Los sucesos lamentables e inopinados que han privado de este honor a sus antecesores, al paso que obligan a hacer recordaciones sensibles y dolorosas, presentan al mismo tiempo lecciones importantes, escritas en libro de una costosa experiencia. Si de ellos saben aprovecharse los legisladores, evitarán en lo sucesivo su triste repetición, y fijando para siempre los destinos de la patria, levantarán también un monumento hermoso del honor y gloria a que son acreedores.

La independencia que se halla amenazada por el enemigo común recibirá nuevas garantías y seguridades. Los pueblos que han sabido sostener la libertad, cuando el pacto social se veía disuelto a esfuerzos de las intrigas y maquinaciones de los enemigos del orden, sin regla fija que pudiese dirigir sus pasos, y abandonados a sus propias opiniones y recursos, sabrán también sostener la integridad de la República, bajo los auspicios de tan beneméritos representantes, protegidos por ese código sagrado, objeto caro de sus fatigas.

Si los centroamericanos logran satisfacer sus vehementes deseos, gozarán sin duda del precioso fruto que les ha proporcionado sus desvelos. Y si yo soy el elegido por la Divina Providencia para ejecutar los decretos que aseguren la libertad y sus derechos de un modo estable, serán cumplidos mis ardientes votos. Una ciega obediencia a las leyes que he jurado, rectas intenciones para buscar el bien general, y el sacrificio de mi vida para conservarlo, es lo único que puedo ofrecer en obsequio de tan deseado fin. Cuento para ello con los consejos de mis amigos, con el voto de los bienes, y con la cooperación de esos pueblos, cuyas virtudes cívicas y valor acreditado en las circunstancias más difíciles, han formado ya una patria para los verdaderos centroamericanos, y han dado lecciones tristes a sus enemigos, de que no se atenta contra ella impunemente. Subo, pues, a la silla del Ejecutivo, animado de tan lisonjeras esperanzas. – *F. Morazán*".

Don Alejandro Marure, a nombre de la Asamblea, dirigió al general Morazán la alocución que sigue:

"Ciudadano presidente: La Asamblea Legislativa de este Estado felicita a usted por su elevación a la silla del Poder Supremo Nacional. Siente el más vivo placer al contemplar al hijo de la victoria, sosteniendo con la autoridad legítima y constitucional, los derechos y la libertad de un pueblo que reconquistó usted con triunfos singulares. Este Estado es reconocido a tanto beneficio: su representación hoy nos honra confiándonos la comisión de hacerlo así presente a usted, y también de manifestarle la espontánea voluntad que tiene de hacer en adelante los mismos servicios que actualmente ha prestado al Supremo Gobierno, de mantenerse firme y continuamente unida a él y de probar en todo tiempo su amor decidido por la ley. Nosotros, a la vez, ofrecemos a usted nuestro respetuoso afecto hacia la persona de usted".

Morazán contestó a Marure estas cortas, pero expresivas frases:

"El sistema federativo solo puede sostenerse por la íntima y estrecha unión de los Estados entre sí y con el Gobierno Nacional;

por lo mismo, me es muy grata la actual demostración de la Legislatura de este Estado, con la cual deseo vivamente mantener la mayor armonía, sin perdonar para ello medio ni sacrificio alguno".

Por último, el C. José Francisco Barrundia tomó la palabra y dijo:

Ciudadanos Representantes: La orden del Congreso está cumplida: ninguna más grata a mi corazón. Ella termina mis cuidados públicos del modo más satisfactorio y nacional. Ya tenemos en su silla al primer Magistrado del pueblo. Su espada restableció la ley, su brazo debe ejecutarla. Su mérito lo ha elevado al puesto eminente de donde se producen grandes males o grandes bienes; en donde un deber inmenso gravita sobre sus hombros, donde se aniquilan todas las miras individuales, y se reprimen todos los deseos y placeres, y solo se inflama la gloria, y arden las virtudes públicas, o bien donde la ambición desarrolla la perversidad del carácter y vuelve contra sí mismo el poder nacional y esclaviza al pueblo.

Tal es el mando supremo que sobre los terribles riesgos que amenazan a la virtud del que lo ejerce, le rodea de todas las inquietudes y le penetra de todos los males de la patria. Su corazón es el centro de todos los ciudadanos; su conducta el blanco de todas las censuras, y su destino el objeto de la malignidad y de la envidia. Brilla de cuando en cuando, como relámpago, la gloria de un suceso plausible o el sentimiento inefable de hacer el bien general. Desaparece entonces el nublado de los ciudadanos públicos, y el alma se dilata noblemente; pero este pasajero cede luego al paso enorme de mil atenciones penosas, de las pasiones enemigas del poder, y de la continua lucha entre el yo particular y el yo del magistrado público.

¡Cuán poderoso es su brillante cargo, C. Presidente! ¡Cuán difícil su marcha!

Mas usted ha librado la patria, usted tiene el aliento de un vencedor glorioso, y ahora el pueblo soberano lo ha hecho el depositario de sus leyes, de estas leyes que tanta sangre costaron a los hijos de la libertad conducidos por usted a la victoria.

La Nación, al elegirlo, está firmemente persuadida que usted será su más fiel guarda, y que sacrificará su existencia por esta Constitución que aseguró sus triunfos, porque fue el objeto de ellas. Usted ha tenido el placer de contemplar el orden general y la paz venturosa que ha reinado en la República desde que restableció sus poderes supremos; usted ha visto el feliz efecto de vuestros trabajos y combates. Mande ahora, pues, bajo estas caras leyes, y bajo la sombra celestial de la libertad establecida. Nunca la adulación insinuante, nunca la separación orgullosa de los CC. contamine su virtud y lo extravíe de la senda recta y luminosa. Accesible a las quejas del público y de los particulares, severo al astuto y lisonjero cortesano; sus méritos tendrán todo realce, y su gobierno acierto y opinión.

La experiencia me da un derecho a recomendarle con particularidad la unión íntima con los demás poderes supremos de la Nación y con los de este Estado, cuyo glorioso sacudimiento al acercarse le dio el último triunfo y ha sostenido con esmero a la federación vacilante. Su capital es la cabeza de la República, y debe ser el centro armonioso de los poderes supremos. Cualquiera divergencia entre ellos produce la desorganización de la República. Si el corazón de las autoridades se paraliza o altera en sus funciones, la Nación toda se destruye; los enemigos triunfan; los expulsos y los españoles restablecen su dominación infausta.

Usted, que ha sido fuerte para salvar las leyes y la patria, sea enérgico para conservarlas, y sobrepóngase a las miserables inquietudes de pequeñas discordias domésticas, que por lo regular degeneran en espantosos males y levantan la guerra civil. Qué el grande objeto de la salud pública y de la libertad de la Nación, hagan desaparecer a ante sus ojos todos los intereses de inferior orden, todas las miras locales y todos los sentimientos vulgares.

De la simple condición de un ciudadano se ha elevado a la esfera de los hombres que presiden el destino de las naciones. Corresponda, pues, a su suerte, y a la confianza gloriosa que le hace hoy el pueblo centroamericano. Sálvelo de las escisiones anárquicas y de los proyectos funestos que meditan en la tiniebla de su deshonra lanzados de su seno y abrigados por el extranjero. Desmienta sus viles calumnias, defendiendo y conservando en todo su esplendor el gran código que está ahora en sus manos. La libertad, los derechos del pueblo están confiados a la sabiduría de sus medidas y a la rectitud de sus intenciones. Ya ha sido el soldado de la patria; ahora sea el Magistrado de sus voluntades y el brazo del pueblo soberano.

Y ustedes, ciudadanos, que presencian este acto augusto, que hace terminar completamente nuestra revolución, y nos presenta al elegido de la Nación con todos los caracteres de la legitimidad y del voto público, respeten al jefe de la República, y en él al depositario de las leyes. Ustedes pueden, ustedes deben, censurar su conducta si llega a ser necesario, deben prestarle sus auxilios y sus luces, deben esclarecer sus pasos y hacer resonar en su oído la voz de la justicia con toda su majestad y con toda la energía de hombres libres. Pero no quiera el cielo manchen sus escritos ni sus reclamaciones o debates públicos con el baldón o el sarcasmo.

Cualquiera defecto que pueda notarse en el Magistrado del pueblo, y más en el Ejecutivo nacional, debe advertirse con decoro y aún con el sentimiento delicado y culto del que desea disculparle. Tengan presente que el poder o se desdeña o se exaspera; pero jamás se corrige con una censura irrespetuosa y violenta; y sobre todo, que el honor o el vituperio de la primera autoridad reflectan siempre sobre ustedes y sobre la Nación misma. Nada hay que decir del malvado que emplea la calumnia y el infame libelo. Jamás ha sido este el arma de un hombre libre. El ciudadano acusa siempre con dignidad y con decoro; el esclavo y el cobarde cuando no adulan, ultrajan y difaman. Júntense, pues, al derredor del jefe de la República, sosténgalo y adviértanle, y opongan siempre a la discordia y a los rumores, impostores funestos que siempre se emplean en derrocar a la autoridad, una muralla de buen sentido y patriotismo.

Obedézcanle y unidos espontáneamente a su esfuerzo para ejecutar las leyes, y a sus proyectos para defender y engrandecer la patria.

Yo me retiro de este alto puesto.

Tengo dos satisfacciones: la una, que mi conciencia es pura, y que mi corazón justifica mis intenciones en el mando; que la República está tranquila, y que no temo sus miradas. La otra, que mi patria ha confiado sus caros derechos, su destino y su crédito al hombre que la salvó de la tiranía, y que tiene a su disposición todo el carácter y los elementos necesarios para obrar el bien, que su interés particular está unido al interés público, que su gloria es la de la Nación, y que nadie debe estar más afectado que él mismo, de la conservación de su propia obra.

Ciudadano presidente: El concepto de vuestro gobierno, la felicidad pública, vuestra existencia misma, dependen de la respetuosa exactitud con que observareis y sostuviereis esa Constitución enrojecida con la sangre de los libres. Su infracción produce su caída, la de todos sus derechos. Ella es, pues, la única norma, la seguridad y el ornamento del Gobierno. – *José Barrundia*.

Morazán, con motivo de su exaltación al Poder Supremo de la Nación, fue felicitado por todos los Estados y pueblos de Centroamérica. Todos los habitantes de la ciudad de Guatemala se entregaron de lleno a celebrar aquel fausto día. y en medio de sus regocijos, dirigieron a Morazán los siguientes versos:

Tu esfuerzo extraordinario, tu prudencia
Volvió a la madre patria del abismo,
A donde conducirla pretendieron
Ingratos hijos.

Ya que tranquila en reparar se ocupa
De la escisión sus males, las heridas,
Peligros inminentes, otros riesgos
Se le aproximan.

Mas ella previsora, justa y grata
A tu brazo confiando sus destinos.
Su primer silla os depara, ven a darla
Nuevos servicios.

En ella del Borbón su negro intento,
Sus empresas inicuas, temerarias,
Haz que escollen, y el Centro tumba sea
De la hora esclava.

Este campo espacioso a tus servicios
Reserva aún mil laureles a tus sienes
A la patria, de paz, sosiego y dichas
Días serenos.

Estando Morazán de presidente fue devuelta a Centroamérica la isla de Roatán por la Inglaterra, debido a los trabajos y esfuerzos del ilustre patricio José Francisco Barrundia.

CAPÍTULO IV
Morazán en la Presidencia

SUMARIO: – Morazán salva la patria. – Lo que era Guatemala. – La elección de Morazán forma una nueva era. – Leyes progresistas. – Efecto de las guerras. – Asociación de Morazán para atender mejor a la cosa pública. – Morazán es fiel observador de las leyes.

Jamás la patria centroamericana se había visto gobernada y regida por los medios legítimos, como es la legitimidad que da el pueblo soberano, el pueblo rey.

La patria de nuestros mayores se hundía en la noche eterna de los tiempos, impelida por la fuerza de la ignorancia y del fanatismo que entorpecen al hombre, transformándolo de ciudadano en paria; cuando un guerrero blandiendo su espada a la cabeza de un puñado de hombres sedientos de libertad dio en tierra con aquel gobierno fatídico de los aristócratas, fundando en su lugar el de la democracia.

Francisco Morazán, el hombre predestinado por la Divina Providencia para volver la vida a los Estados del Centro, no se conformó solo con salvar a Honduras del ominoso yugo que la tenía asida, sino que voló a proteger a nuestros hermanos, los salvadoreños, que se encontraban amenazados por el enemigo común, y después, unido con este pueblo heroico, "caminó de victoria en victoria seguido de todos los pueblos y de los hombres más competentes de la República, cuya misión se cumplió el 12 de abril de 1829". [1]

Guatemala era por entonces una guardia habitada por búhos, que vivían en plena noche, sin que un rayo de luz de la antorcha de la civilización los alumbrara, y donde no se oía más que la voz de María Teresa de la Santísima Trinidad de Aycinena, relatando sus disparatados milagros; y la de los marqueses hablando de sus carcomidos pergaminos, en que estribaban su superioridad y su nobleza.

La nobleza servía de sonrojo y vergüenza a los ciudadanos, puesto que ya por aquellos tiempos eran los títulos nobiliarios un sarcasmo en las Repúblicas de América.

Morazán hirió de muerte a esa nobleza que se creía por derecho divino la llamada a gobernar, y a ver a los demás hombres como seres inferiores a ella.

La elevación de Morazán hizo cambiar de faz a Centroamérica y una nueva aurora sonrió en el horizonte de nuestra patria.

Fueron aprobadas nuevas y progresistas leyes, reglamentando la instrucción pública, como medio eficaz para combatir la ignorancia: se estableció una Academia, reasumiendo en ella el Colegio de Abogados, la Universidad de San Carlos y el Protomedicato; las industrias fueron protegidas; se decretó la libertad de imprenta que en lo sucesivo fue práctica; reconociéndose al mismo tiempo los derechos que por su naturaleza son innatos al hombre; la libertad y el progreso eran ya una realidad.

Como los años anteriores se habían compuesto solo de guerras fratricidas y asoladoras, estaba el país sumido en la miseria, decaídas las empresas y olvidadas las industrias.

---

[1] Álvaro Contreras. – Historia de las revoluciones centroamericanas.

Morazán, para atender mejor a las necesidades de la Nación, y para poderla sacar de la abyección en que la había dejado el partido servil durante el largo tiempo que permaneciera entronizado, se rodeó de todos los personajes más ilustres y notables que existían en el país, dictando leyes sobre hacienda para aumentar las rentas y levantar el crédito nacional, y otras relativas a los diferentes ramos de la Administración Pública.

La inmigración fue protegida con preferencia.

Viendo las naciones extranjeras el rápido vuelo que en el camino del progreso daba Centroamérica, se aceleraron a ofrecerle su amistad, celebrando tratados por los cuales se protegía el comercio, y acreditando inmediatamente sus ministros diplomáticos y consulares con residencia fija.

Morazán fue siempre el fiel observador de la Constitución que había jurado respetar, manteniéndose "respetuoso y sumiso a la ley, acatando siempre los cuerpos representativos de la Nación, y en medio de lo espinoso de las circunstancias, supo mantener la respetabilidad del mando, haciéndolo al mismo tiempo suave y apetecido de todos". [1]

CAPÍTULO V
Morazán se prepara a la guerra que hacen los serviles

SUMARIO: Paz de Centroamérica. – Invasiones. – Precauciones que no se tomaron en 1829. – Lo que decían los serviles de Morazán. – Traslado de este al Salvador. – Noticias que divulgaba Cornejo. – Se intima a Morazán. – Segregación de El Salvador. – Protesta de los Estados. – Política de Gálvez.

Centroamérica toda disfrutaba de una completa paz, gracias a la benéfica Administración del general Morazán, cuando una guerra servil vino a interrumpirla.

---

[1] Marure. – Bosquejo histórico de Centroamérica.

112

El partido conservador preparó otro golpe sobre el nuevo orden no ha mucho tiempo establecido.

La República fue invadida por el expresidente Arce, por el lado de Soconusco, el coronel Vicente Domínguez por Trujillo y Ramón Guzmán por Omoa, operando todos ellos de acuerdo con don José María Cornejo, jefe del Estado de El Salvador.

Este fue el triste resultado de no haberse cumplido por los sitiados las condiciones convenidas para la rendición de Guatemala, el año de 1829, pues de lo contrario no se hubieran fugado Domínguez y otros, y se habrían evitado así las calamidades que la nueva guerra traía al país.

Los serviles decían que Morazán era un déspota, un tirano. Don Juan J. Aycinena en uno de sus escritos, dijo: "En 1829, un soldado con la espada en la mano holló con tanto descaro como escándalo, las garantías sociales, las leyes, los derechos naturales del hombre y hasta los sentimientos de humanidad". Don Lorenzo Montúfar, refutando a Aycinena, dice: "Sin embargo, a ninguno se fusiló. Menos se obligó a ninguno que abriera su propio sepulcro para fusilarlo después. Mucho menos se obligó a nadie a que abriendo su fosa se cubriera de tierra hasta la garganta, quedando su cabeza al nivel del suelo, para sufrir en ella, después de algunas horas de martirio, golpes que consumaran el mísero sacrificio. Estos crímenes que se vieron perpetrar bajo la santa dominación de los serviles, no huellan con tanto descaro como escándalo, las garantías sociales, las leyes, los derechos naturales del hombre ni los sentimientos de humanidad. Lo único que huella todo esto es la expulsión de conspiradores como Domínguez, instrumento de Aycinena; como Arce, que se convierte en filibustero y viene a hollar el suelo de su patria; como Pedro González y su círculo nobilísimo, que izan la bandera española en el castillo de Omoa".

Morazán se trasladó al Salvador para combinar mejor su plan de defensa, para cuyo efecto había pedido 800 hombres al jefe del Estado de Nicaragua, que era el ilustre hondureño Dionisio de Herrera.

Cornejo estaba en pugna con las autoridades federales y buscaba pretextos para sustraer el Estado del pacto federal.

Gálvez quiso tomar participio en el asunto y envió al coronel Nicolás Espinosa para que mediara entre Morazán y Cornejo, pero aquel tuvo que regresarse de las cercanías de Atiquizaya por saber que el alcalde de Santa Ana le reduciría a prisión.

Morazán, de acuerdo con el Senado Federal, continuó su marcha con dirección a San Salvador, acompañado de una pequeña escolta compuesta de 28 individuos, y con tan reducido número, no podía infundir ninguna desconfianza a Cornejo de que pudiera deponerlo.

Además, Cornejo había propalado la noticia de que Morazán no contaba ya con ningún partido en la capital.

Mas, si era cierto que Morazán no contaba ya con adictos y solo el desprestigio le rodeaba, ¿por qué temía Cornejo la presencia de él en San Salvador?

El 6 de enero de 1832, Cornejo se quitó la máscara e intimó al presidente que se encontraba en Santa Ana, que saliera en el acto del Estado y que de lo contrario sería atacado e hizo mover fuerzas sobre aquella ciudad. Morazán, careciendo de los elementos necesarios con que poder dar una lección a aquel jefe, se regresó a Guatemala, dirigiéndose en seguida a Honduras a esperar el auxilio que debía venir de Nicaragua.

La Asamblea, que se había reunido extraordinariamente, decretó que El Salvador se separaba de la federación.

Costa Rica, Nicaragua y Honduras protestaban contra el proceder de las autoridades salvadoreñas, desconociéndolas y declarando que todos sus actos serían nulos.

Don Mariano Gálvez, que quería estar bien con Morazán y Cornejo (aunque el principio trataba de desprestigiar al primero), viendo que aquella política no podría ser duradera, y comprendiendo que Cornejo tendría necesariamente que sucumbir ante la táctica militar de Morazán, se decidió a auxiliar a este, puesto que ya no podría haber otro desenlace que el de las armas. Morazán había comprendido la política de Gálvez, y no quiso darse por entendido, no porque le faltaran medios, sino porque la prudencia aconsejaba que en aquellos momentos supremos no debía atenderse más que a la defensa del país que se hallaba amenazado por todas partes.

CAPÍTULO VI
Morazán recoge nuevos laureles en Jocoro y San Salvador

SUMARIO: Invasión del general Morazán. – Batalla de Jocoro. – Pronunciamiento a favor de Morazán. – Marcha de este a San Miguel. – Toma de San Salvador. – Lo que dicen de Morazán sus enemigos. – Morazán asume la jefatura del Estado. – Nueva elección de jefe de Estado. – Cómo concluyeron las invasiones de Soconusco y Honduras.

Morazán con fuerzas federales de Honduras, El Salvador y Nicaragua invadió el Estado por el departamento de San Miguel.

El doctor Montúfar dice que "Cornejo tenía 600 hombres en Jocoro. Morazán avanzó a marchas forzadas a ese pueblo y se situó en El Portillo. A las dos de la mañana del 14 de marzo, la descubierta del presidente se enfrentó con una avanzada enemiga y hubo tiroteo. Morazán cubrió la retaguardia del enemigo con 300 hombres, y el batallón número 1 de la división de Nicaragua, con 100 hondureños del mismo cuerpo y con una compañía de caballería. El presidente esperaba que amaneciera para reconocer el campo y disponer el ataque, teniendo el resto del ejército sobre el camino recto. A las tres y media de la mañana, el enemigo rompió el fuego por la derecha, cesó después de una hora y continuó antes de rayar el alba. Morazán dispuso dar el ataque; pero a los primeros tiros de la primera compañía del batallón número 2, mandada por el coronel Ramón Valladares, huyeron las tropas de Cornejo. Morazán las siguió hasta El Portillo y no pudo continuar porque sus tropas estaban sumamente estropeadas. La división del presidente sufrió pocas bajas, pero entre estas se encontraba la del valiente capitán

Bustillos. Cornejo perdió, entre muertos, heridos y prisioneros, 500 hombres".

Mientras tanto, los comandantes de Armas de Metapán, Sonsonate, Chalatenango y otras publicaciones, participaban que se habían pronunciado contra Cornejo y unido a Morazán, manifestando que había hombres de sobra, pero que faltaban armas.

Morazán, después del triunfo de Jocoro, se dirigió a San Miguel, donde fue recibido con marcadas muestras de afecto. En este lugar se puso en combinación con Prem, que obraba por Ahuachapán, para atacar al mismo tiempo a San Salvador, por encontrarse allí reconcentrado Cornejo con todas sus fuerzas y bien fortificado.

Con los refuerzos que recibió Morazán, marchó sobre la capital, llevando a la vanguardia al intrépido coronel Benítez, quien al llegar al pueblo de Soyapango, que está muy inmediato a San Salvador, encontró una avanzada de Cornejo, y viendo que estaba distraída, se adelantó con unos cuantos soldados; en esto se apercibieron y quisieron ir a tomar las armas, entonces Benítez gritó: "¡Ni un paso más! ¡Cuidado quien toca esas armas!", quedando prisionera toda la avanzada.

En seguida llegó Morazán con todas sus fuerzas a este pueblo, disponiendo allí el modo de realizar el ataque. Este tendría lugar por Milingo, por el camino recto de Soyapango, por La Chacra, y además se llamaría la atención del enemigo por otros puntos. "El 28 de marzo a las nueve y media de la mañana, salió Morazán –dice Montúfar–, con la primera brigada de infantería perteneciente a la división de Nicaragua, al mando de su ayudante de campo, teniente coronel Benítez, y con la 2ª de la misma arma, correspondiente a la división de Honduras, a las órdenes del teniente coronel F. Domínguez. Ambas se componían de cerca de 400 hombres. Morazán se dirigió con ellos sobre las fortificaciones de La Chacra, y llegó sin obstáculo a menos de tiro de fusil. El presidente observó entonces que aquellas fortificaciones estaban mal formadas, que no tenían fosos ni podían defenderse, y le vino el deseo de tomarlas inmediatamente. Con este fin mandó que Domínguez llamara la atención del enemigo por la izquierda, hacia el frente de una trinchera, en que estaba colocado un cañón de a cuatro, y que Benítez avanzara por la derecha sobre otra que se hallaba situada en una pequeña altura. Al mismo tiempo mandó a Domínguez que atacara por la izquierda, y las posiciones que ocupaba el enemigo, fueron tomadas simultáneamente. Morazán suspendió el movimiento; pero los fuegos de las tropas que estaban a las órdenes de Benítez le hicieron comprender que este jefe se hallaba aproximado a la plaza, y que estaba comprometido. El presidente marchó entonces a protegerlo, y dio orden para que el resto del ejército ocupara la garita de San Sebastián. Esta orden fue tardía, porque cuando se expidió, ya había ocupado esa garita el coronel Comandante de la división de Nicaragua, Ramón Valladares, quien batió las partidas que se opusieron a su paso. El ataque continuó entonces sobre la plaza mayor, con bastante oposición, porque los soldados de Cornejo hacían vigorosa resistencia. Los sitiados fueron reducidos a sus últimos atrincheramientos. Se continuó el ataque sobre estos por dos puntos, que fueron sostenidos por más de una hora, a causa de no haber instrumentos para romper la casa que enfrentaba con la trinchera que se hallaba al lado de la iglesia de San Francisco. [1] Pero el coronel Valladares pudo romper dicha casa, e hizo subir sobre su techo algunos tiradores que la dominaban. Al mismo tiempo que estos rompían el fuego, marchó de frente la mayor parte de una compañía de la 4ª brigada de la división de Nicaragua, y algunos soldados de la 1ª y 3ª brigada. La trinchera sucumbió en seguida. El comandante de la 4ª brigada, capitán Lacayo, ocupó inmediatamente la trinchera que se hallaba a la izquierda de la iglesia parroquial (hoy Santo Domingo); entonces los soldados de Cornejo huyeron por diversas direcciones, y la victoria coronó una vez más las sienes del general presidente".

"Los enemigos del general Morazán –continúa Montúfar–, no le conceden ninguna elevada cualidad; le niegan obstinadamente hasta sus grandes dotes militares; pero la historia los desmiente. El autor del ´Bosquejo histórico´, adelantándose, por vía de reflexiones, a los

---

[1] A Morazán, al atacar esta trinchera, le mataron el caballo en que montaba.

sucesos que narra, y admirando lo mucho que en poco tiempo había progresado el arte de la guerra, dice: 'En 1823, Filísola necesitó 2,000 bayonetas para entrar a San Salvador; en 1827 y 28, Arce, Arzú y Montúfar no pudieron conseguirlo con igual o mayor número; en el año de 32, Morazán, con solo 800 hombres se apoderó de aquella plaza en menos de dos horas'. Indudablemente es que el arte de la guerra había progresado, y que el general Morazán tenía altas dotes militares; pero la severidad histórica exige una observación en favor del pueblo salvadoreño, para evitar que se crea que había decaído como Atenas, que después de grandes glorias militares, fue fácilmente vencida por Demetrio Falereo. En el año de 1823, los salvadoreños, resistiendo a Filísola, defendían la independencia, la libertad, la República, la honra nacional, contra un puñado de traidores que para continuar llamándose nobles, hollaban el suelo de la patria con la planta de soldados extranjeros. En 1827 y 28, los salvadoreños no combatían contra un imperio, porque ese imperio, no pudiendo existir en el mundo de las Repúblicas, se había despedazado, pero combatían contra la aristocracia imperial cuyos estragos veían. En 1832, la situación era muy diferente. Los salvadoreños se hallaban mandados por un jefe que, traicionando al pueblo, intentaba hacer ilusorios los triunfos de su patria, con la misma bandera reaccionaria, que después de una prolongada lucha y una serie de victorias, el pueblo salvadoreño despedazó en Mejicanos. Las villas y ciudades del Estado, inmediatamente que comprendían la traición de Cornejo, se pronunciaban en favor de la bandera de los libres, que desde el cerro de La Trinidad llevaba en triunfo el general Morazán. Entre los años de 23, de 27 y de 28 y el año de 32, existe una inmensa diferencia. Si el general Morazán hubiera defendido a los reaccionarios, si su lenguaje hubiera sido el mismo que estos dirigían a los salvadoreños, si las tropas de El Salvador no hubieran visto en Morazán al defensor de sus más caras instituciones, y al bravo guerrero que tantas veces los condujo a la victoria, Morazán habría sucumbido en el territorio del Estado, sin haber podido acercare tal vez a las fortificaciones de San Salvador".

Por la distancia a que se encontraban las fuerzas guatemaltecas, no pudieron tomar parte en la toma de San Salvador.

El 3 de abril de 1832, el general Morazán dio un decreto, en cuyo primer artículo dice que asume el Gobierno Supremo del Estado a don Mariano Prado, y vicejefe a don Joaquín San Martín.

La insurrección de Cornejo quedaba concluida, pero faltaba que sofocar las invasiones de Soconusco y del Norte de Honduras. Morazán atendía a todo. Los coroneles Raoul y Martínez fueron comisionados para combatir a Arce, que fue deshecho por completo; y los de igual clase Terrelonge, Gutiérrez y Ferrera, hicieron escarmentar a Domínguez y Guzmán en los campos de Tercales, Jaitique, El Espino, Opoteca, Trujillo y Omoa, quienes después de estas derrotas, fueron capturados y pasados por las armas, terminando así aquella gran conspiración servil.

CAPÍTULO VII
Defensa heroica de Morazán en San Salvador

SUMARIO: San Martín ejerce el Gobierno del Estado. – Trastornos en El Salvador. – Marcha de Morazán. – Recelos de San Martín. – Nota de Morazán, sus movimientos; lo que dice de la toma de San Salvador; otra nota enérgica. – Bases de un convenio; su viaje a Honduras. – San Martín infringe el convenio. – Traslación de las autoridades federales a Sonsonate. – Morazán asume la Presidencia. – Muerte del coronel Máximo Menéndez. – Acuerdo de Morazán. – Las autoridades supremas se trasladan a San Salvador. – Medidas conciliatorias del Congreso y presidente de la República. – Muerte de un enviado parlamentario. – Ataque de San Salvador. – Morazán arenga al ejército. – Informe del coronel Saget. – Derrota de Jiquilisco.

Con motivo de haber derrocado Morazán al jefe insurrecto, don José María Cornejo, se procedió a nuevas elecciones, habiendo sido electo en lugar de este el C. Mariano Prado, quien, por encontrarse

119

con dificultades a cada paso en el Gobierno, se retiró en interés del bien público [1], sucediéndole el vicejefe Joaquín San Martín.

Con la elevación del vicejefe, un completo desorden y agitación se experimentó en todo el Estado. Unos pueblos se habían sublevado, y otros sustraídos de la autoridad de San Martín por suponer que Prado había sido obligado a retirarse del mando, y también porque se divulgaba que aquel estaba en inteligencias secretas con don Mariano Gálvez, jefe del Estado de Guatemala. En San Salvador, San Miguel, Santiago Nonualco y otras poblaciones hubo varios y repetidos contratos revolucionarios que costó bastante sofocarlos.

El general Morazán, al tener noticia de todo lo que sucedía en El Salvador, de acuerdo con el Senado Federal, depositó el mando en el general Gregorio Salazar y se dirigió con una pequeña fuerza a la ciudad de Ahuachapán, con el objeto de calmar los ánimos, publicando al afecto su plan de pacificación.

El señor San Martín entró en recelos con Morazán por creer que este lo despojaría del mando y volvería a colocar a Prado en su lugar.

Morazán, con las pocas compañías que tenían los coroneles Menéndez y Angulo hizo subir su ejército a 200 hombres. También contaba con el coronel Benítez, que obraba por Oriente, comandando una fuerza regular; pero la derrota que este sufriera en San Vicente le hizo variar de plan.

De Ahuachapán pidió el general Morazán auxilios para tranquilizar el Estado, por medio de la nota que literalmente dice:

Al ciudadano secretario de Estado y el Despacho de Guerra del Gobierno Federal. – Ahuachapán: 15 de marzo de 1833. – En este momento ha llegado un espía que se mandó a San Salvador y refiere que el coronel Narciso Benítez ha sido derrotado completamente en la ciudad de San Vicente, y que había disposición de venir sobre esta villa a atacar la fuerza que se halla hoy a mis órdenes, y antes a las del coronel Menéndez. Ni lo uno ni lo otro es dudoso porque el

---

[1] José C. López. – Apuntes históricos del Estado de El Salvador.

aliento que han tomado los facciosos con motivo de las noticias exageradas que los presos de San Francisco han venido a esparcir de que el Estado de Guatemala estaba en disposición de auxiliarlos, no es significable, mientras que los patriotas se han acobardado ya por aquellas mismas noticias, o ya porque han visto retardarse cuando no esperaban los auxilios que tanto tiempo tienen pedidos. Son estas razones precisamente las que han contribuido a derrotar al coronel Benítez, y serían las mismas las que originarían igual suerte a esta fuerza. Por mi parte sabré significar al Gobierno, que no debiendo dudarse un solo momento seré atacado, pues es bastante ostensible la mala fe con que obran los facciosos de El Salvador, y que ellos son los mismos precisamente que se sublevaron el año anterior, mi posición es extremadamente crítica. Doscientos hombres se hallan a mis órdenes: de estos solo están disciplinados los federales, lo que equivale a decir que es esta la única fuerza con que puedo contar. En tales circunstancias, la prudencia demanda que yo me retire a un punto donde yo pueda recibir auxilios de hombres y de dinero para poder presentarme, si no con una fuerza igual, por lo menos no con la inferior que hoy existe bajo mis órdenes. Retirado a este punto yo esperaré en él quinientos hombres que el supremo Gobierno podrá servirse pedir en auxilio al del Estado de Guatemala para obrar con ellos de la manera que juzgue más conveniente al mismo supremo Gobierno, advirtiendo, por supuesto, que dicha fuerza ya deberá ser de la disciplinada. Toca al señor presidente de la República y al jefe del Estado de Guatemala observar las circunstancias y las personas que están victoriosas y con las armas en la ciudad de San Salvador. Si ambos funcionarios convienen en que la libertad y las leyes corren peligro, en su mano está el auxilio que con justicia reclaman los patriotas y autoridades legítimas de El Salvador, y que yo creo indispensables para poder obrar.

El sacrificio de mi vida no será la primera vez que lo ofrezco a la patria; pero no quiero perder aquella sin ninguna utilidad para esta, como sucedería indefectiblemente, si hubiese de obrar con ochenta hombres de que consta la fuerza federal, contra una que podrá aumentarse, cuanto no es creíble, después del triunfo que ha adquirido y lo que lo halagan los ofrecimientos que, aunque yo los creo falsos, son bastante lisonjeros para los hombres que no conocen su falsedad.

Ocasión es aún de evitar el mal si se cree que existe, sin mayores sacrificios para los pueblos. Doscientos hombres veteranos colocados hace dos meses en la capital de este Estado, habrían sido bastantes para que hoy el Estado estuviese tranquilo. Quinientos al presente serán sobrados para conservar la República en el reposo y tranquilidad de que tanto necesita. Me es indispensable hacer esta indicación para que el Ejecutivo Federal y el del Estado de Guatemala no la pierdan de vista al resolver sobre esta comunicación.

Sírvase Ud., como secretario, poner lo expuesto en conocimiento del Ejecutivo Nacional y aceptar mi aprecio y consideración. – D. U. L. – *Francisco Morazán*.

Morazán pensó trasladarse a Santa Ana con el objeto de hacerse de recursos, para lo cual contaba con algunas cantidades que se debían a la Federación; pero sabedor de que se hallaban ya trescientos hombres con orden de atacarlo en Coatepeque, cambió de ruta. El presidente, que no traía más misión que la de pacificar los pueblos descontentos, evitó aquel encuentro y se dirigió hacia Metapán. De este lugar se retiró por la laguna de Guija al Estado de Guatemala. Doce horas después de haber salido Morazán de este pueblo, llegó el coronel Paredes con los 300 hombres que había destacado San Martín sobre el presidente de la República.

El general Morazán contaba con 200 hombres poco más o menos disciplinados, regularmente equipados y dispuestos a enfrentarse al enemigo en cualquier momento dado. San Martín poseía 300 reclutas a las órdenes de un jefe sin prestigio (Paredes); por consiguiente el triunfo de Morazán era un hecho.

La plaza de San Salvador no estaba defendida por ninguna fuerza, pues estaba completamente sola y hubiera podido Morazán deshacer a Paredes y marchar sobre esta ciudad, pero como sus miras eran de paz, no quiso que se derramara sangre. A este respecto dice Morazán: "La entrada a San Salvador me hubiera puesto en la precisión de reponer a las autoridades legítimas, y esta habría sido la señal de una nueva alarma y el origen de otra revolución. El partido que iba a sucumbir, hubiera duplicado sus esfuerzos para deponerlas, porque eran el objeto de su odio. El que las sostenía habría sucumbido nuevamente por su apatía o debilidad; y unas autoridades sin prestigio, acechadas por un partido más poderoso o más activo, hubieran abandonado sus asientos bien pronto segunda vez. La revolución habría seguido con más encarnizamiento; los males se hubieran multiplicado y la opinión pública, que debe ser nuestra guía, no hubiera podido fijarse entre tantos acontecimientos complicados, resultado necesario de un trastorno semejante. Por otra parte, mi misión era de paz; los verdaderos motivos de ella los había manifestado al público; mi palabra se hallaba empeñada del modo más solemne y el honor del Gobierno Federal comprometido: la Nación observaba mis pasos, y mis enemigos buscaban pretextos para desacreditarme; y es por esto, que más bien quise retirarme, usando de una delicadeza que mis amigos graduarán de excesiva, antes que dar la más leve sospecha a mis contrarios para que me supusiesen miras de querer encender la guerra civil".

De Metapán se trasladó Morazán a Mita, y esta retirada la tuvo San Martín y su partido como una debilidad. De este lugar dirigió Morazán al vicejefe del Estado de El Salvador esta enérgica nota:

"Mita: 30 de marzo de 1833. – Al vicejefe del Estado en ejercicio del Poder Ejecutivo. – Tengo el disgusto de referirme a usted para hacerle una reclamación de que me creía libre en atención a la conducta que he seguido desde que ingresé al Estado de El Salvador y a la franqueza y buena fe con que han sido marcadas mis operaciones.

Retirado de Chalchuapa para evitar un encuentro sobre cuyas funestas consecuencias no era posible calcular, y firme en mi plan de pacificación, me situé en Metapán, a donde como usted. sabe bien, convoqué la Asamblea. No presumía que, sabedor como se halla ese Gobierno del objeto que me ocupa, y sin experimentar de mi parte la más pequeña hostilidad, se intentase atacar mi escolta, comprometiendo así más de lo que está, la tranquilidad del Estado; y me lisonjeaba que en la expresada villa quedarían satisfechos mis deseos y asegurada la paz de los pueblos de El Salvador; pero he visto burladas mis esperanzas con un movimiento rápido que se hizo por las tropas de Santa Ana, sin otro objeto que el de sorprenderme. Mi obligación era la de sostener el decoro y dignidad de las armas nacionales y sentí el disgusto de retirarme por segunda vez, por el convencimiento de que un choque dificultaría el objeto de mi misión. Para hacerla, tuve que reprimir los impulsos de mi amor propio, el de los jefes que me acompañan y aun el de los soldados que me escoltan; y resolví, al fin, a mis propósitos de no ensangrentar el pueblo salvadoreño, retirarme a este punto en donde guardo una contestación franca, decisiva y dictada por la buena fe.

Quiero saber de ese Gobierno si mi plan de pacificación que tiene admitido aún es de su agrado, si sus miras continúan siendo hostiles, y si debo renunciar a la esperanza de hacer la pacificación sin la intervención de las armas, como me he propuesto y dado pruebas evidentes de quererlo.

Veo que es difícil esta conservación, porque si he de hablar con la debida ingenuidad, discurro, o que el Gobierno de usted carece de respetabilidad y de obediencia, o que de no, está observando una conducta que no debe inspirar confianza.

Si es obedecido, ¿cómo da órdenes para que se me ataque cuando le son patentes mis intenciones, y han merecido su atención mis proyectos? ¿Cómo obra hostilmente al propio tiempo que sus comunicaciones oficiales me dicen que se quiere la armonía y la pacificación? Por tales observaciones yo creería que usted no tiene toda la autoridad necesaria, puesto que no debiendo dudarse acerca del contenido de sus comunicaciones oficiales, la tropa de Santa Ana ha intentado sorprenderme. No se aleguen para justificar este hecho escandaloso, los vanos pretextos de que se quiere sean entregados los coroneles Menéndez, Benítez y Angulo; que es forzosa la disolución de la fuerza que reunió el primero; que es necesario recoger las armas del Estado, etcétera, porque sobre todo esto hay contestaciones pendientes con el Ejecutivo Nacional y usted MISMO. Además, ¿no median asimismo comunicaciones con usted de que se espera la pacificación? ¿No he remitido a ese Gobierno, para su aprobación, algunos artículos que la van a promover necesariamente? ¿El secretario de ese Gobierno y el mío no debieran tener una entrevista en el pueblo de Texis, para ciertas explicaciones importantísimas, entrevista que usted y yo creíamos indispensable? ¿Cómo, pues, en medio de todo esto se intenta atacarme? ¿Cómo el comandante de Santa Ana detiene preso al sargento que conducía de parte de mi secretario un pliego al de ese Gobierno participándole su llegada a Texis, y excitándole a que abreviase la suya? Yo no puedo creer que en tal estado de cosas, el Ejecutivo, a quien me dirijo, haya dispuesto un rompimiento. Para ello ha debido comprometer su crédito, faltar a la buena fe y hacerse acreedor a la más severa responsabilidad, ya bien resultasen sus fuerzas vencidas o ya victoriosas, y creo por tanto que la de Santa Ana se ha movido discrecionalmente.

Más, de cualquiera manera, yo quiero saber lo que hay de positivo. Reclamo contra el proceder, cualquiera que sea su emanación. Pido se me dé la satisfacción correspondiente por la tropelía intentada. Exijo se me diga con franqueza a qué debo atenerme para en lo sucesivo.

Urge, ciudadano vicejefe, la contestación de usted; yo le suplico que no se demore y que me hable con la ingenuidad que solicito.

Entretanto, sírvase aceptar las consideraciones que me merece y con que soy de usted su atento servidor. – D. U. L. – *Francisco Morazán.*

Una de las bases que contenía el plan pacificador de Morazán era que debía reunirse la Asamblea en Metapán, cosa que fue imposible conseguir por no convenir a los intereses de San Martín. Las excusas que este jefe daba a Morazán en sus comunicaciones privadas eran que sus órdenes tal vez no eran cumplidas por sus subalternos. En un convenio celebrado entre el vicejefe de El Salvador y Morazán se estipulaba que este regresaría a Guatemala, quien, al llegar a esta ciudad, pidió permiso para ausentarse como simple particular a Honduras. En Comayagua, Morazán publicó un manifiesto con fecha 9 de julio, en que hace ver las inconsecuencias de San Martín.

El viaje de Morazán a Honduras dio motivo para que sus enemigos le achacaran que había infringido el convenio celebrado el 6 de abril con San Martín, y además, que el objeto de este viaje era reclutar gente y volver contra El Salvador. Morazán contestó que si se había estipulado su regreso a Guatemala era porque allí residían las autoridades federales; y que San Martín no podía confinarlo a ningún lugar determinado del territorio, y que el expresado convenio no le impedía que se separara de la Presidencia temporalmente.

El vicejefe del Estado de El Salvador, contraviniendo el convenio referido, convocó los pueblos a nuevas elecciones (atribución propia de la Asamblea), y como el Cuerpo Legislativo estaba formado a su hechura, era muy natural que él saldría electo jefe de Estado en propiedad.

Los desórdenes que a cada rato tenían lugar en El Salvador obligaron al vicepresidente de la República a hacer efectivo el decreto del Congreso Federal en que ordenaba el traslado de las supremas autoridades a la ciudad de Sonsonate. Por encontrarse con permiso el general Morazán, estuvo haciendo sus voces el general don José Gregorio Salazar hasta el mes de mayo de 1834 en que dictó el decreto siguiente:

El S. P. encargado del Poder Ejecutivo. – Hallándose el presidente ciudadano Francisco Morazán en disposición de resumir el Poder Ejecutivo de la República, el senador presidente decreta:

El senador presidente encargado del Poder Ejecutivo de la Nación cesa en el mando que ha estado ejerciendo por ausencia temporal del presidente de la República.

Póngase en noticia del ciudadano presidente y hágase saber a los jefes de los Estados y demás a quienes corresponda.

Dado en la Casa del Gobierno. Sonsonate, marzo 1° de 1834. – *J. Gregorio Salazar.*

San Martín no llevaba a bien la permanencia del Gobierno Federal en el Estado, y creaba cuantas dificultades estaban a su alcance para entorpecer su marcha administrativa. El coronel don Máximo Menéndez, que tenía mucho prestigio en el ejército por su valor e intrepidez, y ser además partidario y amigo del general Morazán, fue reducido a prisión sin más pretexto que el de suponerse que intentaba conspirar contra el jefe salvadoreño. Esto incomodó a los habitantes todos de San Salvador, y de común acuerdo se propusieron sacarlo por la fuerza de la cárcel. En efecto, en la noche del 11 de mayo de 1834, se juntaron pelotones de gente armados de cuchillos y palos, se dirigieron al lugar donde se encontraba Menéndez, y cuando empezaban a romper las puertas, fueron sorprendidos por descargas continuas y nutridas que les hacía una compañía que con anticipación se había situado por el atrio de la catedral, sabedora de lo que iba a suceder, habiéndose retirado todos sin poder llevarse a su jefe favorito. Al día siguiente fue encontrado Menéndez en la cárcel muerto y lleno de heridas, suponiéndose que aquel asesinato fue ordenado por San Martín.

Con motivo de este crimen, Morazán comunicó a todos los jefes de los Estados de la Unión lo siguiente:

El presidente de la República, considerando: que el acaecimiento sucedido en El Salvador la madrugada del 11 del actual, comunicado por el vicejefe de este Estado, da una verdadera idea de la posición en que se ha visto el mismo vicejefe y el Estado entero.

Que la repetición de un caso semejante, con otro éxito, podría tal vez comprometer la dignidad del Gobierno Federal, y exponerlo a una disolución opuesta a la República por falta de medios para hacerse respetar, sin que pudiera evitarla el Estado por la misma causa.

Que este acontecimiento inesperado, trascendente a toda la Nación, habría sido más funesto en circunstancias que el completo restablecimiento del orden, la consolidación de la paz y las reformas que den estabilidad a nuestras instituciones se aguardan en la representación legislativa de la República, en quien únicamente tienen fijadas los pueblos sus esperanzas.

Que el Gobierno de El Salvador ha pedido auxilios al Ejecutivo Nacional para obrar en el caso de aumentarse los trastornos que desgraciadamente se repiten a cada paso en este Estado.

Y que para poder prestar dichos auxilios cuando los exijan las circunstancias, carece de los recursos que no puede proporcionarse en su actual posición sin contar con los demás Estados, acuerda:

1°. Que se excite a los Gobiernos de estos, por correos expresos, a fin de que, en caso necesario, presten los auxilios de hombres y dinero que haya menester el Ejecutivo.

2°. Que se ponga este acuerdo en conocimiento del Congreso con los antecedentes que los motivaron, a efecto de que se sirva trazar al Gobierno la marcha que deba seguir en este asunto, y la manera en que podrán prestar dichos auxilios cuando se le pidan por el de este Estado.

3°. Que no habiendo aún emitido el Senado en lo principal el dictamen que le pidió el Ejecutivo acerca de este asunto, se manifieste al vicejefe de El Salvador en contestación a la nota en que refiere las enunciadas ocurrencias del 11, y pide auxilios, caso de necesitarlos en lo sucesivo, que el Gobierno espera la resolución del Congreso, cuyo conocimiento ha mandado elevar de toda preferencia los antecedentes de la materia. – *Francisco Morazán*.

El Congreso Federal, que a la sazón se encontraba reunido, dispuso que se trasladasen las autoridades federales a San Salvador para evitar nuevos escándalos, continuando aquí sus sesiones.

El general Morazán desde que llegó a la capital del Estado quiso servir de intermediario entre San Martín y los pueblos disidentes, celebrando un convenio para llevar a efecto aquel propósito. Desgraciadamente el jefe salvadoreño, que no obraba de buena fe, en vez de cumplir lo que a él le correspondía, hizo salir sus fuerzas para Cojutepeque, marcándose él en seguida.

El Congreso, para atraer al orden a San Martín, dictó varias medidas conciliatorias, pero él las vio con indiferencia, y todavía las últimas que se le propusieron, se las envió con el teniente Estrada al lugar donde aquel se encontraba, y al llegar a Santiago Texacuangos, la avanzada que allí estaba, no obstante de manifestar que era un emisario del Gobierno Nacional, le hizo una descarga a quema ropa, quedando muerto allí Estrada. Este escándalo vino a indisponer los ánimos más de lo que estaban, y fue tal la indignación que produjo, que San Martín se hizo odioso ante todo el mundo.

Se exigió como una satisfacción de aquel crimen la entrega de los asesinos, pero la contestación fue un nuevo insulto, diciendo que él se entendería con el vicejefe y no con Morazán.

El Congreso tuvo necesidad de suspender sus sesiones por asegurarse que de un momento a otro sería atacada la ciudad.

El 23 de julio de 1834, entre las seis y siete de la mañana, la avanzada que se encontraba en el camino que de la capital conduce a San Jacinto, dio parte de haber divisado al enemigo. Inmediatamente, Morazán montó a caballo, reconcentró sus escasas tropas en la plaza principal, compuesta de 500 hombres que habían venido de Guatemala, y algunos patriotas que se le presentaron en los momentos supremos, cuyo total ascendía a 600, arengando al ejército enseguida en estos términos:

"Valientes soldados: dentro de breves instantes seremos atacados por el enemigo. Es necesario que no vayan hoy a desmentir el valor que tienen. Allá (señalando al enemigo) está la muerte; aquí (mostrando la espada) está la gloria. El que no quiera pelear, que lo diga con franqueza, porque jamás se puede obtener un triunfo con hombres forzados". [1]

Acto continuo mandó a colocar avanzadas en las bocacalles, sin que pudiera asegurar la retaguardia por falta de gente, y aguardó tranquilo al enemigo con aquella serenidad con que sabía revestirse al frente del peligro.

Las fuerzas de San Martín, en número de 3,000 hombres, hicieron alto a la orilla de la ciudad, disponiendo que empezase el fuego por las compañías que, avanzando por la calle de la Merced, llegasen hasta la de San Francisco, llevando consigo a la vanguardia unos diez tiradores encargados de hacer fuego sobre el general Morazán. Al llegar a aquel lugar rompieron el fuego sobre una

---

[1] Relación hecha al autor por un antiguo soldado de Morazán.

avanzada de las fuerzas defensoras, que retrocedió al ver el considerable número que se arrojaba sobre ella. Morazán se fijó en este movimiento, y ordenó al coronel Yáñez, comandante de la caballería, que protegiera la avanzada, que se lanzó con denuedo sobre la infantería enemiga, que retrocedió diezmada por las considerables pérdidas que tuvo, quedando la calles anegadas en sangre. Otras compañías del ejército de San Martín lograron romper todas las manzanas que, pasando por la en que estaba situada la de Patiño, vinieron a situarse a la manzana en que hoy se encuentra Casa Blanca, sorprendiendo a Morazán con una lluvia de balas que le arrojaron. En estos instantes fue herido Morazán en un dedo, e hizo derribar a cañonazos las puertas del edificio de donde le hacían fuego, e introdujo por ellas unos cuantos escuadrones que, a bayoneta calada, desalojaron al enemigo y corrió la sangre a torrentes. Las fuerzas enemigas eran rechazadas por todas partes por las de Morazán, distinguiéndose las que se batían bajo las órdenes de Yáñez, que cargó con tal ímpetu sobre el enemigo, que logró desconcertarlo y ponerlo en derrota después de cinco horas de reñido combate. Las calles y los campos quedaron cubiertos de cadáveres, y una nueva guirnalda de laureles vino a ceñir la frente del intrépido general Morazán.

El jefe de Estado Mayor, coronel Isidoro Saget, dirigió al vicepresidente de la República el parte que dice:

República Federal de Centroamérica. – Ejército de operaciones. – Estado Mayor General. – San Salvador: junio 24 de 1834. – Ciudadano senador Carlos Salazar, jefe provisional del Estado y general en jefe del Ejército. – Ayer como a las seis y media de la mañana, el oficial de la avanzada apostada en el camino de San Jacinto dio parte de haber avisado al enemigo. Poco después se oyeron los tiros con que la misma avanzada sostenía los fuegos de aquel, marchando en retirada a la plaza. Ellos fueron suficientes para que los cuerpos se colocasen con prontitud y orden en los opuestos que, de antemano, se les tenía designados, sin necesidad de otra señal. El enemigo, apoyando su derecha en la iglesia de la Merced, destacó una nube de tiradores que rodearon la plaza desde la esquina de Santo Domingo hasta la de la Presentación. Trataron de aturdirnos con sus ataques repetidos; pero constantemente fueron contenidos por los fuegos de la plaza, y las cargas de nuestra caballería los obligaban, cuando escapaban de la lanza, a replegarse o tomar la fuga por los barrancos. Entretanto, su cuerpo principal con su reserva se adelantó a colocarse en la calle de la casa de Delgado, y nuevas partidas fueron destacadas para apoderare de todas las casas que rodean la plaza por aquel lado. De las ventanas de estas se nos hacía un fuego mortífero, y por la casa de las López lograron introducirse hasta la de Patiño. Este fue el momento en que el enemigo creyó haber adquirido algunas ventajas; pero nuestros soldados, advertidos del riesgo, se introdujeron por una tronera bastante elevada, por la que no cabía más que un individuo; y al momento que se reunieron unos pocos dentro, desalojaron a los cobardes que se ocultaban para asegurar el éxito de un ataque que ya no podían continuar.

Por todas partes se obró con igual intrepidez, y hasta una parte de caballería echó pie a tierra, y con lanza en mano los desalojó de otra casa. La fuga y dispersión de los enemigos fueron las señales de una carga general, que sembró el terror y la muerte en las calles y caminos por donde huían despavoridos. Se les persiguió en todas direcciones a tres o cuatro leguas de esta ciudad, quitándoles diez barriles de pólvora, una multitud de prisioneros, carabinas y otros elementos de guerra. La caballería enemiga se presentó por Santo Domingo, amagando nuestras partidas; pero tan luego que una de estas le cargó, volvió caras y se disolvió completamente. La pérdida de los facciosos es considerable.

El coronel José Dolores Castillo, que dirigía la acción, el teniente coronel Pedro Velásquez, comandante de cuerpo, el mayor Felipe Canal, el capitán Nicodemus, y otros cuatro o cinco oficiales que no ha sido posible reconocer, han quedado en el campo; otros van heridos. No se ha podido averiguar, a punto fijo, el número de soldados que han muerto, pero hasta ahora se sabe que pasan de setenta. A los prisioneros tomados se les ha dado ya libertad, y los heridos son asistidos en los hospitales con el mismo esmero y cuidado que los nuestros. De nuestra parte tenemos pérdidas muy sensibles. Los valientes capitanes Francisco Salazar y Vicente Cucufate, y los ayudantes Pedro Castillo y Mariano Henríquez y veinte individuos de tropa fueron muertos. El benemérito general Francisco Morazán, los tenientes coroneles Vicente Hueso, José Yáñez, Francisco Madrid, los subtenientes Miguel Bran, J. Tomás Arrivillaga y 59 individuos de tropa, han sido heridos. La mayor parte de los demás jefes y oficiales han perdido sus caballos. El fuego duró cinco horas; los jefes, oficiales y tropa, llenaron su deber. Las tres armas han rivalizado entre sí, y sería difícil decir quiénes son los que se han distinguido. Usted, ciudadano general, que todo lo ha presenciado, sabrá si los individuos que componen la división que ha dado una nueva vida a la causa de la libertad, son dignos de ser recomendados a sus respectivos Gobiernos. Entretanto, me es muy satisfactorio poder asegurar a usted que las propiedades han sido respetadas, y que no obstante que las puertas de la casa de las señoras López han sido abiertas al enemigo y haberse encontrado en la del señor Benito Patiño, donde también estuvo aquel, prevenciones de hilas y demás cosas que no estaban hechas para nosotros, el soldado no ha allanado más piezas que aquellas de donde se nos hacía fuego, sin tomar nada de ellas.

Tengo el honor, ciudadano general, de ofrecer a usted mis respetuosas consideraciones. – D. U. L.– *I. Saget.*

El jefe San Martín huyó hacia Zacatecoluca con 300 hombres, y en Jiquilisco fue alcanzado y deshecho por el coronel Saget.

El general Salazar se hizo cargo provisionalmente del Gobierno del Estado.

CAPÍTULO VIII
Morazán sale en comisión para Honduras

SUMARIO: Susurros de una nueva invasión. – Lo que se decía acerca de la Confederación. – El Gobierno Nacional nombra en comisión a Morazán ante el de Honduras. – Morazán se dirige a Comayagua. – Decreto de la Asamblea de Honduras.

Desde a fines de 1833 se tuvieron noticias ciertas de que don Manuel José Arce, ex presidente de la República, reclutaba gente en algunos puntos de Méjico, y se proveía de armas y municiones para invadir a Centroamérica por el lado Norte de Honduras; y el jefe de este Estado, creyendo que el Gobierno Federal no podría atender a la defensa por lo lejos que se encontraban los puertos de Omoa y Trujillo, por donde se suponía que harían su desembarque Arce y sus secuaces, reasumió la administración de dichos puertos, lo mismo que la de la renta de tabacos, advirtiendo que por este hecho no se entendería que se sustraía del pacto federal.

Por este mismo tiempo, en que tanto se hablaba de reformas federales, se regaba la noticia de que se disolvería el pacto federal y se sustituiría por una confederación de Estados.

El Gobierno Nacional comprendió el mal que resultaba de la separación indirecta de Honduras, y nombró para que pasara a arreglar este asunto al general Morazán, que depositó el mando en el vicepresidente, y partió a cumplir su alta y delicada misión. El pueblo hondureño, que amaba de corazón al más aguerrido de sus hijos, no podría ver con indiferencia la mediación de Morazán entre él y el Ejecutivo Nacional.

Morazán se dirigió directamente a Comayagua, donde se encontraba reunida la Asamblea, y elevó una exposición detallada sobre la necesidad de devolver al Gobierno Nacional la administración de los puertos de Omoa y Trujillo y la de tabacos. La Asamblea tuvo a bien dictar el siguiente decreto:

"El jefe supremo, en quien reside el Poder Ejecutivo del Estado, por cuanto, la Asamblea ha decretado y el Congreso sancionado lo que sigue:

La Asamblea extraordinaria del Estado de Honduras, teniendo a la vista la exposición del general, ciudadano Francisco Morazán, comisionado por el Gobierno Nacional para la devolución de los puertos y alcabalas marítimas que el Estado tomó para evitar la disolución del Gobierno y conservar la integridad de su territorio en caso de ser constituida la República bajo el sistema de confederación que con rapidez se había generalizado; y considerando que han desaparecido aquellas causas que obligaron al Gobierno del Estado a tomar medidas que tendían a la conservación de su propia existencia, decreta:

1°. – Se devuelven al Gobierno Federal los puertos y alcabalas marítimas.

2°. – Quedan, en consecuencia, derogadas todas las disposiciones que se opongan a la presente.

Pase al Consejo. – Dado en Comayagua, a 22 de noviembre de 1834. – Dionisio Matute, diputado presidente. – José Santiago Bueso, diputado secretario.

Sala del Consejo Representativo del Estado. – Comayagua: 28 de noviembre de 1834. – Pase al jefe supremo del Estado. – José María Rodríguez, senador presidente. – Encarnación Maradiaga, secretario.

Por tanto: Ejecútese. – Lo tendrá entendido el jefe de sección, encargado del Despacho General, y dispondrá lo necesario a su cumplimiento. – Dado en Comayagua, a 28 de noviembre de 1834. – Joaquín Rivera. – Al ciudadano Manuel Castellanos".

CAPÍTULO IX
Reelección de Morazán

SUMARIO: Termina el periodo para el que había sido electo Morazán. – Influencia de este en Centroamérica. – Muerte de Valle. – Reelección de Morazán. – Decreto del Congreso Federal.

Estando para cumplirse el periodo para el que había sido electo el general Morazán, era preciso ir a nuevas elecciones, poniendo a prueba por segunda vez su popularidad. Es difícil para un hombre político hacer que su candidatura triunfe cuando no solo tiene que verificarse en un Estado sino en varios.

Morazán era conocido en todo Centroamérica, y era un hecho que saldría electo. Sin embargo, aun rodeado de todo su esplendor y de todas sus glorias, había un personaje que desde una biblioteca le hacía la competencia: era el sabio hondureño José Cecilio del Valle.

El 2 de marzo de 1834 falleció Valle; él tenía mayoría de votos, pero con motivo de su muerte, se resolvió devolver al pueblo aquellos votos y que se procediera a nuevas elecciones; entonces no tenía Morazán quién le hiciera competencia, y salió popularmente electo.

En vista del escrutinio que se hizo, el Congreso Federal dictó este decreto:

"El Congreso Federal de la República de Centroamérica. Estando ya reunida la casi totalidad de pliegos de las juntas de departamento para elección de presidente de la República a que convocó el decreto de 2 de junio de 1834; y teniendo en consideración que es urgente cumplimentar el voto público posesionando cuanto antes al que resulte electo. Habiéndose procedido, en virtud de acuerdo anterior, al escrutinio y regulación de dichos votos, con arreglo a los artículos 46 y 47 de la Constitución; y resultando que el C. Francisco Morazán ha reunido la mayoría absoluta, conforme se advierte en la tabla adjunta. Siendo satisfactorio al Cuerpo Legislativo llenar los deseos del pueblo con su presente declaratoria, emitida en cumplimiento del artículo 520 de la Constitución Federal, decreta:

Se da por presidente de la República popularmente electo al C. Francisco Morazán, y el Gobierno dispondrá lo conveniente para que preste juramento y tome posesión el 14 del presente mes de febrero. – Comuníquese al Supremo Poder Ejecutivo para su cumplimiento y que lo haga imprimir, publicar y circular. – Dado en San Salvador, a 2 de febrero de 1835. – Mariano Ramírez, diputado presidente. – Mariano Gálvez Irungaray, diputado secretario. – Luis Leiva, diputado secretario. – Al S. P. E. – Por tanto: ejecútese. – Casa del Supremo Gobierno, en San Salvador, a 2 de febrero de 1835. – José Gregorio Salazar, secretario accidental de Estado y del Despacho de Relaciones".

El general Salazar ejerció las funciones de vicepresidente de la República.

CAPÍTULO X
Sucesos varios

SUMARIO: Necesidad de retroceder en nuestras narraciones. – Libertad de imprenta durante la Presidencia de Morazán. – Silva se hace cargo del Ejecutivo. – Herrera renuncia la jefatura del Estado. – Decreto en que se declara a Morazán Benemérito de la Patria. – Desacuerdo entre Espinosa y Silva. – Oficios de Gálvez. – Preparativos de Morazán y proposición que le hace Espinosa. – Salida de este jefe.

Es necesario retroceder un poco en nuestra narración por haber dejado de citar algunos sucesos notables que, aunque aislados, se relacionan con nuestro héroe.

Morazán, desde que empezó a regir los destinos de la República, dio una libertad de imprenta como no la ha habido en tiempos posteriores, sino es hasta la administración del Gobierno liberal del general don Francisco Menéndez, en la República de El Salvador (1885-1890).

Las publicaciones de aquella época, que más parecían pasquines[1], dan una verdadera idea de la libertad de que entonces se

---

[1] En prueba de lo que afirmamos se publica el siguiente escrito que circuló en hoja suelta: "SALVADOREÑOS. – La República está entregada al inglés por el presidente Morazán y el jefe Gálvez, de Guatemala: sepan que ya son tomados por el inglés cuatro puertos en la Costa Norte, en donde por estos se preparan grandes recursos de guerra para hostilizarnos y acabarnos de arruinar; asimismo, fuertes fortalezas contra nosotros, para para que aunque queramos echarlos de la República no podamos; pero nada de esto valdría si en la misma República no tuvieran apoyo con el traidor presidente, con el jefe de Guatemala y con ustedes mismos, que tan sencillamente prestan sus servicios al tirano sin conocer que caminan en pos de la muerte. Sepan que ninguno de nosotros seremos capaces de adquirir medio real en medio de los ingleses, pues bien habrán conocido que si solo un colono, que es Benet, nos ha arrollado con su comercio, ¿qué será cuando se acaben de posesionar de la República, que no tardará dos años sin que suceda? Tiempo en que no podremos rechazarlos; pero no desmayen; todavía hay remedio con destruir al déspota y sus esclavos, que por separado les daré la lista de quiénes son para que les apliquen el castigo que tan justamente merecen.

No den tiempo al traidor para que se vaya a refugiar a la colonia, pues las miras de este perverso son de hacernos sucumbir con fuerzas inglesas en caso de que queramos sacudir su abominable yugo; sepan que las miras que tiene este infame y los ingleses son pasarnos a cuchillo tan luego como hayan logrado su intento, para que no tengan de allí en adelante quiénes le hagan contrapeso.

En vista de esto, no hay que perder tiempo; miren que están en el mayor peligro; destruyan al déspota antes de que tome más cuerpo en sus perversas ideas. ¡Viva la independencia y mueran el traidor y sus esclavos!

Por la persecución del déspota no se habla por la imprenta.

Salvadoreños: Estén entendidos que caminan engañados; su patria e independencia están entregadas al domino inglés; el presidente que tienen ocupando la silla nacional es el que, guiado por su ambición, ha traicionado a Centroamérica con vender a los ingleses los hermosos terrenos del departamento de Chiquimula por mano del jefe de Guatemala, en unión de los esclavos que le rodean: Carlos Salazar, Juan Barrundia, Miguel Álvarez, Máximo Orellana, Diego Vijil, Juan Manuel Rodríguez Mapilapa y otros aventureros que buscan su bienestar y preponderancia en medio de los ingleses, como la tenían las huestes del despotismo español en los tiempos de aquella dominación; pero sepan, que aun estos mentecatos que ya nos han arruinado, serán las primeras víctimas del egoísmo inglés, porque el premio de los traidores es recibir la muerte de la mano a quien protegen, en justa recompensa de su traición.

Al presente, como el traidor está satisfecho de que ya se le descubrió el horrendo atentado que lo cubrirá de infamia eternamente, y presume como es de esperarse que la nación entera se echa sobre él y sus viles esclavos para castigarle, se ha valido del pretexto de propagar especies de que los indígenas conspiraban contra él y los que han llamado ladinos, pero como esto era falso, se ha valido de otro medio más eficaz para darle crédito a esta negra impostura y destino carácter a la revolución contra él y sus viles esclavos con los que dirige la nación, y al efecto mandó al tuerto Orellana a la capital del Estado y villa de Cojutepeque para que la fama desmoralizada de los borrachos, asesinos y ladrones del vecindario de San Vicente provocase a los indios de Apastepeque y demás pueblos de aquel departamento; todo con la mira de anarquizar la República, y en especial este Estado, para que este nunca pueda reconocer el derecho de su independencia ni menos de reclamarlo, hasta conseguir el ingrato el fin de las traiciones que nos ha hecho, y en prueba de lo dicho vean la contrata que corre impresa celebrada con el inglés por el jefe de Guatemala, la cual ofrece sostener el perverso presidente con todo el influjo de su poder, como lo dice en la nota del Ministerio Federal de 25 de septiembre del corriente año, que se halla inserta en el Boletín n° 88 de Guatemala.

En tales circunstancias, sepan que la autoridad, tan luego como se extravía de la órbita de sus atribuciones, deja de ser tal autoridad y desde luego pueden repeler sin delito alguno los actos arbitrarios del déspota.

En este Estado se halla el traidor que con tanta paciencia sufren ustedes en la silla de la nación. Abran los ojos y miren el peligro en que se halla la República disfrutaba. Todos los ataques que se dirigían a Morazán están escritos en un lenguaje virulento, y no hay ninguna prueba de que sus autores hayan sido molestados de manera alguna.

La caída de San Martín elevó interinamente a la jefatura del Estado al ciudadano José María Silva en calidad de vicejefe. Pero, como no había consejeros hábiles que desempeñaran la jefatura, Morazán convocó a elecciones, resultando electos para jefe y vicejefe, el ilustre hondureño don Dionisio de Herrera y don José María Silva, respectivamente.

Herrera renunció aquel alto puesto y hubo necesidad de devolver al pueblo la elección, saliendo electo entonces el general Nicolás Espinosa.

La Asamblea, en atención a los importantes servicios prestados por el general Morazán en la última contienda (insurrección de San Martín), lo mismo que los generales Espinosa y Salazar, dictó el siguiente decreto:

"El vicejefe supremo en quien reside el Poder Ejecutivo de El Salvador. Por cuanto la Asamblea ha decretado y el Consejo sancionado lo siguiente:

La Asamblea ordinaria del Estado de El Salvador, bien impuesta de los grandes conatos que emplearon los generales beneméritos Francisco Morazán, Nicolás Espinosa y Carlos Salazar, para hacer valer los derechos del pueblo que representan; y que no es la única ocasión que estos ciudadanos han empeñado su esfuerzo para dar vida al Estado y la República; siendo reconocida a sus relevantes servicios, por un testimonio de gratitud decreta:

Art. 1°. – El Estado le concede al ciudadano Francisco Morazán el título de general de su ejército, y le da asimismo el de BENEMÉRITO DE LA PATRIA.

Art. 2°. – En el mismo Estado se harán los honores de generales a los ciudadanos Nicolás Espinosa y Carlos Salazar, en concepto de los despachos que tienen del Gobierno del Estado de Guatemala; y

---

y actúen con rapidez sobre el traidor. ¡Viva la independencia y mueran el traidor y sus viles esclavos!

tendrán igualmente el renombre de BENEMÉRITOS DE LA PATRIA.

Pase al Consejo. – Dado en San Vicente, a 11 de octubre de 1834. – Juan J. Guzmán, diputado presidente. – Joaquín Barahona, diputado secretario. – Gerardo Barrios, diputado secretario.

Sala del Consejo Representativo del Estado. – San Vicente, octubre 28 de 1834. – Pase al jefe del Estado. – Francisco Gómez, presidente. – Guadalupe Rodríguez, consejero secretario.

Por tanto: ejecútese. – Lo tendrá entendido el secretario general del Despacho, y dispondrá se imprima, publique y circule. – San Vicente, octubre 28 de 1834. – José María Silva. – Al ciudadano Máximo Orellana".

Espinosa y Silva no caminaron de acuerdo, y esto dio lugar para que todas las personas que no conseguían lo que deseaba con el primero, se adhirieran al segundo, haciendo a este jefe de la oposición.

A Espinosa se le increparon por la prensa muchos abusos, entre ellos, que trabajaba por medio de emisarios secretos para encender la tea revolucionaria en el Estado de Guatemala.

Don Mariano Gálvez, jefe de este Estado, dirigió varios oficios al general Morazán, en los cuales le pintaba la situación tal como la veía venir, y agregando que la causa de esto era Espinosa, que protegía a todos los descontentos que de aquel Estado venían al Salvador.

En vista de lo expuesto, Morazán se preparó para conjurar aquella tormenta, reuniendo al efecto fuerzas, y se puso en marcha con 200 federales y demás patriotas que se le presentaron, con dirección a San Vicente [1] a sofocar los revoltosos. Todos los hombres honrados y amantes de la paz, y hasta del barrio de La Vega, con quien creía contar Espinosa, se unieron al vencedor de Gualcho.

---

[1] San Vicente era capital del Estado por este tiempo, en virtud de ser San Salvador cabecera del distrito federal.

El jefe Espinosa no contaba más que con unos pocos ambiciosos que no podrán servirle de nada en un apuro; y, comprendiendo su situación, envió un comisionado al general Morazán, por medio del cual le prometía retirarse del mando y del Estado, si renunciaba el vicejefe Silva.

Morazán, contando con el beneplácito de Silva, aceptó aquella proposición, saliendo Espinosa de San Vicente, el 20 de noviembre de 1835, para embarcarse enseguida en el puerto de La Unión.

Este resultado pacífico que obtuvo Morazán, en aquellos momentos críticos en que una próxima revolución traía consigo todas las calamidades de una guerra, le aumentó su prestigio, no solo en El Salvador, sino que en todo Centroamérica.

CAPÍTULO XI
Mensaje del general Morazán

SUMARIO: Instalación del Congreso Federal. – Mensaje de Morazán.

En 1836 se reunió por novena vez el Congreso Federal, presidido por el ciudadano Juan Barrundia.

Morazán, como presidente de la República, dirigió a aquel alto cuerpo el mensaje que literalmente dice:

"Ciudadanos Representantes: Los pueblos libres calculan los años de su vida social por la existencia de sus poderes representativos. Centroamérica tiene hoy la gloria de contar en la reunión del Congreso de 1836 el noveno periodo de su Gobierno constitucional, y el quinto triunfo adquirido sobre los que han osado entorpecer la marcha de sus libres instituciones.

A despecho de las pasiones y de las resistencias políticas intestinas, cuyo objeto tendiera a embarazar este acto augusto de la soberanía del pueblo, yo tengo la honra y la más viva satisfacción de presentarme ante la Diputación Nacional para darle cuenta de las operaciones del Gobierno, durante el año que acaba de transcurrir, en cumplimiento de un deber tanto más sagrado para mí cuanto emana de la ley.

Nuestras relaciones exteriores no han padecido ninguna alteración. Sin desatender las establecidas con los Gobiernos de Europa, el Ejecutivo ha procurado estrecharlas del modo más íntimo con Repúblicas de América que, unidas, por decir así, a nosotros, con vínculos de familia, han abrazado una misma causa y adoptado instituciones análogas.

El Gobierno de Norteamérica nos da cada día nuevas muestras de sus sentimientos amistosos, y nos prueba con hechos positivos sus nuevos deseos en favor de la prosperidad de este país. El enviado de aquella nación cerca de este Gobierno ha reducido estos mismos sentimientos de la manera más sincera. En los deberes del Ejecutivo, como en los intereses del pueblo está corresponder a esas consideraciones, acreditando un ministro cerca del Gabinete de Washington.

A solicitud del ministro plenipotenciario de esta República cerca de la Corte de Méjico, el Gobierno mandó expedirle su carta de retiro. Mas, cuando cesen las convulsiones políticas que afligen a aquella nación, el Ejecutivo se ocupará de nombrar a otro que lo sustituya, investido de igual carácter.

Allanados los obstáculos que habían entorpecido por algún tiempo la realización de la agencia decretada cerca del Gabinete de La Haya, se presentó otro más poderoso todavía en la falta de salud del individuo nombrado con aquel fin; motivo que ha impedido su marcha hasta ahora. La apertura del canal de Nicaragua ha sido el primer objeto de esta misma interesante. Noticias privadas, pero fidedignas, de las causas que embarazaron al presente a los holandeses ocuparse de esta grandiosa empresa, han alejado las esperanzas del Gobierno y producido un verdadero sentimiento en el ánimo de los centroamericanos amigos de la gloria y engrandecimiento de su patria.

Aún no ha podido llevarse a efecto el tratado que se halla encargado de celebrar el señor cónsul general de Inglaterra residente en esta República.

A pesar de los vivos deseos que el Gobierno ha tenido de estrechar de este modo sus relaciones comerciales y de amistad con aquella nación, un incidente fundado en la necesidad y urgencia de fijar los límites y duración del establecimiento de Belice, se ha opuesto, por ahora, a sus miras. Por ahora digo, porque estoy seguro de que la Corte de Londres no pondrá en cuestión el derecho indisputable que Centroamérica tiene sobre aquel pequeño territorio. Su ilustrado Gobierno, que tantos testimonios ha dado a las nuevas repúblicas americanas de su política franca y generosa, no dudo se prestará gustoso al arreglo que se desea. Cumpliendo con este acto de justicia, obrará también en favor de los intereses del pueblo inglés, de ese gran pueblo que ha cifrado siempre su gloria y su riqueza en la libertad del comercio y en la independencia de las naciones.

Parece haber llegado ya la deseada época en que el pueblo español debe recobrar sus derechos, y la oportunidad también de fijar la interesante cuestión sobre el reconocimiento de la independencia de América. El Gobierno, que dignamente rige los destinos de aquella nación, ha expresado en favor de este reconocimiento los mejores deseos y remitido su decisión a la voluntad de las cortes.

Por los papeles públicos de Europa y de América se sabe que los ministros de las repúblicas de Méjico y del Perú han sido bien recibidos por aquel gabinete. Si esto es así, parece ya urgente el nombramiento de un enviado que, representando los derechos de la nación, solicite al mismo tiempo, con arreglo a las convenientes instrucciones, el reconocimiento de su independencia.

Los sucesos ocurridos en el interior de la República, y la difícil posición en que se halla el Gobierno por falta de medios para llenar los gastos de la administración general, demandan toda la atención del Congreso y piden el más pronto remedio.

El orden, juntamente con la paz que por tantos años había disfrutado sin interrupción Costa Rica, por un corto periodo de tiempo desapareció de aquel suelo, en el cual sus habitantes han sufrido los males y consecuencias de una guerra tan inesperada como sangrienta.

El Ejecutivo Nacional, del modo que le permiten la distancia y sus actuales facultades, procuró evitar sus progresos. Según las últimas noticias, la tranquilidad se ha restablecido en dicho Estado, pero las providencias dictadas con tal objeto han aumentado la animosidad de los partidos, colocando al Gobierno en una posición bien difícil. Por el ministro respectivo se pondrán en conocimiento del Congreso los documentos que acreditan el origen y fines de esta revolución.

También fue amenazada la paz y alterado el orden en el de El Salvador por el exjefe licenciado Nicolás Espinosa. Despreciando este funcionario el voto libre del pueblo que lo elevara a la silla del Ejecutivo, quiso buscar en el injusto derecho a la fuerza un título más digno de sus miras opresoras. Los primeros síntomas revolucionarios que se observaban en algunos pueblos de aquel Estado, y el terrible anuncio de una guerra de clases con que se amenazaba a la República entera, descubrieron toda la extensión del mal que iba a causar la barbarie armada en secreto por una mano pérfida.

Afortunadamente, el autor de este criminal proyecto encontró más de un obstáculo a su ejecución en los buenos sentimientos de una inmensa mayoría del pueblo, y las desgracias que procuró a su patria desaparecieron con él de este suelo, cobrando otra vez la paz su imperio entre nosotros.

Pero este feliz desenlace, al paso que ha llenado simultáneamente los deseos del Gobierno y la expectación del público, acabó de agotar los recursos con que contaba para cubrir en parte los gastos de la administración. Reducido únicamente a la alcabala marítima y a las pequeñas rentas del distrito, cuyos puntos no bastan a satisfacer las más precisas erogaciones; –gravados, como se hallan, estos fondos, con una crecida deuda que cada día sube en proporción al aumento de nuevos e indispensables empeños–, agotados los recursos extraordinarios que los años anteriores han proporcionado al Ejecutivo considerables sumas, y sin columbrar la más leve esperanza de que los Estados cubran el valor de los cupos que los asigna la ley –los funcionarios del

Gobierno, con ocho o diez meses de sueldo devengados, sin satisfacerse, y la pequeña guarnición de esta ciudad careciendo de lo básico, ha desatendido los objetos de beneficencia en el distrito, y sin poderse concluir aún ni las obras más precisas de pública y común utilidad, por falta de fondos; es imposible que el Ejecutivo, paralizado así en todos sus movimientos, pueda dar un solo paso que no lleve el sello de la debilidad y poca duración.

Reducido por estas causas el ejército a un puñado de antiguos veteranos que han sobrevivido a las mayores peligros, sufriendo con heroica firmeza toda clase de privaciones y miserias, el Ejecutivo tiene que buscar un apoyo en los partidos para conservar la paz interior y la seguridad externa, o que exponer los más caros intereses de la República a los azares de una guerra desigual, y la suerte de estos valientes soldados a una muerte inevitable y sin fruto, por su pequeño número.

En el distrito se ha restablecido enteramente la confianza. Sus habitantes, prescindiendo de las opiniones que los dividieron, se han colocado al derredor del Gobierno, que les protege sin distinción alguna, y le acreditan con hechos positivos cada día su amor al orden y sus sentimientos pacíficos.

La seguridad de que disfrutan ha hecho renacer en ellos el deseo de ocuparse en útiles trabajos; y los campos que las discordias domésticas habían teñido con sangre salvadoreña y cubierto de malezas, se ven hoy otra vez brindando ricas producciones a la mano que los cultiva. Las artes, la agricultura y la industria, han vuelto a recobrar los brazos que antes estaban armados de la espada que las destruye, y reciben un nuevo impulso en la protección que ha podido el Gobierno dispensarles.

A pesar de ser ya tan urgente el establecimiento de todas las autoridades judiciales que por la ley debe haber en esta ciudad, no ha podido lograrse. Superiores a los esfuerzos del Ejecutivo son los obstáculos que han impedido hasta ahora la traslación a ella de la alta Corte de Justicia, con indecible daño de los súbditos del distrito y de la Hacienda Pública.

La amortización de la moneda provisional que corría en este territorio, y dificultaba el cambio de los demás valores en perjuicio del comercio, se ha efectuado de un modo compatible con la escasez del erario e intereses de los tenedores, sin haber producido la menor sensación en el pueblo. Esta medida, por desgracia, no ha alcanzado a cimentar del todo la confianza; pues habiendo una considerable cantidad de moneda clandestina, fabricada dentro y fuera de la República, diseminada en ella, debe desaparecer cuanto antes sea posible de la circulación, para que el crédito de la nación se restablezca. Y es tanto más difícil de lograrse este objeto, cuanto la habilidad de sus autores se esmera en ocultar su crimen en la misma perfección de la moneda que falsifican. Llegando esta, por su identidad, a confundirse con la legítima, no es fácil descubrir el cuerpo de su delito; y pueden continuar burlándose impunemente, como hasta aquí, de la buena fe de los pueblos y de la vigilancia del Gobierno. Este funesto abuso, que afectando los intereses de la sociedad entera es origen de males que solo pueden calcularse por sus efectos perniciosos, necesita de un pronto y eficaz remedio. Entre las resoluciones patrias, ninguna ley existe que imponga penas contra los falsos monederos, y las españolas, que reprimían este crimen con castigos los más severos, no rigen en la República.

La milicia se ha organizado de la manera posible, pues la falta de recursos no ha permitido darle el arreglo que merece. Empero esta falta, que en otro pueblo hubiera sido obstáculo insuperable para obtener el gobierno buenos soldados, en el distrito no se siente. Instruidos ya sus habitantes en el manejo de las armas se presentan gustosos, y al primer toque de alarma marchan denodados a sellar con su sangre su adhesión al Gobierno Federal, y a acreditar con su muerte que saben corresponder a la elevada confianza de la nación, que ve en cada uno de ellos un muro inaccesible a los enemigos de su independencia, y un defensor de su gloria, de sus instituciones y de sus altos poderes constitucionales.

La educación de la juventud, de esa porción escogida para regir en algún día los destinos de la República, ha merecido muy particularmente la atención del Gobierno. Un pueblo que, rompiendo las cadenas de la esclavitud, se arroja, digámoslo así, de repente en el camino de la libertad, no puede marchar sin tropiezos por él, sino buscando en la educación el cultivo de su inteligencia e instruyéndose en el cumplimiento de sus deberes. No hablo aquí de la educación culta y esmerada que exige grandes establecimientos literarios, y se acomoda tan bien a toda clase de Gobierno; hablo de la sencilla educación popular, que, sin tener por objeto las ciencias exactas, que han dado celebridad a muchos hombres, es el alma de las naciones libres. Humilde en sus deseos y simple en sus aspiraciones, la juventud se contenta con saber leer, escribir y contar. Algunas nociones de moral y de política y unos pocos conocimientos en otras materias, que faciliten el de las artes y oficios, es todo lo que necesita un pueblo para su dicha y libertad; y esta es la clase de instrucción que el Gobierno procura a los habitantes del distrito con el mejor éxito.

Tal es, ciudadanos representantes, el cuadro de la República, que estimo haber trazado con la fidelidad que debo, presentándoos los males que amenazaron al Gobierno. Atacarlos en su origen, reformando la Constitución Federal, es el único medio de prevenirlos y el modo más seguro de evitar que se reproduzcan en lo sucesivo. Pero de esta reforma tan necesaria como deseada de todos los amigos de la felicidad general, no se podrá ocupar el actual Congreso. Pendiente como está de la Asamblea del Estado de Honduras la que se decretó en 1835, veremos pasar todavía el precioso tiempo de sus sesiones sin tratar de este asunto interesantísimo, si no se exige el cumplimiento de la ley que atribuyó a aquel Cuerpo la facultad de sancionarla.

De este paso importante pende la suerte de la República. Es el áncora de esperanza para los hombres conocedores del verdadero origen de nuestros males, y la única tabla de salvación para todos los que ven como inevitable el naufragio que amenaza a la patria.

Elegidos por la libre voluntad del pueblo para mejorar su suerte, meditando entre los escombros y ruinas que han dejado las guerras pasadas los medios de evitar otras nuevas; para buscar en las cenizas de los que perecieron en ellas las chispas que sirven para inflamar el corazón de los hombres virtuosos; para enjugar las lágrimas que se derraman aún sobre los restos venerables de tan ilustres víctimas; para romper y pulverizar, en fin, esa funesta cadena de revoluciones y de desastres, forjada por la mano de la venganza, por el mezquino interés privado, por el monstruo implacable que preside a los partidos, y principalmente por las pasiones innobles de los que no ven en el orden actual de cosas sino ruina y exterminio de sus antiguos privilegios; es a vosotros a quienes pertenece emprender con energía y firmeza esta obra digna de vuestras luces y patriotismo, y dar al pueblo en la mejora de sus instituciones, dicha, reposo y gloria.

Séame permitido concluir esta exposición con un acto de justicia debido al mérito de los primeros legisladores de nuestro país. La Constitución abunda en principios altamente luminosos; en su formación excedieron sus dignos autores las esperanzas del centroamericano, estableciendo esta patria vacilante e incierta bajo el sistema de Gobierno que nos rige; pero doce años de aguardar entre infortunios y vicisitudes ese futuro de prosperidad, tantas veces prometido, ha inspirado a los pueblos el justo deseo de una reforma radical, y revelado al hombre pensador los vicios de que adolece, al considerarla semejante a un árbol hermoso que trasplantado a un clima exótico se marchita y decae a poco tiempo, sin haber producid los frutos que se esperaban. – San Salvador: 21 de marzo de 1836. – *Francisco Morazán*".

CAPÍTULO XII
El cólera

SUMARIO: Maquinaciones de los serviles. – El Cólera. – Clérigos que se ocupan de predicar sobre el envenenamiento de las aguas. – Alzamiento de los pueblos. – Consideraciones.

Desde 1829, época en que el partido servil dejó de ser el árbitro de los destinos de Centroamérica, no dejó de conspirar contra la tranquilidad, manteniendo al país en continuo movimiento, valiéndose para ello de todos los medios que le presentaban, y aun hasta de los sucesos que la naturaleza produce y presentándolos como castigos del cielo. Pero ni la erupción de volcanes, ni los terremotos, ni los eclipses, ni los milagros de María Teresa de la Santísima Trinidad (no obstante la estrecha y permanente correspondencia de esta con Dios), pudo levantar a los pueblos contra el Gobierno hasta que el terrible azote del cólera vino a infundir el terror en todos los habitantes de la República y particularmente en el Estado de Guatemala, donde hizo estragos en la clase indígena.

Un horizonte lúgubre cubría nuestro extenso territorio, y aquella terrible peste, sembrando la muerte por todas partes, vino a diezmar la población.

El cólera fue una arma poderosa de que se valió el clero para indisponer los ánimos de los sencillos campesinos, inculcándoles que aquella enfermedad era el resultado del envenenamiento de las aguas por los liberales.

Los padres Lobo, Sagastume, Durán, Aqueche, Aguirre, González y Arellano, se ocupaban de andar de pueblo en pueblo sublevando sus habitantes contra el orden constitucional y fomentando hasta tal grado la discordia, que las masas se levantaron armadas, habiendo encuentros entre ellas y las fuerzas del Gobierno, derramándose la sangre a torrentes por culpa del clero, que quería inmiscuirse en los asuntos que no eran de su competencia.

Si estos revoltosos sacerdotes, en lugar de andar excitando al pueblo contra la paz y la tranquilidad, se hubieran ocupado en su ministerio, atendiendo a los infelices que eran atacados del cólera y procurando salvar de sus garras a cuantos seres hubieran podido; si en lugar de mezclarse en la política se hubieran ocupado del aseo de las poblaciones y de proteger a los desgraciados que postrados en su lecho de dolor morían sin recibir el último sacramento y que hace que el hombre pase tranquilo a la eternidad a recibir su premio o castigo de aquel que le dio el ser; si en lugar de lanzarlos al robo y al exterminio les hubieran imbuido las ideas redentoras que proclamó el Mártir del Gólgota, y si en el corazón de esos predicadores (emisarios de Carrera) hubieran tenido cabida las máximas del moralista, de Jesús, el redentor de la humanidad, los asesinatos, las violaciones y en general los crímenes más grandes que se cometieron durante el gobierno del *caudillo adorado de los pueblos*, no habrían tenido lugar.

CAPÍTULO XIII
Jefe del Estado de Guatemala pide auxilio a Morazán

SUMARIO: Gálvez solicita el apoyo del presidente de la República. – Lugar en que se encontraba Morazán. – Comisión que este nombró para entenderse con Carrera. – Nota de Morazán a Barrundia. – Barrundia se pone en marcha en busca de Carrera. – Convenio de Santa Rosa. – Entrada de Carrera a Guatemala.

El supuesto envenenamiento de las aguas por los liberales había hecho que los clérigos se salieran con las suyas, y sublevando a los pueblos de Guatemala habían logrado que las insurrecciones tomaran tan grandes dimensiones, que el jefe de aquel Estado se creyó impotente para poderlos sofocar, y tuvo que recurrir a Morazán solicitando su apoyo por medio de una nota circunstanciada, en la cual achacaba los males a los liberales que no pensaban como él.

Morazán permanecía en San Salvador gobernando en medio de la mayor tranquilidad, y muy fácil le hubiera sido prestar el apoyo que Gálvez solicitaba, pero Morazán no estaba de acuerdo con el jefe guatemalteco, pues cierto era que Gálvez, por los años de 1833 y 1834 trabajaba en unión de San Martín por eliminarlo de la política. Díganlo sino los tratados que estos dos jefes celebraron como si estos dos Estados hubieran sido naciones soberanas. Al presidente de la República fácil le hubiera sido organizar las fuerzas de que podía disponer, y marchar sobre Guatemala y hacer brillar una vez más su espada, pero no obstante la desacertada política de Gálvez, quiso, antes que la fuerza, emplear los medios pacíficos.

El general Morazán resolvió dirigir una comisión para que se entendiera con Rafael Carrera, jefe de las hordas de salvajes, que habían logrado alzar los clérigos a instancias del obispo Casaus, haciendo enviar a Barrundia el oficio que dice:

"Siendo ya excesivos los males que causa al Estado de Guatemala la facción que bajo el pretexto de envenenamiento se sublevó pocos meses ha en el distrito de Mita, el jefe de Guatemala ha excitado al presidente de la República para que mande, a las órdenes de un comandante de la Federación, fuerzas considerables a fin de reducir al orden a los facciosos en unión de las tropas del Estado.

El presidente conoce demasiado las consecuencias funestas que se seguirían al Estado de Guatemala si no tomase a su cargo extirpar, si posible le es, los elementos de discordia que empiezan a cundir en un espacio bien extendido de su territorio; y es por eso que ha acordado dar el auxilio. Pero quiere y desea del modo más positivo lograr que la destrucción de gérmenes tan perniciosos sea obra del convencimiento y de la persuasión tranquila, y no el resultado triste del uso de las armas; quiere que antes de emplear el influjo de la fuerza sobre los pueblos seducidos, se agoten las medidas de prudencia y moderación para reducirlos a la observación de sus deberes.

Con este objeto, pues, ha acordado comisionar a Ud., en unión de los presbíteros ciudadanos José María Castilla, Manuel María Cezeña y José Vicente Orantes, esperando que Ud. se allanará a prestar este importante servicio a la patria, y que obrará con el celo e interés que son propios de su carácter y dignos del bien público, luego que la expedición militar se coloque en los puntos convenientes, y se le comuniquen por este Ministerio las instrucciones al efecto necesarias.

Mientras tanto, tengo el honor de ofrecer a usted, ciudadano diputado, las seguridades de mi aprecio más distinguido. – D. U. L. – *M. Álvarez*".

En vista de la nota anterior, Barrundia, en compañía de don Manuel Arrivillaga, se puso en marcha en solicitud de Carrera, y en el camino supo que se encontraba en Mataquescuintla, y que rehusaba asistir a una conferencia propuesta ya por otros miembros del partido liberal.

En Santa Rosa se había firmado un convenio, que fue mostrado a Barrundia por el padre Durán, siendo desechado por aquel, en razón de ser inaceptable en todas sus partes. Barrundia también había escrito a Carrera manifestándole que tenía instrucciones del presidente para hacer un arreglo con él; pero Carrera se indignó al oír el nombre de Morazán, y si Barrundia en aquellos momentos de furia se hubiera encontrado presente, indudablemente habría sido fusilado.

Después de una sucesiva cadena de acontecimientos desagradables, Carrera entró a la plaza de Guatemala, y a esfuerzos de Barrundia y otras personas influyentes se logró que saliera, halagándolo con el nombramiento de Comandante del distrito de Mita.

CAPÍTULO XIV
Llamamientos que hacían a Morazán de Guatemala

SUMARIO: Carrera continúa sus correrías. – Inténtase hacer de Chiquimula un nuevo Estado. – Solicitud de los vecinos de este departamento. – Morazán contesta la solicitud anterior. – Se nombra una segunda comisión para conferenciar con Carrera. – Informe de esta comisión. – Contestación de Morazán. – Llamamientos hechos a Morazán.

Carrera continuaba en sus correrías, cometiendo toda clase de crímenes con el objeto de hacerse temible, e inventaba cuantos medios podía, ayudado de la patria de clérigos que caminaban a su lado con el fin de hacerse de prosélitos.

Este guerrillero halagó también a los habitantes de Chiquimula con la idea de que les ayudaría a formar un nuevo Estado si se afiliaban en sus columnas, y entusiasmados con este pensamiento, llevaron una solicitud al general Morazán, en la cual se proponían persuadirlo de que no debía tomar ningún procedimiento contra Carrera.

Morazán les contestó que no debían dar crédito a ninguna de las promesas que Carrera les hiciera, pues este no trataba más que de convertirlos en instrumentos de sus ambiciones.

No obstante los infructuosos resultados que Morazán obtuvo de la primera comisión que nombró para entenderse con Carrera, no se dio por desalentado, y volvió a nombrar otra, compuesta casi de las mismas personas que habían formado la primera con el mismo objeto. Los comisionados se dirigieron a Mataquescuintla, donde tuvieron lugar las conferencias entre ellos y Carrera, y aunque celebraron un convenio con este, de nada sirvió lo estipulado, pues ni aun se habían regresado cuando ya Carrera lo había infringido. A su regreso enviaron a Morazán un informe circunstanciado de sus trabajos.

Morazán, en vista de dicho informe, les contestó lo siguiente:

"El informe verbal y por escrito que ustedes se han servido darme en esta fecha, me ha impuesto del resultado de la comisión que con tan decidido empeño y sanas intenciones se prestaron a desempeñar.

Es muy sensible para mí que personas de tanta respetabilidad, crédito y prestigio en la República, hayan sido desoídas, insultadas gravemente y todavía expuestas a un horroroso asesinato; pero era preciso que a todo esto se sujetase el patriotismo de ustedes en momentos tan críticos para el rico y poderoso Estado de Guatemala.

Mis constantes deseos por que el restablecimiento del orden se efectuase en él, sin derramar sangre y aun sin que se sufriera la menor desgracia, me obligaron a exigir de ustedes un servicio, que ustedes, y nadie más, han podido prestar. Tal vez no ignoraban el mal éxito de su encargo y aun el riesgo que iban a correr, y no obstante no han vacilado en aceptar mi nombramiento y venir a hacer todos los esfuerzos que me son patentes. Yo doy a ustedes, a nombre del Gobierno Nacional, las más rendidas gracias por cuanto han ejecutado en esta vez para evitar males que al fin, muy a mi pesar, van a ser indispensables. La guerra de la barbarie contra la civilización los exigen de una manera que positivamente contrista. Sin embargo, a ustedes, lo mismo que a mí, los acompañará siempre la dulce satisfacción de haber hecho cuanto estaba a nuestro alcance, no solo para salvar a estos pueblos, sino al mismo bandido y sus hordas, hasta el grado de humillarnos con aquel y guardándole consideraciones que nunca mereciera.

Tengo la honra de suscribirme de ustedes, con la más alta consideración, su amigo y servidor. – D. U. L. – *Francisco Morazán*".

La Asamblea de Guatemala examinando detenidamente las circunstancias críticas por que atravesaba aquel Estado, determinó llamar al general Morazán porque creyó que sería el único que podía tranquilizarlo. Morazán fue llamado también por los propietarios y comerciantes para que se fuera a protegerlos, por ser él el único llamado a salvar aquella situación.

El 14 de abril de 1838, cuando el sol se ocultaba en su ocaso, hizo Morazán [1] su entrada en la ciudad de Guatemala, en medio de manifestaciones de júbilo, manifestaciones que ni el 14 de septiembre de 1834, en que también llegó de El Salvador a hacerse cargo de la Presidencia de la República, fueron tan espléndidas y pomposas.

En el acto de su llegada se le presentaron los vecinos de aquella ciudad pidiéndole que asumiera el mando, pero Morazán contestó que no podía hacerlo sin la autorización de la Asamblea.

El general Morazán dirigió al Cuerpo Legislativo por medio de sus respectivos secretarios el oficio siguiente:

"A los ciudadanos diputados secretarios de la Asamblea Legislativa. – Cuartel general en Guatemala, abril 17 de 1838. – Ayer ha puesto en mis manos el licenciado A. Marure una exposición firmada por 187 vecinos de esta ciudad, que llevan el nombre de propietarios, y que lo son en efecto, en que se me pide asuma yo el Gobierno del Estado. Al entregármelo me manifestó que una comisión compuesta de personas de bastante crédito y

---

[1] Morazán llevaba un ejército compuesto de 1,300 salvadoreños.

notabilidad estaba nombrada por el numeroso concurso de ambos sexos que lo seguía, para sobre la citada exposición hacerme explicaciones importantes a la tranquilidad de esta capital y al interés de todos los pueblos del Estado.

Llamado en enero último por el Gobierno de este para destruir la facción que amenazaba la vida y propiedades de los habitantes de Guatemala, y llamado por segunda vez en la semana pasada por el mismo Gobierno y por varios propietarios que me aseguraron representar a todos los que existen en esta ciudad, para que viniese a ella a observar cuanto pasaba, y a contener sucesos que podrían ser de la más grave trascendencia, me apresuré a oír a la citada comisión, de quien esperaba noticias útiles, y si se quiere, saludables consejos en circunstancias tan difíciles como las actuales; y porque no siendo otra mi misión ni otros mis votos, que los de pacificar estos pueblos, quiero escuchar a todo ciudadano que guste informarme sobre los acontecimientos e indicarme alguna medida salvadora.

Por desgracia en la que se ha fijado la comisión de que dejó hecho mérito y la que contiene la exposición de que antes he hablado, no me parece absolutamente libre de embarazos, que se aumentarían si yo lo adoptase por una vía de hecho estando reunida la Asamblea, a cuya sabiduría no debe ocultarse la peligrosísima crisis en que se encuentre el Estado y ocupando la silla del Gobierno la misma persona que me ha llamado en auxilio de los guatemaltecos.

Es verdad que varios hechos han gastado de algún tiempo a esta parte el prestigio de que han gozado y debieran gozar los Supremos Poderes y que su constante repetición ha hecho grabarse el temor y la desconfianza en el corazón de los guatemaltecos y particularmente en la clase de propietarios. Una tropa sublevada y dirigida por sargentos ebrios y algunos individuos que jamás han acatado la moral pública; inmensas horas de salvajes sin freno alguno que pudiera contenerlas, han amenazado en distintas ocasiones la vida de estos habitantes, sus propiedades, y lo que es más caro aún, el honor de sus inocentes familias; y la autoridad en ninguna de ellas, es preciso decirlo con franqueza, desplegó la energía que demandaba su institución.

Esta experiencia ha influido sin duda en que haya venido a mi directamente la exposición indicada sin contar antes con el Cuerpo Legislativo que tiene en sí los elementos necesarios para hacer el bien, y que puede y debe contar con la libertad más amplia en sus urgentes e importantes deliberaciones. Yo, que conozco la ilustración de los individuos que lo componen, que me son constantes sus patrióticos sentimientos, no puedo menos que dirigirme a él por el honoroso conducto de Uds., manifestándole que el pueblo de Guatemala aguarda con ansiedad y aun desesperación una medida que le vuelva su antiguo reposo y que asegure la vida y propiedades de sus habitantes. Jamás ha podido ocuparse la Asamblea de Guatemala de un asunto tan delicado y de mayor trascendencia, y jamás tampoco han estado tan fijas las miradas del pueblo sobre la resolución que hoy dicte. Yo la excito, pues, para que viendo las cosas bajo su verdadero aspecto, con la calma y detenimiento que corresponde, tranquilice a multitud de familias que vagan en la incertidumbre y desconsuelo y salve de los horrores de la anarquía a la primera población de la República. Para objetos tan puros como sagrados debe contar con mi cooperación y mi existencia, que con placer sabré sacrificar en cumplimiento de mi deber, y para corresponder a la confianza que ha depositado en mí el Gobierno del Estado y los habitantes de esta hermosa ciudad, que no abandonaré entretanto la paz, el orden y la mejor armonía no vuelvan a restablecerse entre las familias.

Ruego a ustedes, ciudadanos secretarios, eleven a la consideración de la Asamblea cuanto dejo expuesto y admitan las consideraciones con que soy de ustedes su atento servidor. – D. U. L.– *F. Morazán*".

Inmediatamente la Asamblea dictó el siguiente decreto: "La Asamblea Legislativa del Estado de Guatemala, considerando:

1°. Que los sucesos ocurridos en el Estado desde fines del año próximo procedente hasta la fecha, han dividido las opiniones de los ciudadanos hasta el punto de excitarlos a un pronunciamiento irregular; y que el Cuerpo Legislativo se ve en el estrecho deber de conciliar los ánimos y opiniones, defiriendo a la voluntad de los ciudadanos en cuanto lo exige la paz pública del Estado y lo permite la Carta Fundamental del mismo y de la Nación.

2°. Que el presidente de la República, general ciudadano Francisco Morazán, como depositario de la confianza pública, reúne la del pueblo del Estado y la de sus representantes; y que en obsequio de todos, se halla al frente del ejército que calma las facciones.

3°. Que el Poder Ejecutivo del Estado, en tales circunstancias, necesita de autorización extraordinaria para conservar la paz y mantener el orden, obrando en consonancia con el jefe de la República; ha tenido a bien decretar y decreta:

1°. – Las autoridades supremas del Estado de Guatemala se ponen bajo la defensa y protección del Gobierno Nacional que debe velar en la conservación del orden en la República y en las grandes secciones que forman sus Estados.

2°. – Se confiere al vicejefe del Estado la autorización que expresa el artículo 176 de la Constitución Federal, por el término de tres meses, contados desde esta fecha.

3°. – El mismo vicejefe se pondrá de acuerdo con el presidente de la República, sirviéndolo su consejo de guía en toda su administración.

4°. – Las fuerzas del Estado de todas clases, su organización y dirección, quedan bajo las órdenes del presidente, para defender los derechos del Estado y reprimir las facciones.

5°. – El P. E. dirigirá al Congreso exposición que refiera la revolución que se ha efectuado y los peligros que corre el Estado en su actual posición, para que dicte las medidas de alto orden que tiendan a restablecer la tranquilidad y mantener los derechos primordiales del Estado.

Dado en Guatemala, a diez y siete de abril de mil ochocientos treinta y ocho.

J. Barrundia, diputado presidente. – I. Gómez, diputado secretario. – J. Gándara, diputado secretario".

El Congreso Legislativo resolvió trasladarse a la Antigua, por estar amenazada la capital, dictando al efecto el decreto que dice:

1°. – El Gobierno del Estado se trasladará a la Antigua Guatemala, pudiendo trasladar las oficinas que estime convenientes.

2°. – Se autoriza al general presidente de la República para que gobierne, por sí mismo o por medio de la persona o personas que designe, el distrito de Guatemala, ejerciendo en él en su caso las facultades que concede el artículo 176 de la Constitución Federal.

3°. – Se autoriza en los mismos términos al Ejecutivo del Estado respecto de los otros distritos, debiendo cesar una y otra autorización cuando a juicio del presidente de la República esté terminada la rebelión actual.

4°. – Se autoriza al Gobierno para que arregle provisoriamente la Corte Superior de Justicia con las personas elegidas por la Asamblea, y que reciba juramento a sus individuos, dándoles posesión de su destino. A propuesta en terna de la Corte, nombrará los jueces de primera instancia.

Guatemala, veinte y uno de abril de mil ochocientos treinta y ocho.

CAPÍTULO XV
Guerra de montaña

SUMARIO: Morazán combina su plan de ataque. – División del ejército y derrotas que sufrió Carrea. – Proclama de Morazán. – Otras derrotas. – Regreso de Morazán a San Salvador.

Inmediatamente Morazán formó el plan de ataque que debía servir para destruir las hordas salvajes de Carrera, que al grito de "*¡Viva la religión!*" se lanzaban como fieras sobre sus presas, asesinándolas y devorándolas, y cometiendo crímenes atroces. Era esta una lucha de la barbarie contra la civilización y del fanatismo contra la sana filosofía.

El ejército fue dividido en diferentes columnas a las órdenes de los jefes más expertos y por el mismo Morazán. El teniente coronel Joaquín García Granados, fue atacado en Jutiapa por fuerzas de

Carrera, saliendo estas derrotadas. El capitán Esteban Ciero deshizo una columna de facciosos en Jocoy. En Mataquescuintla estaban bien fortificados los facciosos, y fueron derrotados por Morazán, que dirigió el asalto. El teniente coronel Manuel A. Lazo, que mandaba 50 federales, fue atacado en Amatitlán por 800 hombres encabezados por todos los cabecillas de Carrera, y después de un reñido combate en que ambos contendientes se disputaban el triunfo, los facciosos tuvieron que apelar a la fuga, sufriendo pérdidas considerables. Lazo salió persiguiendo al enemigo hasta media legua distante de aquella población, y al regresar supo que la habían ocupado parte de los sublevados en número de 400, y que estaban entregados al saqueo y acuchillando a sus habitantes. Acto continuo cargó sobre ellos para que no se duplicaran las víctimas y a los vítores de "*¡Viva el general Morazán!*", se lanzaron con tal ímpetu que, después de un vivísimo tiroteo y de haberse tomado a la bayoneta los lugares que defendían, salieron huyendo, quedando las nopaleras cubiertas de muertos y heridos.

El general Morazán dirigió a los vencedores de Amatitlán la proclama que literalmente dice:

"El presidente de la República, general en jefe del ejército, a los vencedores de Amatitlán. – ¡Soldados! Los caudillos de la facción que todo lo tala y destruye en el Estado de Guatemala, habían decretado la ruina de la hermosa Amatitlán.

Carrera, Rueda, Herrera, Parras, Gallo, Mangandi y Santa Rosa, unieron sus partidas para sorprender aquella población, y se habían ya repartido de antemano las grandes riquezas que se encuentran allí acumuladas por las manos del industrioso comerciante y del agricultor laborioso.

Desde las alturas que dominan el valle de Guatemala se arrojaron sobre su presa como fieras salvajes sedientas de sangre y de tesoro. Pero ellos ignoraron que allí existían los veteranos que, en diez años de guerra, han adornado sus cabezas con los laureles de tantas victorias, sin que jamás haya sido humillada su frente por la desgracia.

¡Soldados! Siempre los he apreciado como valientes; pero en la gloriosa jornada de ayer, en donde cada uno de ustedes tuvo que vencer ocho enemigos armados y decididos a consumar su crimen, se han portado como héroes. Yo los saludo a nombre de la patria con este hermoso título. Sigan mereciéndolo, y evitarán que el nombre de nuestro hermoso país sea para siempre borrado, por la mano de los salvajes, del número de los pueblos civilizados. – Guatemala: 9 de mayo de 1838. – *F. Morazán*".

También fueron derrotadas las inmensas partidas de Carrera en la hacienda de Quezada, Mita, Chiquimulilla, Las Vírgenes y Fraijanes.

Con motivo de ser urgente la presencia del general Morazán en la capital de la República (San Salvador), tuvo que ausentarse, dejando en su lugar al coronel Carballo, para que continuara la pacificación del Estado.

CAPÍTULO XVI
Morazán rechaza la dictadura que le ofrecen los serviles

SUMARIO: Atrocidades de Carrera. – Los serviles ofrecen la dictadura a Morazán. – Morazán rechaza la dictadura. – Un baile en honor de Morazán. – Derrota de Carrera en Villanueva. – Fusilamiento del padre Durán.

Carrera continuaba cometiendo asesinatos, saqueos, e incendiando y asaltando los pueblos indefensos; se violaba a las mujeres, y después de cometer este crimen les cortaban los cabellos y las orejas, entrando en esta figura a Guatemala, donde su presencia horrorizaba, causando una pública indignación contra *el hijo del Altísimo*, como le llamaban los curas Durán, Aqueche y demás adeptos. Estos excesos hicieron que los serviles se pasaran de Carrera a Morazán, creyendo fácil convertir a este en instrumento de sus ambiciones. Desde este día el héroe de Gualcho fue objeto de miles de atenciones.

Don Juan José Aycinena se presentó al general Morazán a nombre del partido retrógrado, instándole para que asumiera la dictadura. Morazán contestó indignado que no podía dar aquel paso por estar en pugna con los principios democráticos que él profesaba. De más estaba exigir semejante temeridad Morazán, pues era de carácter delicado y además bastante instruido para comprender que la dictadura solo puede establecerse en casos anormales. Los serviles se disgustaron por la negativa de aquel repúblico sin tacha, pues que ellos deseaban la dictadura perpetua y exigiendo ya con anticipación el destierro de personas como Gálvez, Barrundia, Molina, etc.

Don José Francisco Barrundia, acerca de esto, dice: "¿Y quién pudiera creerlo, quién imaginarse el envilecimiento, la miseria ruin de este partido noble, aristocrático? El general Morazán había aparecido en Guatemala para calmar las facciones y combatir a Carrera.

El orgulloso partido se arrastró entonces a sus pies, lo recibió en triunfo, lo cubrió de flores, lo aduló hasta el fastidio, lo festejó y lo rodeó asiduamente, sufrió constante el desdén merecido a su bajeza y el pidió encarecidamente destruyera a los liberales, hiciera abolir las instituciones y aceptar la dictadura. Esta solicitud inaudita, esta adulación al hombre que detestaban en el fondo de su alma, que los había vencido, humillado y reprimido severamente, no tuvo más efecto que la vergüenza de los aduladores y caracterizar su abyección infame bajo todos los partidos".

Nuevas instancias se hicieron a Morazán por medio de don Manuel Francisco Pavón para que se declarara dictador, pero rehusó por segunda vez con dignidad, diciéndoles *"que se sometía a la suerte, que combatiendo por todas partes tal vez sucumbiría; pero sucumbiría con honor"*.

Para que no crean los conservadores que faltamos a la verdad, presentamos a uno de su partido, don José Milla y Vidaurre, quien en las noticias biográficas de don Manuel Francisco Pavón, dice:

"Pavón fue uno de los que quisieron investir al general Morazán con todo el poder necesario para pacificar al país, confiriéndole una verdadera dictadura. Morazán perdió aquella oportunidad, la segunda con que en el curso de su carrera pública le brindó la fortuna, para haber engrandecido su nombre y adquirido verdadera gloria. No tenía miras elevadas, y además no pudo en algunos puntos esenciales avenirse con los principios de los conservadores".

Con motivo de las nuevas exigencias de los serviles porque Morazán asumiera la dictadura, Barrundia se expresa así: "Un nuevo llamamiento al general Morazán, que se había visto en la necesidad de retirarse para un perentorio arreglo de los intereses más importantes de la República, lo presentó otra vez en nuestra escena. Un nuevo recibimiento de lisonjas y homenajes serviles le fue tributado. Morazán tuvo conferencias con Rivera Paz y con el doctor Aycinena. Este se disculpó de sus escritos y ofreció auxiliarlo con su pluma".

Los nobles proyectaron un gran baile dado en obsequio de Morazán, durante cuya reunión las adulaciones abundarían hasta que este digno caudillo cediera a sus exigencias. Las aristocráticas señoras se ocuparon personalmente del arreglo de los floreros y jarrones que deberían servir de adorno en los salones. En vano fueron estas nuevas adulaciones y bailes que los conservadores prodigaban *humildemente* al general Morazán, porque este nunca les dio la más leve esperanza de corresponder a sus deseos.

Don Pedro Valenzuela, jefe del Estado de Guatemala, había hecho varias veces dimisión de aquel elevado puesto, hasta que al fin logró que se le admitiera, sucediéndole don Mariano Rivera Paz, en calidad de presidente del Consejo. A este nuevo jefe se le unieron todos los retrógrados caídos desde el año de 1829, tomando desde entonces la política un aspecto sombrío.

Entretanto, Carrera continuaba sus correrías, y con 2,000 hombres atacó y derrotó al coronel Manuel Bonilla, que estaba con 400 de tropa en Jalapa.

Con este triunfo se envalentonó Carrera y se aproximó con un poco más de 2,000 salvajes a la capital, amenazándola y situándose en Petapa. El teniente coronel Félix Fonseca con 300 hombres lo atacó, pero la suerte le fue adversa y salió derrotado.

Carrera iba a marchar sobre Amatitlán para proveerse de municiones y dinero, pero el general Salazar reforzó aquella plaza, marchando él personalmente a defenderla. Con este movimiento Carrera cambió de rumbo, y en lugar de dirigirse a Amatitlán marchó a la Antigua, que se encontraba indefensa. De aquí llamó a todas sus partidas que se encontraban diseminadas por varia partes, y con 5,000 hombres que reunió salió para Guatemala, pernoctando en Villanueva. El general Salazar, haciendo esfuerzos inauditos y a la cabeza de 850 soldados, lo atacó en aquella misma población, el 11 de septiembre de 1838, tomándose la plaza a viva fuerza y deshaciendo a Carrera completamente, quien dejó en el campo 364 cadáveres. [1]

Entre los muchos prisioneros se encontraba el padre Durán, que más tarde fue fusilado por faccioso con todas las formalidades de ley. [2] Por este fusilamiento han llamado a Morazán asesino, como se verá por la siguiente estrofa:

"El criminal Morazán,
El Nerón, el Diocleciano,
El asesino tirano
Del inocente Durán,
Contra quien pidiendo están
Al cielo venganzas justas
Tantas víctimas augustas
Que ha inmolado la ambición
De su negro corazón
Con felonías injustas".

---

[1] Con motivo de querer reunir en este capítulo todos los ridículos papeles que desempeñaron los serviles al ofrecerle la dictadura a Morazán, hemos adelantado algunos sucesos, por lo cual, más adelante, volveremos a tratarlos.

[2] Véase el capítulo XIX del presente Libro.

CAPÍTULO XVII
Segunda campaña de Morazán sobre Carrera

SUMARIO: Autorización del Congreso Federal. – Decreto de Mataquescuintla. – Decreto de Morazán. – Nuevas exigencias de los serviles. – Excursión de Carrera. – Acción de Chiquimulilla. – La Asamblea. – Primer decreto que dictó. – Un episodio entre Morazán y Rivera Paz. – Excitativa a los demás Estados. – Termina el segundo periodo de Morazán. – Regreso de Morazán a El Salvador.

El Congreso Federal autorizó al presidente de la República para que pacificara al Estado de Guatemala librándolo de las facciones que se habían levantado con Carrera.

En este concepto, el general Morazán con 1,000 hombres volvió de nuevo sobre Carrera, que en casi todos los encuentros de armas había sido vencido por las fuerzas que marchaban en solicitud de él.

El mismo Morazán hacía poco que lo había derrotado en sus propias fortificaciones, que levantara en Mataquescuintla.

En Guatemala dio Morazán el siguiente decreto:

"Francisco Morazán, presidente de la República y general en jefe del ejército federal.

Considerando: que la facción que acaudilla el criminal Rafael Carrera se ha hecho extensiva a la mayor parte de los pueblos que componen el Estado de Guatemala, y en especial a los de este departamento, el de Chiquimula y Verapaz; en que el desorden y la anarquía han tomado un incremento incalculable; atendiendo a que si no se ponen en uso todos los medios que la Constitución y las leyes de la República previenen para reprimir estos males, los Estados todos serían en breve envueltos en los que hoy sufre el de Guatemala, y en consecuencia desapareceríamos del número de las naciones civilizadas. En vista de lo dispuesto en el artículo 35 de la ley de 17 de noviembre de 1832, y usando de las facultades que me ha concedido el Supremo Gobierno Nacional a virtud de la autorización que le dio el Congreso para pacificar el Estado de Guatemala, he tenido a bien emitir el siguiente decreto:

Art. 1°. – Se declara que el Estado de Guatemala está en el caso del artículo 35 de la ley de 17 de noviembre de 1832, y que en consecuencia se halla bajo el régimen militar.

Art. 2°. – La anterior declaratoria tendrá efeto desde luego en todos aquellos pueblos en que a juicio del general en jefe del ejército federal sea necesario el gobierno militar para la conservación del orden.

Art. 3°. – El presente decreto se pondrá en conocimiento de quienes corresponda, y se hará imprimir, publicar y circular.

Dado en el cuartel general, en Guatemala, a veinte y cuatro de octubre de mil ochocientos treinta y ocho. – *Francisco Morazán*".

Esta vez volvieron los nobles a las andadas trabajando para que Morazán se declarara Dictador, pero todo fue en vano.

Carrera, aprovechando la permanencia de Morazán en Guatemala, traspasó la línea divisoria salvadoreña y se echó sobre las ciudades indefensas de Ahuachapán y Santa Ana. Los incendios, saqueos y asesinatos fueron el objeto de esta excursión. En el acto de la noticia salió a marchas forzadas el general Salazar, y al día siguiente Morazán; pero cuando estos llegaron ya Carrera se había vuelto a internar en el Estado de Guatemala, dejando aterrorizadas y llenas de luto todas las poblaciones fronterizas de El Salvador.

Sin embargo, Morazán continuó en su persecución, y en Chiquimulilla le dio alcance. Aunque el presidente había combinado bien su plan de ataque para que no se escapara ninguno de los facciosos, el general Carballo atacó antes de la hora señalada, y debido a esto logró escaparse Carrera, que huyó en compañía del padre Lobo, dejando 118 muertos, multitud de heridos y prisioneros, figurando entre estos últimos los clérigos Aqueche, Jirón y Aguirre.

Después de esta acción regresó Morazán de nuevo a Guatemala y convocó una Asamblea extraordinaria para que nombrara jefe de Estado que sustituyera a Rivera Paz.

En efecto, el primer decreto de la Asamblea fue declarar que cesaba en el mando el ciudadano Mariano Rivera Paz y se nombraba en su lugar al general Salazar.

Este decreto no se le presentó a Rivera Paz para que pusiera el cúmplase, e ignoraba esta resolución, y al día siguiente (30 de enero de 1839) se dirigió al Palacio a desempeñar como de costumbre sus funciones, cuando Morazán, que estaba adentro, apenas lo vio venir, e indignado como estaba por sus inconsecuencias y por las muchas dificultades que le había puesto para suministrarle los elementos de guerra que para combatir a Carrera necesitaba, se levantó de la silla en que estaba sentado, y cuando ya iba a entrar Rivera Paz, Morazán cerró la puerta en los momentos que pisaba el umbral. Ningún medio mejor que este para hacer saber a aquel jefe que había cesado en sus funciones.

La Asamblea, antes de cerrar sus sesiones, dio un decreto en el cual se excitaba a los Gobiernos de Honduras, Nicaragua y Costa Rica para que no se separaran de la Federación.

En 1839 concluyó el periodo para el que había sido electo el general Morazán, presidente de la República. La permanencia de este notabilísimo hondureño en la Presidencia durante dos periodos seguidos le honra sobremanera, pues no obstante tantos trastornos y tantos opositores que tuvo la Unión, jamás sus enemigos lo pudieron arrojar del mando.

Los Altos se separaron de Guatemala y declararon que formaban un nuevo Estado de la Unión. Auxiliaron a Morazán enviándole un ejército de altenses a las órdenes del general Agustín Guzmán, que celebró un tratado en el lugar llamado El Rinconcito, por el que quedaba Carrera como antes, comandante de Mita y, aunque se estipuló que entregaría las armas, nunca lo verificó.

Morazán, viendo que no encontraba el apoyo suficiente en Guatemala, y no teniendo los medios necesarios para continuar la guerra, licenció parte de su tropa, y la otra, compuesta de salvadoreños, regresó con él a El Salvador.

CAPÍTULO XVIII
Dos asesinatos frustrados contra el general Morazán

SUMARIO: Partes que recibió Morazán. – Asesinato frustrado en El Guapinol. – Muerte de Juan E. Milla. – Continuación de la marcha. – Morazán se sitúa en Arrazola. – Se intenta aquí asesinar por segunda vez a Morazán.

La segunda vez que Morazán marchó sobre Carrera, recibió partes desde Santa Ana de que este tenía apostados en el camino y en diferentes lugares tiradores para que le quitaran la vida.

Morazán jamás dio crédito a semejantes noticias, pues creyó que serían más bien excesivos cuidados de las personas que lo estimaban y dudó que fueran ciertas tales aseveraciones, y marchaba contra la voluntad de todos sus oficiales, con la confianza del que, poseído de la buena fe, reúne además el valor e intrepidez que caracteriza a todo hombre generoso; pero en el lugar llamado El Guapinol vino a comprender que *aquel caudillo defensor de la religión*, era capaz de cometer el crimen más horrendo. En este punto estaba situado un buen tirador, que al pasar le disparó el tiro con tanto acierto, que a no ser la casualidad, que lo favoreció, allí hubiera sido vilmente asesinado.

La víctima fue el licenciado Juan E. Milla, hondureño, joven amable e inteligente y de una instrucción nada común, a quien el día que hizo su recibimiento de abogado, Morazán, conociendo la vasta inteligencia de que estaba dotado, le nombró su secretario privado. Este marchaba a la par del héroe, y en el momento de arrojar el tiro, el caballo que montaba Morazán tropezó, echándose de boca, atravesando aquella bala al infortunado Milla, que ya era una verdadera esperanza de la patria.

Después de la sentida muerte del malogrado Milla, este infame suceso en nada acobardó a Morazán, y aceleró su marcha para atacar a Carrera, que se encontraba en las inmediaciones de Cuajinicuilapa, quien al saber la llegada del presidente se refugió en las montañas. Todo el ejército tenía la firme creencia de que pronto batirían al montañés; pero todos los correos, tanto de Morazán como

166

de Salazar, fueron tomados por el salvaje, que los mandó fusilar, desconcertando este suceso el plan de ataque que se había acordado.

Morazán, no teniendo ninguna noticia del general Salazar por falta de conductos, se resolvió a situarse en la hacienda de Arrazola, para estar más cerca de aquel jefe.

Aquí volvió Morazán a escapar de ser víctima de la mano del asesino, pues se adelantó mucho del ejército y acompañado solamente de sus ayudantes, del presbítero Luis Cambronero y Juan Barrundia.

En esta hacienda le tenían al general presidente un aposento destinado para él, y en el cuarto contiguo, que se comunicaba con este, estaba una partida numerosa de asesinos bien armados, que cuando iban a consumar el crimen se acobardaron y huyeron con todas las precauciones que les fue posible. Hasta después de algunos días se supo que habían estado allí los caníbales de Carrera.

Nunca se imaginó el general Morazán que el hombre a quien intentó salvar la vida, ordenándole al general Carballo que revocara el ofrecimiento que se había hecho de dar una cantidad de dinero al que presentara la cabeza de Carrera, tuviera un corazón tan ruin y tan inclinado al crimen.

CAPÍTULO XIX
Aclaraciones

SUMARIO: Necesidad de insertar un documento histórico.

Con el objeto de que en nuestras narraciones brille lo más que sea posible la verdad de los hechos, hemos creído conveniente insertar un documento importantísimo que, además de ser escrito por una persona caracterizada, don Máximo Orellana, que anduvo en calidad de secretario de Morazán en la primera campaña contra Carrera, es muy poco conocido. Este documento dice así:

"A los centroamericanos: el don precioso de la palabra debe servir a los hombres para comunicarse sus pensamientos, para socorrerse mutuamente en sus necesidades, para trasmitirse las

167

verdades útiles, y no para destruirse y engañarse recíprocamente. El mentiroso peca contra todos estos deberes, y por consiguiente perjudica a sus asociados. Mentir es hablar contra lo que no se piensa, es inducir a los otros a error; es violar la conveniencia en que se funda el comercio del lenguaje, el cual llegará a ser muy funesto si los hombres solo se sirviesen de él para engañarse los unos a los otros. – *Holbach.*

En diferentes impresos, y muy particularmente en el que se ha dado por contestación al que se publicó en esta Corte denunciando varias inconsecuencias del C. Mariano Rivera Paz, se procura con el más grande empeño acriminar la conducta del benemérito general expresidente de la República, C. Francisco Morazán, haciendo increpaciones a su honor, tan injustas como injuriosas. Unas veces se desfiguran los más públicos y notorios sucesos; otras ocasiones se ocultan los más importantes ocurridos en la actual revolución; y las más, se suponen varios que no han existido jamás, todo con la mira de arrebatar a aquel jefe la popularidad que le han granjeado sus muchos servicios, concitarle el odio de los hombres crédulos y sencillos y sembrar la alarma y desconfianza entre los que no tienen medios de reunir los datos necesarios para formar un juicio exacto.

En el impreso citado, bajo el velo de la hipocresía y de una moderación muy estudiada, y aprovechándose del laberinto actual de la República, que favorece la impostura y audacia para producir impresiones desfavorables, no menos que del punible silencio que el general Morazán guarda en los diversos ataques que no cesan de dirigirle sus viejos enemigos, se manifiesta aquel tesón de una manera, que los que hemos podido observar de cerca la conducta de este jefe en la época en que se le acusa, persuadidos de la ingratitud y ruindad de sus detractores, no debemos callar sin dejar de rendir un tributo a la verdad y a la justicia.

Tuve el honor de acompañar al general Morazán en la primera campaña que su deber y las instancias más persuasivas y lastimosas le obligaron a hacer en el Estado de Guatemala a principios de marzo del año próximo pasado. La circunstancia de haber sido su secretario, me puso al alcance de lo ocurrido en ella en los cuatro meses que duró, y mi relato, que estoy pronto a sostener con documentos y con el testimonio de mil testigos presenciales, debe considerarlo el público, antes de fallar respectivamente sobre los cargos que la maledicencia infiere al citado general. En la segunda campaña, que comenzó a mediados de octubre del mismo año y terminó en enero del corriente, no estuve a su lado; pero no por esto me hallo menos instruido de sus acontecimientos, que expondré igualmente, y sostendré de la misma manera que he ofrecido acreditar los de la primera.

Sabido es que después de la ocupación de la ciudad de Guatemala por el actual Brigadier Rafael Carrera, en febrero del año antepasado, el espanto y el horror quedaron grabados en el corazón de los guatemaltecos de todos los partidos, de todas las edades y de ambos sexos. Al nombre de este cabecilla todos temblaban, y cuando a fines del propio mes amenazó por segunda vez a dicha capital, creyeron perdidas para siempre sus propiedades, sus vidas, y lo que es más, el honor de sus familias. El general Morazán era el único en quien fijaban sus miradas de aflicción y desconsuelo, para que los salvase de una ruina horrorosa y segura, y existen aún documentos oficiales y privados que acreditan esta verdad. La ley y un clamor tan general y lastimero, debían decidir y decidieron efectivamente al general Morazán a marchar sin pérdida de momento a socorrer a la población, que debemos llamar la principal de Centroamérica. En el perentorio término de tres días, sin otro auxilio que el del Gobierno de El Salvador, reunió, organizó y equipó una fuerza de 1,300 hombres, con que salió de la ciudad de Santa Ana el 9 de marzo. La rapidez de sus marchas y la medida que en feliz hora le ocurrió de hacer salir muy anticipadamente al teniente coronel Félix Fonseca con una partida de dragones, para que llamase la atención de los sublevados, libró en aquel entonces a Guatemala, pues Carrera, en vez de ir a ocuparla, reconcentró sus fuerzas a Mataquescuintla. El movimiento de Fonseca tuvo también el resultado de dejar libre al Gobierno del Estado para organizar dos divisiones muy importantes en lo sucesivo.

Muchos serán los que hayan acertado relativamente a los progresos que debía hacer la sublevación de Carrera. Yo lo ignoro, y solo me consta que el general Morazán no se equivocó jamás. Tenía presente la revolución de Olancho, y con frecuencia me decía: "que si los partidos de Guatemala no se unían con sinceridad y consideraban atentamente los riesgos que amenazaban al Estado, la guerra se prolongaría cuanto no podían imaginar, y el carácter que tomase sería cada día más espantoso". La experiencia, pues, de Olancho y su carácter naturalmente inclinado a la lenidad, lo obligaron a ensayar de toda preferencia las medidas que aconseja la política y dicta la generosidad, sin omitir aun aquellas que parecían degradantes a su alta dignidad y a su crédito y prestigio. Desde que tocó en el Estado de Guatemala se dirigió a Carrera previniéndole que debía unírsele en Cuajinicuilapa el 13 del propio mes, con todas las fuerzas que en concepto de comandante de Mita pudiese reunir, para que incorporadas a las de El Salvador formasen un todo respetable que diese por resultado la paz de aquellos pueblos, cuyo objeto único lo había colocado a la cabeza del ejército. Esta comunicación, que en lugar de irritar a las masas sublevadas debía inspirarles confianza de que sus reclamos o quejas serían oídos y remediados, no fue contestada sino hasta después de mucho tiempo; y en vez de verificarse la reunión en Cuajinicuilapa, todos los avisos recibidos daban a entender que Carrera no reconocía más ley ni más autoridad que la que él dictaba y la que creía ejercer.

Empero, no por esto se desanimó el general Morazán ni pensó variar de sistema. El 14 se le unió en la hacienda de Corral de Piedras una de las divisiones referidas levantadas en Guatemala, y su jefe, el general Salazar, acostumbrado al trato de los pueblos y dotado también de un carácter franco y generoso, adoptó lleno de entusiasmo el plan del presidente. El 15 llegó el coronel Carballo al mando de la caballería de Sacatepéquez, y fue de sentir que era el único medio de lograr la pacificación que todos ansiaban. El doctor Menéndez, conocido por su ilustración y patriotismo, que servía de capellán en el ejército, fe del propio parecer; y para decirlo de una vez, eran muy pocos los militares que prefiriesen el derramamiento de sangre a una transacción favorable a los sublevados.

Fue en esta hacienda de Corral de Piedras donde el general Morazán confirmó las noticias que tenía con relación a la odiosidad recíproca y profunda que se profesaban los dos partidos en que estaba dividida la capital, porque fue en ella donde recibió las primeras comisiones que uno y otro envió a felicitarlo y a dar gracias por la oportunidad de su auxilio y la nueva vida que daba a los guatemaltecos. Con sentimiento, y si me es lícito decirlo, con horror, advirtió el general que uno de estos partidos (el de la aristocracia y fanatismo), pretendía se hiciese guerra de muerte y destrucción a Carrera y sus masas, y que de igual manera se tratase a las personas que componían la administración del Estado y a sus adictos, como cómplices, decían, de aquel, y siempre sus amigos fieles y auxiliadores. Tales solicitudes, y las acusaciones mutuas que se hacían ambos bandos, fortificaron al general en su propósito de no favorecer las miras de ningún de ellos, y de evitar en cuanto pudiese la preponderancia de cualquiera de los dos; propósito que llevó al cabo, sosteniéndolo con admiración de todos, aun en las ocasiones más difíciles, y que tal vez hoy origina las imputaciones que aquel vergonzoso rencor fulmina contra él.

Resuelto, pues, el plan que queda indicado, era preciso trasladar el cuartel general al pueblo de Santa Rosa, uno de los puntos principales de reunión de los sublevados, ora para que aquellos habitantes se persuadiesen de las miras benévolas del presidente de la República y las trasmitiesen a sus aliados de Mataquescuintla, ora para quedar más inmediato a Carrera y brindarle todas las garantías que pudiera desear, o batirlo, como al fin sucedió, si se mostraba sordo a toda insinuación. Con la correspondiente anterioridad se dio aviso de aquel movimiento a los alcaldes de Santa Rosa, ofreciéndoles las mejores seguridades. Su contestación fue satisfactoria, tanto, como grande la sorpresa del general Morazán y todo el ejército al encontrar desierto el pueblo, abandonadas las casas y los pocos granos y animales que pertenecían a sus habitantes. Al momento el general dispuso situar una partida de tropa que impidiese se causase el menor daño; do orden al ejército para que, a pesar de ser la hora más ardiente del día, sin tocar en el pueblo, continuase su marcha a la hacienda de Santa Isabel; y él mismo, con su Estado Mayor y el general Salazar, resolvieron permanecer allí, para mejor prevenir una ocurrencia que frustrara sus esperanzas de atraer aquellos vecinos, y porque no era creíble que todos se hubiesen fugado. En efecto, apareció al fin un anciano que podía pasar por la imagen del tiempo, y requerido para que dijera el motivo de aquel abandono, su relación y sus lágrimas fueron los últimos documentos que el presidente de la República recogió, para corroborarse en la idea de pacificar aquellos pueblos sin hacer uso de las armas.

Así fue que ese mismo día se hicieron nuevas comunicaciones a los facciosos y al padre Aqueche, cura de Mataquescuintla, advirtiéndoles que muy luego recibirían una comisión compuesta de sujetos notables por su carácter y ministerio, a quienes podían exponer sus quejas y manifestar francamente el motivo de su insurrección, y las condiciones bajo las cuales querían deponer las armas. El padre provisor doctor Antonio Larrazábal, el canónigo doctor José María Castilla, los párrocos doctores Matías Quiñónez y Basilio Ceceña, el presbítero Francisco Ortiz y el C. José Barrundia, fueron los nombrados. Todos ellos, a excepción del primero, que se excusó por sus enfermedades consiguientes a su edad avanzada, se presentaron en Santa Isabel resueltos a prestar aquel servicio, no obstante la evidencia que manifestaban tener del ningún éxito y de los graves peligros a que iban a exponer su existencia. Las instrucciones que recibieron no podían ser más amplias y benignas a los rebeldes. Garantías para sus personas y empleos; indemnización de sus pérdidas, legalmente comprobadas; el nombramiento de sus autoridades; independencia por un término conveniente del Gobierno de Guatemala, y la suma que pidiesen por las armas que tenían, eran las bases de dichas instrucciones. Sin embargo, nada se avanzó; los comisionados durante su permanencia en Mataquescuintla estuvieron en una continuada capilla, y sus proposiciones de paz fueron contestadas con la humillación y el ultraje, con el insulto y la amenaza, y en un lenguaje oscuro y torpe. Tales eran los términos en que se expresaba el doctor Castilla, y tales los que constan, sobre poco más o menos, en el informe que por escrito dieron todos al presidente de la República. Semejante negativa, y el horrible asesinato cometido en el capitán Rojas, que había salido a una comisión, determinaron al general Morazán a obrar con las armas. Ocupó a Mataquescuintla, y derrotó en sus admirables posiciones a los rebeldes; pero todavía en este caso quiso hacer el último esfuerzo en favor de los que alucinados seguían a Carrera. Emitió el decreto de 5 de abril, poniendo, con arreglo a la ley de 17 de noviembre de 1832, bajo el régimen militar al distrito de Mita, y ofreciendo garantías a los que dentro de un tiempo determinado se presentasen a las comandancias establecidas. Carrera y otros cuatro cabecillas debían únicamente sujetarse a un juicio; y el medio de salvación que se dejó a los primeros, produjo el mejor efecto, pues fueron muchos los presentados y más de cien las armas rescatadas en el mismo Mataquescuintla. Entretanto, varias divisiones limpiaban la montaña y restablecían el orden en los poblados. Las instrucciones que tenían sus comandantes eran las de preferir el olvido y la generosidad al castigo indispensable en tales circunstancias, extendiéndose aquella aun a los mismos exceptuados en el decreto como se verá más adelante.

El general Salazar, que después de haber asistido al ataque y ejecutado en la montaña los movimientos que se le previnieron, tuvo precisión de pasar a Guatemala a arreglar con el comercio la puntual remesa de fondos que debía hacer para el pago de la división cuyo entretenimiento era a su cargo, y a la cual, lo mismo que a la del Norte, que expedicionaba a las órdenes del coronel Carrascosa, había sido necesario que la caja general supliese cantidades, que ignoro si en la segunda campaña fueron reintegrados; regresó de dicha capital haciendo al general Morazán una relación muy triste de la disposición en que se hallaban los partidos, y manifestándole que si él no marchaba a mediar en las pretensiones de ambos, y a conciliarlos en lo posible, muy pronto ocurrirían escenas que, sobre ser sangrientas, nulificarían el triunfo adquirido sobre los facciosos, y las esperanzas de pacificar el Estado traspasarían la línea de la posibilidad.

Este relato, acerca de cuya veracidad no debía dudarse atendido el carácter de la persona que lo hacía, y a mil y mil avisos que por otros conductos se habían recibido, obligaron al presidente de la República a hacer el sacrificio de pasar a Guatemala; digo sacrificio, porque no puede tener otro nombre el acto de lidiar con la intriga, la seducción y la mala fe. Hasta esta fecha absolutamente tenía relaciones el general Morazán con los jefes de los partidos, pues las que había cultivado con los del liberal fueron interrumpidas desde el momento que aquellos, ya por necesidad o por conveniencia pública, se unieron a Carrera. Esta circunstancia, que en concepto de algunos podía ser desfavorable, era muy feliz en el del general presidente, y no sin razón, pues ningún compromiso lo obligaba a dejar de obrar con imparcialidad, y podía libremente admitir o condenar las pretensiones y proyectos de ambos bandos, según los juzgase útiles o funestos al Estado y a todo el país. Con tal resolución salió de Mataquescuintla, y antes de haber caminado una legua se encontró con los ciudadanos Doroteo Vasconcelos y Felipe Molina, comisionados por el Gobierno del Estado para suplicarle pasase a la capital a contener exorbitantes pretensiones y a calmar la ansiedad de un vecindario naturalmente pacífico y timorato. Yo escuché cuanto expusieron los comisionados, y debo decir que en su expresión nada hubo de degradante; manifestaron el objeto de su envío con la dignidad y energía que todos confesarán caracteriza a Vasconcelos. Siguió nuestra marcha, y en el cuartel que existía en la hacienda de Santa Isabel se hallaba otra comisión bastante numerosa que con el mismo objeto que la ya referida, y mandada por el partido de oposición al Gobierno, se presentó. Desde este punto principió el general Morazán a experimentar el fastidio de la adulación y el desagrado del chisme; mas no eran todos los comisionados los que le proporcionaban este disgusto; muchos de ellos se condujeron con nobleza, aunque todos declaraban: *que Guatemala debía su existencia exclusivamente al general Morazán.*

Al siguiente día entramos a esta ciudad. Jamás el pueblo de ella ha expresado más positiva y patéticamente su gratitud y confianza. Ignoro si las demostraciones que hicieron los jefes del partido fueron sinceras o efecto del cálculo. En lo que no hay duda es en que el recibimiento que se hizo al ciudadano Presidente excedió a todos cuantos habían hecho hasta entonces a los gobernantes en el país, y que más que solemne fue popular. Entre los reiterados y universales vítores se distinguía, no obstante, el odioso eco de la venganza, único que en la próxima mañana se hacía resonar en el edificio que ocupaba el presidente. Acusaciones que el transcurso del tiempo ha hecho comunes a los dos partidos, se presentaron contra el liberal bajo un aspecto y por personas tan caracterizadas y respetables, que era preciso recordar lo que son los partidos en sus odios y deseos de exterminio para no fallar, sin la reunión de otros datos, contra los acusados.

Una comisión compuesta de catorce individuos, que decían representar a todas las clases, corporaciones y gremios de la capital, seguida de un concurso de ambos sexos, se presentó a exhibir una exposición pidiendo desapareciese la autoridad suprema del Estado, y que el general Morazán la asumiese en toda su plenitud y la ejerciera sin restricciones de ninguna clase. Los comisionados estaban instruidos para informar de palabra sobre la necesidad y urgencia de semejante medida, y debían también explicar la clase de autoridad con que querían revestir al general. Principió la conferencia por el examen de una cuestión que, como previa, propuso este (a mi juicio, con la intención de evadir se tratara de lo principal del negocio), relativa a la legalidad del paso que se intentaba dar. Yo no sé si los comisionados hicieron la dificultad y probaron en sus largos y lisonjeros escritos que su demanda estaba en consonancia con las leyes; también ignoro si en aquellas circunstancias convenía establecer una dictadura como de consumo y con entusiasmo sostenían los comisionados; lo que me consta es que el general Morazán no quedó convencido, y que rechazó con la firmeza y dignidad de un republicano amante a la libertad y a los principios, el poder discrecional que se le brindaba. Si fueran ciertas

175

las acusaciones que le hacen sus enemigos sobre miras ambiciosas y afecto a la tiranía, aquella ocasión era muy oportuna para satisfacer tales deseos, que nadie ha podido encubrir más allá de su tiempo. Omito referir aquí la multitud de adulaciones que se prodigaron en aquella discusión a dicho general, porque no hay un guatemalteco que no haya tenido conocimiento de ellas; pero no pasaré en silencio una prueba de confianza que entre otras recibió de la comisión, y que acredita el giro que desde entonces se pretendía dar a las cosas: "*Es necesario, decía uno de los oradores, que el señor general se haga digno de la confianza que debe a este infeliz pueblo. Para salvarlo es preciso destruir al salvajismo haciendo pasar el arado por sus sementeras, incendiando sus chozas y ejecutando desde luego en sus personas lo que está reservado a la mano del tiempo; es indispensable que el castigo recaiga en todos los que lo levantaron y sostienen, con tal severidad y prontitud, que si yo soy sospechoso a juicio del señor general, sin más espera ni comprobante que la simple suposición, debe ahora mismo hacer caer mi cabeza*". Semejante exaltación, si bien podía lisonjear al jefe a quien hacía juez único e inapelable, irritaba al partido opuesto en momentos que tanto convenía la unión; por consiguiente era preciso concluir un debate que no tenía objeto ni podía dar un resultado feliz. El general Morazán, pues, sin dar muestras de ceder, propuso que, estando reunida la Asamblea Legislativa, era más propio y natural que a ella se remitiese la resolución de un asunto tan difícil y gravemente trascendental, mucho más cuando él carecía de facultades para determinarlo. La comisión se despidió después de haber manifestado que se haría el ocurso a la Asamblea, y haber instruido de esto por medio de un eclesiástico al concurso que la escoltaba.

En la Asamblea el partido dictatorial tenía la mayoría; razón por que se gozaba en las seguridades del triunfo, tanto que por la noche no faltó en una reunión popular quien victoréase al general Morazán, llamándolo dictador; mas, al siguiente día, los diputados de la oposición se reunieron temprano en su edificio, abrieron la sesión con el número necesario, tomaron en consideración la renuncia de un diputado, que hacía algunos días se hallaba en el despacho, la resolvieron de conformidad y llamaron un suplente, cuya concurrencia de momento cambió la faz de la Asamblea, y produjo no solo que se estrellasen los proyectos del día anterior, sino la disolución de aquel cuerpo, que tuvo lugar después de la protesta que hicieron algunos diputados contra los dos acuerdos emitidos sin su concurrencia.

No juzgo aventurado decir que desde esta fecha solo el general Morazán y los individuos del ejército se ocupaban de Carrera y sus cómplices, pues aunque era universal el odio que le profesaban todos los partidos y particularmente el aristocrático, la confianza que les inspiraba el general Morazán hacía que olvidasen aquel y solo meditasen los medios de hacerse del poder o de destruirse mutuamente. Se jugaban intrigas que tocaban en el escándalo, y la causa del orden y la paz, sobre estar abandonada de todos, directa e indirectamente sufría nuevos y mortales ataques.

Era indispensable la reorganización de la Asamblea para que acordase subsistencias a las tropas de Guatemala, pues las de El Salvador tenían su caja particular e independiente. El general Morazán instaba a los diputados protestantes para que concurriesen, les hacía patente el riesgo inminente en que se hallaba el Estado, y al fin pudo conseguir la reunión de aquel cuerpo por medio de un convenio privado que celebraron los diputados de ambos partidos, cuyo cumplimiento por moción de los dos, debía garantir el general. Las sesiones fueron muy pocas, y con sorpresa de todos quedó sin acordarse lo conveniente en el importante ramo de la administración de justicia, de que carecía el Estado, y que había sido puntualmente uno de los asuntos que hacían más imperiosa la necesidad de que se reorganizase el Cuerpo Legislativo. Entretanto, el choque de los dos partidos era más encarnizado, y el odio que se profesaban más implacable; uno y otro desconfiaban ya del general Morazán porque humanamente favorecía sus proyectos y solo procuraba, aunque en vano, conciliarlos. No obstante, el aristocrático aún no había renunciado a la esperanza de atraerse a Morazán, y hacía con tal objeto sus últimos esfuerzos, o por lo menos no quería disgustarlo, porque sin duda temía se entregase al otro; y entonces los golpes que dirigía a la administración constitucional para aniquilarla y destruirla no tendrían pretexto, ni serían secundados por muchos ciudadanos que de buena fe creían debía el general Morazán ser el gobernante del Estado para que lo salvase de la espantosa sima en que debía hundirse, prestándose en este convencimiento a todo cuanto se meditaba contra la citada administración. Así fue que continuaron hablando de dictadura y trabajando por ella.

No habiendo tenido acogida este proyecto en el general Morazán ni en la Asamblea, lo sujetaron a los pueblos. Meditaron un pronunciamiento de hecho en la capital de Sacatepéquez y pueblo de San Martín, que reprobó y condenó aquel jefe en términos muy positivos; y de Salamá se recibieron exposiciones por las que se retraían aquellos pueblos de la obediencia del Gobierno y se ponían bajo la del mismo Morazán. Esto sucedía después de un mes de eficaces instancias, de adulaciones humillantes, de funciones a escote que tanto se han ridiculizado, y finalmente de toda clase de intrigas y seducciones. Diga alguno qué muestras de condescendencia dio el general Morazán de apropiarse un poder que no le pertenecía y que de mil maneras se le ofreció, y si sus consideraciones y homenajes a él no fueron constantes a pesar del descrédito y aun de la odiosidad que le habían granjeado los que lo atacaban. Su comisión era la de destruir a Carrera, y todo lo que discrepaba a este punto no merecía su atención. Condenaba a los que habían levantado a este; pero acataba al Gobierno, y jamás se alistó, no obstante crueles y repetidas ingratitudes, en las filas de los que lo perseguían. Sus relaciones con los jefes del partido aristocrático eran las que la política y una buena educación le prescribían. Había podido en las expansiones de la confianza que le brindaban, descubrir sus miras; y no estaba en sus principios secundarlas ni unirse a sus autores. No hubo sino dos conferencias privadas con el C. Juan Aycinena, que los que ignoren su principio y sus fines pueden traducirlas caprichosamente; pero yo voy a revelarlas, suplicando a dicho ciudadano diga si falto a la verdad.

Había sido este nombrado diputado al Congreso Federal, y bien sea por los riesgos del camino, o por las razones que su hermano Pedro nos manifestó al general Isidoro Saget y a mí en casa del señor Carlos Klée, no había hasta entonces verificado su marcha a la ciudad federal, ni pensaba emprenderlas mientras no se pusiese de acuerdo con el general Morazán sobre la conducta y política que debiera seguir en el Congreso; concluyendo dicho C. Pedro Aycinena por instarnos a Saget y a mí para que hubiera aquella conformidad que creía muy fácil, si el general Morazán gustaba tener una conferencia en que se interesaba tanto su citado hermano. Instruido por mí el general Morazán de esta conversación, se manifestó anuente a la entrevista, y el general Saget quedó encargado de asegurar al C. Pedro Aycinena, que aun cuando no se tratase de asuntos interesantes al país, Morazán gustaba de recibir con la mejor urbanidad a las personas que le hacían el favor de visitarlo. Inmediatamente se presentó el presbítero Aycinena en la habitación del general, y conviniendo en la necesidad de una reforma a la ley fundamental, se pusieron de acuerdo en la reunión de una Asamblea Constituyente elegida por el pueblo; uno y otro se comprometieron a persuadir a sus amigos y a escribir a los hombres influyentes de los Estados, para que uniformasen la opinión en favor de aquella salvadora medida. Morazán trabajó por su parte con los diputados de Guatemala hasta conseguir que la Asamblea la pidiese al Congreso; y escribió a todos los Estados y, al de Nicaragua, entre otros sujetos, al ilustrado C. Licenciado Laureano Pineda, cuya voz resonaba entonces contra los medios que se elegían y los pronunciamientos que se meditaban para la mejora de nuestras instituciones, presagiando al desconcierto que después hemos visto generalizarse. No tuve motivos para saber si el presbítero Aycinena cumplió por su parte, y solo recuerdo que el general Morazán me tuvo muy a mal le dijera que dicho presbítero no variaría una letra en sus teorías anárquicas publicadas en el Norte.

Tal era la buena fe y franqueza con que aquel se había expresado y comprometido en la conferencia, que una simple sospecha de mi parte la miró como injuriosa a la equidad y carácter de la persona sobre quien recaía; pero el resultado fue que en el Congreso no se trató de Constituyente, y que el consabido presbítero con la inmensa mayoría que le pertenecía emitió los decretos que con relación a reformas hemos visto circular, y cuyas consecuencias aún no se han acabado de sentir. Sobre este asunto es de pensarse: que no habiendo en aquella vez asomado otras tendencias del partido aristócrata, que volcar la administración que existía en Guatemala, y no pudiendo contar para semejante empresa con el general Morazán, que como ya he manifestado no podía ni debía pertenecerle, dirigió sus ataques ya no solo contra la enunciada administración sino contra la general de la República; y arrojó sobre Nicaragua y Costa Rica los combustibles que han producido el general incendio que sufrimos; y que el letargo a que dio cabida la idea de una Constituyente y a las atenciones de la facción de Carrera lo hicieron progresar libremente.

Mientras, pues, en la capital de Guatemala y en el seno mismo del Congreso se daban pasos para que la revolución continuara y cundiese en toda la República, el general Morazán se ocupaba única e infatigablemente en la pacificación de aquel Estado. Carrera era en todas partes batido, y el plan de operaciones que se practicaba debía necesariamente reducir a las miserables partidas que quedaban ocultas en el corazón de las montañas, haciendo una que otra vez sus correrías en los pueblos más miserables y remotos. Una cadena de puestos muy bien fortificados, con víveres sus guarniciones hasta para ocho días; tres divisiones volantes que sin cesar debían recorrer el territorio que tenían demarcado, no solo para arrojar de sus guaridas a los rebeldes, sino para socorrer en caso de necesidad a cualquiera de los puestos referidos; la indulgencia con que se trataban, y las garantías reales y efectivas que se daban a los cabecillas más importantes que se sometían a la autoridad; todo anunciaba que el orden sería restablecido, y que los antropófagos que se alimentaban con sangre humana, como se escribía en los periódicos del *Observador* y su *Apéndice*, dejarían de talar los campos, incendiar y asesinar los pueblos, como en los mismos periódicos se publicaba; mas todo esto necesitaba tiempo y recursos pecuniarios, y para la consecución de los últimos era indispensable la presencia de la Asamblea, o recurrir a contratas que arruinan a la Hacienda Pública y desacreditan tanto al que las propone, como enriquecen a los que las aceptan.

La Asamblea estaba para reunirse en sesiones extraordinarias por convocatoria del Consejo, y el general Morazán meditaba no hacer contrata alguna, antes de ensayar los medios que aquella corporación adoptase para proporcionar fondos al ejército; pero los manejos de partido lo obligaron al fin a recurrir por primera ocasión a aquel ruinoso recurso. No habiéndose congregado los diputados el día para el que estaban convocados, el encargado del Ejecutivo, por la ley, debía dejar la silla, como sucedió en efecto, y ocuparla el presidente del Consejo. Este suceso, obra exclusiva de los partidos, retardó la reunión de la Asamblea; y una mala redacción de la misma ley dio después lugar a interpretaciones y debates que absorbieron toda su atención, olvidándose del ejército cuyas fatigas y servicios hacían más sensibles las escaseces que experimentaba en el desierto y poblados enemigos donde se hallaba destacado. Fue por tanto preciso recurrir al comercio, y los ciudadanos Pedro Aycinena, Juan Matheu y Carlos Klée ofrecieron veinticinco mil pesos al contado, bajo la condición que se les admitiese igual suma en todo crédito reconocido, y que el monto de ambas cantidades, es decir, cincuenta mil pesos, se les cubriese con los productos de los distritos de Guatemala y la Antigua, que debían al efecto hipotecarse, y de su recaudación darles el conocimiento necesario para que no tuviera otra inversión u objeto, pues todavía el de la guerra no embarazaría el pago. Exigieron más, y fue que si el Gobierno del Estado faltaba al compromiso que le imponía la contrata, y el general Morazán en el término de tres meses corridos después del reclamo que se le dirigiera no lograba persuadirlo o compelerlo a que cumpliese, deberían ser cubiertos en las aduanas federales de Guatemala e Izabal.

No había arbitrio para dejar de concluir esta ventajosa contrata, a menos que se quisiera la disolución del ejército, y que los triunfos adquiridos y los sacrificios hechos se perdieran para siempre. Se ajustó, pues, previa la aprobación de los Gobiernos Federal y del

Estado; y los diez y seis mil y pico de pesos que enteraron los contratistas al contado, mientras estuvo en el ejército el general Morazán, pues no cumplieron dando, como debían, de momento toda la cantidad, fueron distribuidos en Cuajinicuilapa entre todos los destacamentos, de cuya operación se dio noticia al C. Mariano Rivera Paz, que era entonces el que ejercía el Poder Ejecutivo del Estado.

Vencida así la dificultad de la falta de dinero que se pulsaba para continuar la obra de la pacificación, el general Morazán se disponía a recorrer de nuevo, pues ya lo había hecho en su mayor parte, la vasta línea de operaciones, cuando recibió órdenes terminantes del Gobierno de la Nación, para que se presentase en la ciudad federal, donde sucesos ocurridos recientemente, y que sin duda tenían su principal resorte en Guatemala, reclamaban su presencia. En el cumplimiento de aquellas órdenes no debía trepidarse, así por su emanación y sus objetos, como porque lo que faltaba que hacer en Guatemala podía encomendarse con el mayor éxito a cualquiera de los honrados y capaces jefes del ejército. Lo declaró así el general Morazán al C. Rivera Paz, que aún seguía en el Poder Ejecutivo, y con su voto fue nombrado general en jefe el coronel Antonio Carballo, quien, con la cooperación del Gobierno de Guatemala y ajustándose estrictamente a las instrucciones que recibió del presidente de la República, y continuando el plan de guerra principiado, era indudable que a los dos meses habría presentado el Estado en la más plena y perfecta tranquilidad.

En tal persuasión se retiró el general Morazán del mando del ejército, dejando a sus servicios varios jefes de los sublevados, como eran Muñoz, Peralta y otros, inclusive Cecilio Lima (a) Zarcogallo, comprendido en la excepción de que hablé al principio, y dejando también salvoconductos para todos los demás, y hasta para el mismo Carrera, a fin de que si voluntariamente volvían a la obediencia de las leyes, caducasen más pronto los males de Guatemala. No ha sido por tanto una desaparición repentina la del general Morazán; ningún misterio, y menos deseo de hacerse necesario, hubo en su vuelta a esta ciudad en el mes citado. Si tales hubieran sido sus intenciones habría procurado los medios, que consistían en atraerse a los soldados salvadoreños para dejar reducidas las fuerzas del Gobierno a una extrema debilidad; mas todos saben que resistió a las solicitudes que aquellos valientes le dirigieron, y que los instó y persuadió a que continuaran una campaña penosísima, que se les ha compensado con toda suerte de ingratitudes. Una pequeña escolta de caballería fue cuanto tomó, y sus votos más vehementes eran por el sosiego y pacificación de unos pueblos cuyos sufrimientos y desgracias venían grabados en su corazón, y que se gozaba de haber trabajado asiduamente en que terminaran, dejándolos por fortuna al concluir.

En efecto, si es concebible que el espíritu de partido prefiera muchas veces al público, no lo es que supere de igual manera al terror pánico producido por un peligro inminente que ha hecho conocer la experiencia; y esta garantía, si no otra, traía por lo menos el general Morazán para esperar que el coronel Carballo no sería abandonado por la capital, y pensaba que ni de recursos pecuniarios ni del reemplazo oportuno de las bajas que tuviera carecería; pero desgraciadamente no sucedió así. Obcecados los partidos en su propósito de mutua destrucción, solo recordaban a Carrera y sus hordas cuando en los momentos de juicio lo consideraban pronto a destruir a Guatemala, robando sus propiedades y cometiendo toda clase de excesos; pero estas ideas eran fugaces e inmediatamente borradas por la persuasión de la nulidad a que aquel había sido reducido, y uno y otro con diversas miras resolvieron llamar al coronel Carballo a la capital, y obligarlo a que reconcentrase en ella todos los destacamentos y divisiones. El *aristocrático*, siempre en su tema de establecer un gobierno militar, juzgaba apoyarse en el ejército halagándolo con que tres jefes de él formarían un triunvirato llamado a ejercer un poder absoluto; y el *constitucional*, convencido de que nuestros militares solo tienen de su profesión el denuedo y la constancia, esperaba ver en ellos el apoyo de las leyes. Sin dificultad, pues, coincidieron ambos y llevaron adelante el llamamiento, como el medio más seguro de disputarse el triunfo de sus deseos; y el honrado coronel Carballo sofocado por la intriga y animado de las mejores intenciones, fijó en Guatemala su cuartel general, y reunió allí a todo el ejército, con excepción del destacamento de Jutiapa y la pequeña división que obraba a las órdenes del coronel Bonilla. Cuando esto hubo sucedido, los dos partidos pusieron en ejecución sus pretensiones: el primero proclamó el triunvirato y la cesación de todo orden constitucional; el segundo encontró en los militares el respeto que debían a las leyes. Varios fueron los resortes que aquel tocó; triunfó la firmeza y el patriotismo de los constitucionales. No obstante, la aristocracia consiguió, o ya había conseguido (no sé con exactitud la fecha), la renuncia del vicejefe del Estado, doctor Pedro Valenzuela, y el cambio del Ministerio, lo que no era a la verdad pequeña ventaja.

Mientras esto pasaba en la capital, Carrera, dueño ya de todo el Estado, organizaba su reacción, y el coronel Bonilla se había visto en la necesidad de replegarse a Jutiapa a hacer comunes los riesgos con aquel destacamento, como asimismo la amarga inquietud y continua zozobra en que vivían por la incomunicación con la capital, a que los había reducido la concentración de las fuerzas, y el hambre y desnudez en que la misma tenía a los pocos valientes que, olvidados enteramente, existían reunidos en aquel punto. Es imposible recordar la suerte que cupo a estos guatemaltecos, modelos de sufrimiento y disciplina, en las llanuras de Jalapa, sin irritarse contra los que inhumanamente los abandonaron y sacrificaron; y los que vieron entrar a esta capital a los ciudadanos teniente coronel Ignacio García Granados y capitanes Manuel Zepeda y José Montúfar, y más tarde al coronel Bonilla, y escucharon de todos la relación de sus padecimientos y desgracias, jamás disculparán la conducta que como gobernante observó el ciudadano Mariano Rivera Paz.

El suceso de Jalapa sacó al fin de su criminal letargo a los guatemaltecos, y de nuevo vieron la sima horrorosa que creían cegada. Carrera amenazaba por tercera vez a la capital con doble poder, más saña y peores intenciones que antes; y más obligados y aterrados que en marzo, ocurrieron en septiembre al general Morazán suplicándole volase a favorecerlos. Corren impresas las comunicaciones que el ciudadano Rivera Paz, como encargado del Gobierno, y la Asamblea Legislativa le dirigieron colmándole de honores y llamándole en su socorro; y el C. Juan Matheu, a nombre de todos los propietarios de aquella ciudad, para expeditar la marcha del auxilio, ofreció la suma de ciento veinte mil pesos, bajo las condiciones que aparecen en la contrata que al fin hubo de celebrarse, por no haber tenido lugar el préstamo que por medio de un comisionado se solicitó en Walis, con la mira de no perjudicar los capitales del país en sus giros, y con la de no gravar también sino en lo menos posible los fondos públicos, que en esta clase de negocios son los que esencialmente sufren una verdadera bancarrota.

Era muy difícil la posición del general Morazán en esta vez, pues aunque había logrado transigir con el Gobierno de este Estado, se agitaban las cuestiones suscitadas por el partido de Zacatecoluca, que aparecían como de grave momento, los Estados de Nicaragua y Costa Rica recurrieron a vías de hecho; habían desconocido la unión federativa y dado un funesto ejemplo a los demás, que seguirían si dicho general, como jefe de la Nación y en cumplimiento de su primer deber, no contenía semejantes pronunciamientos, para lo cual podía contar con los recursos necesarios; pero espantado de las funestas escenas que debían representarse en la capital de Guatemala, quiso preferir el juicio de responsabilidad de que aún no está libre por no haber reprimido en su origen el ultraje hecho a la Constitución, que desoír el grito acongojante de mil familias inocentes y desgraciadas. Era asimismo de presumirse que el incremento de aquel germen de desorden que amenazaba a la nacionalidad, auxiliado por el tiempo y la experiencia, hiciese conocer a los buenos centroamericanos que los medios de hacer las reformas que todos apetecen, eran peores que los males causados por las viejas leyes cuyos defectos se deploran; y con fundamento el general Morazán debía prometerse que la razón ilustrada por los hechos subsecuentes a un desconcierto semejante, restituyese a la autoridad federal su poder, y al pueblo centroamericano el inalienable derecho de reformar o variar sus instituciones, que escandalosamente le han arrebatado las Asambleas de los Estados.

Además, la derrota de Petapa en que perecieron las tropas que formaban las esperanzas de la capital de Guatemala, y que en honor de El Salvador debemos confesar que todos aquellos veteranos eran sus hijos, como también la ocupación inmediata de la Antigua Guatemala, donde Carrera medio bosquejó la suerte que en igual caso correría la capital, eran dos hechos que no admitían fluctuaciones, y acabaron de determinar al general Morazán, quien, no obstante su natural actividad, acaso habría llegado muy tarde sin la gloriosa acción de Villanueva, donde el general Salazar, con ochocientos hombres de tropas colecticias, arrolló a tres mil que pelearon con desesperación y entusiasmo, y que habrían destruido a Guatemala y a todos sus habitantes sin excepción alguna. Este benemérito general, que mereció entonces todos los honores del triunfo, hoy está emigrado y perseguido por el mismo a quien venció en Villanueva, y más que por este, por los que entonces celebraban su reciente hazaña y confesaban deberle su libertad, fortuna y vida.

Aún se ignoraba el triunfo de Villanueva, cuando el general Morazán en pocos días, ayudado de los vecinos honrados de esta ciudad, y con los auxilios que tan generosamente prestó el Gobierno de El Salvador, alistó una división de mil hombres, y marchó a defender a los habitantes de Guatemala, en cuyo número, y como los más interesados, se contaban los que hoy los insultan y difaman. La acción repetida de Villanueva, que se supo en los momentos de la marcha, no había producido otro resultado que evitar el primer riesgo, pues el general Salazar por falta de tropa no pudo perseguir a los facciosos, quienes se rehacían en las inmediaciones de la capital con tal prontitud, que al cuarto día de su derrota podían oponer un triple número de combatientes a los del Gobierno. Era por tanto preciso no perder momento y forzar las marchas, que en efecto se ejecutaron con extraordinaria velocidad, a pesar de ser la estación terrible por la abundancia de lluvias, y de la falta de víveres, que no se encontraban en ningún pueblo de los del tránsito, porque los facciosos habían hecho que todos quedasen abandonados y desiertos.

Desde Santa Ana el expresidente tuvo reiterados partes de que Carrera tenía apostados en el camino a varios tiradores para que lo asesinaran; mas no podía imaginar que el mismo a quien quiso salvar, previniendo al coronel Carballo revocase el ofrecimiento de cierta cantidad de pesos que había hecho por su cabeza y corría impreso en el Boletín del Ejército, tuviera un proceder tan ruin y bárbaramente criminal; y contra la opinión de sus edecanes, marchaba sin ninguna precaución, con la confianza del hombre valiente y generoso; pero en El Guapinol hubo de conocer que el mismo Brigadier es para todo. Era precisamente el lugar más a propósito para consumar el horrendo crimen, y el tiro fue tan certero, que si la Divina Providencia lo hubiera permitido, el general Morazán ya no existiera; y ¡quién sabe cuál sería al presente el aspecto que las cosas ofrecieran, y la suerte que hubiera cabido a la desagradecida aristocracia y sus meritorios! El ciudadano Juan E. Milla, agregado al Estado Mayor, joven de las mejores disposiciones y esperanzas, de una educación buena bajo todos conceptos, y de una índole muy amable, que marchaba a la vez al lado del general, fue la inocente víctima sacrificada por el feroz Carrera y brutal cómplice.

Mas, a pesar de este espantoso e inaudito suceso, y de los obstáculos antes mencionados, la división salvadoreña cuando menos se aguardaba, llegó a Cuajinicuilapa, pronto aparente para establecer en él o sus inmediaciones el cuartel general, al menos mientras se diera principio a las operaciones. Se recibieron allí noticias exactas del número de tropas con que se hallaba Carrera en Santa Rosa, y la evidencia de batirlo la tenía hasta el último soldado; pero habían sido tomados los correos del general Morazán y del general Salazar, y aun fusilado uno de los del primero; y se ignoraba en consecuencia la verdadera posición de Guatemala, el lugar donde existían sus fuerzas y los recursos pecuniarios con que el Gobierno contaba para continuar la guerra. Por otra parte, el cansancio de la división, producido por una penosísima marcha, y las escaseces que ya comenzaban a experimentar por haberse agotado los fondos traídos de El Salvador, fueron todas circunstancias que determinaron al general a conceder una espera a los facciosos, y a juzgar que debía aproximarse más a Guatemala para salir de dudas, reunir todas las fuerzas, proveer a estas de lo más necesario y combinar, de acuerdo con los principales jefes, un golpe decisivo que economizara sangre, sacrificios y tiempo. Así fue que después de asegurar los medios de recibir con frecuencia noticias de los movimientos de los sublevados, dispuso trasladarse inmediatamente a la hacienda de Arrazola, donde por segunda vez debió ser asesinado, y donde, no a la fortuna, sino a la cobardía de la canalla, mereció salvarse.

Acompañado de sus edecanes y de los ciudadanos presbítero Luis Cambronero y Juan Barrundia, llegó antes que la división a dicha hacienda, en que oculta en una de las habitaciones de la casa una partida numerosa y bien armada, no tuvo valor para echarse sobre el expresidente y los que seguían, en el largo tiempo que permanecieron solos con la confianza más imprudente, bien que debida a la ignorancia del riesgo que corrían, que pudo averiguarse hasta muchos días después.

La corta distancia que hay de Arrazola a Guatemala, en nada favoreció las miras del presidente; ninguna noticia pudo adquirir; la soledad era general en aquel inmenso caserío; un ayudante mandado a la capital regresó manifestando que había sido asaltado a pocas cuadras por una gavilla enemiga, y que era imposible pasar; la tropa carecía de víveres, y era en consecuencia de absoluta necesidad continuar la marcha hasta la villa de Guadalupe, como efectivamente sucedió, para remover tanto inconveniente y poner expeditas las comunicaciones con el Gobierno y el general Salazar.

En efecto, a la mañana próxima se presentó este, y de sus informes resultaba: que las tropas guatemaltecas se hallaban en la capital; que los auxiliares de Los Altos habían salido a proteger los intereses del comercio que venían de Izabal, y que de los ciento veinte mil pesos ofrecidos por Matheu y otros propietarios, cuya contrata había formalizado el mismo general Salazar con autorización del Gobierno de la República, aun lo correspondiente a la primera mensualidad no estaba satisfecho; añadiendo, por último, que el Consejo Representativo había declarado la cesación de sus poderes, y por consiguiente los del ciudadano Mariano Rivera Paz, que ejercía el Poder Ejecutivo como presidente de aquella Cámara, y el desconocimiento de la autoridad de este funcionario, que por la misma declaratoria y otras causales no menos poderosas acababa de tener lugar.

Aunque los deseos del general Morazán fueran contramarchar sin pérdida de momento a reducir a los sublevados, todo lo relacionado por el general Salazar, y con particularidad la falta de fondos, lo indujeron a entrar a la capital a practicar los arreglos convenientes. Lo que ejecutó así a las doce del mismo día, y fue recibido de igual manera que en el mes de abril. El espíritu público se reanimó a la vista de las fuerzas salvadoreñas, y del jefe que otra vez presentar a Carrera reducido a su verdadero valor, olvidándose hasta los peligros precedentes a la jornada de Villanueva.

El primer paso que dio el general Morazán fue ponerse en relaciones con Rivera Paz, y empeñar todo su influjo y poder para que continuara ocupando la silla del Ejecutivo y saliera del lastimoso ridículo en que se hallaba, pues su autoridad era acatada únicamente por sus Ministros, y se extendía al estrecho cuadro que comprenden los muros del edificio de la Municipalidad, en donde había conseguido para su despacho un reducido hospedaje. Esto, no porque el expresidente estuviese seguro de la legalidad con que el consejero Rivera Paz deseaba fungir, ni le inspirasen confianza los actos de su administración, que evidentemente favorecían la reacción del partido que sucumbió en 1829, como que con la mayor impolítica en la clausura de las sesiones de la última Asamblea dijo, entre otras cosas, estas notables palabras: *"que había desaparecido la administración que con capa de legal se había establecido desde el año de 829"*, cuya declaración en aquellas circunstancias en que su Gobierno estaba en un continuo vaivén, que para sostenerlo y darle seguridad a los guatemaltecos necesitaba absolutamente del auxilio de los vencedores de aquel año, demuestra el desconcierto de sus ideas, las impresiones de que es susceptible, el uso caprichoso que hará de él los que lo rodean y su tacto político en momentos de incertidumbre y de dificultad.

Después de haberse conseguido su restablecimiento en el Gobierno, el presidente de la República le reclamó el silencio que había guardado sobre la nota del Ministerio de Relaciones, con motivo de haberse separado de la Federación los Estados de Nicaragua y Costa Rica; y al asegurar libremente que daría la contestación debida (que ha visto impresa el público, y tanto se contradice con su decreto de 17 de abril último emitido sin poder ni facultades) expuso a aquel alto funcionario los motivos que tenía para sentir y temer del general Salazar, y su deferencia y confianza hacia a él, agregándole la disposición en que se hallaba de que concluyera la guerra, a cuyo fin no habría paso que no se diese ni sacrificio que dejara de hacer. El general presidente apreció aquella franqueza, porque supo distinguir los sentimientos de Rivera Paz como hombre privado, de lo que se le había obligado a decir y hacer como gobernante; y desde aquel momento desapareció toda prevención personal.

No procedió con igual sinceridad el presbítero Juan José Aycinena. Él y su hermano Mariano visitaron en aquella vez al general Morazán, y hablando acerca del funesto estado en que se hallaba la República, le manifestó el último, que supuesto veía extraviado la opinión que él había formado en los Estados, debía dirigirla con sus escritos, si no quería fuese mal interpretada su reserva y que la anarquía hiciese avances imposibles de contener en lo sucesivo. Le ofreció Aycinena que lo haría así, pero en vano esperó aquel por algunos días tales escritos; cuando sacó de su segunda creencia fue un nuevo desengaño. Hasta después de mucho tiempo recibió en la hacienda de Diéguez una carta dirigida al diputado de Nicaragua, C. N. Bolaños, en la que dicho presbítero reprobada la conducta que había observado la Asamblea de aquel Estado. Si esta opinión era cierta, y si hay por el bien común los deseos que se afectan y vociferan, ¿por qué no se publicó por la imprenta dándole toda la fuerza del raciocinio, a fin de que la considerasen todos los hombres de influjo, a quienes vemos en su mayor parte seducidos por la novedad, o sea curiosidad, más que por una fundada reputación? Grande será el concepto de que disfrute el ciudadano Bolaños, pero él es solo un hombre que no existe en todos los Estados.

Mientras el general Morazán se hacía en Guatemala de los objetos más indispensables para abrir la segunda campaña, Carrera, burlándose del poco celo y vigilancia de los espías que debían informar de sus movimientos, hizo el que todos saben sobre la ciudad de Santa Ana y Villa de Ahuachapán. Fue imposible evitar las desgracias que sufrieron estas dos importantes poblaciones de El Salvador. El general Salazar salió en su socorro a marchas forzadas al minuto de haberse recibido la noticia, y el general Morazán lo hizo al día siguiente; mas era tarde, pues cuando ambos jefes llegaron a la hacienda de Coatepeque, ya Carrera había llenado de luto y consternación a aquellos habitantes, y se retiró al pueblo de Chiquimulilla, en donde pequeñas circunstancias lo libraron de verse en la alternativa de rendirse bajo las condiciones que quisiera acordarle la generosidad, o de perecer con la multitud que lo seguía, si osaba defenderse o escapar por medio de una retirada. La mejor combinación no pudo tener efecto, porque el coronel Carballo atacó antes del tiempo prefijado, y aunque la derrota que hizo fue la más completa, no concluyó la guerra como de otro modo habría sucedido en el pueblo de Chiquimulilla. Los facciosos fueron perseguidos en todas direcciones hasta Santa Rosa, en cuyo punto se disolvieron del todo; y el cuartel general se estableció en la hacienda de Diéguez, y seguidamente en la de Guajes.

El general Morazán, al salir de Guatemala, dispuso que siguieran al ejército los presbíteros Mariano Durán, Francisco Aqueche y N. Jirón, todos reos de complicidad con Carrera. La causa del primero había sido vista en tres Consejos de Guerra, y las sentencias se habían declarado nulas por motivos legales. Sustanciada de nuevo, mandó el general en jefe, de acuerdo con el auditor de Guerra, reunir el cuarto Consejo para su determinación. Se organizó este en la hacienda de Fraijanes, y el presbítero Durán fue condenado a muerte por unanimidad de votos, cuya sentencia, de conformidad con el parecer del mismo auditor de Guerra, licenciado José Miguel Saravia, la confirmó el general y se ejecutorió el 30 de octubre del año pasado. El estado que corre al fin de este impreso, marcado con el número 1°, manifiesta todo lo ocurrido en el proceso que hoy forma uno de los más grandes pretextos para desacreditar a Morazán, llamándolo asesino de los ministros del altar los que por especulación afectan respetarlos. Para desmentir semejante calumnia basta leer con atención el referido estado. En él parece: que treinta y uno han sido los jueces de Durán; que veinticinco lo condenaron a muerte; cinco a presidio con retención; tres a destierro perpetuo. El delito de Durán es evidente, puesto que lo han declarado cuantos jueces conocieron en su causa. ¿Sería posible que siendo cierta su inocencia todos la hubiesen negado? Véase la lista de los que lo fueron, y se encontrarán hombres de todos los partidos, varios profesores en el Derecho y todos hábiles por la ley para ejercer las funciones que desempeñaron. El mismo licenciado Manuel Piñol, que lleva la reputación de noble, y debe como sus colaboradores aspirar a la de religioso, y se halla además en el sentido de los que atacan a Morazán, voto a muerte contra el sacerdote de que se trata.

En vano, pues, debe insistirse en que se condenó a un inocente, y menos en atribuir todavía al general Morazán la imposición de la pena que sufrió el presbítero Durán; confirmarla fue cuanto hizo y cuanto le prescribían sus atribuciones legales, la justicia y la política. Había sido fusilado el criado del mismo presbítero por haber conducido unos fusiles a Carrera, y era de bastante consideración el número de clérigos que habían tomado parte activa con los facciosos, que favorecían y autorizaban sus robos, asesinatos y demás crímenes, y que daban a la guerra de los bárbaros un carácter religioso, el más funesto sin duda en todos los países del mundo para la raza humana. ¿Cómo podría salvarse sin acreditar que la ley no era igual para todos los centroamericanos acusados de un mismo delito, y que se exceptuaban puntualmente a los que si no se contenían con un severo escarmiento causarían mayores males por el influjo que les da su carácter, y por la maestría con que algunos saben confundir los hechos más atroces con los servicios que todos debemos a la religión de Jesucristo? Sintamos enhorabuena al padre Durán, pero confesemos que al lado de Carrera y aun a largas distancias obró incomparablemente más en la religión que otros infelices a quienes la ley impuso la pena capital con general aprobación, cuya suerte desgraciada no se recuerda ni aun para tributarles el sentimiento que exige la humanidad; y aconsejemos a los demás clérigos que para no tener igual fin, se dediquen, como Dios les manda, únicamente a cumplir con las obligaciones de su santo ministerio, sin ingerirse en la política y las revoluciones, que sobre distraerlos de sus sagrados deberes, faltan entre otros preceptos del Salvador al que dice: *"Regnum meum non est de hoc mundo"*.

No puede sostenerse que el general Morazán tuviera resentimiento alguno contra el padre Durán, pues estoy cierto que no lo conocía, y los que quieran recordar que el año de 1832 libró del patíbulo a su hermano el licenciado Joaquín, mandando a suspender el Consejo que iba a juzgarlo por la parte que tomó en la revolución de aquella época, conocerán que tampoco lo tenía con su familia; más bien es de presumirse que tuviese prevenciones contra los clérigos Aqueche y Jirón, porque el primero intentó engañarlo con la más grande hipocresía en Mataquescuintla, y fue uno de los primeros autores de la idea del veneno, como que con todos los atavíos sacerdotales se hizo seguir de sus feligreses, y fingió que iba a conjurar las fuentes, donde aseguró a aquellos que se bebía el cólera morbus; a cuya infame y criminal impostura fue debido el principio de insurrección de Mataquescuintla y las escenas de horror que aún continúan representándose en el Estado de Guatemala; y el segundo, con atrevimiento y audaz perversidad, había sostenido en el púlpito reiteradas ocasiones como buena la conducta y excesos de los rebeldes. Sin embargo, los dos se libraron, y esto acredita la imparcialidad con que procedía el general Morazán y su ninguna influencia en los castigos que el Tribunal de Guerra imponía a los acusados.

Combatida en la hacienda de Guajes la salud de este jefe por una enfermedad sumamente aguda, fue preciso que se mudara el cuartel general al pueblo de Petapa, y luego al inmediato de Villanueva, cuya benigna temperatura no menos que la proximidad en que se hallaba a la altura llamada El Rosario, una de las principales madrigueras de los facciosos, hacían útil y aparente semejante traslación. Fue en el primer punto donde acabó de arreglarse el plan de esta campaña, que con pocas modificaciones era el mismo de la anterior, que produjo tan felices resultados. En las instrucciones dadas a los comandantes de división y destacamento, se les prevenía muy particularmente el buen tratamiento a todos los que hubiesen tomado parte con Carrera, declarando por un artículo expreso, que el fusilamiento ejecutado en cualquiera de ellos, aun de los más distinguidos por sus crímenes, que se presentara o cayese prisionero, sería juzgado su autor como asesino y con todo el rigor de las leyes. En manos de los facciosos deben existir varias de las referidas instrucciones, y yo apelo a su propio juicio para que fallen respecto de la moderación y humanidad con que se les mandó tratar, y si de ellas no se sigue que a cuanto aspiraba el general Morazán era a la cesación de una guerra la más espantable y arruinadora del país.

La derrota del teniente coronel ciudadano Cruz Cuéllar, que tuvo lugar en Sanguayavá, y según probó en el Consejo de Guerra que se le hizo, fue debida a la traición de uno de sus subalternos, determinó al general en jefe a pasar el cuartel general a Guatemala, así por las solicitudes que muchos timoratos le dirigieron, como porque en efecto no estaba fuera del cálculo de Carrera, después de la pequeña ventaja que había alcanzado, meditar y ejecutase una sorpresa; y era por lo mismo necesario poner a cubierto la ciudad, que aquel esencialmente deseaba, más que sojuzgar, saquear y destruir; pero antes de cambiar de cuartel, ya Morazán había recibido del consejero Mariano Rivera Paz, en Petapa, una carta oficial, relativa a pedirle su opinión sobre si debían practicarse en el Estado las elecciones periódicas de autoridades federales, y si el mismo Paz podía continuar en el Ejecutivo después del primero de febrero, en que expiraba el tiempo de su representación en el Consejo. Esta ridícula más que capciosa pieza *diplomática*, corre impresa, lo mismo que la contestación que obtuvo de parte de Morazán; razón por que escuso hablar de su espíritu, que se trasluce a la primera ojeada, lo mismo que de la sencillez y buena fe de la respuesta. El general Morazán, ya se considerase como presidente de la República, ya como general en jefe, no podía más que la ley. Esta había prevenido se hiciesen las elecciones mencionadas y que Rivera Paz cesase en el mando, y de consiguiente cuanto se deseaba saber era si su espada contendría ambas infracciones. Es notable que Rivera Paz, o sean sus directores, siempre quieren obrar fuera de la ley, y siempre están solicitando un amparo a sus aberraciones y absolutismo. ¡Cuál sería la suerte de la República si ellos por sí pudieran escudar sus demasías!

Cuando se practicaba la traslación indicada a Guatemala, los soldados de Los Altos manifestaron el más vivo deseo de retirarse a sus hogares; deseo que las exhortaciones más eficaces de parte de sus dignos jefes para que continuaran la campaña, no podían calmar. Esta circunstancia, y la sinceridad que aparentaban los facciosos por la paz, objeto de repetidas demandas después de su disolución en Santa Rosa, y en cuya consecución se empeñaba muy particularmente el padre Lobo, como igualmente los pasos que el general Guzmán había dado con el propio fin y con el interés de un centroamericano constante en procurar la quietud y prosperidad pública, obligaron al general Morazán a autorizar al mismo Guzmán para que la ajustase con Carrera, bajo condiciones, si bien favorables a los rebeldes, en manera alguna deshonrosas a la autoridad. Se han publicado los tratados que en virtud de la susodicha autorización se celebraron, los cuales ratificó el general Morazán, con tanto más placer, cuanto que era íntimo el convencimiento que tenía de las extremidades en que debía tocar para continuar la guerra con buen éxito si, como era indudable, se retiraba la división de Los Altos. Solo podía reponerse esta con soldados guatemaltecos, y esto era difícil de momento en aquellas circunstancias, sin apelar a medidas violentas que dan por resultado la pérdida de prest, vestuarios y armas, y la odiosidad de los pueblos al Gobierno y jefes militares; por tales inconvenientes necesitaba de recurrir al otro arbitrio que le quedaba, que era el de arrasar los pueblos obstinados en seguir a Carrera, donde sus bienes a sus contrarios para que este aliciente comprometiera a los últimos a obrar contra los primeros, que además debían mandarse a puntos lejanos a formar nuevas poblaciones.

Este proyecto tan sencillo, como pronto y seguro en sus efectos, no cabía en el corazón ni en la política del general Morazán; aunque otro en su posición se habría creído autorizado para terminar la guerra aun de esta manera desoladora, mucho más cuando tal era la opinión de los que hoy adulan y elevan a Carrera, cuyos nombres podría citar el general Morazán si los insultos y diatribas que le prodigan pesaran en él más que la compasión de comprometer la quietud que manifiestan gozar, y aun sus propias vidas y la suerte futura de sus familias. Era por otra parte necesario salvar la existencia y pequeña fortuna de una parte considerable de la población del Estado de Guatemala, que hacían gemir con toda suerte de vejaciones los salvajes, y habrían por último acabado si la guerra continuaba; tantos motivos hubo en mala hora de inclinar al general Morazán a ratificar el tratado de que dejo hecho mérito; digo que en mala hora, porque el tiempo y una carta tomada después de la acción del Espíritu Santo en el equipaje del C. Jerónimo Paiz, que el padre Lobo escribió a este a Honduras, prueban la mala fe con que se hizo el convenio, la perfidia y la costumbre a la revolución y a la anarquía de aquel ex fraile sacerdote; y que todavía antes del 13 de abril se atisbaba la ocasión oportuna para infringir aquel pacto con humillación de todos los guatemaltecos y escándalo y tristeza de los amantes del orden, del honor nacional y de un recto y justo proceder.

Ajustada la paz por parte del general Morazán, era necesario que la autoridad del Estado recayera en un hombre que por su crédito, energía y valor pudiese conservarla. Rivera Paz no era un inconveniente para que se produjera el cambio, porque hasta en concepto de él mismo había caducado su misión popular; tampoco era útil que se le continuara tolerando en el Ejecutivo, porque la fuerza que había conquistado el respeto a su autoridad, iba a desaparecer, y él en sí no tenía elementos ni capacidades para sostener aquella sin semejante apoyo; por consiguiente iba a ser el juguete de los intrigantes y la víctima de los perversos, y a perderse de nuevo la inestimable quietud, tan costosa a los guatemaltecos y necesaria para comenzar a reponer pérdidas cuantiosas que por muchos años se sentirán en aquel pueblo.

Sobre este asunto, varios aconsejaron al general Morazán que nombrara él mismo la persona que debía sustituir a Rivera Paz, o que asumiera él el mando del Estado, trayendo en apoyo de esta última opinión la solicitud que hicieron tantos hombres notables cuando pretendían volcar la administración de Valenzuela; pero el jefe de la Nación prefirió un origen más puro que no estuviera al alcance de la crítica de los ambiciosos y descontentos, y llamó a l pueblo por medio de sus representantes a que practicase la elección. Se reunió la Asamblea y nombró jefe provisional al general Carlos Salazar. En vano la sofistería más ingeniosa se ha desencadenado para probar que aquel alto cuerpo no era legal y que la fuerza practicó el nombramiento; testigos son los guatemaltecos de la libertad con que este se hizo, y ninguno de los partidos protestó contra la autoridad de Salazar. El mismo Carrera la reconoció, y muy lejos de combatirla o de estimarla como de intrusa en los meses que existió, a pesar de no estar sostenida por los bayonetas, no sufrió la menor contradicción; lejos de eso, el bando que hoy le persigue procuró apropiársela, lisonjeando de todos modos a Salazar, cuya resistencia a sacrificar su deber a pasiones antiguas, produjo el llamamiento de Carrera a la capital, según aparece de papeles públicos, que no han sido hasta ahora desmentidos por el raciocinio de la verdad y del convencimiento.

Las negociaciones de paz ya indicadas hacían tan inútil la existencia del crecido número de tropas que la guerra había obligado a levantar, como imposibles para mantenerlas la falta absoluta de numerario y la dificultad de adquirirlo, en razón de que la contrata de ciento veinte mil pesos que voluntariamente hicieron los capitalistas por medio de Matheu, sin embargo de ofrecerles tantas ventajas, se convirtió en un préstamo forzosos, que para recaudarlo era necesario vencer con la amenaza la repugnancia que hacían a efectuarlo las personas obligadas por la misma contrata. Tales circunstancias y la declaración terminante que hizo Rivera Paz de no ser dable al Gobierno reunir los fondos necesarios para el pago de las mismas tropas, al responder a la nota que la Comandancia General le dirigió preguntándole con qué fondos podía contar para aquel fin, y el deseo manifestado de mil maneras por los soldados guatemaltecos para que se las licenciase, fueron las causales que determinaron al general Morazán a dar el decreto que se publicó por la prensa, retirando del servicio a dichos soldados, cuya medida es otra de las que se critica y de donde quieren los enemigos de aquel jefe derivarle la misma odiosidad que ellos le profesan, generalizándola en el pueblo y particularmente en los militares. El general Morazán al dar este paso obró estrechado por las circunstancias de suma escasez del Erario; no debía conservar en el servicio a hombres a quienes no podía pagar, y a quienes, por otra parte, aguardaban sus talleres para socorrer a sus familias. Tanto a los jefes como a los oficiales y tropa que formaban la división guatemalteca, se les mandó liquidar y pagar antes de dejar el servicio; y si uno u otro de los primeros se encuentra todavía en descubierto, es debido a la resistencia de los prestamistas contra cuyos contingentes se consignó el pago de sus deudas.

No hay por tanto un motivo justo para que se resientan los individuos licenciados en aquella vez, y menos lo hay para sostener, como se pretende en algunos impresos, que varios de ellos, perteneciendo al partido de 1829, hicieron la fineza al general Morazán de ponerse a sus órdenes y hacer toda la campaña. Esta fineza, que yo llamaré servicio público, lo hicieron a Guatemala y a sus mismas familias, amenazadas de muerte por los facciosos; y es un agravio para los mismos individuos negarles que el amor a su país los hizo tomar las armas, y confundir su patriotismo con miras muy subalternas o consideraciones personales. Es cierto que todos ellos dieron las mejores muestras de atención al general, pero a esto los obligaba su educación y su cualidad de soldados, no menos también que la que ellos recibían de aquel, que reconociendo su honradez y buen comportamiento, les rindió la justicia que merecían, dándoles el tratamiento que corresponde a personas exactas y pundonorosas en el cumplimiento de su obligación.

Restituida la paz de Guatemala en virtud del tratado con Carrera, y recomendada su conservación al jefe provisional, a quien designó la Asamblea, que ciertamente podía garantizarla, el general Morazán se restituyó a la ciudad federal con las fuerzas salvadoreñas a continuar en el ejercicio de la autoridad suprema. Ningún hecho fuera de los mencionados marcó su conducta en Guatemala, y de ellos eduzca la imparcialidad en cuál consisten los avances, demasías o arbitrariedades que le atribuyen la envidia, el rencor, la ingratitud y la perversidad. Se habla de las sumas inmensas que se invirtieron en la guerra, haciéndolas algunas veces montar hasta medio millón de pesos: ¡bárbara impostura, que solo ha podido forjarse en cabezas recalentadas por el resentimiento de no haberlo podido convertir en instrumento de venganza y en opresor de las libertades públicas!

Cuando el general Morazán entró segunda vez a Guatemala, hizo formar los presupuestos de lo que importaban los tres mil hombres que constaba el ejército. De ellos resultó, sin incluir vestuarios indispensables para una tropa desnuda, atrasos, construcción de fornituras, etc., ascender a la suma de cincuenta y un mil y pico de pesos mensuales.

La campaña duró cuatro meses; véase por los estados que corren al fin, señalados con los números 2° y 3°, si ingresaron los doscientos cuatro mil y tantos que correspondían; y niéguese, si a tanto llega la desfachatez, que con los enteros que aquellos expresan se vistió el ejército, se pagó la deuda atrasada y se hicieron cuantos gastos comunes y extraordinarios demandó la guerra, debido todo a la más rigurosa economía. Pero aun cuando hubiera habido semejante gasto, ¿por qué se dirige este cargo contra Morazán? En el ejército había un tesorero, el ciudadano José Sotomayor, sujeto de una honradez a toda prueba, cuyas cuentas tiene presentadas, y puede si gusta el Gobierno de Guatemala, comisionar para su glosa a las personas de más prevención, si la Contaduría Mayor no le inspira confianza. Este tesorero será responsable de cualquier abuso, y pide que se le hagan cargos. Además, el contador de la aduana de Guatemala, donde se hicieron todos los enteros, cuyo dicho tiene en su apoyo la fuerza de muchos años de manejar los caudales públicos, declarará si hubo la dilapidación que temerariamente se denuncia.

Si para la segunda campaña solo los guatemaltecos contribuyeron, o diré mejor, celebraron contratas muy ventajosas, fue porque en la primera se habían agotado los fondos federales, porque los riesgos inmediatos que corrían aquellos propietarios los hacían más interesados en la pacificación, y de consiguiente los obligados a contribuir, y porque la autoridad nacional no alcanzaba sobre los Estados que se habían separado del pacto. Sin embargo, no podrá negarse que los de El Salvador y Los Altos hicieron en aquella guerra voluntarios y poderosos expendios, y que ni por tales suplementos, ni por la oportunidad de sus otros auxilios, reciben hoy la menor expresión de gratitud; –por el contrario, al primero se le intenta revolucionar uno de sus más ricos y pacíficos departamentos; se hacen ligas con los que contra todo derecho lo invaden, perturban su sosiego e impiden la cosecha que forma la riqueza de sus hijos– y se reciben con tristeza las noticias de los triunfos que adquiere sobre sus agresores, llegando la alevosía al extremo de querer adormecerlo ofreciendo mediaciones, que se escriben pero que jamás se realizan, para que su humillación y sus desgracias se consumen, y para vengar acaso la afrenta que otra vez sufriera el partido dominante en Guatemala de los invictos salvadoreños; y al segundo se mantiene en continua alarma, obligándole a gastos, cuando apenas ha nacido, que podía destinar a otros objetos de común utilidad, y se procura desmoralizar a sus pueblos fronterizos promoviendo en ellos la desobediencia de su autoridad y sus leyes, todo en medio de protestas solemnes de paz y cordial fraternidad.

Después de tal correspondencia con pueblos que han volado a socorrer a Guatemala en sus conflictos de miseria y agonía, ¿qué extraña es la furente grita que hoy se levanta contra el general Morazán, a quien, aunque lo recomiendan sus servicios, no pueden alegar todos los que han hecho los dos Estados mencionados, ni reclamar las consideraciones y respetos debidos a tantos miles de habitantes, de quienes centenares de hermanos perecieron a manos de los bárbaros defendiendo aquella capital? ¡Cosa rara! Cuanto hacen los partidarios de la nueva administración de Guatemala queriendo acreditarla, es presentarla sin moral y sin fisonomía, y a los que la componen, sin carácter ni fe pública; porque también la política de aquella y la falta de un origen legal los conduce a este punto. Todo lo relacionado lo manifiesta así, y los honrados propietarios del departamento de Chiquimula ofrecen la última prueba.

Invariables estos en sostener la causa de la capital, no hay riesgo ni sacrificio por que no hayan pasado; ellos han remitido auxilios de todo género en las ocasiones más urgentes a los puntos que se les indicó; ellos por sí opusieron la resistencia más osada y tenaz a Carrera, como que fue el último punto que aquel profanó, y esto porque la seducción y la perfidia se introdujeron en su seno; ellos multiplicaron sus compromisos con admirable impavidez y hasta con imprudencia, atendidos sus recursos, muy debilitados; ellos, en fin, estimularon con su actividad e invencible constancia la cólera de los salvajes; y todo ¿para qué? Para ser entregados a sus verdugos por los mismos guatemaltecos que llevaban el nombre de sus aliados y amigos; para verse en la necesidad de abandonar sus familias e intereses, y que fueran las primeras insultadas y aun encarceladas algunas, y cayesen las segundas en manos del digno *héroe* de la *aristocracia*; para mendigar un asilo que les nieguen los que los comprometieron, y en suma, para recibir los crueles apodos de revolucionarios y enemigos de la paz. Hablen los Martínez, González, Valdeses, Benaventes, Godoyes y los más beneméritos patriotas que experimentan actualmente todos los reveses y disgustos de la emigración.

Cuando se procura ocultar una verdad importante conocida de muchos, no se consigue otra cosa que darle un grado más de publicidad y evidencia, y grabarla profundamente en el corazón de todos; esto es lo que sucede respecto al origen de las desgracias de Guatemala. Se pretende determinar como tal al general Morazán, a cuyo fin se emplea unas veces el lenguaje de la seducción y otras el de las pasiones, sin considerar que existen los que han sido y son envueltos en aquellas, y que un doloroso recuerdo los obliga a marcar cada día más al autor de su ruina y de sus lágrimas. Los grandes y pequeños propietarios, los padres de familia, los Gobiernos vecinos y los soldados de Guatemala, El Salvador y Los Altos, ¿podrán por ventura ser engañados? Las haciendas de El Sitio, Las Monjas, La Vega, San Jerónimo y demás de Guatemala, ¿no denuncian la mano que las destruyó, y no existen sus dueños declarándolo diariamente? Los habitantes de la rica capital de Sacatepéquez y de otros muchos pueblos del Estado, ¿a quién atribuyen la rapiña de sus propiedades y la indigencia y miseria en que varios de ellos se encuentran en el día? La paralización completa del comercio en todos los puntos de la República, ¿quién la ha causado? Los crueles asesinatos de los ciudadanos Juan de Dios Mayorga, Manuel Zapata, Carlos Dardón y Manuel Solís; jóvenes Mirón, Molina y Gálvez; señora Mozcoso y mil más víctimas sepultadas en cuantos lugares se estampó la planta salvaje, ¿contra quién claman venganza?; y sus deudos, ¿a quién dicen deber la intensidad de su dolor, tanto más justo, cuanto que no deben olvidar el placer que gozaban los asesinos al prolongar el martirio y la befa que enseguida hacían de los cadáveres? Los venerables ancianos, ¿por quién lloran el deshonor de sus esposas y caras hijas? La alarma continua de los Estados de Los Altos y El Salvador, y los sacrificios y pérdidas que ocasiona a sus habitantes. ¿A quién la infieren sus respectivos Gobiernos? Los soldados que han perecido, los que existen inválidos y los que han fugado de sus hogares para librarse de sus opresores y asesinos, ¿no son otros tantos deponentes de la verdad que medita extraviarse? Cada uno de los pueblos de Guatemala es un largo proceso en la historia de Carrera, cuya lectura vanamente procura alejar un celo torpe del ojo civilizado, así como cada paso que da la *aristocracia* y sus *aprendices* para elevar aquel y disminuir u ocultar sus hechos inauditos, es un vivero inagotable de maldades y crímenes que aparecerán en lo sucesivo con asombro y dolor de los mismos que hoy se afanan en su plantío. ¡Bárbaros, y bárbaros sin comparación, que en su atroz venganza no conciben quedar envueltos ellos mismos y la República toda! ¡Bárbaros, y más que bárbaros, repito, puesto que no han podido o querido entrever el fin desastroso que se decretaron el 13 de abril, llamando y alimentando al tigre que tarde o temprano los devorará y convertirá en ruinas a la más bella ciudad de la República! Si fueran susceptibles de algún sentimiento de humanidad, ya que no de pudor, los contendría la grima consiguiente a aquel paso tremendo, hasta por sus mismas familias, el cual, sobre envilecer al país, declaró la guerra de la barbarie contra la civilización, de la superstición y el fanatismo contra la sana razón y la moral ilustrada, y de la tiranía contra la ley y la libertad. Mas, lejos de retrogradar en su marcha destructora, atizan de adrede la ceniza, pensando restablecer una aristocracia sin títulos, ridícula y miserable en su origen. Estos mismos son los que hablan de religión; el buen sentido dirá si los sostenedores del más oscuro fanatismo y de los abusos más perniciosos la veneran y defienden, o si los que desean conservarla pura, libre de ridiculeces y con el hermoso ropaje que le dio su divino autor, son los que efectivamente la adoran y desean conservar en Centroamérica.

Era de desearse que los escritores de Guatemala no ocultasen su nombre y no aventurasen un cargo sin presentar al mismo tiempo sus pruebas y fundamentos. De esta manera sus escritos no serían tan vagos y generales, y no contendrían tantas falsedades y calumnias. ¿Por ventura piensan ellos que un día no se revelarán sus nombres, y serán juzgados por el severo tribunal de la opinión pública? Pero sí, que son nulos e infundados los cargos que con miras innobles le deducen en Guatemala sus enemigos, particularmente con referencia al tiempo de que he hablado; que debieron serle reconocidos porque, tal vez, y sin tal vez, por él existe aquella población, y porque a todos los sacrificios y penalidades de la campaña debieran considerar el riesgo de dos asesinatos a que por su causa estuvo expuesto; que desean desacreditarlo porque en él miran un escollo terrible donde se ha quebrado siempre y se quebrarán en lo sucesivo sus proyectos liberticidas; que en vez de malversar un solo centavo de los caudales públicos, empeñó su crédito personal en gruesas sumas, para sostener la gran causa de la civilización y del orden; que los infractores del tratado con Carrera han sido los aristócratas y algunos clérigos de Guatemala, que hicieron un instrumento de aquel, y ocultaron en 1829 seiscientos fusiles en las bóvedas de la catedral, contra lo acordado en la capitulación de aquel año; y que en fin ha resultado cierto el presagio que algunos ilustrados guatemaltecos, hoy perseguidos moralmente, hicieron el 18 de junio del año antepasado, en la noticia de la revolución de Guatemala que elevaron al Congreso..."Si lograsen (dijeron) los que hoy forman la administración de aquel Estado, su designio de anular el Poder Legislativo, una nueva convulsión pública amenazará al grande Estado. Es de temerse entonces una guerra interminable o el triunfo de las hordas que se levantarían de nuevo contra la civilización. Ellas sabrán entonces combinar sus planes con los del terror y con la barbarie de los salvajes con quienes simpatizan. Ellas reproducirán sus instituciones monásticas, sus principios oligárquicos y su retroceso a las miras del año de 29. – San Salvador: 15 de junio de 1839. – *Máximo Orellana*".

ESTADO que manifiesta las votaciones de los cuatro Consejos de Guerra celebrados en la causa instruida contra el presbítero Mariano Durán, por complicidad en la facción de Carrera.

———

PRIMER CONSEJO. – 11 DE SEPTIEMBRE DE 1838

		VOCALES	VOTOS	
Capitán	...	Manuel López	a muerte	
—	...	Juan José Izquierdo	—	
—	Lic	Bernardo Lemus	—	A muerte 7 votos
—	...	Manuel J. Piñol	—	
—	...	Eugenio Godinez Dighero	—	
—	...	Basilio Samayoa	—	
Presdt..	Cor	Cayetano Cerda	—	

La sentencia de este Consejo se declaró nula por el comandante general, C. Juan Prem, en 12 de septiembre, de conformidad con el dictamen del auditor de Guerra, licenciado José María Urruela, por faltas de instancia en el proceso.

SEGUNDO CONSEJO. – 12 DE OCTUBRE DE 1838

		VOCALES	VOTOS	
Capitán	...	Eugenio Lara	a muerte	A muerte. 6 votos; a destierro perpetuo, pena prohibida por nuestras leyes, 1 voto.
—	...	Juan José Izquierdo	perpetuo	
—	Lic	Eugenio Godínez Dighero	a muerte	
—	...	Andrés Martínez	—	
—	...	Dionisio Gatica	—	
—	...	José María Andrade	—	
Presdt.,	Cor	Coronel Cayetano Cerda	—	

La sentencia de este Consejo fue declarada nula por el comandante general, C. Carlos Salazar, en 19 de octubre, de conformidad con el dictamen del auditor, licenciado José María Escamilla, fundado en que el Consejo se organizó de una manera ilegal, porque su presidente admitió la excusa de dos vocales y porque el mismo Consejo conoció y desestimó la recusación puesta al referido presidente coronel Cerda.

TERCER CONSEJO. – 20 DE OCTUBRE DE 1838

		VOCALES	VOTOS	
Capitán	...	Rosendo Barberena	a diez años de destierro a Istapán, con retención	A muerte, 5 votos: a 10 años de destierro, 5 votos, calculando por 2 el voto del presidente, según el art. 4°, tít. 5°, Trat. 8° de la Ord. Mil. del Ejército
—	...	Manuel Andreu	a diez años de destierro, con retención	
—	...	Rafael Martínez	a muerte	
—	...	Manuel Maria Bolaños	a muerte	
—	Lic	Manuel Ramírez	a diez años de destierro a Roatán, con retención	
—	...	Mariano Paredes	a muerte	
—	...	B. Samaoya	a muerte	
Presdt.	Teniente Coronel	Manuel A. Molina	a diez años de presidio a Omoa, con retención	

La sentencia se extendió a muerte, en contravención a lo dispuesto en el artículo 53 del mismo título y tratado citados. Por esta falta y la de haber señalado lugar de presidio algunos vocales del Consejo, contra lo dispuesto por la orden de 1774, no conformándose el comandante general, C. Carlos Salazar, con el dictamen del auditor, licenciado Escamilla, para que se volviese la causa al Consejo, con el único fin de que se extendiese la sentencia con arreglo a la votación, consultó a la Corte Superior de Justicia en concepto de Supremo Consejo de Guerra, de acuerdo con lo determinado en la real orden de 28 de febrero de 1804.

CUARTO CONSEJO. – 29 DE OCTUBRE DE 1838

Este Consejo se reunió en la hacienda de Fraijanes, observando al efecto todos los trámites prevenidos por la Ordenanza del Ejército, y con la concurrencia del defensor del acusado, teniente coronel Manuel A. Lazo.

	VOCALES	VOTOS	
Capitán	Salvador Mejía	a muerte	
—	Juan Torres	—	
—	Feliciano Montenegro	—	A muerte 7
—	Eduardo Valencia	—	votos, a
—	Manuel Cardona	—	destierro, 0.
—	Cesáreo Arana	—	
Presdt..	Teniente coronel Ignacio Pérez	—	

La anterior sentencia fue confirmada por el presidente de la República, general en jefe del Ejército, de conformidad con el parecer del auditor de Guerra, licenciado José Miguel Saravia, y se ejecutó el mismo día, 30 de octubre, previa degradación, según dicha sentencia lo prescribe.

Los alegatos de los capitanes Pablo Vidaurre y Agustín Guzmán, que hicieron de Jueces Fiscales en la causa, contienen 10 fojas. Ambos pidieron la pena de muerte. Los alegatos y escritos del acusado y sus defensores constan de 30 fojas.

RESUMEN DE LA VOTACIÓN

Votos	a muerte	25
—	a 10 años de presidio con retención, incluyendo el voto doble del teniente coronel Molina	5
	Van	30
	Vienen	30
	Votos a destierro perpetuo	1
	Total de votos que juzgaron reo de traición al presbítero Mariano Durán	31
	Votos que lo juzgaron inocente	00

RESUMEN DE LOS CARGOS QUE SE HACEN AL ACUSADO

1°. – Aprehendido en la acción de Villanueva, como prisionero de guerra.

2°. – Haber escrito cartas a varios oficiales de la guarnición de Guatemala, induciéndolos a desertarse de la plaza.

207

3°. – De ser uno de los principales agentes de la facción y de los hombres más influyentes sobre su caudillo.

4°. – Haber remitido a este armas y otros elementos de guerra con su criado, el cual fue fusilado por dicho cargo.

5°. – Tener armas ocultas.

De la aprehensión al fusilamiento transcurrieron cincuenta días.

Como escribanos nacionales certificamos: que hemos comparado este estado con el proceso general a que él se refiere, y lo hemos encontrado exacto en todas sus partes; en fe de lo que firmamos y signamos la presente, en San Salvador, a treinta de agosto de mil ochocientos treinta y nueve. – Norberto Ramírez. – Domingo Paniagua".

CAPÍTULO XX

Comprobantes sobre la dictadura

SUMARIO: Manifestación de gratitud a Morazán. – Nuevo llamamiento que a este hicieron. – Súplica para que asuma el Gobierno del Estado.

Ya en el Capítulo XVI de este libro tratamos sobre la dictadura que los serviles ofrecieron al general Morazán, y que fue rechazada con dignidad por este. Con el objeto de comprobar nuestros asertos publicamos los siguientes documentos, casi desconocidos en Centroamérica.

"Al ciudadano general presidente de la República: Por acuerdo de la junta de patriotas de esta capital, tenemos el honor de elevar a manos de usted la adjunta manifestación en que, a nombre del pueblo, le tributan cordialmente las más expresivas gracias por la feliz interposición que se ha servido acordar por la paz y libertad común.

Al hacerlo, nos cabe la satisfacción de ofrecer a usted nuestros respetos, aprecios y justas consideraciones. – D. U. L. – Guatemala, enero 5 de 1838. – José Molina. – Francisco X. Valenzuela".

*

Al ciudadano presidente Francisco Morazán: Los patriotas de Guatemala, reunidos en una gran junta pública, en la ansiedad y riesgos de la libertad común, hemos tenido el placer de contemplar, en medio de la obscuridad de las facciones y de la tiranía, que la autoridad suprema de la República extiende su benéfico poder sobre el Estado, y viene a oír las quejas de pueblos oprimidos.

Reacciones irregulares y violentas, impulsadas por un régimen inconstitucional; masas exasperadas por la anulación y ultrajes de todos su derechos; hombres enérgicos, pero desmoralizados por la proscripción, han levantado su espada sobre el Gobierno, y han turbado en su curso impetuoso el orden regular de las leyes y la seguridad social. Un poder ya impotente para el bien, y habituado a la arbitrariedad y al mal, cual se presenta el del Estado, no solo ha sido inútil para enfrenar las facciones, sino un antemural contra la acción del patriotismo y la regeneración de las leyes. Desolación y desconfianza, revolución y despotismo; la fuerza pública destinada a las miras de facción, y desatendiendo el orden y la seguridad. ¡Qué posición tan difícil, qué complicación tan fatal de la que habéis salvado a la capital de la República y al gran Estado!

Como otra vez os presentasteis con el laurel de la patria, ahora habéis enviado el olivo de la concordia y serenado nuestras agitaciones. La libertad se preparaba a una lucha sangrienta, y vos la restablecéis en su trono; el pueblo y la ley eran confundidos en el abatimiento, y vos escucháis sus voces sofocadas.

La unión federativa hace ahora palpables sus ventajas, y la libertad contempla su triple paladión en el centro del Poder Nacional, que la propaga y restablece.

Nuestra satisfacción es más viva cuando ve que habéis escogido de entre los patriotas a los pacificadores, y cuando mira en ellos a los amigos del pueblo y de la ley; porque vos sois patriota, y os contáis entre los primeros hijos de la República; y Guatemala encuentra en vos al magistrado de la ley y de la libertad.

El anuncio solo de vuestra medida, restablece ya el orden y reanima el corazón y el patriotismo. *Esta página de nuestra historia también va a correr entre nosotros, y será leída por la filantropía y sentida por la generación de Guatemala.*

Enhorabuena a vos, presidente venturoso, que coronáis vuestros últimos pasos en el Gobierno con la pacificación de este Estado y con la gratitud de todos vuestros amigos y del gran pueblo de la capital.

Recibid nuestro reconocimiento y la expresión de tantos hombres libres que os contemplan al frente de nuestra civilización e independencia. Vos habéis restablecido otras veces las instituciones; vos ocurrís ahora a salvar al pueblo de anarquía y opresión. – Guatemala, enero 1° de 1838.

Pedro Molina, Manuel Arrivillaga, Ignacio Gómez, presidente interino; Buenaventura Mejía Paz, presidente interino; Francisco X. Valenzuela, secretario; José Molina, secretario; P. J. Valenzuela, José Ramírez, Rafael Arévalo, Antonio Merino, José Leandro Jordán, Joaquín Alleri, Mariano Moreno, Florentín Zúñiga, Felipe Betancourt, Esteban Astorga, Dionisio Paniagua, Manuel María de Castro, Francisco Payés, Felipe Dávila, Francisco Alvarado, Francisco Asturias, Nicolás Lara, Juan Rodríguez, Mateo Cornejo, Manuel Arévalo, Eulogio Flores, Mariano Conzuega, Hipólito Coronado, José María de Cervantes, Lorenzo Hidalgo, J. Julián Porras, Rafael Ortiz, Juan de Dios Zea, José Antonio Paniagua, Justo Ortiz, Juan Zúñiga, Hilario García, José Vicente Ortiz, Tomás Estrada, Tomás Obregón, Agustín Santa Cruz, L. Molina, A. Izaguirre, José María Flores, F. Telles, Luis Carrillo, Manuel María Bolaños, Manuel Osorio, José Rosendo Carranza, Francisco Abelar, Francisco Villacorta, Francisco Bastinos, Manuel Villacorta, Eugenio Dávila, Valentín Aceituno, José Carmen Carranza, M. Monzón, Doroteo Castillo, E. Saravia, José Ireneo Bolaños, Carlos Monroy, Domingo González, Tomás Martínez, Juan M. Garces, José Eustaquio Monzón, Matías Mancilla, Matías Ramírez, Sinforoso Rozo, Manuel Fuentes, R. García, Patrocinio Rivera, Martín Henríquez, Braulio Cividanes, Mario García, Mariano Leal, José María Santa Cruz Montúfar, Lorenzo Vásquez, Luis Urías, Felipe Monzano, Ciriaco Ararizable, Eulogio Archila, Ramón

Saborío, Mariano Molina, José Antonio Iriarte, Antonio Vides, Joaquín G. Granados, Eugenio García, Romualdo Gálvez, Pedro Amaya, Salvador Alfaro, Pedro Ramírez, Luis Leiva, Dionisio Gatica, José Inés Marroquín, Juan Tomás Reyes, Tomás Bojuo, Francisco Castilla, José Manuel Santa Cruz, Tomás Flores, Manuel Díaz, Secundino Durán, Juan de Dios Calderón, Vicente García, Miguel Fernández, Francisco Durán, José Emigdio Valdés, J. Jáuregui, Apolinario Morales, Brígido Torres, Manuel Durán, José Rodríguez, Eugenio Velásquez, Vicente Mirón, Juan Santa Cruz, Juan Rodríguez, José María Escobar, Cayetano Martínez, Lázaro García, Emigdio Álvarez, José Pérez, Juan José Caballero, L. de Atabe, Ignacio Gutiérrez, Maximiliano Cienfuegos, Pío Ortega, Juan de Dios Morales, Silverio Castillo, Salvador Suasnivar, Dionisio Rodríguez, Vicente Molina, Santiago Delgado, Benito Villavicencio, Pedro José Rodríguez, Juan Delgado, Francisco Cárdenas, José Antonio Delgado, José María Quinteros, Ciriaco Argueta, Ángel Escobar, Manuel de Jesús Lagunas, Manuel A. Acuña, Luis Avendaño, Pedro Vidal, José María Pineda, Macario Morales, Teodoro Dorantes, Francisco Aristondo, Gabriel Monterrosa, Matheo Chavarría, Juan J. de León, Juan Ibarra, Rosalío Escobar, Miguel Monzón, Leonardo Arreaza, Laureano Almendaño, Alejandro Flores, Pedro Monroy, Escolástico Espinosa, Manuel Irungaray, Pedro Meoño, Francisco Sanchinel, F. Molina, Claudio Ramírez, J. Domingo Diéguez, Vicente Matal, Leandro Fuentes, Bernardino Dávila, Juan Dávila".

*

Presidente de la República: Reducida esta capital a la más triste situación a consecuencia de los acontecimientos del mes de febrero último, y amenazada de nuevas y mayores desgracias, el comercio y muchos vecinos bien intencionados recabaron del vicejefe del Estado, en 25 del mismo febrero, que implorase el poderoso auxilio del primer magistrado de la República, único que podía salvarnos en tanto conflicto. Este paso, aconsejado desde antes por la prudencia y exigido entonces imperiosamente por las circunstancias, no se dio con la sola mira de que al alto funcionario, haciendo uso de las armas y desplegando su acreditado valor, pericia y energía, nos preservase de una segunda irrupción de bárbaros, reduciendo a su deber las masas de salvajes que, ávidas de riqueza y sedientas de sangre, se habían levantado en daño del honor de las familias, de la propiedad, de la civilización y de cuanto hay sagrado y apreciable en la sociedad.

Grande sin duda era este objeto, y de una urgencia imponderable el reprimir el levantamiento terrible que había sembrado ya por todas partes el terror y la desolación; pero había otra mira no menos grande e interesante, y que tuvo muy presente el vecindario guatemalteco al solicitar que se llamase a su socorro al jefe supremo de la Nación. Veía que en el seno mismo de la capital existía el germen de los trastornos que se han hecho sentir en todos los pueblos, y el principio del movimiento anárquico que se ha propagado rápidamente por todos los ángulos del Estado; deseaba, por tanto, que el presidente viniese a palpar por sí mismo la causa de los males públicos, y a descubrir por sus propias observaciones las verdaderas tendencias de la opinión, a fin de que con una mano prudente y amaestrada restableciese entre nosotros el poder de las leyes desquiciado, y la regularidad en una administración de garantías hasta ahora solo invocadas para ser bien pronto holladas con escarnio. Anhelaba además por que el presidente, a quien no ofuscan las pasiones de partido ni pueden mover miradas individuales, promoviese y aconsejase los remedios que demanda nuestra desorganización social, amenazada de consumarse y de arrastrar tras sí la de toda la Federación.

El vecindario de Guatemala no puede menos de reconocer los importantes servicios que le está prestando en la actualidad el presidente de la República, y tiene por esto el honor de presentarle la expresión de su más pura gratitud. Mira con satisfacción todas las providencias que ha dictado para reprimir la facción sanguinaria de Mataquescuintla, y mira del mismo modo las demás que tiene acordadas a fin de lograr la completa pacificación de los levantados; entretanto, cree que la presencia del jefe de la República es indispensable en esta capital, y que solo al prestigio de su gran nombre podrán restablecerse el orden, la seguridad y la confianza, desterrados entre nosotros por el furor de las facciones.

Tal es el objeto de la presente exposición; no dudamos que será atendida, y que el Supremo Magistrado de la República sabrá corresponder al justo clamor de los guatemaltecos y a la expectación de todo el pueblo centroamericano. Venga, pues, el presidente; sea él el restaurador de nuestras libertades; saque al Estado del caos de la anarquía y preserve a la República de la disolución que la amenaza. – Guatemala, 9 de abril de 1838.

José Antonio Martínez, Sotero Vides, Pedro de Cabo, Santiago Machado, M. Rivera Paz, Miguel Fernández, Clemente Ceceña, José María Escamilla, Manuel Abarca, José María Cóbar, José Miguel Saravia, Mateo Beltranena, Manuel Beltranena, Lino Figueroa, R. Romá, Francisco Alcántara, F. Pavón, J. Cordón, Benedicto Sáenz, J. Batres, Bernardo Piñol, M. J. Piñol, Miguel Matheu, Francisco Portal, V. Quintana, Juan J. Irigoyen y Baños, Mariano Leiva, Carlos A. Meany, Paulino Caravantes, V. Arrivillaga, J. Durán, José Margarito Carrera, Joaquín Valdés, Joaquín Palomo, José Ávila, M. J. Dardón, Francisco Lara, José Mariano Peinado, Fernando Prado, F. de Vidaurre, José Beltrán Martínez, Mariano Guerreros, Juan G. Parra, Francisco Angulo, Manuel Carrascal, J. J. Palomo, Rafael Batres, Miguel Larreynaga, C. Barrientos".

Presidente de la República: La seguridad de las personas y propiedades que movió al vecindario de Guatemala a pedir, en 25 de febrero último, al vicejefe del Estado que implorase el auxilio del presidente, lo decidió a suplicar a este alto funcionario que pasase personalmente a tomar en consideración el estado en que se encuentra esta ciudad, y lo trae hoy a solicitar de él que complete la obra que tan dignamente ha comenzado, salvando de los horrores de la anarquía a este pueblo pacífico y digno de mejor suerte.

La Constitución ha cesado de hecho entre nosotros. No existe más que un simulacro de autoridad pública; lo que era Estado de Guatemala es hoy un montón de escombros colocado sobre una mina. Los pueblos, hostilizados y acosados durante largos años, y espantados por los últimos desastrosos sucesos, entre los que no es posible dejar de señalar la traída a esta ciudad de *las hordas de salvajes rapaces y sanguinarios*, han roto los débiles lazos que los unían. El Gobierno que existía antes del 2 de febrero, fue disuelto por la fuerza de contrarias facciones reunidas con este objeto. La misma fuerza exigió otro Gobierno, que no ha podido restablecer el orden legal ni hacer cesar el movimiento revolucionario. Tres departamentos (los de Los Altos) lo desconocen abiertamente y han creado de hecho un gobierno provisional, levantando fuerzas que le están exclusivamente sometidas: Chiquimula, Verapaz y Sacatepéquez están regidos también por gobiernos provisionales que se han puesto bajo la protección del presidente; de modo que solo Guatemala carga hoy todo el peso de lo que se llama Gobierno de un Estado que no existe. El derecho de proveer a su seguridad es igual al de los otros pueblos, que lo han usado por sí mismos.

Ella, sin embargo, ninguna vía de hecho ha empleado, aun sintiendo la inseguridad, aun siendo presa del desorden. Sin justicia ni jueces; regida por un Gobierno de hecho que no puede protegerla; sordo a los clamores de los pueblos; obligado él mismo para sostenerse a atacar la seguridad de las personas, el derecho de propiedad y todas las garantías sociales; y, en fin, por un Gobierno entre cuyos depositarios, es preciso decirlo por más que sea duro, se encuentran diferentes personas que por haber dado pábulo al levantamiento de Carrera y haberlo arrastrado sobre esta población inocente, se han convertido en objeto de la desconfianza y animadversión pública. Guatemala, sin esperanza de que pueda restaurarse el orden público, porque de hecho está disuelto el pacto que unía a los pueblos del Estado; porque no viniendo representantes de los otros departamentos no es ya posible que haya Asamblea y Consejo; y porque ha desaparecido el Poder Judicial, sin que sea dable establecer otro nuevo, ha guardado una conducta circunspecta y medida; la opinión, pronunciada del modo más uniforme y unánime contra los actuales gobernantes, se ha detenido delante del abismo en que vio caer a los que recurrieron a la fuerza y la violencia; y se dirige hoy a la única autoridad legal que existe: al presidente que, encargado por la ley de conservar el orden público, primer objeto de las sociedades y de los gobiernos, ha sabido llenarlo volando en auxilio de los pueblos que lo invocaron.

Su presencia sola detiene hoy los espantosos horrores de la discordia. Si él abandonase estos pueblos; si fuesen frustradas las esperanzas que están fijadas en él; si nos entregase a nosotros mismos, una guerra cruel nos despedazaría y la explosión se haría oír en toda la República, y el desorden se propagaría como un incendio en todo el país.

El vecindario de Guatemala espera que el presidente no lo permitirá, porque es su deber impedirlo y porque su *honor y todo los sentimientos generosos* que lo han animado al marchar en auxilio de estos pueblos *"exigen de él que los salve reasumiendo sin pérdida de momento el Gobierno de ellos y haciendo cesar toda otra autoridad, mientras que el Congreso, atendiendo la iniciativa que han hecho otros Estados, convoca una Asamblea Nacional Extraordinaria que pueda reconstituir la República"*. El vecindario de Guatemala, al solicitar hoy del presidente que adopte esta medida, que a su juicio es la única que puede salvarlo, se pone bajo su protección y le ofrece con su cooperación *los más respetuosos sentimientos de gratitud por los importantes servicios que ya le debe*.

Guatemala: abril 16 de 1838. – Presidente de la República. – J. Antonio Martínez, Pedro N. Arriaga, José María Gálvez, Alejandro Marure, A. Andreu, J. M. Saravia, F. de Vidaurre, L. Batres, P. de Aycinena, M. Beteta, Juan J. Piñol, Marcos Dardón, Benito Arauz, Francisco Sanchinel, M. J. Piñol, Juan José de Echeverría, Manuel Rubio, Carlos R. Klee, Francisco Arrazola, Manuel Meza, A. J. Arrivillaga, Eugenio G. Dighero, Juan M. Saravia, J. González Mora, Mariano Dávila, Juan Matheu, Mateo Beltranena, J. Jáuregui, Juan A. Claver, J. Ayerdi, José María Saravia, J. C. del Valle, B. Samayoa, F. García, Andrés Espada, Andrés Cajal, Vicente de Beltranena, M. R. Cladera, Pablo S. Betancourt, Francisco Barillas, José Ignacio Oliver, Juan Pérez, Antonio Garos, Eusebio Murga, P.

Vidaurre, Victoriano Arrivillaga, José María Quesada, J. J. de Aycinena, M. Benítez, H. Onofre Nájera, Francisco del C. y Larriva, Pedro Policarpio, J. Pavón, Joaquín Valdés, Bernardino Lemus, M. J. Jáuregui, Desiderio A. Valle, Anselmo España, Manuel de Paz, Francisco Castillo, Félix Aceituno, Felipe Roldán, Francisco Casado, Julián Samayoa, Domingo Gutiérrez, Máximo Gálvez, C. Lara Pavón, Santiago Ganusa, José María Santa Cruz, M. Rivera, José María Ramírez, Justo Abarca, J. Rafael Ayau, X. de Aycinena, Mateo Mendoza, Juan Nájera, J. Modesto Santa Cruz, J. Nájera, Francisco Pavón, Manuel I. Lara, Joaquín Guzmán, Antonio de Zirión, Benito Portu, P. Lara Pavón, Francisco Zaldaña, Catarino Pineda, Cirilo Santa Cruz, Eleuterio Pineda, Fulgencio Quesada, J. María Ramírez Villatoro, Manuel Valle, Dionisio Sánchez, T. Manuel, Trinidad Betancourt, Manuel Taracena, T. Aguilar, Antonio Delgado, J. María Monterrosa, José Hilario Monterrosa, Manuel Oliver, J. J. Albores, Jerónimo Sánchez (por el Monterrosa). Por Francisco Sánchez, Monterrosa; J. María Yúdice, Tadeo Piñol, Manuel Dardón, J. Domingo Castillo, José Coronado, Juan José Valdés, Felipe Abril, Francisco X. Aguirre, Mariano Castillo, J. Hipólito Coronado, Domingo Castillo y Estrada, J. Prem, J. Dolores Castillo, Luis Vautellín, C. V. de Chénont, Pedro Jourdan, D. Angulo, J. Domingo Estrada, José Coloma, R. de Urruela, Alphonse Razire, Miguel Prado, Francisco Cuéllar, José María Rodríguez, J. Ruiz, Fernando Prado, Máximo Navas, Miguel Solís, Higinio Sánchez, Claudio Guzmán, Francisco Rosales, Rafael González, José María Mendia, Manuel Obregón, Florencio Miranda, Victorio Osasta, Simón T. Espinosa, Bartolo Santa Cruz, Cayetano Monchez, Cornelio Klee, José María Delgado, Antonio de Aguirre, Vicente Ávila, Ignacio Alonso, Fulgencio Aceituno, J. J. de Aguirre, Mariano Fajardo, Agustín A. Rodríguez, B. Rodas, Ignacio Estrada, Pablo España, Antonio Arias, Jorge Whithead, Ignacio de Palacio, Walter B. Bogen, Dionisio Meza, Vicente Pantaleón, Juan de Dios Coronado, Domingo Asturias, Carlos A. Meany, Camilo Iglesias, Mariano Diéguez, Doroteo Andrino, Julián Jiménez, Anselmo Trejo, José Ignacio Eguizábal, Mariano Paz, Luis

Castellanos, Rafael Torres, Francisco Martínez, Felipe Trejo, Manuel María Ramírez, Luis Fernández, José María Jiménez, Antonio de Valdés, Canuto Ceceña, Miguel Monroy, Marcos O. Valle, Eligio O. Valle, J. M. Barona, Feliciano Mayorga, Dionisio Rodríguez, Francisco Cardona, José Inés Pacheco".

CAPÍTULO XXI
Batalla de El Espíritu Santo

SUMARIO: Coalición de Honduras y Nicaragua. – Protesta de la Asamblea. – Invasión del general Méndez. – Marcha de Morazán. – Acción de San Francisco. – Ocupación de San Vicente. – Combate de Las Lomas. – El general Ferrera. – Regreso de Morazán a Cojutepeque. – Batalla de El Espíritu Santo. – Decreto de la Asamblea.

No hacía mucho tiempo que Honduras y Nicaragua se habían desligado del Pacto Federal, y trataban ya como dos naciones soberanas. En este concepto, celebraron un tratado ofensivo y defensivo; e instigados por los serviles de Guatemala, prepararon una invasión sobre el Estado de El Salvador sin previa declaratoria de guerra como acostumbran a hacerlo todos los países civilizados.

La Asamblea de este Estado protestó enérgicamente contra aquel atentado por medio del decreto siguiente:

"La Asamblea Legislativa de El Salvador, considerando: que a consecuencia de los tratados celebrados entre Honduras y Nicaragua se han aproximado sus tropas a las fronteras de este Estado; que ellas se dice tienen por objeto proteger la libertad de las Asambleas para que secunden sus pronunciamientos sobre reformas; que este alto cuerpo ha manifestado a Centroamérica todo, la libertad de que goza; que no debe intervenirse de mano armada en sus deliberaciones; y que se disolvería tan pronto como fuese invadido su territorio; que la misma Asamblea ha aceptado los decretos sobre reformas y convocado la Constituyente del Estado; y que, en fin, ha adoptado todas las medidas prudentes y de política que evitaran el rompimiento, sin que este interesante objeto fuese logrado; por unanimidad, decreta:

Artículo 1°. – La Asamblea de El Salvador protesta ante los Estados de Centroamérica: que la agresión que se hace a su territorio por los Gobiernos de Honduras y Nicaragua es injusta y atentatoria al sistema establecido y a los derechos de los pueblos; que se opone a la independencia de los Estados y no acata la integridad de sus respectivos territorios; que rompe los lazos de fraternidad que unen a aquellos; que desacreditará en el exterior y dará lugar a reclamaciones fuertes que comprometerán la independencia nacional; que es un obstáculo para la adopción de cualquiera medida pacífica sobre reformas; y que el Estado es arrastrado a la guerra por el sagrado derecho de defensa con el más profundo sentimiento por la efusión de la sangre centroamericana y demás desastres consiguientes.

Art. 2°. – Igualmente protesta ante los mismos Estados: que reclamará todos los gastos que se impendan en el levantamiento de tropas y sostén de la guerra, así como los demás extraordinarios que se hagan por causa de ella, con los daños y perjuicios que se irroguen.

Art. 3°. – Que con este objeto el Ejecutivo del Estado hará llevar cuenta exacta y separada de todas las erogaciones que se hagan por aquel motivo.

Comuníquese al Supremo Gobierno para que lo haga imprimir, publicar, cumplir y circular. – Dado en la ciudad de San Vicente, a 27 de febrero de 1839. – Isidro Menéndez, diputado presidente. – Miguel R. Carballo, diputado secretario. – Francisco Fortis, diputado secretario.

Por tanto: ejecútese. – Lo tendrá entendido el jefe de sección encargado de la Secretaría General del Despacho, y dispondrá se imprima, publique y circule. – San Vicente, febrero 27 de 1839. – *Timoteo Menéndez*".

En el mes de febrero el general Méndez con 1,000 leoneses ocupó el departamento de San Miguel, y se esperaba que de un momento a otro lo hiciera el general Ferrera con fuerzas hondureñas. Méndez continuó su marcha hasta la hacienda de Corlantique, que está en las inmediaciones del Lempa, donde estableció su cuartel general.

El Salvador contaba con muy pocas fuerzas, pero todos tenían confianza en un feliz resultado, porque estaba al mando del ejército el general Morazán, que nunca se arredraba ante el peligro.

Morazán con 600 soldados marchó al encuentro de Ferrera, y previendo que los leoneses intentarían internarse más, dejó en la hacienda de San Francisco al coronel Benítez con el grueso del ejército para que los atacara si acaso pretendían dirigirse a la capital. Este movimiento se supo inmediatamente en el campamento enemigo, y en el acto se dispuso a sorprender a Benítez. Al efecto, vadearon el río y vieron que podían pasarlo por el punto denominado Petacones. En la madrugada del 19 de marzo los leoneses atacaron a una avanzada que Benítez tenía apostada en El Jicaral, y seguidamente la hacienda, poniéndolos en completa derrota. Benítez pudo reunir cerca de 300 hombres, con los que se trasladó a Sensuntepeque. Estaba ya en territorio hondureño Morazán, cuando supo este desgraciado suceso, y se regresó a unirse a Benítez, que lo reconvino por su poca previsión.

Este triunfo envalentonó demasiado al general Méndez, y ordenó al coronel Quijano ocupara a San Vicente, que no tenía ninguna fuerza. De aquí salió este con dirección a Cojutepeque, con motivo de una carta fingida que le envió Benítez a nombre de Méndez. Aquel venía persiguiéndolo hasta el lugar de Las Lomas, en que se percibió de la persecución. Allí fue batido y deshecho Quijano. [1]

El general Ferrera con 1,700 hondureños había venido a acamparse a Corlantique, donde se encontraban las fuerzas nicaragüenses.

Después de la acción de Las Lomas, Morazán regresó a Cojutepeque para organizar sus fuerzas y reponer las bajas que

---

[1] Morazán y Cabañas venían a la retaguardia de Benítez, quienes tomaron parte en el combate y decidieron la acción a favor de ellos.

había tenido en los encuentros de San Francisco y Las Lomas. A principios de abril volvió a cargar sobre el enemigo, haciendo evoluciones y movimientos falsos para que no averiguara el enemigo el lugar donde poco más o menos podría librarse la batalla, pues muy bien comprendía que solo la pericia lo salvaría del enemigo, que tenía casi cuatro veces el doble de la fuerza que él comandaba.

Dice el doctor Montúfar que "el 4 de abril de 1839 Morazán se aproximaba a las márgenes del Lempa, y al día siguiente ocupó la hacienda de El Espíritu Santo, parapetando parte de sus fuerzas en unos corrales de piedra. Al instante fueron destacadas algunas guerrillas. Ferrera, hacia la tarde del 5 de abril, quiso dar la batalla y penetró en la hacienda. Las guerrillas se batieron en retirada, hasta incorporarse con el grueso de la fuerza salvadoreña. Al ponerse el sol, los salvadoreños fueron atacados intrépidamente en toda la línea; pero pudieron rechazar todos los asaltos, quedando el campo cubierto de cadáveres, entre los cuales se hallaba el de Narciso Benítez, segundo jefe del ejército salvadoreño. Esta pérdida irreparable no hizo decaer el ánimo de Morazán. La serenidad del general Morazán era tanto más grande, cuanto mayor aparecía le peligro. Hubo momentos que los aliados y los salvadoreños se confundían. Morazán estaba siempre en lo más recio del combate. Por todas partes aparecía como si hubiera podido multiplicarse, apoyando el punto más amenazado. El ruido de la fusilería y el ardor de la pelea anunciaba en toda la línea del punto en que combatía el vencedor de Gualcho.

El cansancio y la fatiga produjeron, ya avanzada la noche, una suspensión de armas. Los aliados se retiraron, colocándose en dos pequeñas alturas, de las cuales ocupó una la fuerza de Honduras y otra la fuerza de Nicaragua, movimiento que inspiró al general Morazán la idea de hacer que los aliados se batieran, para cargarles en seguida, y al efecto dio las órdenes correspondientes. El general Rivas hizo que se emboscara parte de la fuerza en un cerrito inmediato a la hacienda, sin que el movimiento se percibiera, con orden de resistir a pie firme o de rechazar la fuerza que se acercara si no marchaba a su vanguardia un hombre solo.

A las tres de la mañana se acercó a los emboscados un bulto; era el general Rivas, quien con una partida de tropa reforzó aquella fuerza y dio orden de alistarse para el combate. Entretanto Morazán y Cabañas, con una partida de tropa, y a favor de la oscuridad de la noche, se introdujeron en medio de los aliados, haciéndoles a la vez fuego por derecha e izquierda, lo cual los empeñó en un serio combate. Morazán y Cabañas con la partida de tropa que había producido aquel efecto extraordinario, se replegaron al cerrito se hallaban los emboscados, desde donde oían un terrible tiroteo con que se despedazaban los hondureños y leoneses. Antes de rayar el alba, los hondureños comenzaron a flanquear. En esos momentos salía Morazán [1] al frente de los emboscados, tranquilos y en perfecto orden, y los atacó por retaguardia. A la primera carga se confundieron hondureños y leoneses.

Entró el desorden, voltearon caras y se pusieron en fuga, dejando muchos muertos muchos heridos y entregándose muchos como prisioneros, porque el cansancio y la fatiga no les permitía huir, y porque sabían muy bien que los prisioneros, en manos del general Morazán, eran personas sagradas, a quienes se atendía más que a los mismos soldados que habían combatido en sus filas. En el campo quedaron 319 cadáveres. Entre los heridos se hallaban el general Cabañas y el expresidente. Una bala le había herido un brazo durante el último combate. Él mismo se vendó el brazo y siguió peleando. A las siete de la mañana que Morazán habló a los prisioneros, exponiéndoles la injusticia con que se le combatía y le engaño con que se les condujo a la guerra. [2] Les prodigó auxilios y

---

[1] Morazán antes de atacar por la retaguardia arengó a sus soldados y concluyó diciéndoles: *"El que tenga valor, que siga a su general"*, y se adelantó con su espada desenvainada, siguiéndole todos con un arrojo sin igual. – *Nota del autor.*

[2] Entre otras cosas, Morazán les dijo a sus prisioneros estas palabras: *"Soldados leoneses: se os ha querido hacer creer que soy vuestro enemigo, pero yo os acreditaré que jamás dejará de ser vuestro amigo Francisco Morazán"*. – *Nota del autor.*

les dio permiso para regresar al seno de sus familias. Al concluir esta arenga, ellos gritaron: "*¡Viva el general Morazán!*". Diez y siete heridos no pudieron regresar a sus hogares. Morazán los hizo conducir a los caseríos inmediatos, donde dejó recomendaciones para que no les faltara ningún auxilio y algunas cantidades de dinero. Cuando todo esto hubo pasado, el general Morazán hablaba a sus jefes y oficiales, no con la severidad de un jefe, sino con la dulzura de un amigo, procurando siempre no aludir a lo que él había trabajado, ni dar importancia alguna a lo que había hecho. La batalla de El Espíritu Santo es una de las páginas más gloriosas de la historia de El Salvador. El triunfo de 6 de abril de 1839 nadie lo podrá empañar. Los serviles decantarán la victoria obtenida por ellos en La Arada; pero jamás podrán mancillar el heroísmo, la disciplina y admirable valentía de los salvadoreños en los campos gloriosos de El Espíritu Santo".

La noche anterior en que había comenzado el fuego, un sargento y tres soldados, creyendo que Morazán había sido derrotado, trajeron esta noticia a San Salvador; esto conmovió a todos los vecinos, pero pocos momentos después llegó el aviso de la victoria. En medio de aquel entusiasmo que había despertado la última noticia, el doctor Molina escribió la siguiente octavilla:

"El triunfo de Morazán,
Los que quieran lo creerán:
Fue una mística alborada;
Un cura y un sacristán
Fingieron allá un espanto,
De que se espantaron luego,
Y fue que en lenguas de fuego
Bajó el Espíritu Santo".

Poco tiempo después la Asamblea premió a todos los que habían defendido la patria en los sangrientos combates de Las Lomas y de El Espíritu Santo, como se verá por el decreto que dice:

"La Asamblea Legislativa del Estado de El Salvador, considerando:

1°. Que el Estado se halla libre de las fuerzas que lo invadieron, por el valor y sufrimiento del ejército.

2°. Que la Patria debe ser reconocida al patriotismo y servicios distinguidos de todos los que en la campaña sostuvieron el honor y la integridad de su territorio.

3°. Y que el Cuerpo Legislativo quiere que queden consignados los sentimientos de gratitud de los pueblos del Estado para con sus libertadores; por unanimidad ha tenido a bien decretar, y decreta:

Art. 1°. – Se dan al benemérito de la Patria, general C. Francisco Morazán, las más expresivas gracias por sus heroicos esfuerzos y servicios tan positivos en las acciones de Las Lomas y de El Espíritu Santo.

Art. 2°. – A los jefes y oficiales vencedores en las mismas acciones, se les dará una medalla de oro con las armas del Estado y con la inscripción siguiente: *Al valor y sufrimiento.*

Art. 3°. – El Gobierno acordará para los demás subalternos un distintivo que les haga conocer que al Estado han sido sumamente gratos sus servicios.

Art. 4°. – Además del distintivo se suministrará a los heridos en las indicadas jornadas una mesada en señal de gratitud.

Art. 5°. – A las viudas y huérfanos de los valientes que murieron en dichas campañas, se les acudirá con el montepío de ley.

Pase al Consejo. – Dado en la ciudad de San Vicente, a 21 de mayo de 1839. – Luis Ayala, diputado presidente. – Quirino Escalón, diputado secretario. – Francisco Fortis, diputado secretario.

Sala del Consejo Representativo del Estado de El Salvador. – San Vicente, mayo 28 de 1839. – Pase al jefe del Estado. – Félix Fonseca, consejero presidente. – Escolástico Marín, consejero secretario.

Por tanto: ejecútese. – Lo tendrá entendido el jefe de sección encargado del Ministerio de Hacienda y Guerra, y dispondrá se imprima, publique y circule. – San Vicente, mayo 29 de 1839. – Antonio J. Cañas".

CAPÍTULO XXII
Morazán es electo jefe del Estado de El Salvador

SUMARIO: Tiempo que permaneció Morazán en la presidencia. – Lugar donde este residía. – Renuncia del C. Timoteo Menéndez. – El C. Antonio J. Cañas sucede a Menéndez. – Decreto de la Asamblea declarando a Morazán jefe del Estado de El Salvador.

Morazán había desempeñado la presidencia de la República durante dos periodos constitucionales; y a pesar de tantas conmociones bélicas, Morazán permaneció en el puesto hasta que se concluyó el tiempo para el que había sido electo.

El general Morazán residía en San Salvador, al mando de las armas del Estado que se le había confiado. Cuando la invasión de El Salvador por fuerzas de Honduras y Nicaragua, fue nombrado general en jefe del ejército que debía rechazar a los invasores del Estado, y a él y al valor e intrepidez que caracterizan al soldado salvadoreño, se deben los triunfos de Las Lomas y de El Espíritu Santo, en que con un ejército tres o cuatro veces inferior en número deshicieron al enemigo.

El vicejefe, don Timoteo Menéndez, había renunciado tres veces consecutivas de este destino, y hasta la cuarta vez le fue admitida la dimisión. El C. Antonio José Cañas le sucedió en calidad de Consejero.

Con este motivo se convocó a los pueblos a nuevas elecciones, resultando electo jefe de Estado el general Morazán, según el decreto de la Asamblea que literalmente dice:

"El consejero, jefe supremo del Estado de El Salvador, encargado del Poder Ejecutivo. – Por cuanto la Asamblea Legislativa del mismo ha decretado lo siguiente:

La Asamblea Legislativa del Estado de El Salvador, habiendo practicado la regulación de votos emitidos por las juntas departamentales para primer jefe del Estado, en virtud del decreto de 16 de mayo último; y resultando, que los votos dados con este objeto fueron 84; que la mayoría absoluta de este número es 43; y que habiendo obtenido 54 el benemérito de la Patria general C. Francisco Morazán, está electo popularmente jefe del Estado. – Por tanto, por unanimidad de votos, ha tenido a bien decretar, y decreta:

Artículo único. – Se ha por primer jefe del Estado de El Salvador, electo popularmente, al benemérito de la Patria general C. Francisco Morazán, y se señala el día 11 para su posesión.

Comuníquese al Supremo Poder Ejecutivo para que lo haga imprimir, publicar y circular. – Dado en la ciudad de San Vicente, a ocho de julio de 1839. – Luis Ayala, diputado presidente. – Quirino Escalón, diputado secretario. – Paulino Rivas, diputado secretario.

Por tanto: ejecútese. – Lo tendrá entendido el jefe de sección encargado del Ministerio de Relaciones Interiores, y dispondrá se imprima, publique y circule. – San Vicente, julio 8 de 1839. – Antonio J. Cañas".

CAPÍTULO XXIII
Batalla de San Pedro Perulapán

SUMARIO: La aristocracia de Guatemala. – Ferrera invade por segunda vez El Salvador. – Fuerza con que contaba Morazán. – Insurrección de San Salvador. – Ultimátum de Ferrera. – Regreso de Morazán a San Martín. – Batalla de San Pedro Perulapán. – Decreto de Morazán.

El triunfo de Morazán en El Espíritu Santo se supo inmediatamente en Guatemala, donde lo quisieron ocultar los serviles diciendo que no había sido más que una simple escaramuza. Don Manuel Francisco Pavón, desde las columnas del periódico conservador *El Tiempo*, aseguraba que el general Ferrera había sido bien recibido en Comayagua, y que pronto volvería a invadir el Estado de El Salvador con un ejército numeroso, compuesto de hondureños y nicaragüenses, para acabar con el tirano de

Centroamérica. La invasión resultó cierta, como se verá más adelante. ¿Y así quería todavía negar la aristocracia que ella era la promotora de todos estos trastornos políticos? Por ella Centroamérica no es más que un cementerio; no hay lugar en que se cave la tierra que no se encuentren cráneos o haya sido bañado en sangre; ¿y quién ha sido el único culpable, el único que ha promovido todas estas desgracias? Pues el enemigo de las libertades: *la aristocracia de Guatemala*.

El general Ferrera se hizo en Nicaragua de algunos elementos de guerra, dinero y gente, reuniendo un ejército de 1,500 entre hondureños y nicaragüenses, y con él invadió El Salvador por segunda vez, ocupando el departamento de Chalatenango.

Entretanto Morazán solo contaba con 300 salvadoreños en San Salvador, y con ellos se puso en marcha con dirección a Suchitoto para mejor observar los movimientos de Ferrera.

Apenas Morazán dejó a San Salvador, cuando una facción, en la madrugada del 16 de septiembre, sorprendió los cuarteles, quedando la ciudad en poder de ella. Al momento los revoltosos mandaron a Morazán comisionados para excitarle que depositara el mando en don Antonio J. Cañas, y que si no accedía a esta demanda, su familia, que estaba en poder de ellos, sería pasada a cuchillo. Morazán se estremeció al oír esta amenaza, y después de unos instantes de silencio, les dijo a los comisionados estas palabras: "*Los rehenes que mis enemigos tienen en su poder son para mí sagrados y hablan vehementemente a mi corazón; pero soy el jefe del Estado y mi deber es atacar; pasaré sobre los cadáveres de mis hijos, haré escarmentar a mis enemigos y no sobreviviré un solo instante más a tan escandaloso atentado*". Momentos después pareció calmarse, y nombró coronel a don Máximo Cordero, comandante de San Salvador, y manifestó a los comisionados que si no cometían desórdenes y reconocían la autoridad de Cordero, echaría en olvido este desagradable incidente.

Morazán regresó los comisionados, exigiéndoles que ellos mismos le llevaran la contestación. Tras ellos se vino él, y aunque los individuos que componían la Comisión pidieron prórroga, comprendiendo Morazán que aquellos momentos eran preciosos, dio la orden de ataque, y de acuerdo con los salvadoreños, que se habían reunido en número de 200, atacaron por Santa Lucía y El Calvario, mientras tanto Morazán los batía por Concepción, y después de una pequeña resistencia, tomó la plaza, rescatando a su familia, que no sufrió ninguna desgracia.

Mientras estos sucesos se verificaban, Ferrera ocupó pacíficamente a Suchitoto, desde donde dirigió a los salvadoreños, con fecha 22 de septiembre, el siguiente ultimátum:

1°. – Que el Consejo Representativo declare ilegal e insubsistente, como contraria al voto de los pueblos, la elección de jefe de este Estado en el general Francisco Morazán, y de consiguiente la de diputados a la Asamblea Constituyente hecha bajo su influencia.

2°. – Que el consejero ciudadano Antonio José Cañas, se encargue del S. P. E. del Estado y convoque nuevamente a elecciones para diputados a la misma Asamblea; que active la reunión de esta y el nombramiento de los representantes a la Convención General de Estados.

3°. – Que se imponga a los que ocupan la autoridad general y del Estado, que desocupen este en el término de 24 horas después de la notificación, señalándoles el punto donde deben residir.

4°. – Que el Gobierno, después de evacuado el territorio del Estado, mande levantar una fuerza que le asegure de una nueva invasión.

5°. – Y que mientras se verifica, cuente con el ejército de mi mando, que pongo a sus órdenes, bajo la firme confianza de que los Estados aliados responderán de mi conducta y de la de cada uno de los que lo componen, protestando solamente que tan luego como se halle organizado del Estado en los términos referidos, será desocupado por el mismo ejército. Bajo estos principios juzgo que se consolidará la paz sin la efusión de sangre centroamericana, y sin el sacrificio de las pocas propiedades que quedan aún por destruirse. Sírvase Ud., ciudadano secretario, elevarlo todo al conocimiento del Supremo Consejo del Estado para su superior resolución, que espero me comunicará con la brevedad que el caso exige, admitiendo, entretanto, mis sinceros ofrecimientos de amistad y respeto. – D. U. L. – Suchitoto, septiembre 22 de 1839".

El anterior ultimátum fue publicado, y el pueblo se indignó contra Ferrera. En momentos tan supremos Morazán hizo venir el escuadrón de Santa Ana, compuesto de unos setenta hombres a las órdenes del intrépido coronel Rivas, y, haciendo esfuerzos inauditos, logró reunir 500 de tropa, con los que marchó el 24 de septiembre al pueblo de San Martín, llegando ya de noche. Al instante dio orden de que en San pedro todos los estancos estuviesen a la orden del enemigo, que pronto se embriagó. Allí permaneció Morazán hasta la madrugada de esa misma noche, que se puso en marcha hacia San Pedro Perulapán, donde estaba Ferrera con 2,000 hombres porque le habían llegado refuerzos de Honduras. Al amanecer se encontraba ya Morazán en los suburbios del poblado, situándose en una pequeña altura que lo dominaba bien. En este lugar tuvo informes que a unas pocas cuadras estaba una avanzada de 100 hombres. Morazán mandó que 50 dragones atacaran aquella avanzada y continuaran sobre el pueblo, y quedó impaciente aguardando aquel resultado, pero a poco se oyó una detonación y luego tiros sueltos con dirección al poblado; los dragones dispararon sus armas a quema ropa y luego cargaron a bayoneta calada. Entonces Morazán ordenó al coronel Rivas que con una compañía reforzara a los dragones, que ya estaban habiéndoselas con el grueso del enemigo. Los coroneles Cordero, Ciero y otros, marcharon por una pendiente que va a perderse al lugar que servía de teatro del combate, avanzando Morazán con el cuerpo de reserva. Una guerrilla atacó con tal ímpetu el cerrito del campanario, defendido por el enemigo, que bien pronto lo desalojó de allí, pero cargaron nuevamente estos con fuerzas superiores y lo recuperaron. Viendo Morazán que cedían por su lado, avanzó él en persona con tropas descansadas, arrojando a sus adversarios del campanario, que retrocedieron hasta la iglesia. Morazán envió parte de las tropas con que peleaba que atacaran al enemigo por la retaguardia, haciéndose el fuego general y reñido por ambas partes, que peleaban con igual denuedo, y estrecharon tanto el fuego los salvadoreños, que en algunos puntos los combatientes ya no hacían uso más que de la bayoneta y la culata. Hubo momentos en que los salvadoreños dudaran del triunfo; "pero la voz de Morazán, que se oía en toda la línea, porque en todas partes aparecía como hijo de Marte, daba aliento a los combatientes. Morazán arengó a sus soldados en el sentido del honor, y recordándoles sus glorias obtenidas desde el cerro de La Trinidad hasta El Espíritu Santo, y estos al toque de dianas y a los gritos de "¡Viva el general Morazán! ¡Viva el pueblo salvadoreño! ¡Muera la aristocracia!", se lanzaron como fieras sobre el enemigo, y después de un sangriento combate huyeron los aliados, y una nueva corona de laureles vino a ceñir las sienes del general Morazán. Ferrera dejó cerca de 200 cadáveres en el campo, y multitud de heridos y prisioneros. El mismo Ferrera huyó herido y a pie.

Morazán a su llegada a San Salvador dio el siguiente decreto:

"El jefe supremo del Estado de El Salvador. – Deseando acordar una distinción cual corresponde al esclarecido mérito de los individuos del ejército que triunfo en la memorable jornada del 25 de septiembre último; y considerando:

Que no puede darse mejor premio a aquellos esforzados defensores de la patria, que perpetuarles el uso del lazo rojo al brazo izquierdo con que se distinguían de los enemigos al adquirir dicha victoria, ha tenido a bien decretar, y decreta:

1°. – Todos los jefes, oficiales, clases y soldados que se hallaron presentes en la acción dada el 25 de septiembre último en el pueblo de San Pedro Perulapán, usarán sobre sus respectivos uniformes un lazo rojo en el brazo izquierdo.

2°. – A los sargentos, cabos y soldados se dará una gratificación de cinco pesos como una pequeña prueba de la gratitud del Gobierno, y en cumplimiento de la promesa que se les hizo.

3°. – El presente decreto se pondrá en conocimiento de la Asamblea tan luego como se reúna. – Dado en la ciudad de San Salvador, a 26 de septiembre de 1839. – *F. Morazán*".

CAPÍTULO XXIV
Errónea política de Morazán

SUMARIO: Un error político de Morazán. – Medios que se empleaban para combatir a Carrera. – Lo que debía haber hecho Morazán. – Resultado de la entrada de Carrera a Guatemala.

El general Morazán es responsable ante la severidad de la historia, por aquella política errónea y contemplativa que empleó para con Carrera; bien es cierto que él se proponía un fin noble y humanitario, como era el de evitar el derramamiento de sangre, sangre que solo debía verterse cuando la soberanía nacional estuviera expuesta al ultraje y humillación, como estuvo cuando los serviles enarbolaron el pabellón español en la Costa Norte de Honduras, [1] y, para arriar aquel emblema monárquico, fue preciso que corriera a torrentes la sangre centroamericana, en los campos de Jaitique, Comayagua, Opoteca y en otros muchos lugares, que quedaron cubiertos de cadáveres.

Pues bien, Morazán no debía haber escrito ni enviado comisiones a Carrera para que lo convencieran de la necesidad que había de que depusiera las armas, por estas razones: 1ª. Morazán le escribió repetidas veces a Carrera para que se le uniera en distintos lugares, y haciéndole ver los males que hacía al país, en lugar de intimarlo o batirlo; 2ª. Porque en los individuos que componían dichas comisiones iban personas que se han tenido como las figuras más conspicuas de Centroamérica; por ejemplo, don José Francisco Barrundia, hombre de ideas puramente liberales, y todos los que profesaban estas ideas eran enemigos de Carrera, estando expuestos a que en un rapto de salvajez las mandara fusilar; y 3ª. Porque Morazán, con estas vueltas, no hacía más que compararse con Carrera, o mejor dicho, convertirse en otro guerrillero igual a él.

El general Morazán, invitado por muchos nobles, creyó como ellos que era preferible combatir a Carrera por los medios pacíficos

---

[1] En el castillo de Omoa.

y morales, y los medios *pacíficos y morales* nunca le dieron un resultado satisfactorio. Y por lo contrario, cuando lo combatió con las armas, aquel caudillo fue deshecho en casi todos los encuentros. Esto mismo sucedió al general Salazar, cuando los nobles quisieron hacerlo desistir (solo cuando estaba perdido Carrera acudían los serviles a estos medios) de que atacara a Carrera en Villanueva, diciéndole que se lo atrajera por los *medios pacíficos*; pero aquel no les hizo caso y lo batió, derrotándolo por completo.

Si Morazán en vez de aprobar los tratados de Rinconcito en *obsequio de la paz pública*, lo hubiera batido y acosado por todas partes hasta hacerlo desaparecer de la vida reaccionaria que había adoptado, y exterminado a las masas ignorantes que lo seguían en todas sus correrías, en las cuales cometían atrocidades de todo género, entonces más hubiera engrandecido su nombre y la *paz pública* consolidado; y aquel insurrecto no hubiera entrado a Guatemala el 13 de abril de 1839, fecha memorable para la aristocracia, que veía realizados sus sueños.

Con la entrada de Carrera a Guatemala se afianzó el partido servil, y desde entonces maquinó en todos los Estados para hacer la guerra a El Salvador, donde se encontraba Morazán. Las batallas de El Espíritu Santo y San Pedro Perulapán son los resultados de estos trabajos para volver a sus tiempos de gloria, en que, unidos al clero, regían los destinos de la patria sin más ley que su capricho.

CAPÍTULO XXV
Toma de Guatemala y su inmediata desocupación.
Morazán sale de El Salvador

SUMARIO: Trabajos de Morazán. – Cómo respetaba Carrera los tratados. – Morazán toma a Guatemala. – Su desocupación. – Llegada de Morazán a La Antigua y a Ahuachapán. – Acción de La Laguna. – Su recibimiento en San Salvador. – Lo que dicen algunos escritores. – Morazán deposita el mando. – Personas con quienes se embarcó este en La Libertad. – Felicitación.

Después de las dos últimas batallas que libró Morazán, se dedicó a trabajar por la Unión y porque la República no se desplomara.

Mientras tanto, Carrera protegía varias facciones encabezadas por Rascón, que se internaban al Estado de El Salvador y saqueaban los pueblos fronterizos que estaban indefensos.

Existía un tratado entre El Salvador y Guatemala que era, letra muerta para Carrera, y Morazán, refiriéndose a dicho tratado en una carta privada dirigida a un amigo, entre otras cosas, dice: "Si el Gobierno de Guatemala ha de faltar a la fe de los tratados, yo le agradecería que mandase a Carrera a invadir a este Estado con sus hordas. Mientras más se interne, la lección será más fuerte y los salvadoreños contarán con menos enemigos. No creo que el Gobierno de Guatemala obre contra sus propios intereses. Le conviene la paz porque está rodeado de diplomáticos que se aturden al primer fusilazo; pero si apetece la guerra, él conocerá, aunque tarde, que no puede hacerla con buen éxito con hordas armadas. Yo hago una guerra defensiva porque así lo exigen mi deber y mis compromisos, y no porque me faltan jefes y soldados para hacer un paseo militar sobre Guatemala. ¿Hasta cuándo los guatemaltecos, que quieren dirigir los destinos de la República, se convencerán de su incapacidad para establecer el Gobierno que apetecen sin contar con los que ellos llaman sus contrarios? Si ellos quieren establecer un Gobierno que haga la felicidad de la República encontrarán por todas partes cooperadores; pero si apetecen vengarse al mismo tiempo de sus enemigos, solo hallarán obstáculos, que no es permitido vencer a hombres de su temple".

Una gran conmoción servil se agitaba en todos los Estados contra el general Morazán, y viendo este que todo el mal le venía de Guatemala, convocó una asamblea extraordinaria, depositó el mando en el vicejefe Silva y a la cabeza de 900 hombres partió para la *aristocrática ciudad* de Guatemala, haciéndose sentir su movimiento hasta que llegó al Corral de Piedra. En aquellos supremos momentos se ocuparon de fortificar la ciudad, disponiendo que 800 soldados defendieran la plaza y que Carrera con fuerzas superiores saliera a la hacienda del Aceituno para que atacara a Morazán por la retaguardia; pero el plan se le frustró a Carrera, porque cuando llegó ya Morazán era dueño de la plaza. Por la tarde del 17 de marzo Morazán pasó por Fraijanes continuando su marcha hasta un lugar que queda entre la villa de Guadalupe y Los Arcos, donde pasaron la noche sin que ninguna novedad ocurriera.

Al día siguiente atacó la ciudad. El doctor Montúfar, hablando de la toma y desocupación de Guatemala, dice: "El 18 de marzo a la salida del sol Morazán entró a la ciudad por la garita de Buenavista, y rodeando el llano de San Juan de Dios, situó una división de infantes en la plazuela de Guadalupe, dejando el parque, equipajes y tren en el hospital general. Otra división compuesta de dos secciones de infantería y toda la caballería, quedaron al mando del general Cabañas en las alturas de El Calvario e inmediaciones de la plaza de Toros. Morazán, desde la plazuela de Guadalupe, mandó asaltar la plaza al general Rivas; a un toque la acometieron por el lado del cuño, frente a la Escuela de Cristo, el coronel Antonio Rivera Cabezas; por el lado de la portada del mismo cuño, el coronel Ignacio Malespín, y por la calle de Guadalupe, el segundo comandante Bernardo Rivera Cabezas. Al instante se hizo fuego a la plaza por las ventanas del portal inmediatas a las trincheras de la antigua cárcel. La tropa que defendía esa trinchera la abandonó y fue tomada por los salvadoreños. Los fuegos siguieron sobre la trinchera de la esquina del Palacio del Gobierno, que sin tardanza fue tomada. Las fuerzas defensoras de la plaza se replegaron al atrio de la catedral, desde donde se defendían haciendo un fuego nutrido; pero en esos momentos entró a la plaza el general Rivas al frente de una fuerza, y entonces la tropa que había defendido las trincheras huyó en dos secciones. El plan de Carrera estaba frustrado. El creyó que podía tomar a los salvadoreños entre las fortificaciones de la plaza y sus hordas, que debían venir de Aceituno, y cuando llegó de esa labor, la plaza estaba tomada. Se ha dicho, para que no se mengüe el cálculo militar del caudillo adorado de los pueblos, que el plan de Carrera fue dejar a Morazán tomar la plaza para contra sitiarlo en ella. Ninguna persona de buen sentido podrá dar asenso a este absurdo. En la plaza había cantidades de pólvora, de plomo, de parque labrado y toda clase de elementos de guerra, que tomó Morazán para continuar el combate. Había también novillos y toda clase de municiones de boca en gran cantidad. ¿Sería posible que en el cálculo servil cupiera el pensamiento de proveer a Morazán de grandes elementos de guerra? El golpe se dio a la plaza por el punto que los serviles creían mejor defendido. Inmediatamente se sintió en aquel recinto el ambiente de la libertad. El general Guzmán, ultrajado vilmente por Carrera y sepultado en una mazmorra, pudo ver los rayos del sol. El presidente de El Salvador le abrió las puertas de la cárcel, y el héroe de Omoa pudo estrechar la mano amiga del vencedor en El Espíritu Santo y en Perulapán; pero no podía auxiliarlo porque los grillos lo habían tullido. Todos los presos políticos fueron puestos en libertad y salieron todos de sus calabozos gritando con entusiasmo: "¡Viva el general Morazán!". El triunfo de Morazán circuló por todas partes con rapidez. Una señora del partido morazanista dirigió una carta a Quezaltenango, anunciando que la plaza de Guatemala había sido tomada. Un padre Ugarte recibió la noticia con entusiasmo; y aquella buena nueva circuló por todas partes en medio de transportes de alegría. Esta alegría se convirtió, como a continuación se verá, en conflictos, en desolación, en sangre y horrores. Morazán ocupaba la plaza de Guatemala y cuantos elementos contenía, tomados en dos horas de combate. Tomó muchos prisioneros y fueron tratados como el general Morazán trató los soldados de Aycinena en San Antonio, y como trataba siempre a los vencidos. Los nobles más comprometidos estaban en el convento de La Concepción oyendo con espanto lo que en la plaza acaecía, y sabiendo con grande angustia pormenores por las noticias que la madre tornera recibía; otros se creyeron más seguros en Aceituno y salieron en busca de Carrera, para colocarse bajo el amparo de sus fuerzas; a estos los acompañó Rivera Paz. ¿Qué temían? Morazán tenía en sus manos a los prisioneros y los trataba como amigos. Con su conducta en el recinto de la plaza desmentía a cada instante las acusaciones que los serviles le hacían en sus proclamas furibundas.

Carrear dividió sus fuerzas de Aceituno en dos secciones, una mandaba el coronel Sotero Carrera. A esta sección pertenecía Francisco Malespín, quien guiaba la caballería. Sotero Carrera entró por la garita del Golfo e hizo marchar una parte de su fuerza hacia la plaza mayor, y otra parte, con el coronel Cruz a la cabeza, se dirigió hacia la plaza de Toros, donde estaba Cabañas. Allí se empeñó un combate; Morazán reforzó la división de Cabañas y los carreristas estaban casi vencidos; pero en esos momentos apareció Carrera, y después de hora y media de fuego los morazanistas se replegaron al estanque de El Calvario y al atrio de la iglesia. Colocados allí, Carrera no los acometió, y tranquilamente se retiraron a la plaza. Mientras esto acaecía en las inmediaciones de El Calvario, Sotero Carrera tomaba el hospital, donde se hallaba el coronel Sánchez, edecán de Morazán. Allí lo asesinó Sotero, por antiguos resentimientos, según se dice. Asesinó igualmente a Salvador Padilla y a otros oficiales y soldados de Morazán, que se hallaban heridos.

En San Juan de Dios tomó Sotero todo el tren de guerra de los salvadoreños, sus equipajes y como veinte mil pesos en dinero. Fueron reducidas a prisión y maltratadas como cien mujeres, que en calidad de vivanderas venían con el ejército; conducta que obligó a levantar la voz al cónsul francés, escandalizado por las crueldades que se cometían. Carrera ya no pensó más que en contra sitiar a Morazán, rodeando la plaza por sus hordas indisciplinadas, que de momento a momento se aumentaban. Los partes hablan de 2,000 hombres. Eran más. Eran tantos como los que atacaron a Gálvez en febrero de 38. Carrera se queja en sus partes que le faltaba parque; no es exacto. Él tenía enormes cantidades de parque que tomó a Morazán en San Juan de Dios. Carrera quiere disculparse por no haber podido tomar la plaza en un día de incesante combate, habiendo bastado dos horas para que la tomara Morazán. Morazán peleaba con el parque de Carrera, que había tomado al ocupar la plaza, y Carrera peleaba con el parque que tenía Morazán en San Juan de Dios. El sitio de la plaza a medida que se aumentaban las hordas de Carrera era más fuerte. El fuego era incesante y no se dejaba a Morazán un momento de reposo.

Morazán no sabía cuántos hombres lo sitiaban. El ataque era continuo y el parque, a medida que se labraba, se consumía. Había pólvora y plomo; pero se temía que los fabricantes de cartuchos, que trabajaban sin cesar, llegaran a no dar abasto para sostener las trincheras. Al ponerse el sol, los salvajes suspendieron el fuego para cantar la salve. El canto de la salve, escuchado atentamente por Morazán, le hizo conocer que era enorme el número de los sitiadores, y comprendió que, no esperando ningún refuerzo por ninguna parte, estaba vencido. Durante la noche de momento a momento fue estrechándose el sitio; ya los sitiadores en algunos puntos se hallaban a media cuadra de las trincheras. ¿Por qué Carrea con fuerzas tan superiores no pudo tomar la plaza en dos horas como la tomó Morazán? Las fuerzas de Morazán estaban despedazadas por el revés de El Calvario; y a Carrera a cada momento le llegaban soldados de refresco, y pedía aún más. Frente a la iglesia de La Concepción estaban asilados por le muro soldados de Carrera. Cargaban junto a las paredes de la iglesia, salían a descargar, llegando hasta los límites del atrio, y volvían a ocultarse. Los fuegos del combate no anunciaban tanto, como las voces de los combatientes, el odio que los *cachurecos* tenían al general Morazán y a todos los liberales. Un tal Pablo Contreras, recomendado después en los partes de Carrera, gritaba: "*guanacos*, entreguen a ese canalla, entreguen a ese hereje; nosotros defendemos a Dios y a sus santos; ¡Viva la religión!". Otros asilados tras aquel muro decían: "*guanacos*, pirujos, malvados, ladrones; ahora vamos a vengar al señor arzobispo y a los benditos padres que ustedes sacaron el año de 29; ¡Viva la religión!". Los insultos al principio de la noche fueron contestados en las trincheras; pero a eso de las diez en la plaza apenas se contestaba el fuego.

El silencio parece que enardecía a los *cachurecos*, y los insultos se aumentaban pronunciándose palabras bárbaras y soeces que por respeto a los lectores no se pueden repetir. Cada insulto, cada ultraje, cada frase brutal y soez iba acompañada de estas palabras:

¡Viva la religión! Esta situación se mantuvo firme hasta las dos de la mañana: a esa hora se intentó tomar por asalto la plaza; el combate fue vivísimo; duró más de veinte minutos, y las hordas de Carrera tuvieron que retirarse despedazadas por la metralla que lanzaban todas las trincheras.

A las tres de la mañana Morazán mandó armar con lanza a los oficiales que estaban montados, y que se arrojaron al estanque doscientos barriles de pólvora, porque no faltó quien proyectase colocarlos bajo las bóvedas de la catedral para que volara cuando Carrera estuviera fusilando prisioneros. A las cuatro de la mañana Morazán salió de la plaza por la calle de Guadalupe con más de 400 hombres. La caballería iba a la vanguardia abriendo calles a derecha e izquierda, y la infantería al mando del general Rivas ocupaba el centro, a la retaguardia. Morazán mandaba una línea y Cabañas otra. En cada bocacalle se daba una carga a las masas de hombres que cubrían las esquinas, y a la media cuadra se volvían caras para proteger a escape a la infantería en las otras esquinas, donde se ejecutaban iguales maniobras. Los encuentros eran sangrientos, los caballos pasaban sobre muertos y moribundos. Así pasó Morazán la primera y segunda esquina, y ya en la plaza de Guadalupe ninguno lo molestó.

Las fuerzas de Carrera quedaban mutiladas y en desorden. Morazán aprovechó esos momentos para seguir su marcha por La Garita del Incienso hasta La Antigua. Los serviles no se imaginaron que Morazán había salido de la plaza. Lo creían cercado en ella y estrecharon el sitio. Sin embargo, los *cachurecos*, que estaban en el atrio de La Concepción, no avanzaban una pulgada, no abandonaban su muro. Uno u otro solía pasar corriendo a los umbrales de las puertas del frente para hacer fuego detrás de un parapeto. Morazán había mandado que no se contestaran insultos, que no se peleara fuera de trincheras, que se economizara parque, haciéndose fuego solo cuando hubiera certeza de aprovechar los tiros. Estas órdenes tenían por fin que, los *cachurecos*, después de la salida de Morazán, creyeran que las trincheras estaban defendidas, y así sucedió, porque continuaron batiéndolas hasta que la luz del día les hizo ver que estaban desmanteladas, y entraron a la plaza sin dar cuartel a los heridos".

El general Morazán llegó a La Antigua a las once de la mañana, dejando que descansara la tropa cuatro horas. Los antigüeños, al ver venir a Morazán, se reunieron en número de 600 hombres y se le presentaron gritando: "¡Viva la libertad! Aquí están los vencedores del 29; armas queremos". Morazán les dio las gracias, diciéndoles que esta vez la suerte no le había favorecido.

El 24 por la tarde Morazán llegó a las inmediaciones de Ahuachapán, y allí supo que en la ciudad estaban 800 cachurecos de Carrera, que salieron a batirlo al llano de La Laguna. Cabañas se adelantó con 100 hombres, y después de un pequeño tiroteo hizo huir al enemigo, que dejó algunos muertos y heridos.

El 27 de marzo llegó a Morazán a San Salvador. Infinidad de hombres, mujeres y niños salieron a las calles y aun fuera de la ciudad a presenciar la entrada de aquellos valerosos guerreros. A la voz de mando de Morazán, todos los espectadores se descubrieron la cabeza inconscientemente, con ese respeto que infunde todo hombre extraordinario que, saliendo de entre la muchedumbre, se eleva sobre ella hasta convertirse en genio.

Sin embargo, no han faltado escritores sañudos [1] que, ya por falta de datos o por antipatía, afirman que Morazán fue apedreado a su regreso por las calles de San Salvador, cuando sucedió todo lo contrario. El pueblo salvadoreño fue el único fiel a Morazán. Morazán pertenece a El Salvador.

Comprendiendo el general Morazán que pronto los demás Estados vendrían a ensangrentar a este, reunió una junta de notables y les expuso las razones que tenía para abandonar el Estado, y depositó el mando en el consejero José Antonio Cañas.

En los primeros días de abril (el 8) Morazán se embarcó en el puerto de La Libertad, en la goleta "Izalco", acompañado de las personas siguientes: Trinidad Cabañas, Gerardo Barrios, Isidro Menéndez, Diego Vijil, José Miguel Saravia, Miguel Álvarez

---

[1] Bancroft's. – Works. History of Central America.

238

Castro, Carlos Salazar, Máximo Orellana, Nicolás, Angulo, Enrique Rivas, Pedro Molina, Felipe Molina, José Molina, Manuel Irungaray, Antonio Rivera Cabezas, Bernardo Rivera Cabezas, José María Silva, Máximo Cordero, Indalecio Cordero, Antonio Lazo, Agustín Guzmán José Rosales, Mariano Quesada, Joaquín Rivera, Cirilo Salazar, Domingo Asturias, Manuel Merino, Manuel Lara, Dámaso Sousa, Rafael Padilla, Manuel Romero, Felipe Uribal, B. Rivera y José Antonio Ruiz, hijo del general Morazán.

El Gobierno de Honduras, por medio de su ministro don Francisco Alvarado, felicita al asesino Rafael Carrera por haber derrotado a Morazán, y le manifiesta que es necesario perseguir al *tirano* de Centroamérica.

LIBRO TERCERO

COMPRENDE DESDE LA SALIDA DE MORAZÁN PARA EL SUR HASTA SU MUERTE EN SAN JOSÉ DE COSTA RICA

CAPÍTULO I
Manifiesto de Morazán

SUMARIO: Don Braulio Carrillo. – Embarque de doña María Josefa Lastiri de Morazán. – Los pasajeros del "Izalco" piden permiso para desembarcar en Puntarenas. – Manifiesto del general Morazán.

Carrillo estaba de acuerdo con los Gobiernos de Nicaragua, Honduras y Guatemala para hostilizar al general Morazán, y por esto no es extraño que los dos últimos hayan felicitado a Carrera por el triunfo que obtuvo en Guatemala el 19 de marzo. Este triunfo fue celebrado con el asesinato de todos los moribundos y heridos que se encontraron en los hospitales, que habían peleado al lado de Morazán.

Desde que el general Morazán salió para Guatemala a atacar a Carrera, dispuso que su esposa doña María Josefa Lastiri de Morazán saliera con su familia fuera del Estado. En efecto, en los mismos días de la marcha de él, su señora se embarcó en La Libertad, a bordo de la barca "Melani", con rumbo hacia Costa Rica, por haber sido esta sección, por mucho tiempo, el refugio de todos los liberales expatriados de los demás Estados centroamericanos.

Desde el puerto de Calderas escribió esta respetable señora a don Braulio Carrillo, pidiéndole permiso para residir en aquel Estado. Un párrafo de dicha carta dice así: "El temor a la revolución de los Estados de Honduras y El Salvador, me ha obligado a abandonar mi país y mucha parte de mi desgraciada familia, para buscar en cualquier otro punto un lugar en donde vivir pacíficamente con el resto de aquella que he podido traer conmigo; y atendiendo a la paz de que goza este Estado, a las buenas circunstancias que lo caracterizan y a los consejos de muchos de mis amigos, me he resuelto a venir a pedir un asilo, segura de que su Gobierno protegerá la inocencia y permitirá internarme al punto que parezca más conveniente a mis circunstancias". El jefe Carrillo le contestó que le permitía que permaneciera en aquel territorio con tal que fijara su residencia en Esparta. Esta condición no le pareció a la señora de Morazán, y continuó hasta el puerto de Chiriquí, República de Colombia, donde efectuó su desembarque.

Mientras esto tenía lugar, Morazán, en unión de todos sus compañeros y amigos, se dirigió a Puntarenas, y de allí pidió permiso a Carrillo para desembarcar; pero este contestó concediéndolo solo para los doctores Isidro Menéndez y Pedro Molina, Manuel Irungaray, Enrique Rivas, Doroteo Vasconcelos, Felipe y José Molina, Gerardo Barrios, Indalecio Cordero, José Prado, Dámaso Sousa y algunas personas más; pero a Morazán, Diego Vijil y Miguel Álvarez Castro, en ningún caso; J. Miguel Saravia y otros no quisieron desembarcar por esta razón y prefirieron continuar acompañando a su caudillo. En Chiriquí se unió con su familia, y allí permanecieron algunos meses.

Después de algún tiempo, el general Morazán se trasladó a David, desde donde dirigió a los centroamericanos un enérgico Manifiesto [1], que por su importancia preferimos insertarlo. Este documento dice así:

AL PUEBLO DE CENTROAMÉRICA:

"Cuando los traidores a la patria ejercen los primeros destinos, el Gobierno es opresor.
MONTESQUIEU".

¡Hombres que habéis abusado de los derechos más sagrados del pueblo por un sórdido y mezquino interés! Con vosotros hablo, enemigos de la independencia y de la libertad. Si vuestros hechos para procuraros una patria pueden sufrir un paralelo con los de aquellos centroamericanos que perseguís o habéis expatriado, yo a su nombre os provoco a presentarlos. Ese mismo pueblo que habéis humillado, insultado, envilecido y traicionado tantas veces, que os

---

[1] Este Manifiesto lo dictaba Morazán todos los días bajo una arboleada que estaba situada al frente de la casa que habitaba (porque es muy ardiente el clima de David), a su hijo Francisco y al coronel don Cruz Lozano, quienes lo escribían.

hace hoy los árbitros de sus destinos y nos proscribe por vuestros consejos, ese pueblo será nuestro juez.

Si la lucha que os propongo es desigual, todas las ventajas de ella están de vuestra parte.

Tenéis en vuestro apoyo:

Que os halláis colocados en el poder, y que nosotros nos encontramos en la desgracia.

Que podéis hacer uso de vuestra autoridad para procurarnos acusadores, y que nosotros no encontramos tal vez ni un testigo.

Que os habéis constituido en nuestros jueces, y declarado que somos vuestros reos.

Que nuestra voluntaria retirada de los negocios públicos, con un objeto más noble que el que ha podido caber jamás en vuestros corazones, la habéis interpretado como fuga.

Que vosotros, que no os atrevisteis nunca a vernos cara a cara, nos insultáis atrozmente en vuestra imprenta; y añadiendo el escarnio a la venganza, habéis tomado la mano misma que os ha envilecido, para trazar los caracteres de un nombre funesto que no podemos pronunciar sin oprobio, y nuestra expatriación se ha decretado. [1]

Y en fin, para complemento de vuestro triunfo, todas las apariencias acreditan que el pueblo que nos va a juzgar os pertenece. Pero no importa. Nosotros tenemos la justicia. Vamos a los hechos.

Cuando vosotros disfrutabais de una patria, no podíamos nosotros pronunciar este dulce nombre. Recordadlo. Vosotros habéis gozado muchos años de los bienes de esa patria que buscáis hoy en vano. ¿Encontraréis en la República de Centroamérica algunas señales de ella? No. Aunque le dais hoy este nombre, más extranjeros sois por vuestros propios hechos en el pueblo que os vio nacer, que nosotros en Méjico, en el Perú y en la Nueva Granada. Por la identidad de nuestros principios con los que sirven e base a

---

[1] En un convenio que celebró últimamente Carrera con el encargado del Gobierno del Estado de El Salvador, se consignó un artículo expatriando a todos los que habíamos salido de la República, el que aparece firmado por Carrera sin saber leer ni escribir. – *Nota de Morazán.*

los Gobiernos de estas Repúblicas, nosotros hemos hallado en ellas simpatías que vosotros no encontraréis en el propio suelo de vuestros padres (que ya no os pertenece) desde el momento mismo que se descubran vuestros engaños. Pero si aún queréis buscar vuestra patria, la hallaréis sin duda por las señales que voy a daros. Oíd y juzgad.

En vuestra patria, los nombres del Marqués de Aycinena y su familia... se hallaban colocados en los primeros empleos del Gobierno absoluto, y los nuestros se ocultaban en la multitud.

En vuestra patria cometíais culpas que se olvidaban por unas tantas monedas, y a nosotros se nos exponía a la vergüenza pública.

En vuestra patria perpetrabais los más atroces delitos, a los que se les daba el nombre de debilidades para dejarlos sin castigo, y nosotros sufríamos la nota de infames hasta nuestra quinta generación.

En vuestra patria ejecutabais crímenes que siempre se quedaban impunes, porque vosotros mismos erais los jueces; y nosotros perdíamos la salud en los calabozos y la vida en los cadalsos.

En vuestra patria ostentabais los honrosos títulos de tiranos, y nosotros representábamos el humillante papel de esclavos.

En vuestra patria teníais la gloria de apellidaros los opresores del pueblo, y gemíamos nosotros bajo la opresión.

Y cuando en vuestra patria, ensanchando la escala de los opresores, descendíais hasta los infames oficios de carceleros y de verdugos, a nosotros se nos exigían los reos y las víctimas.

Y para que nada faltase a vuestra dicha y a nuestra desgracia, así en la tierra como en el cielo, ¡hasta los santos sacabais de vuestras propias familias! Y los malvados, a vuestro juicio, solo se encontraban en las nuestras.

Vosotros oíais continuamente en sus revelaciones la felicidad que os aguardaba, en tanto que a nosotros solo se nos anunciaban desgracias.

Vosotros dirigíais con confianza vuestras súplicas al pie de los altares, porque hacíais propicios a sus sacerdotes con las riquezas que exigíais al pueblo, en tanto que este temía elevar sus plegarias, por no poder acompañarlas con ofrendas.

Y por último, para llenar la medida de vuestro poder y de nuestro infortunio, aún más allá de la tumba, en tanto que las almas de nuestros padres vagaban sin consuelo en derredor nuestro, para demandarnos los medios de lograr su eterno descanso, vosotros comprabais el cielo que no habíais merecido, con los tesoros que os proporcionaban las leyes de un infame monopolio.

He aquí vuestra patria. Recordadla. Pero si aún insistiereis en disputarnos la que por tantos títulos nos pertenece, exhibid vuestras pruebas, que nosotros daremos las nuestras; y si resultase un solo hecho en vuestro favor contra mil que presentemos nosotros, consentiremos gustosos en ser a los ojos del mundo lo que hoy somos a los vuestros.

No es vuestra patria: Porque en 1812, que por la primera vez se ventilaron los derechos de los americanos, vosotros hacíais de injustos jueces, de viles enunciantes y de falsos testigos contra los amigos de la independencia del Gobierno absoluto.

Es nuestra patria: Porque en la misma época nosotros nos la procurábamos, difundiendo ideas de libertad y de independencia en el pueblo, sin que vuestras amenazas nos arredrasen ni nos intimidase la muerte, ya sea que se nos presentase en la copa de Sócrates, que la encontrásemos al cabo del dogal que quitó la vida al empecinado o que se pronunciase en vuestros inicuos tribunales.

No es vuestra patria: Porque cuando triunfaron las ideas de libertad en la metrópoli, cuando los patriotas españoles quitaron algunos eslabones a la pesada cadena de nuestra esclavitud, revelándonos de este método lo que éramos y lo que podíamos ser, vosotros conspirasteis contra el Gobierno constitucional que se estableciera en toda la monarquía. Como enemigos de las luces, cooperasteis con aquellos que pretendieron entonces independizarse del Gobierno de las cortes y trasladar a la América el Gobierno absoluto de los borbones.

Es nuestra patria: Porque en el mismo tiempo hacíamos resonar el grito de independencia en todo el Reino de Guatemala. Todo aquel que tenía un corazón americano se sintió entonces electrizado con el sagrado fuego de la libertad. Por una disposición de la Providencia, los amigos del Gobierno absoluto de los Borbones, enemigos de la independencia de España constitucional, se unieron con los independientes de ambos Gobiernos, y proclamaron la separación de la antigua metrópoli el 15 de septiembre de 1821. Y de este modo vuestros nombres figurarán en la historia al lado de los reyes Luis IX, Luis XI y otros muchos que trabajaron sin pensarlo, en favor de la democracia, sistema que hoy gobierna en la República de Centroamérica.

No es vuestra patria: Porque en 1821 acreditasteis con un hecho, que es a los ojos del mundo un grave crimen, vuestro tardío arrepentimiento por haber cometido otro crimen que no es menos grave a los vuestros.

Los remordimientos de vuestra conciencia por haber cooperado a la independencia de un pueblo indócil, que convirtió en su provecho lo que era destinado al vuestro, quisisteis aquietarlos sacrificando a un gran conspirador los derechos de este mismo pueblo; y en lugar de un viejo monarca, nos disteis un nuevo usurpador; en lugar de la tiranía de los Borbones, nos disteis el escándalo de un emperador de farsa, más opresor porque era más inepto, y su opresión mil veces más sensible, porque la ejercía sin títulos, sin tino, con sus iguales y por la vez primera.

Es nuestra patria: Porque cuando vosotros, al lado del general mejicano don Vicente Filísola, hicisteis los mayores esfuerzos por conservar la dominación del emperador Iturbide en los pueblos que habías subyugado por la intriga, aunque sin éxito, nosotros procuramos evitarla. Cuando muchos de vosotros, a la retaguardia de aquel general, erais testigos de los últimos esfuerzos del heroico pueblo salvadoreño, que mal defendido y cobardemente abandonado por su jefe en el momento mismo del peligro [1],

---

[1] El general Arce que mandaba a los salvadoreños los abandonó, por enfermo, en los momentos que Filísola iba a atacar la plaza y, sin embargo, su salud le permitió huir hasta la República de los Estados Unidos. – *Nota de Morazán.*

sucumbió noblemente, y con más gloria que la que pudo caber a sus vencedores; nosotros por este mismo tiempo, en el propio teatro de la guerra, en Guatemala, Honduras y Nicaragua, corríamos la suerte de los vencidos, por la identidad de nuestras opiniones.

El pueblo salvadoreño, son armas y abandonado a su propia suerte, hizo impotente la negra intriga que se formara en su seno con innobles miras. [1] Defendió por largo tiempo la más hermosa de todas las causas, adquiriendo por digna recompensa de sus grandes hechos, la inmarcesible gloria de dar al mundo el grandioso espectáculo de un pueblo libre que se regenera, obteniendo en su propia derrota la reivindicación de los mismos derechos que se la ocasionaran; en tanto que sus injustos agresores pierden todas las ventajas que les diera su malhadado triunfo.

Por un distinguido favor de la providencia, los últimos cañonazos que quitaran la vida a los mejores hijos de El Salvador y completaran en el Reino de Guatemala la dominación de Iturbide, eran contestados por los que se disparaban en Méjico, para celebrar la completa destrucción de un imperio que solo apareció al mundo para oprobio de sus autores. Y por justo resultado de estos hechos, del Reino de Guatemala, libre del dominio del emperador Iturbide, en donde habíais creado vuestra nueva patria, se formó la nuestra, bajo un sistema democrático, con el nombre de República Federal de Centroamérica.

Si ya no podéis negar estos hechos, que todo el pueblo ha presenciado, pretendiereis en vuestro despecho arrojar de nuevo vuestra acusación favorita, a saber: *Que muchos de nosotros nos hemos enriquecido defendiendo la independencia y la libertad*, no pretendo dejaros ni este miserable recurso.

Tal como es para mí de falsa e insultante la proposición, yo la levanto del suelo, en donde la ha colocado el desprecio público, con

---

[1] El general Arce quería entregar a Filísola la plaza de El Salvador, bajo la condición de continuar en el mando como Gobernador de la provincia. El pueblo, excitado por los ciudadanos Juan Manuel Rodríguez, por el general Espinosa y el coronel Cerda, se opuso, y fueron expatriados por Arce los dos últimos. – *Nota del mismo.*

la fundada esperanza de tirárosla a la cara con doble fuerza. Si se puede llamar riqueza la que obtuvieron algunos de vuestros jefes militares en el sitio de Mejicanos, por medio de un mezquino monopolio, estamos de acuerdo. Pero si los bienes de los regulares componen la única riqueza que se ha podido encontrar en Centroamérica, levante la mano el más atrevido de vosotros, y clave en nuestra frente la nota de infame a los que la hubiéramos merecido por este hecho u otro semejante.

Volvamos al asunto. Después de la caída de Iturbide, ¿cuál ha sido la conducta que habéis observado? Yo os la recordaré.

Vuestra debilidad os hizo firmar la Constitución Federal de 1824, y combatirla vuestra perfidia en 1826, 27 y 28.

Con este interés disteis vuestros sufragios de presidente al señor Arce; y este mismo interés os hizo despojarlo, cuando ya había llenado, en parte, vuestras miras, porque le fuera adversa la suerte, en el momento mismo de exterminar a vuestros enemigos.

Vuestra razón de Estado llevó segunda vez la guerra a muerte a los pueblos de El Salvador, que perpetuaron vuestros jefes por interés.

Vuestra venganza iluminó por mucho tiempo las oscuras noches de estío con el incendio de poblaciones indefensas, para que la rapaz y mezquina codicia de vuestros militares, que se ejercitaba a medianoche, encontrase alumbrado el camino por donde se condujeran a vuestro campo los miserables despojos que habían librado de las llamas...

Esta devastación, esta mina, que solo habría terminado con la dominación a que aspirabais, y que se os escapara de las manos por la imbecilidad y cobardía de vuestros guerreros, desapareció con los triunfos de Gualcho, mejicanos y Guatemala; y los liberales vencedores acreditaron con la completa reorganización de la República, que eran dignos de regir los destinos de un pueblo libre.

Vuestra venganza, jamás satisfecha, y vuestros deseos de dominar, nunca extinguidos, trajeron otra vez la guerra a la República, para dar un nuevo testimonio al mundo de vuestras miras, y a los centroamericanos una prueba de todo lo que debieran esperar y temer de sus enemigos.

El coronel Domínguez, que defendiera vuestra causa con tanto empeño en 1828, invadió los puertos del Norte en 1831, se introdujo con fuerzas en el Estado de Honduras, para presenciar sus derrotas, y encontró por último la muerte en la ciudad de Comayagua.

El expresidente Arce, que apareció en el mismo tiempo por Escuintla de Soconusco con tropas mejicanas que habían destruido la independencia nacional, fue completamente batido por el valiente general N. Raoul. No pudiendo aquel desgraciado jefe imitar a Moreau, que murió combatiendo contra su país natal con un valor que atenuara su crimen, ni a Coriolano, que obligado a retirarse de las puertas de Roma por las súplica de la que lo llevara en su vientre, acreditó que no le faltaban virtudes, siguió el ejemplo de tantos griegos que se unieran con los enemigos de su patria para combatirla, y sufrió, como ellos, el digno castigo en su propia derrota y en las dobles maldiciones de los mercenarios extranjeros vencidos y de sus conciudadanos vencedores.

Esta injusta guerra se terminó con la ocupación del castillo de San Fernando de Omoa, en donde el malvado Guzmán, que sirviera en vuestras filas como soldado en 1828, enarboló la bandera española. Después de una lucha obstinada de cinco meses, que diezmara nuestro ejército, y de la epidemia que lo quintara, fue abatida esa señal oprobiosa de nuestra antigua esclavitud por el valiente y sufrido general Morazán, que hizo rendir la fortaleza. Y para dar al mundo un testimonio de los extremos opuestos a que pueden conducir vuestras opiniones y las nuestras, en el mismo campo en donde está colocada la cabeza de un traidor, hijo de la República, y de vuestro partido, que elevara sobre las murallas del castillo el símbolo de nuestra presión, existen los sepulcros de mil centroamericanos, del nuestro, que lo despedazaran.

No pretendo asegurar que todos vosotros hayáis aplaudido aquel crimen; si puede afirmarse que hubiese algunos de vosotros que lo vieran con indignación, permítaseme preguntar a los demás: ¿si tiene alguna analogía con la rendición de la plaza de San Salvador en 1823? ¿Si Fernando VI y la bandera española tienen algo de común con la del imperio mejicano y Agustín I? ¿Si las garras de la joven Águila que se ven puntadas en esta, oprimen o hieren con más fuerza que las del viejo león hircano que se mira en las armas de aquellas que dominaran la América por tres siglos?

Esta guerra, tan fecundada en hechos que ilustraron las armas del Gobierno nacional, que no fue menos abundante en sucesos que justificaron más y más la causa de los liberales vencedores, arrojó sin embargo elementos funestos de discordia. A estos se unió el descontento que naturalmente debió producir una administración de diez años, continuamente contrariada por los hábitos que dejara el Gobierno absoluto, cuyos resortes tocasteis con oportunidad para preparar la revolución de 1840.

Vosotros, apoyados en el fanatismo religioso, destruisteis en el Estado de Guatemala las obras que los demócratas consagraron a la libertad, en tanto que los bárbaros las hollaron con su inmunda planta.

La profesión de los derechos del pueblo, la ley de la libertad de imprenta, la que suprimió las comunidades religiosas, la que creara la Academia de Ciencias, en que se enseñaban los principales ramos del saber humano, repuesta por vosotros con la antigua Universidad de San Carlos, la del *hábeas corpus*, los códigos de pruebas, de procedimientos y de juicios, obra del inmortal Livingston, adoptados con el mejor éxito, y tantas otras, fueron al momento derogadas por vosotros, y el vacío que dejaran estos monumentos del patriotismo lo llenasteis con nombres odiosos, que recordarán al pueblo su antigua esclavitud y sus tiranos.

En los Estados de Nicaragua y Honduras, los justos deseos de reformas, no satisfechos con las que hiciera el Congreso en 1831 y 1835, fueron de nuevo excitados por dos folletos que escribió el ex marqués de Aycinena. En ellos pretendía este probar que no estábamos bien constituidos, porque los Estados, como en Norteamérica, no fueron antes que la Nación, y porque la Constitución Federal es más central que la de aquella República.

Proposiciones en su origen insidiosas, risibles en su aplicación y que han merecido el desprecio de los hombres sensatos.

Pretender que las constituciones de nuestros Estados debieran existir antes que la general, es pedir un imposible, porque los españoles, que nunca fueron ni tan ilustrados ni tan generosos como los ingleses con sus colonos, no nos permitieron otra ley que la voluntad del soberano.

Asegurar que por esta falta no estamos bien constituidos y somos desgraciados, es ignorar las causas que han contribuido a la felicidad de aquel pueblo afortunado.

Afirmar que la Constitución Federal de Centroamérica es más central que la de los Estados Unidos del Norte, es un insulto que no podrá sufrir con paciencia el que haya hecho una comparación de estas leyes.

En fin, atreverse a asegurar ante el público tantas falsedades juntas, es abusar demasiado de su sencillez y buena fe, y del silencio que han observado los centroamericanos ilustrados que conocen que ni los Norteamericanos pudieron hacer su felicidad copiando las constituciones democráticas que habían servido a otros pueblos, ni el de Centroamérica, en su actual estado, hará la suya adoptando la Ley Fundamental de aquella República, si no puede trasplantar al mismo tiempo el espíritu que le da vida.

Pero Aycinena solo ha tenido por mira, al propagar estas doctrinas, producir una revolución. ¡Ojalá sea más afortunado en esta vez que lo fuera con su familia en la del imperio mejicano, que defendieron con tanto ardor!

Si el duque de Orleans encontró en la guillotina el castigo de haber anarquizado al pueblo francés, aparentando para subir al trono ideas liberales que no profesara, descendiendo de lo grande a lo pequeño, debe tener igual suerte Aycinena, que usa de los mismos medios para recobrar sus honores.

Ni el oro del Guayape, ni las perlas del golfo de Nicoya, volverán a adornar la corona del Marqués de Aycinena; ni el pueblo centroamericano verá más esta señal oprobiosa de su antigua esclavitud; pero si alguna vez brillase en su frente este símbolo de la aristocracia, será el blanco de los tiros del soldado republicano.

Y para que nada faltase de ignominioso y funesto a la revolución que habéis últimamente promovido, apareció en la escena el salvaje Carrera, llevando en su pecho las insignias del fanatismo, en sus labios la destrucción de los principales liberales y en sus manos el puñal que asesinara a todos aquellos que no habían sido abortados, como él, de las cavernas de Mataquescuintla. Este monstruo debió desaparecer con el cólera morbos asiático que lo produjo. Al lado de un fraile y de un clérigo [1] se presentó por la primera vez revolucionando los pueblos contra el Gobierno de Guatemala, como envenenador de los ríos que aquellos conjuraban, para evitar, decían, el contagio de la peste. Y contra este mismo Gobierno, fue el apoyo de los que en su exasperación le dieron parte en la ocupación de la ciudad de Guatemala. Fue su peor enemigo cuando estos quisieron poner término a sus demasías y vandalismo, y su más encarnizado perseguidor y asesino cuando el salvaje se uniera con vosotros.

Es necesario que no se ignore la conducta de este insigne malvado, que ha excedido con sus crímenes a todos los tiranos sin conocerlos. Su vida forma una cadena no interrumpida de delitos, acompañada de circunstancias horrendas.

El fusilamiento de varios jueces de circuito, en cuyo número se cuenta el ciudadano F. Zapata, que ejercía sus funciones en Jalpatagua, es de este número.

Como en todos los pueblos, lo primero que hizo Carrera fue incendiar en la plaza la ley que establecía el juicio por jurados, y los códigos, que eran el espanto de los malvados, porque se habían sentenciado en pocos días, con arreglo a ellos, reos de muchos años.

En seguida hizo colocar al juez Zapata en el lugar destinado al suplicio, al tiempo que pasaban de camino, para la ciudad de El Salvador, las señoritas Juana y Guadalupe Delgado. Juzgando sin

---

[1] Lobos, cura de Santa Rosa, y Aqueche, de Mataquescuintla. – *Nota de Morazán.*

duda el malvado asesino que todos tenían un corazón que se complaciera como el suyo con la muerte de la inocente víctima, las obligó a presenciar la ejecución, a pesar de sus súplicas y lágrimas para evitarla, y de sus esfuerzos para separarse de aquella escena de horror.

El rapto, entre tantos raptos, de una joven doncella que vivía con sus padres en la hacienda de La Laguna de Atescatempa, fue acompañado de circunstancias que no deben ignorarse.

Carrea, que había visitado a esta honrada familia, y de ella recibió diversas insinuaciones de cariño, quiso retribuirlas con u crimen, como acostumbra.

Para ocultar el malvado su perfidia a la que era el objeto de sus torpes deseos, recurrió a otro crimen, que pudo producir peores consecuencias por el gran compromiso en que puso a su Gobierno.

Hizo disfrazar a un oficial para que, a la cabeza de algunos soldados que debieran suponerse salvadoreños, y de consiguiente enemigos, ocupasen en la noche la casa de la hacienda. A pretexto que los dueños de ella hicieron servicios a Carrera, tenían orden de reducirlos a prisión y conducir a la joven hacia el Estado de El Salvador. El bandido, con un considerable número de soldados, debía encontrarse con ellos en el camino, y estos contestar al ¿quién vive? *El Salvador libre*. A esta palabra de guerra se convinieron en hacerse mutuamente fuego las dos fuerzas, sin usar de las balas, dispersarse los fingidos salvadoreños en seguida y dejar en sus manos la causa inocente de tanta maldad, para exigirle su deshonra en premio de haberla salvado.

Todo se habría ejecutado a satisfacción de Carrera, si la Divina Providencia no hubiera destinado, en justo castigo, una bala que se le introdujera en el pecho cuando se batían en apariencia las dos partidas. Esta bala, en concepto de algunos, se puso por casualidad en el fusil; pero otros creen haber sido dirigida por la venganza del oficial que había sido en otro tiempo maltratado por Carrera; lo cierto es que se le condujo preso a Guatemala, con los soldados que le acompañaban para cumplir las órdenes de su general.

La gravedad de la herida, que lo obligara a sacramentarse, no le hizo olvidar el único trofeo de su infernal campaña, que condujo por la fuerza a su cuartel general de Jutiapa. La joven tuvo el profundo sentimiento de que su criminal raptor sanase de la herida, y su desgraciada familia sufrió su deshonra sin quejarse.

La noticia de este hecho obligó a separarse del Gobierno al presidente del Estado de Guatemala, ciudadano Mariano Rivera Paz, para andar 27 leguas de mal camino, con el único fin de expresar al malvado el sentimiento que le causara *ver derramar la sangre preciosa del caudillo adorado de los pueblos*. Sangre que, con estas mismas palabras, tuvo el descaro de reclamar al Gobierno del Estado de El Salvador, llevando adelante, para paliar el crimen cometido por Carrera, la infame trama que este urdiera para ocultarlo.

La muerte del diputado Cayetano Cerda, que lo obligara Carrera a cenar a su mesa en señal de amistad, y lo mandara asesinar en seguida por el mismo centinela que lo guardaba.

La muerte que dio con su propia lanza a un elector de Cuajinicuilapa, que se negó a prestarle su voto.

El asesinato de todos los heridos del 19 de marzo en la plaza de Guatemala, ocupada a la bayoneta, evacuada después rompiendo la línea enemiga, por falta de municiones y por no haber encontrado los auxilios que ofrecieron los liberales. Asesinato tanto más criminal, cuanto que se habían tratado con las debidas consideraciones al oficial Montúfar [1] y 35 soldados que se tomaron prisioneros en la acción, y respetado al padre obispo y canónigos que se encontraron en la catedral confundidos con los soldados enemigos que se batieron con los nuestros dentro del mismo edificio.

La muerte que dio a cuarenta de los más distinguidos ciudadanos de Quezaltenango, en cuyo número se cuentan las autoridades municipales, después de haber rescatado a muchos de ellos la vida,

---

[1] Era Manuel Montúfar, sobrino del autor de las *Memorias de Jalapa*. — *Nota del doctor Montúfar.*

esposas y hermanas con grandes sumas de dinero que Carrera recibió, son los menores delitos que ha cometido este malvado.

A este monstruo estaba reservada la invención diabólica de acompañar con su propia guitarra los movimientos del señor Lavangnini, a quien obligaba a danzar, y los últimos ayes de las cuarenta víctimas que asesinó el 2 de abril en la misma plaza de Quezaltenango, para acostumbrar así los oídos del pueblo y prepararlo a nuevas matanzas.

A este monstruo estaba reservado el acto de mayor inmoralidad y perfidia, que ejecutó en la propia ciudad de Quezaltenango. Habiendo prevenido al pueblo que se presentase en l aplaza a una hora señalada, bajo la pena de muerte, cuando se encontraba ya reunido, mandó saquear a su tropa toda la ciudad, que contiene 25,000 habitantes.

A este monstruo estaba también reservado enterrar a los vivos, como lo ejecutó con un vecino respetable del pueblo de Salamá, porque le faltaban mil pesos en que había valorado su vida. A pesar de que su familia le presentó alhajas en doble valor, lo introdujo, sin embargo, en la sepultura que le había obligado a cavar, y lo cubrió de tierra hasta la garganta, dándole después grandes golpes en la cabeza, que le produjeron la muerte; lo abandonó a su inocente familia, que en su desolación derramaba lágrimas sobre el cadáver, cargando en seguida el bandido con el vil precio de su infame asesinato.

A este monstruo estaba reservado...

Pero, ¿cuál es el delito que no ha podido perpetrar ese malvado? Existe uno ¡quién lo creyera! Que solo estaba reservado a vosotros: *¡Dar a Carrera, en premio de tanto crimen, el poder absoluto que hoy ejerce en el Estado de Guatemala por vuestros votos!*

Que nuestros conciudadanos que han presenciado todos estos hechos, desde las prisiones de Belén en 1812, hasta las matanzas de Carrera en la ciudad de Quezaltenango en 1840, juzguen y decidan ahora si tenéis algún título para llamaros centroamericanos, y cuáles son los nuestros. Y si, como esperamos, la justicia decide en nuestro favor; si los pueblos patriotas de que se componen los Estados de

Nicaragua, Honduras, El Salvador, Los Altos y parte del de Guatemala, han descubierto ya vuestras pérfidas miras, preparaos, no solo a abandonar la República, sino a andar errantes, como los hijos de Judea, tras la patria de los tiranos, que buscaréis en vano. Sí, en vano, porque la libertad que habéis combatido tantas veces, derramando la sangre de sus mejores defensores, ha recobrado el imperio del obre, que por un don del cielo ejercía en los primeros tiempos. Los pueblos de ambos mundos profesaban ya su culto; los Gobiernos del nuevo son obra suya, y los del antiguo caen y se precipitan a su voz para no reaparecer más sobre la tierra. – David: 16 de julio de 1841. – *F. Morazán*".

CAPÍTULO II
Morazán en el destierro

SUMARIO: Estudios predilectos de Morazán en el destierro. – Morazán se embarca para el Perú. – Morazán se prepara para volver a su país. – Atenciones que dispensó a Morazán el presidente del Ecuador.

Durante la permanencia de Morazán en David, se dedicó al estudio de las ciencias políticas y sociales, y muy particularmente del derecho público constitucional. Estudió las formas de gobierno que regían a las diferentes Repúblicas del Sur; rectificó sus errores en política y comprendió lo mal que había hecho en sostener la forma federal en Centroamérica, y deduciendo que la que más convenía a su patria era la unitaria central.

Estando todavía Morazán en David, recibió del mariscal Gamarra, presidente del Perú, varios ofrecimientos, entre ellos, el que fuera a hacerse cargo del Ministerio de la Guerra, o el mando de 5,000 hombres que estaban para marchar al encuentro de los chilenos (entonces estaban en guerra el Perú y Chile), o el empleo que él quisiera; pero Morazán le contestó manifestándole su gratitud y diciéndole que no podía aceptar porque sus deseos más ardientes eran regresara su país.

Sin embargo, Morazán, después de seis meses de permanencia en David, se embarcó para el Perú en unión del general Saravia, coronel Cruz Lozano y otros compañeros de ostracismo. Allá tuvo amistad estrecha con el nuevo presidente, en razón de haber muerto el mariscal Gamarra en una acción de armas contra los chilenos; con los generales Echenique y Pedro Bermúdez, con unos señores Escalante y otras muchas personas influyentes en aquella República.

Cerca de cuatro meses hacía que Morazán se encontraba en Lima, y en momentos en que se preparaba a salir con dirección a Chile, recibió una proclama del supremo director del Estado de Nicaragua, en la que se llamaba con urgencia a todos los centroamericanos que se encontraban fuera, para que volaran a defender la soberanía de la Nación, pues habían ocupado los ingleses el puerto de San Juan del Norte. Acto continuo recibió una comunicación del ministro del mismo Estado de Nicaragua, en que se le instaba viniera a prestar su valioso apoyo. También desde que se había expatriado voluntariamente, recibía muy a menudo partes de todos los lugares de la América Central instándole se viniera a pacificar los Estados y a poner fin a todos los abusos de entonces. Un amigo de Morazán, en una de tantas cartas que le escribió, le decía estas palabras: "Por Dios, véngase inmediatamente, general, porque Ud. es el único llamado a redimir a estos pueblos y aponer dique a todas las vejaciones y tormentos de que son víctimas todos sus amigos y partidarios, por parte de Carrera, Ferrera y Carrillo".

Morazán, en vista de tantas excitativas, se hizo de algunos recursos y con ellos compró fusiles y demás elementos de guerra necesarios, y armó y equipó un buque con que volvería al Centro a defender la integridad nacional.

En el tránsito se detuvo un Guayaquil para hacerse de algunas provisiones. Saltó a tierra y allí se encontró con el general Flores, presidente que eral del Ecuador, y quien no ignoraba las altas dotes de Morazán. Flores le colmó de atenciones y le felicitó por su regreso y el noble fin que lo llevaba, y continuó su marcha.

CAPÍTULO III
Morazán de regreso en Centroamérica

SUMARIO: Viaje de Morazán y su arribo a La Unión. – Exposición del general Morazán. – Contestación. – Nota de Morazán. – Reembarco de Morazán. – Pronunciamientos. – Entusiasmo de los partidarios de Morazán. – Popularidad de este caudillo. – Morazán organiza su ejército en Martín Pérez. – Número de embarcaciones de que constaba la flota de Morazán.

Después de algunos días de navegación, Morazán, sin tocar en ninguno de los puertos de Costa Rica, Nicaragua y Honduras, fue a hacer su desembarque al puerto de La Unión, en la madrugada del 15 de febrero de 1842.

El coronel Aguado, que era el comandante de dicho puerto, no se encontraba allí esa noche, y Morazán desembarcó sin ninguna dificultad. Cuando Aguado regresó no tenía ninguna noticia de lo sucedido, hasta que ya estaba dentro de la población; resolviendo entonces presentarse al general.

De este puerto dirigió Morazán a los Gobiernos de la Unión la siguiente:

"Exposición. – Señor presidente del Estado de El Salvador. – Ese sentimiento inextinguible, el amor a la patria, avivado por la prohibición de volver a ella, me hizo olvidar muy pronto mis sufrimientos pasados y prescindir de toda injerencia en su futura suerte.

Si alguna vez los papeles públicos me instruían de que mi voluntaria separación de la República en nada había cambiado su suerte, temí que las buenas intenciones que para mejorarla a ella me condujesen, si bien pudieran servir para justificarme con las personas que conocían mis opiniones y designios, no bastarían a desmentir las inculpaciones que se me dirigiesen por otros que los ignorasen, si el éxito no correspondía a mis deseos; y me contentaba por esto con hacer votos por su prosperidad. Sacrificaba gustoso a este sentimiento el derecho que la naturaleza y las leyes nacionales me dan para intervenir en la reorganización de mi patria, porque me alimentaba la idea de que los nuevos directores de la cosa pública, más afortunados que sus predecesores, podrían establecer un Gobierno de leyes que hiciese la felicidad de los centroamericanos.

Ni los males que estos padecían, ni las persecuciones de mis amigos, ni las excitaciones continuas de los que eran perseguidos en el interior de la República, habían podido variar la conducta neutral que he observado en los veintidós meses de mi espontáneo destierro. Esta conducta habría sido invariable para mí, si un suceso tan inesperado como sensible no me hubiese hecho mudar de resolución, en fuerza de los nuevos deberes que me lo prescribían, y de ese sentimiento nacional irresistible por aquellos que tienen un corazón para su patria.

Desde que llegó a mi noticia que la República estaba amenazada por un pueblo bárbaro, que solo había excitado hasta entonces la compasión de los que saben apreciar los nobles sentimientos que lo hicieron preferir la ignorancia y miseria en que se halla a la esclavitud que le ofrecían los conquistadores españoles, en recompensa de su sumisión al Gobierno absoluto de los borbones, yo no podía manifestarme indiferente sin participar de la humillación nacional.

Pero cuando estas noticias fueron confirmadas por la proclama que con fecha 22 del próximo agosto expidió el supremo director del Estado de Nicaragua, y con el aviso de su ministro, de 4 de octubre último, que recibí en Lima en los momentos mismos de embarcarme con dirección a la República de Chile, me decidí a unir mi suerte con la de sus defensores.

Fue tan grande la impresión que en mí hizo la lectura de estos documentos en que se llama a una parte de los centroamericanos a tomar las armas para defender la integridad de su territorio, como el atentado que había obligado a dictarlos.

La energía y decisión con que se habla en ellos al pueblo nicaragüense, excitó de tal modo el amor patrio de los centroamericanos que se hallaban conmigo, que borró en ellos hasta la más pequeña idea que les recordase los motivos por los que nos encontrábamos a tanta distancia del suelo que nos proponíamos defender. Desde entonces ya solo vimos en él amigos decididos a unir su suerte con la nuestra para salvar el honor nacional. Ningún centroamericano dejó de participar de este deseo, y puedo asegurar en favor suyo que su actividad y decisión han contribuido a proporcionarme el honor que hoy tengo, de ofrecer al Supremo Gobierno de este Estado un buque armado con las municiones de guerra que se encuentran a bordo, así como nuestros pequeños servicios en concepto de soldados voluntarios.

Señálesenos el lugar que debemos ocupar y el jefe a quien obedecer, y la manera con que cumplamos las órdenes de los Gobiernos de los Estados será la mejor garantía de las sanas intenciones, si con el honor puede conciliarse el sacrificio que se nos exija.

La ocupación de una parte de la Costa Norte por un pueblo extraño como el de los moscos, no podrá verse nunca con indiferencia, porque equivale a perder para siempre un terreno que será con el tiempo a la República de grande utilidad, y porque la tolerancia de un hecho de tanta magnitud prepararía otros de igual naturaleza y de mayor trascendencia para lo sucesivo; pero la ocupación de San Juan del Norte, ejecutada por este mismo pueblo, es un golpe de muerte para la República, porque a mi modo de ver esta cifrada su existencia nacional, la consolidación de un Gobierno y su bienestar y grandeza, en la apertura del gran canal mecánico por el propio puerto de San Juan.

Con iguales motivos a los que han servido para usurpar este puerto, podrían más tarde ocuparse las capitales de los Estados, porque la codicia no conoce límites cuando encuentra un débil pretexto en qué fundar sus pretensiones y un apoyo en la arbitrariedad de un gabinete poderoso.

Si consultamos la historia, veremos en ella que el derecho de las grandes naciones se ha fundado en algún tiempo en causas de tal naturaleza, que solo habrían excitado la burla y el desprecio si no hubiesen sido sostenidos con las armas, y este abuso, funesto para los pueblos débiles que la ambición ha sancionado tantas veces y legitimado el derecho del más fuerte, se ha repetido por desgracia en nuestros días.

Si más de tres siglos de posesión nunca interrumpida no nos han dado un derecho al puerto de San Juan, ¿cuál es el en que fundan el suyo tantas naciones que por los mismos medios han adquirido los inmensos territorios que hoy poseen? La nación que nos niegue la legalidad de nuestros títulos a aquel puerto ha roto los suyos; títulos que le recuerdan su antigua pequeñez y miseria, y que son hoy la única base de su poder y el origen de su prosperidad y grandeza.

Lejos de mí la idea de que se obre militarmente antes de haber dado todos los pasos que las leyes exigen y prescribe la prudencia para pedir que se nos haga justicia. Las armas son medios usados por los que carecen de razón, y la que tienen los centroamericanos en la cuestión presente, no puede admitir duda ni por aquellos que se han posesionado impunemente de una parte de nuestro territorio.

Si me es lícito expresar mis opiniones, no para que las adopte ese Supremo Gobierno, sino para que vea en ellas los sentimientos que me animan, me permitiré el consignarlas solemnemente al terminar esta exposición. Sería de desear:

Que se nombrase un ministro que procurase arreglar la cuestión sobre territorio de una manera amistosa y digna de la Nación que va a representar:

Que se ponga entretanto en estado de defensa de la República.

Que se satisfagan los justos reclamos que por indemnización y empréstitos exigen los extranjeros, señalando a este fin los productos líquidos de la alcabala marítima.

Este acto de justicia revelará a las naciones extranjeras la existencia de un Gobierno que quiere y puede satisfacer sus compromisos, dando al mismo tiempo con esto una prueba de su estabilidad y poder y de los sanos principios en que está basada su política.

Semejante conducta serviría, a mi concepto, a los Gobiernos de Centroamérica para que se les atendiese en los fundados reclamos que deben hacer, puesto que ellos mismos habían dado ya el ejemplo administrando cumplida justicia a los acreedores extranjeros.

Pero si, contra lo que debe esperarse como resultado de esta conducta y de estos hechos, no se pudiese lograr una transacción honrosa para la República, quedará por lo menos a los centroamericanos, la satisfacción de haberla procurado y de acreditar al mundo entero que si se les coloca entre la humillación y la guerra, elegirán siempre el último partido, aun cuando tengan la certeza de no poder salvar más que el honor.

Me suscribo, señor presidente, con toda consideración, su atento, seguro servidor. – *Francisco Morazán*.

A bordo del bergantín "Cruzadas", bahía de La Unión, febrero 16 de 1842".

La anterior exposición fue contestada en estos términos:

"Casa de Gobierno, San Vicente, febrero 18 de 1842. – Señor general Francisco Morazán. – El señor presidente se ha impuesto de la apreciable comunicación de usted que le dirige con fecha 16 del corriente, a bordo del bergantín 'Cruzadas', en la bahía de La Unión, y me ha prevenido contestarla en los términos que voy a verificarlo:

Ha sido altamente satisfactorio a este Supremo Gobierno ver estampados en su citada comunicación los motivos nobles y dignos de un verdadero centroamericano que le han determinado a volver a este Estado a ofrecer sus servicios en favor de la independencia y libertad de la República; y tendría particular placer en admitirlos desde ahora si esta resolución dependiera de la voluntad de este Gobierno; pero se encontraba ligado con los demás por convenios solemnes, que no le permiten deliberar por sí mismo en este punto, está en su honor y deber esperar las contestaciones de aquellos a las notas que ya se les dirigen.

El senador presidente no duda de la sinceridad de las intenciones que animan a usted ni puede desconocer las ventajas que reportaría la República de sus importantes servicios; pero teme que su juicio no sea uniforme con el de todos los que han sostenido y sostienen la causa de la reforma; y que su prematura aceptación recrudeciese la guerra ruinosa que usted terminó con su voluntaria emigración. Teme que si esta se renueva en las circunstancias presentes en que la República se ve todavía desorganizada y amenazada del exterior, los resultados serían frustrar las miras patrióticas que usted se propone, embarazar la reorganización de la República por la Convención Nacional que está para reunirse en Chinandega dentro de ocho días, causar nuevos males al país e impedir la reconciliación general entre los partidos, de que actualmente se ocupa el Gobierno.

La persona que ejerce el Ejecutivo confía en que usted conoce el país, y que por lo mismo sabrá apreciar la fuerza de sus observaciones para no atribuirlas a miras mezquinas y poco generosas de su parte; y quiere que para alejar de usted hasta la más remota idea de esos conceptos, se le indique que inmediatamente marchará una comisión que llenando su confianza, así como la de este Gobierno, informe a usted de todos los pormenores que no sería fácil abrazar en una comunicación escrita, y con vista de todo, arregle con usted los medios de allanar sus deseos y los de este Gobierno, poniéndolos en armonía con el interés y seguridad de los demás Estados amigos y aliados de El Salvador.

Aprecio esta ocasión, señor general, para renovar a usted las protestas de mi antigua estimación y de la buena voluntad con que me suscribo su muy atento, obediente servidor. – *Antonio José Cañas*".

Morazán, con el objeto de ponerse en relación con todos sus partidarios, se trasladó a San Miguel, de donde dirigió al Gobierno de Nicaragua la nota que literalmente dice:

"San Miguel: 20 de febrero de 1842. – Señor secretario general del Supremo Gobierno del Estado de Nicaragua. – Un suceso, en sí mismo harto desagradable, pero que lo es doblemente para la siniestra inteligencia que pudiera dársele en perjuicio de los grandiosos objetos que me han conducido a la República y que tuve la honra de comunicar a ese Supremo Gobierno en mi exposición fecha 15 del actual, es el que hoy me obliga a dirigirme a usted de nuevo, con el fin de que el supremo director de Nicaragua, plenamente enterado de los hechos, pueda hacer justicia a la sinceridad de mi conducta.

Al desembarcar yo en La Unión la madrugada del 15, no se encontraba en aquel puerto su comandante, teniente coronel José

María Aguado; pero en pocos momentos llegó a él, e ignorando cuanto ocurría, hasta las primeras casas de la población, no le fue posible retroceder, ni creo que hubiese nunca tenido intención de hacerlo, puesto que vino inmediatamente a presentarse. Después de haberle yo informado de los motivos y fines de mi regreso al país, le hice presente que en manera alguna tenía el propósito de trastornar, ni en lo más pequeño, el orden de cosas establecido en el Estado, y que por lo mismo podía continuar en el desempeño de sus funciones, como lo hizo hasta mi salida de dicho puerto para esta ciudad. Antes de verificarla, y deseando salvar al señor Aguado de todo compromiso, le hice presente: que si él creía contraer alguno con permanecer en el puerto, por mi parte no encontraría embarazo para obrar como se lo dictase su honor, agregándole: *que me sería más agradable verlo colocado en las filas de los que me hiciesen la guerra* (en el inesperado caso de que se prefiriese tratarme como enemigo, a aceptar mis ofrecimientos) *que el que me prestase sus servicios, por importante que ellos me fuesen, si juzgaba que al verificarlo traicionaba sus deberes.*

Quedó, pues, en el puerto, y allí mismo la guarnición que antes existía, con todas sus armas, sin que de los individuos que me acompañaban permaneciese en el puerto más que el general Cabañas con su jefe de Estado Mayor, pues expresamente les ordené que continuasen a bordo los demás militares que existen en el buque de guerra, dando con este acto de confianza una prueba inequívoca de la buena fe de mis operaciones; pero el comandante Aguado, al siguiente día de mi marcha, sirviéndose de los propios soldados que yo dejé a sus órdenes, preparó un bongo para fugarse con ellos y otros a quienes había armado, con dirección a ese Estado. Retuvo, hasta después de verificado el embarque, en la casa de la Comandancia al general Cabañas y al mencionado jefe de Estado Mayor que le acompañaba; y desentendiéndose de todas las reflexiones que el mismo general le hacía sobre una conducta tan extraña, emprendió su viaje después de haber hecho uso de la fuerza para impedir que se llevase al buque noticia de lo ocurrido.

Tan luego como el general Cabañas, con la partida del comandante Aguado, quedó en libertad de proceder según lo exigían las circunstancias, considerando que la fuga para ese Estado de dicho comandante con la tropa salvadoreña que estaba a su mando, sería interpretada como la consecuencia de un acto hostil de nuestra parte y un motivo de alarma que turbase la armonía y concierto, cuyo establecimiento es el objeto preferente de nuestros esfuerzos, se dirigió a bordo del "Cruzador", y mandando echar al agua los botes y lanchas del buque con los soldados y marineros necesarios, se puso a darle alcance, como lo verificó a las pocas millas, y al ordenar que se abordase al bongo, el señor Aguado dijo se rendía sin resistencia, por lo cual todos volvieron al puerto, colocando antes al mismo Aguado, como una precaución indispensable, a bordo del "Cosmopolita", que también he tomado y armado para el servicio de la República, y allí se le trata con las consideraciones y atenciones debidas.

Recelando el general Cabañas que si este hecho se difundía sin que antes se hiciesen las explicaciones convenientes, acaso podría maliciosamente desfigurarse, mandó suspender la salida de las embarcaciones que se hallaban próximas a partir para los puertos de Nicaragua, ínterin dándome cuenta de lo ocurrido podía yo escribir, como ahora lo hago, a ese Supremo Gobierno, presentándole una sucinta y verídica relación de lo ocurrido, aunque no con la prontitud apetecible, a causa de que cuando el correo conductor de dichas noticias llegó a esta ciudad, me encontraba fuera de ella.

El comandante Aguado será puesto en tierra y remitido al Gobierno Supremo del Estado de El Salvador tan luego como en La Unión se reciban las órdenes que al efecto voy a dirigir, dando con este hecho al mismo Gobierno de El Salvador, una muestra de mi reconocimiento a la manera amistosa y franca con que aquí se me ha acogido.

Prevengo también ahora al general Cabañas que satisfaga, como lo hará inmediatamente, todos los perjuicios que por la tardanza se hayan ocasionado a los comerciantes e hijos de Nicaragua demorados en La Unión, los cuales quedan en libertad de salir del puerto cuando gusten.

Debo decir a usted en conclusión y en obsequio de la justicia, que no creo que el comandante Aguado haya procedido en esta vez de acuerdo con sus propios sentimientos, sino que ha sido influido por extrañas instigaciones de personas mal intencionadas, pues el señor Aguado, que en concepto de prisionero ha estado otra vez en nuestro poder, creo no podrá tener motivo alguno para dudar del buen tratamiento que se le daría en circunstancias y conceptos tan diversos, cuando, según se me ha dicho con reiteración, se complacía antes de ahora en hacer justicia a mi manejo con respecto a él.

Dígnese usted señor secretario, aceptar las distinguidas consideraciones de aprecio con que soy de usted atento obediente servidor. – *Francisco Morazán*".

El general Morazán regresó a La Unión para reembarcarse de nuevo con dirección a La Libertad y Acajutla. En este último puerto saltó a tierra y se encaminó hasta Sonsonate, en donde tuvo informes verídicos sobre la política del Centro. El jefe de El Salvador, instado por Carrera, mandó, en lugar de la comisión que había ofrecido en su nota fechada en San Vicente, una fuerza a las órdenes de Francisco Malespín, pero este llegó cuando ya Morazán había salido del Golfo.

Al saberse la noticia de la llegada de Morazán a las costas de El Salvador, hubo varios pronunciamientos en su favor en este Estado, siendo el principal el que se verificó en Chalatenango. También hubo otro en San Salvador.

Para evitar los partidarios de Morazán que los reclutaran en las filas contrarias, se retiraron de los poblados, encaminándose a la costa a aguardar que se acercara la flota de Morazán. El coronel Pardo, con cerca de 100 salvadoreños, permaneció escondido en el volcán de San Salvador, dirigiéndose en seguida a la costa, a un lugar inmediato a la bahía de Misata, donde aguardó con paciencia el regreso del general. Al fin de tanto esperar lo divisaron a lo lejos, que iba con dirección Sur. Entonces empezaron a hacerles señales, hasta que los vieron. Uno de los cinco buques se acercó y envió unas lanchas para que los llevaran a bordo. Poco tiempo después todos estos soldados abrazaban a bordo de "El Cruzador", al inolvidable caudillo que tantas veces los había conducido a la gloria. Toda la costa de El Salvador era un solo cordón de gente que aguardaba ansiosa la pasada de Morazán, y por esta razón el general tuvo que ir costeando para ir recibiendo a bordo a aquellos valerosos patriotas.

Todo este entusiasmo demuestra la popularidad del general Morazán y sus bellas cualidades. Sin embargo, todos los serviles de Centroamérica lo han tratado de tirano, de déspota, de perturbador y aun hasta de asesino. Pero ¿cómo siendo Morazán *déspota y tirano*, apenas supieron de su arribo a La Unión, cuando de todas partes acudían a presentársele? ¿Quiénes serían los perturbadores? ¿Los serviles, que son un conjunto de retrógrados y ambiciosos, o los de la oposición, que no anhelan más que la felicidad de la patria, y que la forman la mayoría de los pueblos? Los pueblos por naturaleza son enemigos de los tiranos; dígalo sino el pueblo venezolano echando a tierra la estatua de Guzmán Blanco; el pueblo argentino con el despotismo de Rosas. ¿Y qué diríamos de Ignacio Veintemilla y García Moreno? ¿Y de Rafael Carrera, Francisco Malespín y Luis Bográn?

El general Morazán regresó a la isla de Martín Pérez, en el Golfo de Fonseca, para reunirse con los que en este punto le esperaban. Allí alistó y organizó su ejército, que ya ascendía a 500 hombres; contando, además, con los generales Cabañas, Saget, Saravia y Rascón.

Cual otro Napoleón marchando al Egipto, Morazán contaba para llevar a cabo aquella cruzada que se proponía, una flota compuesta de cinco buques, llamados: "El Cruzador", "Asunción Gramadina", "Isabel II", "Josefa" y "El Cosmopolita". Cuando todo estaba completamente arreglado alzaron anclas con rumbo a Costa Rica. En el primero iba el general Morazán con su Estado Mayor, y en los otros, los demás jefes con el resto del ejército.

CAPÍTULO IV
Convenio de El Jocote

SUMARIO: Desembarque de Morazán. – Carrillo tiene noticia del arribo de Morazán. – Proclama del general Morazán. – Salida de Villaseñor. – Convenio de El Jocote. – Entusiasmo que despertó la llegada de Morazán. – Decreto del jefe de El Salvador.

El 7 de abril de 1842, el general Morazán llegó al puerto de Caldera, donde efectuó su desembarque sin tener ningún contratiempo.

Morazán no quiso poner en práctica varios planes que se le presentaron en San Miguel y Sonsonate, porque creyó que sería recibido bajo arcos triunfales en Costa Rica; pero sucedió todo lo contrario, porque Villaseñor salió a batirlo, como se verá más adelante.

Hasta el día siguiente a las diez de la noche tuvo noticia Carrillo del desembarque de Morazán, y en el acto dio un decreto en que manifestaba se separaba del mando para ponerse a la cabeza del ejército, y llamando a todos los costarricenses a las armas.

El general Morazán había dado una proclama en que aseguraba a los hijos de aquel Estado ideas de progreso y de orden, y en que manifestaba a la vez sus deseos por que desapareciera del Gobierno don Braulio Carrillo, sujeto que se había hecho odioso por su despotismo y que no estaba sujeto a más ley que a la de su capricho. Este interesantísimo documento dice así:

FRANCISCO MORAZÁN A LOS HABITANTES DE COSTA RICA:

Costarricenses: Han llegado a mi destierro vuestras súplicas, y vengo a acreditarlos que no soy indiferente a las desgracias que experimentáis. Vuestros clamores han herido por largo tiempo mis oídos, y he encontrado al fin los medios de salvaros, aunque sea a costa de mi propia vida.

Compatriotas: El día de la libertad ha llegado; venid a recibir de mis manos este grandioso presente, de estas manos que han sido mutiladas tantas veces por defenderlo; venid a saludar la bandera de los libres, que vuelve a flamear de nuevo sobre el suelo costarricense, después de tantos años de esclavitud y opresión; venid a colocaros en derredor de este hermoso emblema de vuestra regeneración política, al lado de tantos compatriotas vuestros, dispuestos a sacrificarse en defensa de vuestros derechos; venid a tomar las armas y municiones que abundan en nuestro campo y marchemos en seguida contra el tirano, porque todo el tiempo que este abuse de la libertad del pueblo será de oprobio, de sangre y de luto para vosotros.

Costarricenses: No más atribuciones arbitrarias; no más prisiones sin causa; no más destierros y confinaciones sin motivo; no más trabajos forzados sin objeto; no más víctimas inocentes, sacrificadas a la venganza sin ninguna forma de juicio; ¡No más arbitrariedad y tiranía!

Ya no se verán en lo sucesivo los maridos y padres de familia arrancados del hogar doméstico con sus esposas e hijos para ir a perecer en los caminos de Puntarenas y Matina. Al peso de un ímprobo trabajo y al influjo de una atmósfera mortífera han sucumbido allí centenares de costarricenses, y los restos de los cadáveres insepultos que no han sido el pasto de las fieras, yacen hoy colocados en las sinuosidades de un terreno que la barbarie y la ignorancia de un déspota han querido hacer transitable.

No veréis ya vuestras tierras ocupadas y vendidas, destruidas vuestras casas, segadas vuestras sementeras sin ninguna indemnización, solo con el fin de hermosear los lugares en donde el tirano medita nuevos medios de esclavizados.

Bajo la egida de la ley, de esta ley que vosotros mismos habéis dictado y que hoy yace escarnecida y hollada por el tirano que os oprime, estarán en adelante vuestras vidas, vuestras personas y las de vuestras caras esposas y tiernos hijos, y el encargado de ejecutarla será desde hoy elegido por vosotros, porque vosotros sois el soberano.

Un déspota ilustrado que domina por largo tiempo una nación puede tener cómplices de sus delitos, pero carece de ellos un tiranuelo como Carrillo, ignorante y sanguinario, que ha esclavizado un pueblo moral, sensible y laborioso, después de haber despedazado sus instituciones republicanas.

Yo solo veo en el Estado de Costa Rica un tirano sin cómplices y un pueblo esclavizado a su pesar.

Un déspota que si tiene unos pocos servidores por el temor, carece de un solo amigo que haya asociado su causa a la del que ha destruido la libertad de sus conciudadanos.

Guerra contra Carrillo; libertad del pueblo costarricense; garantías positivas para todos sin ninguna excepción, es nuestra divisa. Respeto a la ley, a la moral, a la santa religión y sus ministros es el sentimiento más íntimo de vuestro compatriota. – *Francisco Morazán*.

El general Vicente Villaseñor, con 700 hombres, salió a batir a Morazán. En el Río Grande se le unieron otros 200 más. En el lugar llamado El Jocote mandó hacer alto. Allí alistó su tropa y dio sus últimas órdenes. En esto estaba Villaseñor cuando a lo lejos divisó la columna de Morazán; entonces arengó a sus soldados en estos términos: "Costarricenses: la suerte del Estado está en vuestras manos; el general Morazán asegura que desea el orden, la libertad y el progreso, y que aspira a que de la escena pública desaparezca don Braulio Carrillo, cuyo Gobierno vosotros habéis experimentado. Nuestras fuerzas son superiores a las que trae el expresidente de Centroamérica. Decid si se da la orden de ataque, o si se hace un tratado de paz". Todos sin excepción contestaron: "Que se haga un tratado". Solo una voz se oyó que dijo: "No hemos venido a tratar sino a pelear"; era la de don Rafael Barroeta. Deliberaron y después resolvieron que no se derramara la sangre por la opinión de un solo hombre y se procedió a sentar las bases del convenio que dice así:

"Reunidos en el paraje de El Jocote los generales Francisco Morazán, general en jefe del ejército nacional, por una parte, y el

272

brigadier Vicente Villaseñor, general del ejército del Gobierno, por la otra parte, con el objeto de lograr un avenimiento entre ambas fuerzas beligerantes que se hallan a la vista, e impedir que se derrame inútilmente la sangre centroamericana.

Considerando: que la opinión de los pueblos del Estado, bien pronunciada contra su actual Gobierno, resiste abiertamente su continuación por carecer de la legitimidad que solo puede emanar de la libre elección de los mismos pueblos, han convenido en los artículos siguientes:

Art. 1°. – Ambos ejércitos se reunirán en uno solo, dándose un abrazo fraternal, en símbolo de la identidad de sentimientos de que se hallan animados.

Art. 2°. – Se convocará una Asamblea Constituyente, para que organice el Estado conforme lo demandan sus verdaderos intereses y lo prescriba la voluntad de los pueblos. Entretanto, el mismo Estado será regido por un Gobierno provisorio que ejercerá el general Francisco Morazán, y en su defecto el brigadier Vicente Villaseñor.

Art. 3°. – El licenciado Braulio Carrillo que actualmente se halla en el mando, lo entregará tan luego como se ponga en su noticia el presente convenio, y saldrá del territorio de la República en el perentorio término que se le designe, garantizándosele su familia y propiedades, que en nada le serán perjudicadas.

Art. 4°. – Si dicho licenciado Carrillo rehusare cumplir con lo dispuesto en el artículo anterior, quedará fuera de la protección del presente convenio, cuyo cumplimiento lo garantiza el mismo ejército reunido, y se tendrá por válido y obligatorio tan luego como se haya firmado por ambas partes contratantes.

En fe de lo cual, lo hacen por duplicado, con los jefes y oficiales de sus respectivas fuerzas en el paraje dicho, a 11 de abril de 1842.

Francisco Morazán, Vicente Villaseñor, el general de División Isidoro Saget, el general de brigada J. Miguel Saravia, íd. Francisco Ignacio Rascón, coronel Nicolás Angulo, íd. Manuel Bonilla, íd. A. Escalante, íd. Máximo Cordero, el sargento mayor J. Alvarado, el capitán Vicente Aguilar, íd. José Benavides, íd. Antonio López, íd.

Florentino Alfaro, coronel B. Brusual, íd. M. Merino, teniente coronel E. Aqueche, León Ramírez, D. Ciriaco Bran, íd. Tomás Olivares, íd. J. Solórzano, íd. Domingo Guzmán, íd. M. M. Choren, íd. M. I. Zepeda, Anastasio Mora, Isidoro Melara, capitán Juan J. Luna, J. M. Espinar, íd. Joaquín R. Gómez, capitán J. M. Zamora, Pedro Iglesias, teniente Julián Hechandi, por el teniente Pedro Monje y por mí, José Ramón Ortiz, íd. Pedro García, íd. José Alvarado, capitán Teodoro Henríquez, íd. Juan Junque, íd. Francisco Rovira, íd. Juan Pablo Osorio, íd. Juan J. Herrera, íd. Francisco Guerrero, íd. Estanislao Valenzuela, Ramón Soriano, íd. Gordiano Ulloa, íd. Graduado Venancio Iruta, tenientes Seferino Escalante, Magdaleno Berríos, íd. Silverio Muñoz, íd. Juan Ramos, íd. Vicente Navarro, Vicente Platero, subayudante Fulgencio Ocaña, teniente Juan M. Carazo, íd. Francisco Madriz, íd. Pedro Porras, íd. M. de Jesús Montoya, Pedro Morales, subteniente Miguel Granados, subteniente Cruz Acosta, íd. Manuel Abarca, subteniente Gabriel Pacheco, subteniente Mercedes Araya, teniente Santa Ana Zelaya, Juan J. Osegueda, coronado Parracia, Candelario Cortés, Antonio Valencia, subteniente Manuel J. del Río, íd. Tiburcio Elena, íd. Juan Vicente Castro, íd. J. María Arévalo, íd. Mariano Rosales, íd. Leonardo Jirón, íd. Píoquinto Serrano, Manuel Hidalgo, teniente Pío J. Hernández, subteniente Jesús de la Mata, subayudante Zenón Mayorga, subteniente Manuel Esquivel, subteniente José Sotero Soto, subteniente Bruno Argüello, subteniente Miguel Herrera, subteniente Cayetano Ángel, íd. Basilio Muñoz, J. Onofre Selva, Estanislao Jovel, íd. Vicente Oliva, íd. Martín Abelardo, Vicente Valverde, íd. Santos Valencia, íd. José María García, íd. Baltasar Arias, por cinco oficiales texíguats que no saben fumar, lo hago yo, José Solórzano".

Carrillo lo ratificó como sigue: "Reunidos en la ciudad de San José, el señor licenciado Braulio Carrillo, jefe del Estado de Costa Rica, por una parte, y el general de brigada señor José Miguel Saravia, como comisionado al efecto por el general en jefe del ejército nacional, señor Francisco Morazán, y el general de brigada, Vicente Villaseñor, general de las fuerzas del mismo Estado de

Costa Rica, en virtud de los plenos poderes que al efecto le han expedido dichos generales Morazán y Villaseñor; habiéndose presentado al referido jefe supremo el convenio que aquellos celebraron el día de ayer en el paraje de El Jocote, para los efectos que en él se expresan, y deseando el mismo jefe hacer algunas alteraciones al precitado convenio, han acordado los artículos siguientes:

Art. 1°. – El actual jefe supremo del Estado de Costa Rica aprueba por su parte, el convenio celebrado el 11 de abril del presente año, en el paraje de El Jocote, entre los señores generales Francisco Morazán y Vicente Villaseñor, con las modificaciones que expresan los artículos siguientes.

Art. 2°. – El Gobierno provisorio que debe establecerse en el Estado, en virtud del artículo 2° del citado convenio, deberá garantizar a los costarricenses, sea cual fuere su clase y condición el pleno ejercicio de sus garantías individuales, tanto en sus personas como en sus propiedades.

Art. 3°. – Los jefes, oficiales y soldados que se hallan actualmente en esta plaza, serán considerados en sus respectivos empleos y garantizados en sus personas y propiedades, y quedarán desde luego incorporados en el ejército nacional, si voluntariamente deseasen verificarlo.

Art. 4°. – El señor licenciado Braulio Carrillo, que actualmente se halla en el mando, lo entregará tan luego como se haya aprobado el presente convenio, y saldrá de esta capital para el puerto de Puntarenas, el día de mañana, acompañado del jefe que nombre el general Morazán, permaneciendo en dicho puerto el tiempo necesario para encontrar un buque que lo transporte al punto que le convenga fuera del Estado, y podrá volver al país después de transcurridos dos años, contados desde la fecha del presente convenio; debiendo, después de expirado dicho término, recabar del Gobierno de Costa Rica, para internarse al Estado, el correspondiente pasaporte, que en ningún caso podrá negársele. La persona del licenciado Carrillo, su familia y propiedades, tendrán toda especie de garantías, y por lo mismo en nada serán perjudicadas.

Art. 5°. – La persona, familia y propiedades del señor Manuel Antonio Bonilla, segundo jefe del Estado y comandante general, gozarán también de toda garantía.

El presente convenio será ratificado por los generales Francisco Morazán y Vicente Villaseñor, llevándose a pleno y debido efecto tan luego como se cumpla aquel requisito. En fe de lo cual, lo firman ambas partes contratantes, en el lugar antes dicho, a 12 de abril de 1842. – Braulio Carrillo. – J. Miguel Saravia".

Morazán, ya en camino para San José, ratificó en Heredia las adiciones que Carrillo hizo en estos términos:

"Cuartel general en Heredia, abril 12 de 1842. – Hallándose los anteriores artículos arreglados la tenor de las instrucciones dadas al general J. Miguel Saravia, se aprueban en todas sus partes, y serán, desde luego, puestos en ejecución y cumplimiento. – Francisco Morazán. – Vicente Villaseñor".

Este triunfo no le debe Morazán a su pericia militar como todas sus anteriores victorias, sino a su nombre, a su fama, a su influencia y a sus ideas.

En todas las poblaciones del tránsito fue recibido Morazán con marcado entusiasmo y acudían a presentársele centenares de patriotas. Morazán llegó a San José con 1,500 poco más o menos. Carrillo no huyó porque sabía que las promesas de Morazán eran sagradas y que las cumplía al pie de la letra, y que no era como el guerrillero de Mataquescuintla, que en nada estimaba sus compromisos.

El Salvador, al tener noticia de la ocupación de Costa Rica por Morazán, cerró sus relaciones con este Estado, como se verá por el decreto que dice:

"El presidente del Estado de El Salvador, considerando: que la ocupación de Costa Rica por Morazán es un acto de verdadera usurpación, diametralmente opuesto a los principios de independencia y libertad; que por tal motivo es un deber de los Gobiernos legítimos desconocerlo como gobernante de aquel

Estado; que cometida aquella agresión no cesará de procurarse medios para trastornar los Estados y regularizar este germen destructor de la regularidad y del orden constitucional; y que para lograr este objeto deben salvarse él y sus partidarios de las relaciones epistolares y otros órganos de inteligencia, contra los cuales conviene adoptar medidas precautorias, se ha servido decretar y decreta:

Art. 1°. – Se cortan todas las relaciones públicas y privadas con el Estado de Costa Rica, hasta que, libre del poder que usurpa sus destinos, vuelva al orden constitucional.

Art. 2°. – Todo individuo residente en el Estado de El Salvador suspenderá sus relaciones con habitantes de Costa Rica, bajo la pena de ser calificado y juzgado militarmente como enemigo de la independencia y libertad de El Salvador.

Art. 3°. – Las administraciones de correos son obligadas a presentar a los gobernadores de los departamentos, y estos al Gobierno, cuantos pliegos vengan de Costa Rica, cualquiera que sea su naturaleza y objeto; y los particulares que por cualquiera otro conducto reciban comunicaciones de la propia procedencia, son obligados, bajo la pena establecida en el artículo anterior, a presentarlas a la autoridad más inmediata, para que sean remitidas al Gobierno.

Art. 4°. – Todo habitante es obligado a denunciar la correspondencia que sepa haya llegado de aquel Estado o se dirija a él, bajo la pena que queda establecida en los artículos precedentes.

Lo tendrá entendido el ministro de Hacienda y Guerra, y hará que se imprima, publique y circule. – Dado en San Salvador, a 3 de junio de 1842. – *Juan J. Guzmán*".

Honduras también cerró sus relaciones con Costa Rica.

CAPÍTULO V
Decretos importantes de Morazán

SUMARIO: Morazán asume la jefatura del Estado. – Indulto otorgado por Morazán. – Se nombra una comisión. – Decreto de Morazán. – Otro, derogando el de bases y garantías. – Se convoca a los pueblos a nuevas elecciones. – Consideraciones.

De conformidad con el convenio de El Jocote, el general Morazán asumió la jefatura del Estado, nombrando para el desempeño del ministerio general, al C. J. Miguel Saravia.

El primer decreto que dio Morazán fue indultando a todos los que por cuestiones políticas se encontrasen fuera del Estado. Este decreto dice así:

"Considerando: que la regeneración del Estado se ha obtenido por el voluntario concurso de la opinión de los pueblos que lo componen, y que es del interés de los mismos pueblos mantener por todos los medios posibles la concordia que felizmente reina en la actualidad; y siendo para esto indispensable que un denso velo cubra todos los hechos que tiendan a destruirla, haciendo olvidar las funestas disensiones en que por desgracia se han visto envueltos los centroamericanos desde su emancipación política, las cuales han conducido a la República al lamentable estado en que se halla; teniendo presente que su felicidad demanda una sincera y franca reconciliación de todos sus hijos, ha tenido a bien expedir el siguiente decreto:

Art. 1°. – Un olvido general cubre todos los hechos políticos anteriores a este decreto; y por tanto, los que en virtud de ellos se hallen perseguidos, a excepción de la sola persona comprendida en el convenio de 12 del actual, pueden volver libremente al Estado, en donde vivirán en el pleno goce de sus garantías individuales, sin distinción alguna ni otra diferencia que aquella a que los hagan acreedores sus méritos y servicios.

Art. 2°. – Todos los que por hechos políticos se hallaren perseguidos en los otros Estados de la República, sea cual fuere el

278

partido a que hayan pertenecido anteriormente, tendrán en Costa Rica un seguro asilo, y podrán vivir en su territorio bajo la protección de las leyes.

Art. 3°. – El presente decreto se pondrá en conocimiento de la Asamblea, tan luego como se reúna.

Dado en San José, a catorce de abril de mil ochocientos cuarenta y dos. – *Francisco Morazán*".

Morazán, impulsado no solo por sus propios sentimientos, sino también por satisfacer a las muchas peticiones que los pueblos le dirigían para que aboliera todas las leyes arbitrarias y despóticas que había dictado Carrillo; y no queriendo imitar a su antecesor, nombró una comisión compuesta de los hombres más notables del país para que dijeran cuáles debían derogarse.

Carrillo había dado una ley por la cual prohibía que los empleados ejercieran el comercio; Morazán la derogó, según el decreto que dice:

"Considerando: que en el Estado no hay personas que sigan como una carrera la de servir los destinos públicos, y que por lo mismo, para su mejor desempeño, el Gobierno se ve en la necesidad de encomendárselos a los principales vecinos, a los que si puede exigírseles el cumplimiento del sagrado deber en que se hallan todos los ciudadanos, de contribuir al bienestar y felicidad de la patria, no es justo causarles en sus intereses los graves perjuicios que les resultan de las prohibiciones contenidas en el artículo 373, 2ª parte del Código General, y en el decreto de diez de diciembre de 1841, que alejan de los funcionarios del Estado la propiedad y garantías a ella consiguientes: teniendo también presente que los sueldos que disfrutan, y que no es posible aumentar por las escaseces del tesoro, no les indemnizan las pérdidas que les ocasiona la paralización de sus negocios particulares; en atención a que todos los habitantes del Estado son agricultores, y que la venta de los frutos que cosechan la hacen, en su mayor parte, por cambio de efectos comerciales, cuya realización exige menos contratos, y que por lo mismo no es posible fijar el término de la licencia que se les concede para este caso por el referido artículo 373, lo que deja un ancho campo para el fraude, resultando, como lo acredita la experiencia, mayores males de un tráfico clandestino e irregular. De acuerdo con el informe de la junta establecida por decreto de 18 próximo pasado abril, decreta:

Artículo único. – Se deroga el artículo 373 de la segunda parte del Código General del Estado, y el decreto de diez de diciembre de 1841.

Dado en San José, a cuatro de junio de mil ochocientos cuarenta y dos. – *Francisco Morazán*".

También había dado don Braulio Carrillo un decreto llamado de *bases y garantías*, que se derogó por medio de este otro:

"Considerando: que el señor licenciado Braulio Carrillo, por un acto del más escandaloso despotismo, y destruyendo por su base la soberanía del pueblo, se abrogó la facultad de anular la Ley Fundamental del Estado, sustituyéndola el decreto de 8 de marzo de 1841, en que él mismo se declara jefe perpetuo e inamovible y priva a los costarricenses del indisputable derecho que tienen todos los ciudadanos para elegir a su Supremo Magistrado; teniendo presente que dicho decreto de 8 de marzo arrebataba a los pueblos la primera y más preciosa de las garantías públicas, puesto que les niega la facultad de reunirse en Asamblea por medio de sus legítimos representantes, para dictar sus propias leyes y residenciar a sus supremos funcionarios sobre la manera en que las haya cumplido, responsabilidad de que el licenciado Carrillo se declaró a sí mismo exento; atendiendo a que si la desorganización introducida en los poderes constitucionales del Estado por consecuencia del referido decreto de 8 marzo, ha hecho hasta ahora necesario tolerar su existencia por los mayores males que resultarían de una paralización absoluta de la marcha administrativa; dictados ya los reglamentos por medio de los cuales el Gobierno la organiza provisionalmente, y mientras se reúne la Asamblea, no debe permitir, sin hacerse reo de una culpable tolerancia, el que, desaparecida aquella urgente necesidad, la sobreviva un solo día dicho decreto, que es un monumento de oprobio y vergüenza para los centroamericanos, así como un obstáculo para que los costarricenses celebren con plena libertad las elecciones de sus diputados, de acuerdo con el voto público, que reclama imperiosamente su derogatoria, decreta:

Art. 1°. – Se declara insubsistente, nulo, de ningún valor ni efecto, el decreto expedido por el licenciado Braulio Carrillo en 8 de marzo de 1841.

Art. 2°. – En consecuencia, se declaran restablecidas en todas sus partes, las garantías individuales y políticas consignadas en la Constitución del Estado, de 21 de enero de 1825, y especialmente las que tratan de las elecciones de las supremas autoridades reglamentadas por decretos posteriores del Cuerpo Legislativo.

Art. 3°. – No siendo posible restablecer el Poder Judicial al pie en que se hallaba antes de la emisión del citado decreto de 8 de marzo, por ser incompatible con el Código General del Estado, cuya continuación con las correspondientes reformas es del mayor interés para los pueblos e ínterin la Asamblea dispone lo conveniente, dicho Poder Judicial se organizará conforme el reglamento expedido en esta fecha.

Art. 4°. – Debiendo reunirse en breve tiempo la Asamblea, y proveer a su Gobierno conforme lo demandan los verdaderos intereses y necesidades de los costarricenses, sería causar un trastorno innecesario el efectuar un cambio que por su naturaleza debe ser poco duradero en el gobierno y régimen de los departamentos del Estado, continuarán por ahora gobernándose conforme lo dispone el artículo 2° del decreto expedido bajo el número 2 en 14 del próximo pasado abril.

Art. 5°. – Por la misma razón manifestada en el artículo anterior, continuará también vigente el sistema de Hacienda que en la actualidad existe, a reserva de hacerse en él, por leyes separadas, las reformas más urgentes.

Dado en San José, a seis de junio de mil ochocientos cuarenta y dos. – *Francisco Morazán*".

Tranquilizado el país, Morazán convocó los pueblos a elecciones para que eligieran los diputados que debían representarlos en una Asamblea Constituyente, por medio del decreto que dice:

"Considerando: que asegurada la tranquilidad interior del Estado y restablecida la calma de las pasiones consiguientes a los grandes intereses que se afectan en los cambios políticos, es llegado el caso de convocar a los pueblos para que, reunidos en Asamblea de sus Representantes, decida sobre su propia suerte, proveyendo a su administración y gobierno; teniendo presente que los poderes constitucionales del Estado desaparecieron de hecho por la usurpación violenta del mando supremo, verificada por el señor licenciado Braulio Carrillo, lo que exige imperiosamente que el Estado provea por sí mismo a llenar tan interesantes objetos; en cumplimiento del grato deber que se impuso el Gobierno provisorio en los convenios de 11 y 12 del último de abril, y juzgando, además, como un principio fundamental en los sistemas republicanos la reunión de los cuerpos representativos; con presencia del decreto emitido por la Asamblea Legislativa del Estado, en 4 de julio de 1838, decreta:

Art. 1°. – Se convoca a los pueblos del Estado para que elijan diputados con amplios poderes para que los representen en Asamblea Constituyente, que deberá reunirse en la ciudad de San José el 10 del próximo entrante julio.

Art. 2°. – Las elecciones se practicarán en la forma establecida por el citado decreto de 4 de julio de 1838 y tabla a él adjunta, que al efecto se harán reimprimir y circular en el presente.

Art. 3°. – Las elecciones primarias comenzarán el domingo 19 del corriente; las de partido se tendrán el domingo siguiente, y en el próximo inmediato las de diputados.

Art. 4°. – Los representantes concurrirán a esta ciudad tres días antes del señalado para la instalación de la Asamblea, y reunidos en juntas preparatorias, por lo menos en la mitad del número de los que deben formar aquel cuerpo, procederán a calificar sus respectivas credenciales así como las de los individuos que aún no hayan concurrido, quedando sus actos, en caso de duda, sujetos a la revisión de la Asamblea cuando se halle instalada.

Dado en San José, a once de junio de mil ochocientos cuarenta y dos. – *Francisco Morazán*".

Por temor de fastidiar al lector no reproducimos todos los decretos en que Morazán deroga otras tantos del intruso Carrillo. [1]

Fácilmente se comprende los variados conocimientos que Morazán adquirió durante su expatriación. Véasele dirigir los negocios públicos con tanto acierto y dictar leyes tan benéficas como un eminente estadista o jurisconsulto lo hubiera hecho.

CAPÍTULO VI
Morazán es nombrado jefe del Estado de Costa Rica

SUMARIO: Instalación de la Asamblea. – Decreto en que se declara a Morazán jefe del Estado de Costa Rica. – Otro decreto concediendo varios honores.

El 10 de julio la Asamblea se declaró solemnemente instalada y procedió a nombrar jefe del Estado en propiedad, resultando electo por unanimidad de votos el general Francisco Morazán.

El decreto en que se declara a Morazán electo jefe de Costa Rica dice:

"La Asamblea Constituyente del Estado de Costa Rica: cumpliendo con lo prevenido en el artículo 1° del decreto de la misma, de 14 del corriente, ha venido en decretar, y decreta:

Art. 1°. – Se ha por jefe supremo provisorio del Estado al benemérito general en jefe del ejército nacional y libertador de Costa Rica, señor Francisco Morazán, electo por la Asamblea con unanimidad de votos.

Art. 2°. – Se presentará ahora mismo en el Salón de Sesiones a prestar el juramento de ley y tomar posesión de su destino.

Comuníquese al Poder Ejecutivo para su cumplimiento, y que se imprima, publique y circule.

---

[1] El autor publicará en su obra intitulada *Documento para la Historia de Centroamérica*, tanto estos decretos como otros importantísimos relativos a la historia patria.

Dado en la ciudad de San José, a los quince días del mes de julio de mil ochocientos cuarenta y dos.

José Francisco Peralta, diputado presidente. – Joaquín Bernardo Calvo, diputado secretario. – Félix Sancho, diputado secretario".

La Asamblea también dictó un decreto en estos términos:

"La Asamblea Constituyente del Estado de Costa Rica, considerando:

1°. – Que en el aciago 27 de mayo de 1838, una facción liberticida despojó a las autoridades legítimas del Estado, y colocó de hecho en el mando supremo al licenciado Braulio Carrillo; que por consecuencia de tan atroz atentado, la Constitución y las leyes perdieron su energía, quedando los costarricenses en manos de una administración ilegítima y arbitraria, y privados de los recursos que la Constitución consignara contra los abusos del Poder; que en tan tristes circunstancias no había medio para sacudir el yugo oprobioso, siendo el resultado de las tentativas que se hicieron, la persecución y la muerte; que habiendo a la sazón desaparecido el centro de unidad y el poder nacional por las intrigas de los refractarios, no quedaba a los costarricenses más que una fuerza exterior, que sirviendo de apoyo a la opinión general pronunciada contra el gobernante intruso, les restituyera su libertad; que con tan laudable objeto, el benemérito general libertador de Costa Rica, Francisco Morazán, reunió una división armada de centroamericanos, con un cuadro de jefes y oficiales valientes, saltó a tierra en el puerto de Calderas, y marchó rápidamente a apoderarse de esta ciudad; que logró felizmente, con la cooperación del honrado general Vicente Villaseñor, que con su carácter republicano y amante de los principios, no pudo ser indiferente a la suerte deplorable de su patria adoptiva, así como no lo fueron los jefes, oficiales y tropa de la división de su mando, que por un grito simultáneo y con el entusiasmo de libres costarricenses se unieron a los libertadores, tomando las armas contra el opresor que se las diera, lo mismo que las autoridades superiores, vecindario y división del departamento de El Guanacaste, que se pronunció, de mano armada, en sostén de las libertades patrias tan pronto como se supo el arribo del general Morazán a nuestras costas. La Asamblea, fuertemente conmovida por tan distinguidos servicios, y deseando dar un testimonio público del alto aprecio y reconocimiento que la merecen, decreta:

Art. 1°. – Los representantes del Estado votan acción de gracias a la división de centroamericanos que al mando del benemérito general Francisco Morazán, vino a dar libertad a Costa Rica.

Art. 2°. – Quieren que a nombre de los costarricenses se manifieste su reconocimiento a los generales, jefes, oficiales y soldados que componen la indicada división y el aprecio que hacen de sus servicios.

Art. 3°. – En lo sucesivo se le denominará: *División Libertadora de Costa Rica*.

Art. 4°. – La división del Estado que salió a batirse con la libertadora y tornó las armas contra el intruso, proclamando la libertad de la patria, ha contraído un mérito; la Asamblea lo reconoce, y quiere que a su nombre se le den las gracias a los jefes, oficiales y tropa que la formaban, por sus servicios en favor de la causa pública.

Art. 5°. – Al jefe de la división dicha, general Vicente Villaseñor, se le obsequiará una medalla de oro, a nombre del Estado. En su anverso figurarán las armas del mismo, con una leyenda en la circunferencia que diga: *Costa Rica: al mérito reconocido del general Vicente Villaseñor*.

Art. 6°. – Las autoridades superiores, vecindario y división del departamento de El Guanacaste, obraron meritoriamente pronunciándose contra el Gobierno intruso y secundando los esfuerzos de la división libertadora, cuando supieron que esta saltó a tierra en el puerto de Calderas. Los representantes del Estado les tributan una expresión de agradecimiento y reconocen sus servicios.

Art. 7°. – El día doce de abril de todos los años será feriado, y se celebrará en él, con las mayores muestras de regocijo, una función religiosa y cívica en las cinco ciudades principales del Estado, tomándose para los gastos precisos de los fondos municipales de ellas mismas. El Gobierno expedirá el reglamento necesario a fin de que la celebridad dicha sea lo más solemne posible, para fijar en la memoria de los costarricenses el grato recuerdo del día en que recobraron sus derechos usurpados.

Comuníquese al Poder Ejecutivo para su publicación y cumplimiento.

Dado en la ciudad de San José, a los veintisiete días del mes de julio de mil ochocientos cuarenta y dos.

José Francisco Peralta, diputado presidente. – Joaquín Bernardo Calvo, diputado secretario. – Félix Sancho, diputado secretario".

CAPÍTULO VII
Se declara a Morazán libertador de Costa Rica

SUMARIO: Decreto en honor de Morazán. – Cómo vio Morazán este decreto. – Oficio dirigido por los secretarios de la Asamblea Constituyente.

Los representantes del Estado, queriendo dar una prueba de gratitud al general Morazán por los importantes servicios que había prestado al país, y también por haberlo salvado del oprobioso yugo de don Braulio Carrillo, lo declaró libertador de Costa Rica, como se verá en el siguiente decreto:

"La Asamblea Constituyente del Estado de Costa Rica, desando dar testimonio público de sus sentimientos de gratitud hacia el benemérito general señor Francisco Morazán, a cuyos sacrificios y patrióticos esfuerzos debe el Estado su libertad y la gloria de ser regido por un Gobierno que es el baluarte de su seguridad y demás bienes sociales, que por lo mismo es conveniente fijar de una manera irrevocable la memoria de los importantes servicios que dicho señor general ha prestado a la causa de Costa Rica, consignando su nombre con el mejor distintivo en un acto solemne de la representación del pueblo, con unanimidad de votos, ha venido en decretar, y decreta:

Artículo único: El benemérito general señor Francisco Morazán se denominará en lo sucesivo *Libertador de Costa Rica*.

Comuníquese al Poder Ejecutivo para que se imprima, publique y circule.

Dado en San José, a los quince días del mes de julio de mil ochocientos cuarenta y dos.

José Francisco Peralta, diputado presidente. – Joaquín Bernardo Calvo, diputado secretario. – Félix Sancho, diputado secretario.

Este decreto no sentó muy bien al general Morazán, y por lo mismo se abstuvo de darle publicidad. Él conocía sus méritos, y el gran talento de que estaba dotado le hacía ser más humilde. No había situación de la vida por la que no hubiera pasado. Unas veces se le había considerado como la figura más culminante de Centroamérica; otras, como un tirano, un asesino; y por esta razón no tenía confianza en las adulaciones.

La Asamblea extrañó que no se le diera cumplimiento al decreto arriba citado, y ordenó que sus secretarios dirigieran el oficio que literalmente dice:

"San José: 1° de agosto de 1842. – Al señor ministro general. – La Asamblea, en sesión de hoy, ha sido informada por algunos de sus individuos, de que el Ejecutivo se ha abstenido de imprimir, publicar y circular el decreto que la misma se sirvió expedir en 15 del próximo pasado, declarando libertador de Costa Rica al general señor Francisco Morazán; y considerando: que semejante omisión solo puede ser efecto de la misma delicadeza de dicho señor general, por cuanto es el encargado actualmente del Poder Ejecutivo, ha acordado se día a este: que la Asamblea espera no postergará por más tiempo la impresión, circulación y publicación del enunciado decreto, sin que obste consideración alguna; pues es un documento cuyo conocimiento interesa tanto más a los pueblos, cuando él es la expresión de los sentimientos más puros de gratitud del pueblo de Costa Rica, producidos por sus representantes en favor de la persona que heroicamente lo restableciera al pleno goce de su libertad y derechos.

Es con el fin indicado que tenemos la honra de decirlo a Ud., señor ministro, de orden de la Asamblea Constituyente, teniéndola muy particular en reproducir que somos sus atentos servidores. – Joaquín Bernardo Calvo. – Félix Sancho".

CAPÍTULO VIII
Un decreto importante de la Asamblea
SUMARIO: Se declara que Costa Rica forma parte de la República de Centroamérica.

El Estado de Costa Rica se había declarado independiente, y con este motivo la Asamblea derogó aquel decreto en estos términos:

"La Asamblea Constituyente del Estado de Costa Rica, considerando:

1°. – Que la posición topográfica de Costa Rica, sus intereses, relaciones y simpatías lo llaman a ser parte integrante de Centroamérica, como lo ha sido desde antes del glorioso pronunciamiento de independencia absoluta de la dominación española.

2°. – Que por tan justas consideraciones concurrió con los demás Estados a acordar el pacto de 1824, por el cual se proclamaron y constituyeron en nación soberana, libre e independiente, acordando las bases para un Gobierno que los representara en el exterior y conservase la unidad nacional, y para darse instituciones análogas a sus necesidades e intereses, en la capacidad de Estados independientes entre sí y ligados por la Constitución General.

3°. – Que si los vínculos de asociación política de los mismos Estados aparecen rotos por las vías de hecho, el pueblo de Costa Rica no ha desconocido la conveniencia de restablecer el imperio de las leyes, darle vida a la República y consolidar la paz, que tanto interesa al honor, respeto y bienestar de la misma.

4°. – Que una triste experiencia adquirida con inmensos sacrificios convence que la dislocación de los Estados los ha comprometido en sus relaciones exteriores y puesto a merced de las disensiones intestinas.

5°. – Que Costa Rica no habría sufrido la calamidad con que lo afligiera el tirano, si a la sombra de un Gobierno de leyes en la República sus votos no hubiesen sido sofocados por las facciones que eran consiguientes a la completa desorganización de aquellos; y

6°. – Que para evitar nuevas y dolorosas consecuencias en la marcha política del Estado es no solo conveniente y necesario, sino de la más urgente necesidad, promover por cuantos medios sean al alcance la reorganización general de la República y el establecimiento en ella de un Gobierno liberal, sólido y fuerte, *con unanimidad de votos* decreta:

Art. 1°. – El Estado de Costa Rica que, por una mano atrevida y criminal, fue sustraído de las leyes y autoridades nacionales creadas a virtud del pacto general, pertenece a la República de Centroamérica, y es y será parte integrante de ella, según lo expresa la Ley Fundamental de 21 de enero de 1825.

Art. 2°. – El Estado de Costa Rica quiere decididamente la reorganización de la República a que pertenece, y excita para tan grandioso objeto, e interesa el patriotismo de todos los centroamericanos.

Art. 3°. – El Estado de Costa Rica concurrirá con los demás Estados por medio de sus representantes, electos directamente por el pueblo con amplios poderes, a un gran Congreso o Asamblea Constituyente, que se ocupará de la formación de un nuevo pacto bajo bases sólidas que hagan la prosperidad pública y de una verdadera seguridad interior y exterior.

Art. 4°. – El Poder Ejecutivo del Estado queda autorizado para obrar como convenga a fin de que tenga efecto la reorganización de la República y establecimiento de la unidad nacional, que reclaman altamente los deseos e intereses de los centroamericanos.

Comuníquese al Poder Ejecutivo para su cumplimiento y publicación.

Dado en la ciudad de San José, a los veinte días del mes de julio de mil ochocientos cuarenta y dos. – José Francisco Peralta, diputado presidente. – Joaquín B. Calvo, diputado secretario. – Félix Sancho, diputado secretario.

Por tanto: ejecútese, circúlese y publíquese. – Casa de Gobierno, San José, julio 21 de mil ochocientos cuarenta y dos. – *Francisco Morazán*".

CAPÍTULO IX
Revolución de Costa Rica

SUMARIO: Preparativos de Morazán. – Acuerdo del ministro Saravia. – Insurrección de Alajuela. – Ataque a la Guardia de Honor. – Morazán se traslada al cuartel principal. – El presbítero José Antonio Castro insta a Morazán para que se rinda. – Derrota de Pedro Mayorga. – Situación de Morazán. – Los sitiados rompen línea. – Dirección que tomó Morazán.

Con motivo de la autorización que con fecha 20 de julio le había dado la Asamblea a Morazán, procedió este a dictar las órdenes necesarias para organizar el ejército expedicionario con que debía emprenderse aquella cruzada en toda la extensión de Centroamérica.

Con este objeto, el general J. Miguel Saravia comunicó a principios de agosto al general en jefe de las fuerzas, el acuerdo que en parte dice:

"Que el general en jefe proceda a reunir el 14 del actual en el punto que lo creyese conveniente a todos los jefes y oficiales, lo mismo que a los patriotas que son considerados como militares, para que con la misma franqueza y voluntad con que se pusieron a sus órdenes en el Perú, San Salvador y en este Estado, declaren si quieren o no continuar al servicio del ejército nacional con el grandioso objeto de salvar la República.

Que a los militares que no quisieren continuar en el servicio, bajo la disciplina que establecen las leyes, se les mandará conducir por cuenta del Estado a los puntos que ellos designen y el Gobierno esté en la capacidad de hacerlo, proporcionándoles al mismo tiempo todos los recursos que fuesen compatibles con las escaseces del Erario, en consideración a los buenos y desinteresados servicios que han prestado hasta ahora a la causa pública".

El pueblo costarricense vio con desagrado las medidas un tanto severas que se dictaron, e instados por los serviles de Guatemala, quienes contaban en aquella sección con el clero, que tampoco omitía medio para hostilizar a Morazán, a fuerza de sermones y continuos trabajos, lograron los descontentos encender la tea revolucionaria en Alajuela, el 11 de septiembre. Florentino Alfaro, con más de 350 hombres que estaban listos para salir en el ejército expedicionario, se apoderó de ciento cincuenta quintales de pólvora y plomo que pasaban por allí con dirección al puerto de Puntarenas, y con estos elementos se alistaron para marchar sobre San José, donde desde su llegada atacaron en número de 400 a la Guardia de Honor de Morazán, compuesta de 40 salvadoreños, que resistieron por cuatro veces el ataque, hasta que, por la tarde, fueron reforzados los sitiadores por 1,000 hombres de Heredia y Alajuela, empezando de nuevo el ataque con más furor.

Morazán tuvo que reconcentrarse al cuartel principal, donde había unos ciento cincuenta reclutas sin ningún equipo y que pronto se desertaron. Aquí comenzó de nuevo el ataque, y Morazán, solo con 80 salvadoreños [1] hacía heroica resistencia a multitud de enemigos que lo asechaban por todas partes.

Doña María Josefa de Morazán, en medio de una lluvia de balas, atravesó la calle con su familia y fue hecha prisionera y conducida a casa del general Pinto.

Los sublevados, no teniendo ningún jefe que los dirigiera, pusieron a la cabeza a don Antonio Pinto, enemigo acérrimo de Morazán.

No podía aguardar auxilio alguno el general Morazán, porque sus fuerzas las había dividido, enviando una parte a Puntarenas para

---

[1] Los hondureños que estaban con Morazán eran del pueblo de Texiguat, y los salvadoreños, del barrio de El Calvario, de San Salvador.

que hiciera el embarque de gente y armas, y otra para el departamento de El Guanacaste, que estaba amenazado por fuerzas nicaragüenses, y también para ejecutar la sentencia de muerte de don Manuel Ángel Molina, comandante local de Bagaces, que con unos cuantos soldados fue a Liberia a atacar al valiente general Enrique Rivas, que murió defendiendo su puesto, y que por esta razón había sido condenado a muerte de conformidad con la Ordenanza Militar.

Pinto contaba ya con unos 5,000 hombres y sus filas se aumentaban a medida que los sitiados disminuían por las bajas que tenían.

El presbítero José Antonio Castro se presentó ante el general Morazán instándole a que se rindiera y ofreciéndole garantías solo para su persona; pero Morazán contestó que de ser solo para él, sin su ejército, prefería morir en la contienda. Después volvió este mismo presbítero acompañado del vicejefe a hacerle otras nuevas proposiciones; pero Morazán, viendo que eran humillantes y depresivas, contestó con dignidad que las rechazaba. Este padre regresó diciendo a los sublevados que Morazán no reconocía a ninguno como jefe de ellos que le diera verdaderas garantías, y que solo se proponía derramar la sangre de los costarricenses. Esto los indignó más y continuó el combate.

Pedro Mayorga, comandante de la ciudad de Cartago, con 80 hombres quiso proteger a Morazán, pero fue derrotado en el camino; y comprendiendo que el general estaba perdido, regresó a Cartago y sublevó la población contra el jefe que hacía pocos momentos había intentado apoyar y a quien le debía aquel puesto.

El 13 de septiembre la posición en que se encontraba Morazán era de las más críticas. Toda su fuerza se componía, entre jefes, oficiales y soldados, de 40 o 50 hombres, pues los demás o habían muerto o estaban heridos. Los principales jefes, y aun el mismo Morazán, hacían de artilleros y desempeñaban todas las funciones de los soldados. El hambre los acosaba por un lado y la sed por otra, y las municiones de guerra estaban ya concluyéndose. Este mismo día por la noche los sitiadores atacaron con un arrojo sin igual, y

Morazán, con aquel escaso número de valientes, se defendieron con la heroicidad con que lo habían hecho en El Espíritu Santo y San Pedro Perulapán. Este ataque causó muchos males en los sitiados, pues hubo muchos muertos y heridos; el mismo Morazán recibió una herida en la cara, que no le impidió siguiera peleando a pesar de la gravedad.

En aquellos aflictivos momentos, Morazán no pensó más que en romper la línea de los sitiadores, como lo hizo en Guatemala el 19 de marzo de 1840; y a las tres de la mañana del 14 de septiembre, Morazán, Cabañas y Villaseñor, a la cabeza de un puñado de héroes, extenuados por el hambre y el cansancio y por un reñido combate que había durado ochenta y ocho horas, la efectuaron. El general Morazán salió de la población, y a su retaguardia venía el general Cabañas con treinta hombres, batiéndose en retirada con los que iban en su persecución.

Morazán deseaba encaminarse hacia Tárcoles por creer que allí se le reuniría Saget, pero Villaseñor lo instó para que marcharan a Cartago, donde su *amigo* Mayorga, y descansar en su casa mientras le vendaban la herida. Todavía a la orilla de Cartago, Morazán determinó aguardar a Cabañas, que venía protegiendo a los heridos, y Villaseñor hizo esfuerzos para que entraran a la población hasta llegar a casa de Pedro Mayorga.

CAPÍTULO X
Asesinato del general Morazán

SUMARIO: Pedro Mayorga es nombrado comandante de Cartago por Morazán. – Mayorga aloja a Morazán y a Villaseñor en su casa. – Traición de Mayorga. – Acción de la señora de este. – Noticias que dan a Saravia y P. Morazán hijo. – Exigencia de Espinach. – Cabañas es engañado. – Se pone grillos a los prisioneros. – Muerte de Saravia. – Morazán ruega dejen en la cárcel el cadáver de Saravia. – Traslado de los presos a San José. – Orden de fusilamiento. – Testamento de Morazán. – Esfuerzos de Morazán por separarse de su hijo. – Morazán y Villaseñor en el patíbulo. – Un padre Blanco desentierra los cadáveres de estos. – Morazán legó sus cenizas a El Salvador.

Ya hemos dicho que después de la derrota que sufrió Mayorga por los alajuelas, regresó a Cartago y sublevó la población contra aquel a quien no hacía mucho había tratado de proteger. Convencido de que Morazán estaba perdido y de que no le llegaría refuerzo por ninguna parte, se entregó de lleno a los insurrectos, y desde aquellos momentos no trató más que de granjearse las simpatías de estos. Pedro Mayorga había sido nombrado por Morazán comandante de Cartago y había recibido de este muchos servicios. Lo que poseía se lo debía sin duda alguna a Morazán. Pero este hombre ruin y cobarde, exento de todo sentimiento de honor y dignidad; este hombre traidor creyó que su pequeña fortuna sufría algún menoscabo, y olvidándose de sus deberes, no trató más que de pagarlos crecidos servicios que su protector Morazán le había hecho con la más negra de las ingratitudes.

Así que Morazán y Villaseñor llegaron a su casa, Mayorga los colmó de fementidas atenciones, hasta el grado de querer adivinar lo que podían necesitar para suministrárselos. Los hospedó, y una vez arreglados, salió con el pretexto de ir en busca de un cirujano para que curara la herida que Morazán llevaba en la cara; pero en lugar de hacer esto, organizó una escolta para prenderlos.

La señora de Mayorga, no pudiendo contener el remordimiento de su conciencia, les participó lo que andaba haciendo su esposo. En el acto montaron Morazán y Villaseñor, e intentaban huir cuando fueron rodeados por Mayorga y hechos prisioneros.

En aquellos momentos llegaron a la población el general Saravia y Francisco Morazán hijo. Fueron impuestos de lo que ocurría y los instaron para que huyeran; pero ellos se indignaron al oír aquellos consejos y corrieron donde Mayorga a pedirle un lugar en la prisión de sus compañeros.

Ya estando Morazán en la prisión se le presentó don Buenaventura Espinach, exigiéndole dos órdenes escritas, una para que se rindiera Cabañas y otra para que Saget entregara las armas que tenía a bordo. Morazán se negó a dárselas, y entonces Espinach montó y se fue al encuentro de Cabañas, que venía por Chomogo, y le manifestó que decía Morazán que disolviera los pocos soldados que traía y que se dirigiera a Matina. También le aseguró que a Morazán se le había dado dinero suficiente para que saliera del país. Cabañas creyó en aquella perfidia y tomó la citada dirección, pero al llegar a El Paraíso supo la prisión de Morazán y retrocedió, porque dijo que no quería salvarse él quedando preso Morazán, y por más que sus amigos le decían que pasara el río y cortara los cables para que cayera el pajizo puente, no quiso, y volvió al lugar donde se encontraba su jefe; en el camino fue apresado.

Aquel mismo día se presentó a los prisioneros el oficial Daniel Orozco, diciéndoles que el ejército pedía que se les pusiera grillos y que era necesario complacerlo. Saravia, al escuchar estas palabras, tomó unas pistolas para suicidarse, pero Morazán se arrojó sobre él precipitadamente y se las quitó. Morazán por atender a Saravia descuidó a Villaseñor, que desenvainando un puñal se lo aplicó en el costado izquierdo y cayó al suelo bañado en su propia sangre. Mientras le ponían los grillos a Morazán, que estaba tranquilo y sereno, y a Villaseñor casi agonizando, Saravia se paseaba por la cárcel, y al concluir tomó de su anillo un veneno, que apuró disimuladamente. En seguida se sentó en una silla, y presentando los pies, dijo: "Estoy listo, pueden ponerlos"; pero al instante le sorprendieron las convulsiones de la muerte, y aquellos grillos concluyeron de remacharse en un cadáver.

Morazán, conmovido por aquella escena, rogó que no sacaran de allí el cuerpo de Saravia, pasando toda la noche contemplando los despojos de aquel ser tan querido para él, lo mismo que atendieron a Villaseñor, que se encontraba herido de gravedad.

Don Antonio Pinto ordenó que se trasladaran a San José los presos para fusilarlos. Villaseñor era conducido en una hamaca y Morazán montado, llevando a sus lados a don José Antonio Vijil y a su hijo Francisco. En el lugar denominado Las Moras los aguardaba el capitán Benavides, que los hizo desmontarse para que entraran a pie a la ciudad. La muchedumbre había invadido las calles para ver pasar a los prisioneros; pero no hubo una voz que se levantara insultándolos. En esos momentos el general Morazán, contemplando aquella muchedumbre, le dijo a Vijil: "¡Con qué solemnidad celebramos la independencia!". Morazán y Villaseñor fueron colocados en el edificio de la Corte, y a los demás presos los condujeron al llamado de Los Almacenes.

Morazán no fue juzgado ni oído. Examinemos si era legal aquel fusilamiento que pronto se iba a ejecutar. La Constitución de 1825 estaba vigente, y por consiguiente las faltas que se le atribuían a Morazán habían sido cometidos cuando esta ley regía; en este caso debía haber sido juzgado conforme a ella. Mas, para este procedimiento, se necesitaba que la Asamblea declarara que había lugar a formación de causa contra el general Morazán, para que fuera entregado en seguida a los tribunales comunes. Como ninguno de estos trámites se corrieran, el general don Antonio Pinto cometió un *verdadero asesinato*, que servirá de oprobio a su memoria.

Pinto dio la fatal orden de fusilamiento y al instante se les comunicó a Morazán y Villaseñor, advirtiéndoles que no tenían más que tres horas de tiempo. Morazán, aprovechándose de aquellos pocos momentos de vida que le quedaban, llamó a su hijo Francisco para que escribiera su testamento, que literalmente dice:

"San José: 15 de septiembre de 1842. – Día del aniversario de la independencia, cuya integridad he procurado mantener.

EN EL NOMBRE DEL AUTOR DEL UNIVERSO EN CUYA RELIGIÓN MUERO

DECLARO: que todos los intereses que poseía, míos y de mi esposa, los he gastado en dar un Gobierno de leyes a Costa Rica, lo mismo que diez y ocho mil pesos y sus réditos, que adeudo al señor general Pedro Bermúdez.

DECLARO: que no he merecido la muerte, porque no he cometido más falta que dar libertad a Costa Rica y procurar la paz a la República. De consiguiente, mi muerte es un asesinato, tanto más agravante cuanto que no se me ha juzgado ni oído. Yo no he hecho más que cumplir las órdenes de la Asamblea, en consonancia con mis deseos de reorganizar la República.

Protesto que la reunión de soldados que hoy ocasiona mi muerte la he hecho únicamente para defender el departamento de El Guanacaste, perteneciente al Estado, amenazado, según las comunicaciones del comandante de dicho departamento, por fuerzas del Estado de Nicaragua. Que si ha cabido en mis deseos el usar después de algunas de estas fuerzas para pacificar la República, solo era tomando de aquellos que voluntariamente quisieran marchar, porque jamás se emprende una obra semejante con hombres forzados.

DECLARO: que al asesinato se ha unido la falta de palabra que me dio el comisionado Espinach, de Cartago, de salvarme la vida.

DECLARO: *que mi amor a Centroamérica muere conmigo. Excito a la juventud, que es llamada a dar vida a este país que dejo con sentimiento por quedar anarquizado, y deseo que imiten mi ejemplo de morir con firmeza antes que dejarlo abandonado al desorden en que desgraciadamente hoy se encuentra.*

DECLARO: que no tengo enemigos, ni el menor rencor llevo al sepulcro contra mis asesinos, que los perdono y deseo el mayor bien posible.

Muero con el sentimiento de haber causado algunos males a mi país, aunque con el justo deseo de procurarle su bien; y este sentimiento se aumenta, porque cuando había rectificado mis opiniones en política en la carrera de la revolución, y creía hacerle el bien que me había prometido para subsanar de este modo aquellas faltas, se me quita la vida injustamente.

El desorden con que escribo, por no habérseme dado más que tres horas de tiempo, me había hecho olvidar que tengo cuentas con la casa de Mr. M. Bennet de resultas del corte de maderas en la costa del Norte, en las que considero alcanzar una cantidad de diez a doce mil pesos, que pertenecen a mi mujer en retribución de las pérdidas que ha tenido en sus bienes pertenecientes a la hacienda de Jupuara, y tengo además otras deudas que no ignora el señor Cruz Lozano.

Quiero que este testamento se imprima en la parte que tiene relación con mi muerte y los negocios públicos. – *Francisco Morazán*".

Advertencia. – "Como apoderado de la señora albacea, publico este testamento íntegramente, y no solo las cláusulas que el testador ordenó que se imprimiesen; con advertencia de que en los momentos de salir al patíbulo el general Morazán, encargó a su hijo Francisco y al señor Mariano Montealegre, que avisaran a su albacea trasladase sus cenizas a esta ciudad, por ser el pueblo que más bien le había correspondido, y cuya cláusula no había consignado en su testamento porque lo dictó en medio del tumulto. – San Salvador: 31 de julio de 1843. – *Cruz Lozano*". [1]

Morazán pidió que se le permitiera dirigir una circular a los Gobiernos de los demás Estados de Centroamérica, lo mismo que ser oído y juzgado. No se le concedió.

En el trayecto de la prisión a la plaza donde iba a ser fusilado, Morazán hizo esfuerzos por separarse de su hijo Francisco, que caminaba llevándolo abrazado y aferrado en que quería morir con él.

Villaseñor fue conducido al patíbulo en una silla, y Morazán, una vez llegado allí, sentó a Villaseñor en el banquillo que le correspondía, le abrazó y le arregló el cabello, que lo tenía echado sobre la frente, diciéndole estas palabras: **"Querido amigo, la posteridad nos hará justicia".** Acto continuo, Morazán se despidió de todos sus conocidos que estaban cerca, y, pidiendo en seguida el mando del fuego, dijo a los tiradores: *"Apuntad bien, hijos".* No quiso sentarse, sino que de pie, abriéndose la camisa, se quitó un relicario, que entregó a don Mariano Montealegre para que se lo llevara a su señora. Iba a dar la voz de fuego, cuando observó que una puntería estaba mala; así que esta se corrigió, dijo: *"Ahora bien... ¡fuego!".* Una gran detonación se oyó, pero inmediatamente por entre la humareda se vio que Morazán levantó la cabeza,

---

[1] Tomado de "El Orden". Tegucigalpa, 1880

exclamando: "*Estoy vivo*"; y una nueva descarga acabó de quitarle la existencia.

Ni un ataúd hubo para Morazán y Villaseñor. Sus restos fueron depositados así en las fosas; y ¡quien creyera que ni allí estuvieron tranquilos! Ocho días después fue a desenterrarlos un padre Blanco para convencerse de que realmente eran los cadáveres de Morazán y Villaseñor.

En el patíbulo, Morazán legó sus restos a El Salvador y rogó a sus amigos los trasladaran a la capital de dicho Estado, donde más tarde fueron profanados por Rafael Carrera, el *defensor de la religión*.

CAPÍTULO XI
(Continuación del capítulo anterior).

SUMARIO: Intenciones del general Saget. – Condiciones del convenio celebrado en la isla de San Lucas. – Desembarque de Saget. – El Gobierno de El Salvador da asilo a los morazanistas. – Guatemala y Honduras protestan. – Nota del ministro de Honduras.

El general Saget, que se encontraba en Puntarenas con 500 salvadoreños y un cuadro de oficiales compuesto de 100 individuos de todos los Estados, amenazó al nuevo Gobierno instalado por Pinto, queriendo vengar la muerte del general Morazán; pero hubo muchos trabajos para hacerle desistir y se acabó por conseguir esto, aunque no sin dificultad.

"El 11 de octubre de 1842 se firmó en la isla de San Lucas un convenio, entre los señores doctor don José María Castro y don Rafael Ramírez, comisionados del Gobierno de Costa Rica, y los señores general don Nicolás Espinosa y don Miguel Álvarez Castro, comisionados del general Saget; en el cual se estipula que se devolverían los elementos de guerra de exclusiva pertenencia de Costa Rica, y se retendrían los demás, para que dispusiera de ellos la familia del general Morazán; que serían puestas en libertad absoluta todas las personas detenidas por el Gobierno; que sería cedida en propiedad, con los víveres necesarios, la barca

"Coquimbo", para que en ella se trasladaran los morazanistas donde a bien tuvieran; que se pagarían por el Tesoro de Costa Rica las cantidades que el general Morazán adeudaba al señor Iriarte por fletes anteriores de su buque, y además, el pasaje al puerto de La Unión de todos los emigrados que quisieran dirigirse a El Salvador, dándoseles a estos por vía de subsidio, el valor de medio mes de sueldo militar; y que el Gobierno de Costa Rica nombraría comisionados ante los Gobiernos de El Salvador y Nicaragua, para obtener que se recibiera a los morazanistas que prefirieran asilarse en sus territorios". [1]

El convenio anterior fue enviado al general Saget, quien le hizo unas pequeñas reformas, que no fueron admitidas por el Gobierno costarricense.

Después de varios sucesos se convino amigablemente en que Saget devolvería las armas pertenecientes al Estado de Costa Rica, y que en cambio enviarían de tierra las provisiones necesarias para la fuerza que se hallaba a bordo. Así pasaron unos pocos días haciendo este embarque y desembarque; pero un día dejaron de mandar las indicadas provisiones e indignado Saget, desembarcó, atacó la guarnición del puerto, la venció, apoderándose de todo lo que le hacía falta a bordo. En seguida regresó y alzó anclas con rumbo hacia El Salvador, llegando al puerto de La Libertad en diciembre del mismo año de 1842.

El Gobierno de El Salvador les dio el asilo que solicitaban, y ellos habían ofrecido en cambio entregar el buque y las armas que traían en clase de depósito. El jefe de este Estado solicitó de los demás de los otros Estados dieran su aprobación a aquel acto humanitario que acababa de hacer. Guatemala contestó negativamente. Nada extrañaría que Guatemala no hubiera consentido, porque allí estaba Carrera entronizado junto con todo el partido servil; pero sí de Honduras, patria de Morazán y Cabañas. Mas es necesario tener presente que Honduras también estaba gobernada por los cachurecos, que siempre han sido y serán ruines

---

[1] José D. Gámez. – Historia de Nicaragua.

de sentimientos y cuyas almas, templadas al crisol del egoísmo, se opusieron al asilo que El Salvador había dado a aquellos hombres caídos, retirados de la política y que no deseaban ya más que vivir tranquilos al lado de sus familias, tanto tiempo separados. Estos hombres pigmeos dijeron que aquel acto era *atentatorio* a los demás Estados y que *protestaban* por consiguiente.

Para evitar que se crea que calumniamos a los serviles hondureños, reproducimos el siguiente documento:

"Señor ministro de Relaciones del Supremo Gobierno del Estado de El Salvador. – Impuesto el Gobierno de Honduras de la apreciable nota de usted de 20 del próximo pasado, en que manifiesta haber entregado el general Saget la barca libertadora y todo el armamento de infantería y artillería con que arribó al puerto de La Unión, y que le Gobierno de ese Estado le ha dado asilo en unión de los doscientos seis individuos que lo acompañaban, destinado al efecto a la ciudad de Sonsonate; me ha prevenido diga a usted en contestación: que siendo el asilo dado por el Supremo Gobierno de El Salvador a los *enemigos* de Centroamérica, *atentatorio* respecto de los solemnes pactos celebrados entre los Estados, el de Honduras *protesta* contra aquel acto mientras no merezca el ascenso general de los aliados.

Al decirlo a usted para conocimiento de ese Supremo Gobierno, tengo la satisfacción de reiterarle mi estimación y aprecio. – *Francisco Alvarado*".

Para más Francisco Malespín, con todo y los abusos que cometía, tuvo más nobleza de corazón que los mandarines de Honduras, e intercedió y trabajó con ahínco con el jefe de El Salvador para que, no obstante la oposición de Guatemala y Honduras, no revocara el asilo ofrecido. Así concluyó el ejército que Morazán preparara para llevar a cabo la grandiosa obra de reconstrucción de la República centroamericana.

LIBRO CUARTO

HONORES QUE SE HAN TRIBUTADO A MORAZÁN DESPUÉS DE SU MUERTE

CAPÍTULO I
Traslación de los restos de Morazán a San Salvador

SUMARIO: Decreto del presidente de Costa Rica para exhumar los restos de Morazán. – Oficio del ministro Calvo. – Otro del comisionado J. María Cañas. – Decreto del presidente de El Salvador. – Párrafo de un mensaje de don Doroteo Vasconcelos. – Decreto de la Asamblea. – Efecto que produjeron en San Salvador los restos de Morazán.

En noviembre de 1848, siendo presidente de Costa Rica don José María Castro, mandó exhumar los restos del ilustre general Francisco Morazán, con el objeto de que se cumpliera su última voluntad de tan esclarecido personaje. El decreto dice así:

"José María Castro, presidente de Costa Rica, teniendo en consideración:

1°. Que es un deber de los Gobiernos civilizados honrar la memoria de los varones célebres;

2°. Que el general Francisco Morazán legó sus restos mortales al Estado de El Salvador; y

3°. Que el Gobierno de Costa Rica, fiel amigo y aliado del de aquel país hermano, desea darle claros testimonios de distinguida consideración y aprecio, decreto:

Art. 1°. – Los restos mortales del general Francisco Morazán serán exhumados el día 27 del presente mes, y puestos en una urna funeraria, que será depositada en la iglesia matriz de esta capital.

Art. 2°. – Se harán exequias de cuerpo presente, en la antedicha iglesia matriz, el día 4 de diciembre próximo, a las cuales concurrirán el Gobierno Supremo, las corporaciones y empleados.

Art. 3°. – Los restos mortales del general Morazán serán oportunamente entregados con solemnidad al Gobierno de El Salvador.

Dado en la ciudad de San José, a los seis días del mes de noviembre de mil ochocientos cuarenta y ocho. – José María Castro. – El ministro de Relaciones y Gobernación, Joaquín Bernardo Calvo".

El ministro de aquel Estado dirigió al de Relaciones de El Salvador el oficio que sigue:

"Ministro de Relaciones de la República de Costa Rica. – Casa de Gobierno: San José, enero 8 de 1849.

Señor ministro de Relaciones Exteriores del Supremo Gobierno del Estado de El Salvador:

El general presidente de esta República, deseoso de honrar la memoria del BENEMÉRITO GENERAL FRANCISCO MORAZÁN, y de contribuir de alguna manera a que el Gobierno de ese Estado satisfaga su deseo de conservar en esa ciudad capital las cenizas de tan ilustre centroamericano, expidió el decreto adjunto.

Después de llenar debidamente lo dispuesto en el artículo 2° de dicho decreto, de conformidad con lo prevenido en el artículo 3°, S. E. ha acordado: que el bergantín goleta "Chambón" zarpe de Puntarenas para el puerto de Acajutla con el exclusivo objeto de conducir la urna que contiene los restos mortales del GENERAL MROAZÁN; y que los señores coronel don José María Cañas y el presbítero don Ramón María González, comisionados con quien S. E. tiene a bien dirigirla, han de entregar a ese S. G. junto con el expediente que comprueba la identidad de dichos restos.

Ruego a Ud. se sirva dar cuenta con esta nota al excelentísimo señor presidente de ese Estado, por quien el de esta República siente muy fuertes simpatías.

Dígnese aceptar Ud. las consideraciones del distinguido aprecio con que tengo la honra de suscribirme su atento y obediente servidor. – *Joaquín Bernardo Calvo*".

El 26 de enero ancló en el puerto de Acajutla el bergantín "Chambón", que conducía dichos restos, y de allí dirigió uno de sus comisionados el oficio que dice:

"Acajutla, enero 29 de 1849. – Señor ministro del S. G. de El Salvador. – A bordo del bergantín goleta "Chambón", que ancló ayer en la rada de este puerto, traigo los restos venerables del BENEMÉRITO E ILUSTRE GENERAL FRANCISCO

MORAZÁN, que el Supremo Gobierno de Costa Rica me ha encargado para entregarlos al Supremo de El Salvador.

Al intento, tengo el honor de acompañar a Ud. el adjunto pliego que contiene el aviso de mi comisión, y espero de usted que después de dar cuenta de todo al señor presidente de este Estado, se digne participarme sus órdenes para la entrega de la urna que contiene aquel sagrado depósito; no omitiendo agregarle, que estoy dispuesto a hacerlo a bordo del referido buque, en tierra o en esa capital, según lo disponga el Supremo Gobierno.

Aprovecho, señor ministro, la ocasión presente para ofrecer a Ud. el aprecio y sincero afecto con que me suscribo su muy atento servidor. – *José María Cañas*".

La anterior nota fue contestada en estos términos:

"Casa de Gobierno: San Salvador, enero 30 de 1849. – Señor coronel don José María Cañas. – Adjunta a su muy estimable carta oficial de 27 del que fina, he tenido el honor de recibir la que con fecha 8 del mismo se sirvió dirigir a este Ministerio el de Relaciones del Supremo Gobierno de Costa Rica, dando aviso de remitir con Ud. y el presbítero señor don Ramón M. González, los venerables restos del ILUSTRE GENERAL FRANCISCO MORAZÁN, para contribuir de alguna manera a que este Supremo Gobierno satisfaga su deseo de conservar las cenizas de tan esclarecido centroamericano. El señor presidente del Estado, a quien di conocimiento de ambas comunicaciones, me he prevenido dar a Ud., en su nombre, las más expresivas gracias por el generoso ofrecimiento que se sirve hacerle, de entregar tan precioso depósito en el punto que tenga a bien designarle; manifestándole al propio tiempo que, por no tener antecedentes de este paso que tanto aprecia, nada se había preparado para verificar el recibo de tan caras cenizas, y su traslación a esta capital con toda la pompa y solemnidad debidas a la memoria del héroe a que pertenecen. Que por tal motivo, y por hallarse el señor gobernador de ese departamento en la ciudad de Santa Ana, ha comisionado a la Municipalidad de Sonsonate para que, asociada del señor comandante de aquella plaza, pase a recibir a ese puerto al urna que contiene aquellos restos sagrados, esperando que Ud. tendrá la bondad de entregarlos, con el expediente en que conste su identidad. Como el S. G. de Costa Rica expresa que el arribo del bergantín goleta "Chambón" a ese puerto no tiene otro objeto que le de dar al de El Salvador este testimonio de su amistad y benevolencia, y no sería justo dejarlo gravado con los gastos ocasionados en el viaje de dicho buque, el señor presidente espera que Ud. tendrá la bondad de manifestar la suma a que asciendan, para acordar el pago y la manera de ponerlo en manos de Ud. Desea igualmente dar a los señores comisionados del S. G. de Costa Rica un testimonio de su gratitud por el servicio importante que acaban de prestar a El Salvador, y le sería muy grato tan justo deseo si Uds. no tuviesen inconveniente para pasar a esta capital.

Aprovecho gustoso esta oportunidad para ofrecer a Ud., por la primera vez, el aprecio y respetuoso consideración con que me hago el honor de suscribirme su muy atento y deferente servidor. – *Juan José Bonilla*".

El Gobierno, al recibir la nota del comisionado Cañas, dictó el siguiente decreto: "El presidente constitucional del Estado de El Salvador, teniendo presente; Que con fecha 27 de este mes el señor coronel don José María Cañas participa haber llegado al puerto de Acajutla, trayendo a bordo del bergantín "Chambón" los venerables restos del ILUSTRE GENERAL FRANCISCO MORAZÁN, con el exclusivo objeto de entregarlos al Gobierno de El Salvador por órdenes del de Costa Rica; y considerando: que este, con tan generoso proceder, se ha hecho acreedor a la eterna gratitud del Gobierno y pueblo salvadoreños, que tantas y tan repetidas pruebas ha dado de su ardiente deseo por conservar en su territorio las cenizas de aquel BENEMÉRITO GENERAL; que es necesario expresar estos gratos sentimientos de la manera más solemne que sea posible, y también conviene arreglar *ad ínterin* las demostraciones con que debe verificarse su recibo y traslación, se ha servido decretar, y decreta:

Art. 1°. – Se darán por el órgano correspondiente al Supremo Gobierno de Costa Rica las gracias más expresivas por la emisión de su decreto de 6 de noviembre último, mandando exhumar los restos mortales del ILUSTRE GENERAL FRANCISCO MORAZÁN, y por su espontánea y generosa remisión a este Estado.

Art. 2°. – Serán recibidos dichos restos en el puerto de Acajutla por el gobernador y Municipalidad de Sonsonate, asociándose de todos los jefes y oficiales que residen en aquella ciudad.

Art. 3°. – En el momento de su recibo, el comandante del puerto de Acajutla los saludará con 21 cañonazos, y serán trasladados a la iglesia principal de Sonsonate, en donde permanecerán depositados, mientras que por decreto especial se arregla la manera y forma de ser conducidos a esta capital para colocarlos en el mausoleo correspondiente.

Art. 4°. – Por el órgano respectivo se darán también las debidas gracias a los señores comisionados conductores, coronel don José María Cañas y presbítero don Ramón M. González.

Art. 5°. – No siendo justo que el filantrópico Gobierno de Costa Rica, al obsequiar los deseos del Gobierno y pueblo salvadoreños, facilitándole la posesión de tan preciosos restos, se grave con ninguna clase de gastos, la Tesorería General pagará todos los que se hayan impendido, tan luego como los señores comisionados de Costa Rica avisen la suma a que asciendan. – San Salvador, enero 29 de 1849. – Doroteo Vasconcelos. – Al señor Juan José Bonilla".

El gobernador de Sonsonate, en un oficio que dirigió al Gobierno dando cuenta de las instrucciones que se le dieron para recibir los restos de Morazán, dice:

"Sonsonate, enero 31 de 1849. – Señor ministro de Relaciones del Supremo Gobierno del Estado. – Al momento que recibí una comunicación de los señores alcaldes de esta ciudad, participándome la llegada de los restos mortales del BENEMÉRITO GENERAL FRANCISCO MORAZÁN, me puse en marcha para acá, y encontré dichos restos, que los conducían para esta parroquia. Como creía que deberían recibirse con la mayor solemnidad posible, a pesar de no tener órdenes para ello, los hice depositar en la capilla del Ángel, colocando una guardia de veinticinco hombres para la custodia, y de allá se trasladaron ayer a las cinco de la tarde a la iglesia parroquial, colocados en un carro fúnebre magníficamente adornado, acompañado de más de trescientas personas con sus correspondientes luces, y de una guarnición de veinticinco hombres que hizo las salvas de ordenanza; en la iglesia se celebraron las exequias anoche mismo, y hoy se celebró la misa con la mayor solemnidad posible.

Los restos quedaron depositados y custodiados por la guarnición en la iglesia del Pilar, hasta que reciba las órdenes del Supremo Gobierno.

Como se ha seguido un expediente de todas las diligencias practicadas desde su desembarco, daré cuenta con ellas con la persona que venga a recibir las cenizas.

Sírvase Ud. elevarlo así al señor presidente, y aceptar las protestas de mi aprecio y respeto. – D. U. L. – *Rafael Padilla Durán*".

En febrero del mismo año de 49 se reunió la Asamblea, y don Doroteo Vasconcelos, presidente del Estado, dirigió al Cuerpo Legislativo, al abrir sus sesiones, un mensaje en el cual narra a grandes rasgos los sucesos que han tenido lugar; y refiriéndose a la llegada de los restos del general Morazán, se expresa así: "Costa Rica, a imitación de Guatemala, ha hecho la misma declaratoria de erigirse en República. Sin embargo, conserva su buena inteligencia con El Salvador. Como una prueba de esta amistad y armonía, ha recibido el Gobierno un testimonio digno de nuestra gratitud y eterno reconocimiento. Os hablo, ciudadanos representantes, del paso que acaba de dar el señor presidente actual, mandando los restos mortales del ILUSTRE GENERAL MORAZÁN, el hijo de la patria y el constante defensor de sus derechos. Un tumulto rabioso y asesino inmoló en su furor la vida preciosa del amigo querido de los salvadoreños. Pero un gobernante filantrópico, obsequiando los deseos de estos pueblos, nos manda generoso sus caras cenizas, que legó a ellos como un recuerdo de su amor en los momentos mismos en que era conducido al sacrificio. Este presente inestimable cuanto grato y doloroso en sí tiene estos despojos tristes de nuestro caro amigo, serán luego conducidos de Sonsonate con la pompa que nos sea posible, y depositados en un mausoleo mandado ya construir. Si no existe ya, ciudadanos, el ilustre guerrero que condujo siempre al patriotismo a la defensa de la cusa del pueblo, la libertad, poseemos al menos sus restos queridos, y él vivirá siempre en nuestro amor. La historia de su vida formará una sola con la de El Salvador. Unido a este pueblo y a su libertad con una decisión constante, su memoria también será inseparable de este. Una losa fúnebre cubre sus cenizas. La eternidad, interpuesta entre estas y nosotros, nos lo ha ocultado para siempre. El nombre de MORAZÁN pertenece a la historia, sus restos queridos al pueblo salvadoreño". [1]

La Asamblea tuvo a bien dictar el siguiente decreto:

"La Cámara de Diputados del Estado de El Salvador, considerando: Que el digno presidente de Costa Rica, por su decreto de 6 de noviembre último mandando exhumar los restos venerables del ILUSTRE GENERAL FRANCISCO MORAZÁN, lo mismo que por la espontánea remisión de ellos a esta capital, se ha hecho acreedor a la gratitud salvadoreña; que servicios de tan alta importancia no deben quedar sin las debidas muestras del más sincero y vivo reconocimiento, y que el retrato de dicho general debe colocarse en el Salón de Sesiones de esta Cámara, en grato recuerdo de su heroísmo, decreta:

Art. 1°. – Se faculta al Gobierno para que lo más breve posible, y a nombre del Cuerpo Legislativo, dirija al muy digno presidente de Costa Rica una manifestación dándole las gracias más expresivas por su decreto de 6 de noviembre último, lo mismo que por la espontánea y generosa remisión que ha hecho a esta capital de los inestimables restos del ILUSTRE Y BENEMÉRITO GENERAL FRANCISCO MORAZÁN.

Art. 2°. – Se faculta igualmente para que mande hacer el retrato del expresado general de cuerpo entero, y de dos varas de alto, y lo haga colocar en el Salón de Sesiones de esta Cámara.

Dado en San Salvador, a 21 de febrero de 1849. – Eugenio Aguilar, diputado presidente. – Ángel Quirós, diputado secretario.

---

[1] De la "Gaceta de El Salvador". – San Salvador, 1849.

– M. Castellanos, diputado vicesecretario. – Cámara de Senadores. – San Salvador, febrero 27 de 1849. – Al Poder Ejecutivo. – José María San Martín, S. P. – Elías Delgado, S. S. – M. Santin, S. S.– Por tanto: Ejecútese. – San Salvador, febrero 27 de 1849. – Doroteo Vasconcelos. – El jefe de sección, encargado del Despacho de Relaciones y Gobernación. – *Juan J. Bonilla*".

La llegada de los restos del general Morazán al Estado de El Salvador produjo en la capital salvadoreña una conmoción igual a la que en París se experimentó al tener noticias de que de Santa Elena llevaban para aquella metrópoli las cenizas de Napoleón Bonaparte.

Cuando se concluyó de levantar el mausoleo que se había mandado erigir en el panteón de San Salvador, los restos de Morazán fueron trasladados a esta ciudad, donde se recibieron con muchas ceremonias dignas del mártir a que pertenecían.

CAPÍTULO II
Homenaje a la memoria del general Morazán

SUMARIO: Velada literaria. – Estrofas de Juan J. Cañas. – A Morazán, por Joaquín Méndez. – Alocución de Salvador G. Hernández. – Canto a Morazán, por Carlos Bonilla. – Discurso de Enrique Martí. – A Morazán, por F. Castañeda. – A Morazán, por Manuel Delgado. – Alocución de Manuel J. Barriere.

En 1881 la sociedad literaria de "La Juventud" dio una velada conmemorando la independencia de Centroamérica y en homenaje a la memoria del *General Francisco Morazán*. En ella tomaron parte muchas de las principales señoritas de San Salvador y varios jóvenes, miembros de dicha sociedad

Quisiéramos hablar minuciosamente sobre cada una de las composiciones que se recitaron esa noche en el Teatro Nacional, pero por la importancia literaria que encierra cada una de ellas, preferimos insertarlas todas por su orden; estas dicen así:

ESTROFAS

Recitadas por su autor, en conmemoración del LX aniversario de nuestra independencia, y como un homenaje tributado a la memoria del héroe de Centroamérica, Morazán.

———

Nobilísimas damas y señores:
De intenso regocijo mi alma llena,
Os rindo lo que os debo, altos honores,
De esta velada al comenzar la escena;

Velada que al llenar su magno objeto,
Muestra la juventud su inteligencia;
Quien por mi medio os ruega con respeto
La acojáis con gentil benevolencia.

Lo haréis, no dudo, y su áspero camino
Lo haréis desde hoy sendero de delicias;
Y en tanto que ella alcanza su destino,
De su esfuerzo os consagra las primicias.

Y este incipiente ensayo literario,
En que oiréis resonar la patria lira,
Me recuerda que un tiempo, temerario,
Cantar quise al objeto que lo inspira.

Veintiséis años ha. Mi rudo acento
Para el héroe exigía épica trompa;
Que la patria suntuoso monumento
Diera a su imagen con sublime pompa;

Quiso, de El Salvador el entusiasmo.
De Morazán alzarlo hasta la altura;

313

Y fue de la indiferencia un cruel sarcasmo,
Que tornó mi esperanza en amargura.

Quedó mi pobre voz tan olvidada,
Cual de un loco la absurda profecía;
Sin pensar que con alma levantada
Otro loco inmortal realizaría.

Bien puedo ¡oh, Patria! preguntarte ahora
¿Quién la senda te ha abierto en que hoy penetras,
De tu progreso al contemplar la aurora
Y al empuje brillante de tus letras?

La paz, a cuya sombra inalterable,
De tu ventura en el arroyo bebes,
Tu porvenir, haciéndolo envidiable,
Responde, Patria mía, ¿a quién lo debes?

¿Quién te ha dado esplendor, gloria y grandeza?
¿Y quién con noble aspiración se afana,
Por cubrirte con manto de riqueza,
Por hacer de *miseria* una voz vana?

Si hay en mi afirmación arduo problema,
No seré solo yo quien lo resuelva;
También quien tenga la verdad por lema
Y la vista imparcial doquiera vuelva.

De cuadro tan risueño en la presencia,
Sin que mueva a mi labio torpe saña,
Saluda nuestra augusta independencia,
Y con amor filial saluda a España.

Pero ¡ay! Comprendo que atrevido usurpo
El lugar reservado a la esperanza;

Con mi presencia, este acto yo deturpo,
Cuando ya le porvenir fuera me lanza.

El porvenir, que lo vetusto ahuyenta
Y lo hunde del olvido en el ocaso,
Impetuoso en la Patria se presenta,
Y este es la juventud, y le abro paso.

JUAN. J. CAÑAS. *

La composición a que se refiere el señor Cañas es la siguiente:

A MORAZÁN

Fue Morazán el hijo más bizarro
Que en su seno arrulló la Patria mía;
El solo fue quien un laureado carro
Por su raro valor obtuvo un día.
Mas hay pigmeos que de inmundo barro
Levantarse pretenden a porfía,
Para ascender al trono destinado
Al héroe solo... al ínclito soldado.

Ese trono eternal es su memoria,
Donde nadie hollará con torpe planta;
Ese trono tan claro es de la gloria
Que a la virtud de Morazán levanta;
Allí en el tiempo cantará victoria,
Que todo al fin con su poder quebranta;
Pero jamás en el eterno olvido
Ha de hundir al guerrero esclarecido.

No, que su nombre, escrito con ellas,
Lo encontrarán los tiempos venideros;

---

* Juan J. Cañas fue el primer poeta que en Centroamérica cantó a Morazán.

Alumbrando perennes, siempre bellas,
Brillarán como los siglos postrimeros.
Y ocaso no tendrán. Radiantes huellas
Dejó, muriendo por los patrios fueros,
Quien con su voz estremecer hacía
La eternamente infame tiranía.

Grande fue su misión sobre la tierra,
Y cual Jesús, también fue perseguido;
Fue, porque hacía a la oposición la guerra,
Por vil traición en el sepulcro hundido.
Aún su memoria al opresor aterra
Que con el polvo yace confundido;
Y vendrá un día en que al tirano asombre
Ver cual pendón de libertad su nombre.

Entonces ¡ay del déspota cobarde
Que intente impío encadenar al libre!
No hará ¡por Dios! de su altivez alarde
Sin que la voz de la venganza vibre.
El sacro fuego que en mil pechos arde
Será cerrado en destructor calibre,
Para lanzarlo al que con torpe mano
Quiera oprimir al pueblo soberano.

Yo tengo un arpa con alambres de oro
Para cantar de Morazán la gloria,
Porque él es solo el único tesoro
Con que mi Patria adornará su Historia.
Cantad ¡oh, vates! en acorde coro
Al héroe digno de inmortal memoria,
Que a los que grandes en la Patria fueron
Les canta el poeta si por ella mueren.

Y de laurel, camelias y jazmines,
Guirnaldas depositan en su tumba
Doncellas mil, cual blancos serafines
Cuya belleza al mismo sol deslumbra.
Y del mundo tal vez en los confines,
Del héroe el nombre como el mar retumba,
Y su imagen en bronce producida
La venera la Patria agradecida.

La juventud entonces se enardece,
De patrio fuego el corazón henchido,
Y en los pechos gallardos resplandece
De la gloria un destello desprendido.
Mas hoy el entusiasmo se oscurece;
¡Sueños de libertad! ¿dónde habéis ido?
Todo reposa en inacción inerme,
La juventud en la molicie duerme....

No me conmueve el huracán horrendo
Que inmensas olas en la mar agita,
Ni de pavor al horroroso estruendo
Del rayo ardiente el corazón palpita.
Yo, de ambición en ambición subiendo,
Ni el dulce encanto del amor me excita;
Pero arrastrado de sublime anhelo,
Quiero mi frente elevar al cielo.

¡Yo también, yo también! El alma mía
En el bajel de la ilusión se lanza,
Para ahogar ansioso, noche y día,
En el incierto mar de la esperanza.
Yo no veré jamás con apatía
Al gran modelo, que a medir no alcanza
Quien solo sabe soportar el yugo
Con que oprimirle al déspota le plugo.

JUAN J. CAÑAS/ San Miguel: 15 de septiembre de 1855.

A MORAZÁN

Pues vive aún el ideal facundo
De tu anhelada Unión ¡oh, Patria mía!
Pues tu espléndida gloria
Es orgullo y blasón del Nuevo Mundo,
Y tu fe y tu hidalguía,
Lustre serán de la moderna Historia;
Deja que yo, con atrevida frente,
Virgen el alma, corazón de fuego
Y llena de ilusión la fantasía,
Llegue al altar divino
Que el patriotismo levantó a tu nombre,
Y un rayo tome de su intensa lumbre,
Para encender el corazón del hombre
Y enardecer la altiva muchedumbre.

Mas, ¿qué se atreve mi ambición a tanto
Si mi voz es la voz del sentimiento,
Y puedo alzar mi canto,
Y tiene libertad mi pensamiento?
¿A qué tanto anhelar, si el alma lleva
UN NOMBRE, a cuyo mágico sonido
El pueblo se estremece
Y en víctores prorrumpe, enardecido?

En mi hirviente cerebro, el pensamiento
Se agita y centellea:
Mi joven corazón late violento
Al ímpetu febril de noble idea;
Luche tenaz con la impotencia suma,
Tan nula en esta vez como arrogante:

318

Y aunque sentí devorador deseo
Y abrí las alas de naciente pluma,
Como hombre libre me creí gigante,
Mas cual poeta me sentí pigmeo.

¡Pero debo cantar...! La mente inquieta
A impulsos de su ardor estallaría,
Si el fuego sacrosanto del poeta
No inflamara mis cantos este día;
Volando en alas de entusiasmo ardiente,
Subiré hasta las cumbres de la gloria,
Para admirar la coronada frente
Del genio más audaz de nuestra Historia.

¡Miradle allí...! Titán enardecido
Por la llama inmortal del patriotismo;
Ídolo de su pueblo que, aguerrido,
En cien combates aclamó su nombre;
Religión de los hombres de civismo,
Mitad divinidad y mitad hombre,
Su recuerdo sin par los tiempos reta
Y de ellos triunfa, poderoso atleta.

¡Qué! ¿No le conocéis? Su nombre egregio
Pronunciar escuché toda mi vida;
De sus triunfos oyendo la alabanza,
Sentí el alma de gozo estremecida;
Se exaltó mi entusiasmo al leer su historia,
Lloré escuchando su contraria suerte,
Y siempre he venerado su memoria,
¡Más grande que los tiempos y la muerte!

¡MORAZÁN! ¡MORAZÁN! Astro radiante
Del cielo de la Patria ennoblecida;
Astro sin par, cuyo fulgor divino

¡Al pueblo alumbra en su triunfal camino!
En vano han inventado los pigmeos
Tu renombre ocultar, tu inmensa gloria;
Nunca podrá la envidia ni el encono
El fulgor eclipsar del genio altivo,
A quien eleva majestuoso trono,
Al rumor de sus víctores, la Historia.

Si al sol que entre áureos resplandores nace,
Pretende oscurecer la negra nube,
Con sus rayos de fuego la deshace,
¡Y el sol, más claro, resplandece y sube!

¿Quién en mi Patria, MORAZÁN, ignora
Tu grande ingenio, tu virtud sublime?
¿Quién con la Patria en SAN JOSÉ no llora?
¿Quién con la Gloria en SAN JOSÉ no gime?
¿Y a quién orgullo tu virtud no inspira,
Tu santo ardor, tu heroicidad preclara?
¿Quién en SAN PEDRO tu valor no admira,
Y en TRINIDAD tu inteligencia rara?
GUALCHO inmortal, te apellidó romano,
GUATEMALA vencida, heroico griego,
SAN SALVADOR, intrépido espartano,
¡Ciego de gloria y de heroísmo ciego!

Propuesta cruel del enemigo oíste,
De intrepidez y de arrogancia lleno,
Y por la Patria tu familia diste,
Más grande y noble que Guzmán el Bueno.

Si humano con el débil, denodado
Fuiste en los campos de Belona y Marte,
Y te hizo Dios, en su bondad inmensa.
De la patria República el baluarte.

Donde tu voz enérgica se oía
El corazón del pueblo palpitaba,
La Gloria sonreía
Y heroico luchador se levantaba
En cada hombre que tu ardor veía.

Cual águila caudal, medir osaste
La región donde el rayo mueve guerra;
Con ojo audaz el porvenir sondeaste,
Llegar hasta él en tu ambición deseaste,
Tendiste el vuelo y te admiró la Tierra.

¡Cuán grande y majestuoso fue tu vuelo,
Cuan raudo y sostenido!
Perderte parecías en el cielo;
Y si nubles hallabas
Que osaran detenerte en tu camino,
Con regia majestad las desgarrabas,
Y el mundo y el destino,
Que un semidiós tu espíritu creían,
Ardiendo en entusiasmo te aplaudían.

Fuiste muy grande y tu misión muy alta;
Te adoraron los buenos,
Cuya alma noble a lo infinito sube;
Mas ¡ay! Que en este mundo envilecido,
¡Los días más serenos
Siempre tuvieron un jirón de nube!

La tempestad de la ambición impía
Enlutó el horizonte, ensordeciendo
Con su fragor nuestra afligida tierra;
El rayo serpenteó con brillo horrendo,
Trazó tu nombre en el inmenso espacio
Y, con furor tremendo,

Las alas desgarró del ave intrépida,
Mansa y justa en la paz, noble en la guerra...
Caíste, al fin, de la sublime altura
A que te alzó tu sin igual destino;
Rugía la tormenta
Y el raudo torbellino
En espirales elevaba en el cielo
Los gritos de amargura
Que la Patria exhaló con hondo duelo...

En medio de aquel caos espantoso
Me parece que veo
De mi Patria infeliz espurios hijos,
Que, ansiosos de poder ignominioso
Y tinta en sangre la homicida mano,
Con torpe carcajada se disputan
¡De la inmolada madre los despojos!

Me parece que veo al falso apóstol,
Vampiro en las tinieblas,
Queriendo conducir al pueblo ignaro
Al báratro moral de la edad media;
¡Hambriento lobo con la piel vestido
Del cándido cordero,
Que honor, justicia y libertad pregona,
Y honor, justicia y libertad traiciona!

¡Oh, cuánto horro!... El alma estremecida
Y sin fuerza se siente
Cuando intenta pensar en esos tiempos
De luto y de terror...! ¡Cuán tristemente
Sus alas pliega el pensamiento mío!
Murmura una plegaria y experimenta el frío
Del cadalso y la fosa funeraria;
Porque ¡ay! Mi Patria bella

322

Tanto hijo cuenta en aras inmolado
De su infinito amor, que son sus campos,
Cuando el poeta pensador los huella,
Un vasto cementerio, iluminado
Del sol del patriotismo por los lampos...!

Pero no, lira mía;
No de este pueblo las desgracias cantes
Al admirar su genio en el calvario;
Las víctimas, triunfantes,
Hoy, en honor de tan excelso día,
¡Perdonan con nobleza al victimario!

¡Deja mi mente, pálida memoria
De la Patria infeliz... Álzate ufana,
Naciente inspiración, con pompa y gloria,
¡Como el radiante sol de la mañana
Saludando al titán de nuestra historia!
!Venerad, ciudadanos, al gigante
Que también ha triunfado del olvido!
Su brazo ha de moverse amenazante,
Su acento ha de vibrar enardecido,
Cuando el fuego se extinga en vuestros pechos
Y dejéis profanar vuestros derechos.

Del fondo de la tumba alza la frente
De nuestro amor el resplandor escaso;
El siglo diez y nueve fue su Oriente,
¡Del universo el fin será su ocaso!
¡Escribid MORAZÁN con letras de oro
En el azul de la triunfal bandera,
Cuando escuchéis el cántico sonoro
Del que en los triunfos de la Patria espera!

Brillante juventud, gloria futura,
Espléndida y risueña nebulosa
Del patrio firmamento luminosa;
Camina audaz por el espacio inmenso
De la ciencia y el arte,
!A la luz de aquel astro esplendoroso
Cuyo fulgor deslumbraría a Marte!

¡Oh, pueblo cuscatleco, el más ardiente
De los que aclama con su voz el Ande;
Jamás inclines la indomable frente,
Sé de la Patria corazón y mente,
Y aunque seas pequeño, ¡serás grande!
Tú jamás olvidaste a aquel coloso,
Que domina tu altivo sentimiento,
Y hoy, más que nunca, justo y generoso,
Eriges, entre aplausos, victorioso,
Al demócrata libre un monumento.
En él, la Patria cantará victoria
Cuando su augusta libertad remembre;
Será el altar de tu pasada gloria,
Do aclamarán los genios de la historia
¡El sobreaño QUINCE DE SEPTIEMBRE!

¡Que ese monumento se levante,
Los tiempos desafiando como ejemplo;
Que sea el sol su lámpara brillante.
Su cantor el Izalco retumbante,
Y el cielo de la Patria su gran templo.
¡Que en su cúspide regia, levantando
Lance el guerrero la mirada altiva,
Por la antorcha del genio iluminado,
De palmas y laureles coronado
De verde mirto y de risueña oliva!
¡Que lozana germine en nuestras almas

Al fulgor de sus triunfos su alta idea,
Y a su memoria audaz batiendo palmas,
Digamos con ardo: ¡Bendita sea!

JOAQUÍN MÉNDEZ.

DISCURSO

SEÑORAS, SEÑORITAS, CABALLEROS:

Por fin pasó la tenebrosa noche de trescientos años, en que los pueblos de la América Latina durmieron el triste sueño de la terrible esclavitud; y el astro opaco de la tiranía, envuelto en los densos pliegues de esa noche de terrores, también fue a hundirse en el ocaso de los tiempos para no levantarse jamás...! Se hundió para siempre con su séquito de crímenes y su cortejo de males; y al hundirse, el sol de la libertad, el antiguo Dios de los Aztecas y los Incas, se levantó esplendente y majestuoso, iluminando la cumbre encrespada de los Andes y disipando con sus rayos de oro las negras nubes que oscurecían los horizontes del hermoso cielo americano.

Y el indio, que por tanto tiempo había soportado el peso de la servidumbre; los descendientes de Moctezuma y de Atahualpa, que habían en silencio llorado sus miserias y resistido su infortunio, por fin reventaron las cadenas, y levantando la frente hacia los cielos, hincaron la rodilla para saludar, como en otro tiempo lo hicieron sus abuelos, ¡la luz divina de la bendita libertad!

Así también ¡oh, sol de venturanza! ¡Yo enardecido te saludo ahora que la Patria centroamericana enarbola sus pendones en tu nombre para conmemorar el día en que de nuevo le ofreciste tus reflejos!

Y así también en mis palabras pobres, *América inocente*, yo vengo a consagrarte, como una pálida y sencilla ofrenda, todo el entusiasmo que me llena, lo que puede alcanzar mi pensamiento y lo que puede alcanzar mi inspiración.

Y aunque este óbolo que hoy coloco en los altares que te levanta el patriotismo aparezca humilde ante tus grandezas y tus glorias; aunque mis acentos sean débiles para ensalzarte y aplaudirte y para encomiar la elevación de tus héroes y tus genios, recíbelos ¡oh, mundo americano! Como que te son ofrecidos por el último de tus hijos que, palpitando de gozo y de entusiasmo, pide al cielo derrame sobre ti sus bendiciones, para que ya nunca vuelvan los genios del desastre a anonadarte, y para que eternamente seas la patria del derecho, la justicia y la igualdad; acéptalos, como que son el fruto del amor intenso en que por ti se abrasa el alma al recordar tus encantos y atractivos, al pensar en tus victorias y en tus triunfos, y al considerar aquellos tiempos funestos que pasaron y los tiempos felices que vendrán.

¡Si, América!... acepta lo único que puedo yo ofrecerte en este día de esplendidez y de ventura; y entretanto que mi espíritu se extasía en la contemplación de tu magnificencia y tus bellezas, permite que levante mi voz para decirte:

¡América inmortal, yo te saludo!
¡Querida hija del sol, yo te bendigo!

* * *

El hombre no puede recordar sus momentos de felicidad y regocijo ni sus instantes de placer y venturanza, sin que dejen de cruzarse por su mente los recuerdos de su adversidad y las memorias de sus horas de abatimiento y de dolor. ¡Así son también las sociedades y los pueblos, y así es la humanidad!

He aquí cómo la América Latina, al recordar sus grandes días, los días en que conquistó su autonomía, también recuerda aquellos años de infortunio y vasallaje, y aquellos tiempos de duelo en que llevó sobre sus hombros la pesada cruz de la ignominiosa esclavitud; y he allí por qué yo, como americano que soy, también evoco esas memorias, esos amargos y dolorosos recuerdos, que no pueden menos de enternecer el alma y consternar el corazón.

Mucho padecieron nuestros antepasados...! Sumidos en la oscuridad de la ignorancia y los errores, no vislumbraban siquiera un destello de civilización y de verdad; aterrados por la iniquidad y el despotismo, apenas tenían aliento para soportar la carga de sus desventuras y desdichas; y atormentados por la influencia de la superstición y el fanatismo, vivían la vida de la abyección y la miseria, la vida del dolor.

El hijo de los Andes, con la cerviz inclinada, caminaba entre tinieblas y entre sombras, uncido al poste de un magnate que con *látigo de bronce* le azotaba las espaldas para imponerle como leyes sus caprichos arbitrarios y sus despóticos mandatos; y mientras tanto que el conquistador hispano se levantaba arrogante en el dosel de la opulencia, rebosando en placeres y anegado en deleites, pero rodeado de vicios y manchado con la sangre de sus crímenes, el pobre americano, mirando conculcados sus derechos, solo podía, allá en la soledad de sus cárceles sombrías, gemir como gime el oprimido, suspirar como suspiran los siervos y derramar amargo llanto como derraman amargo llanto los esclavos. Y así tan torturado y oprimido, el indio de estas selvas seculares encaminaba sus pasos en pos de su muerte y su ruina, único porvenir que le ofrecían la ingratitud de sus amos, la crueldad de sus verdugos y el despotismo de sus inhumanos opresores.

¡Pero no debía ser eterna la desventura americana...!

Todo en el universo está sujeto a la ley de la transformación; todo en la humanidad está sometido a la ley de la periodicidad; y así como la oruga se transforma en crisálida y la crisálida se convierte en mariposa para volar libre por los vergeles y los campos, así también la América Latina debía en algún tiempo romper sus grillos y extender sus alas para remontarse, como águila atrevida, por los espacios inmensos del derecho y la justicia, la democracia y la ley; debía llegarse el tiempo en que se levantara de su abyección y servidumbre, para emprender su carrera gloriosa de adelanto y su marcha sin fin de perfección.

¡Y ese tiempo se llegó! Washington, levantando el estandarte de la revolución allá en las faldas de los montes Allegheny, entonó el grito de libertad que, repercutiéndose en mil ecos, vino a resonar en el corazón del hispanoamericano, que ya desde entonces no pudo resistir paciente la altanería y la audacia de sus señores castellanos.

¡Libertad! Gritó el anciano desde el lecho en que evocaba sus recuerdos; libertad, la esposa en el santuario del hogar; libertad, el padre y libertad el hijo; ¡y todos proclamaron libertad!

¡Sí! Porque el latinoamericano, a pesar de haber vivido en servidumbre tantos siglos, no se había resignado a ser esclavo, no se había conformado con su suerte y esperaba otro destino; tenía fe en el porvenir... ¡Había vivido oprimido, había resistido mil vejaciones terribles, pero no se había humillado nunca ni envilecido jamás!

Fue necesaria la guerra, y se lanzó a la guerra; y en cruenta lucha y desigual combate, sin más que su firmeza y su heroísmo, supo mostrar a la muchedumbre ibera cuánto puede el soldado americano que se afronta ante los peligros y la muerte por conquistar sus libertades y derechos y la autonomía de la patria. ¡Allá en los campos de Chacabuco y de Maipo, de Junín y de Ayacucho, Carabobo y Boyacá, escrito dejó, con la sangre derramada en las batallas, la primera palabra de nuestra feliz independencia y el prólogo brillante de nuestra hermosa libertad! Y allí mismo, en esos campos donde quedó sepultada para siempre la tiranía de los magnates españoles; en esos campos donde exhaló su último aliento el absolutismo de los monarcas de estos pueblos, allí se levantó Bolívar, envuelto en el manto del iris, hasta la cumbre del nevado Chimborazo, al son del cántico divino de victoria que entonaron los pueblos desde las márgenes del río Norte, en las fronteras mejicanas, hasta los confines de la Patagonia, para anunciar al mundo entero que en el reloj de los tiempos había sonado ya la hora de la redención americana. ¡Y el mundo entero escuchó con asombro la voz potente de aquel genio extraordinario, que nació para la patria y exhaló su último aliento por la patria, de aquel ilustre caudillo, cuyo solo nombre basta para enaltecer el timbre de las glorias latinoamericanas, y cuya sola espada fue suficiente para volcar los tronos del tirano y para herir de muerte esa hidra terrible y destructora que se llama monarquía!

¡Sí! Bolívar es el más grande de los hijos que nacieron a la sombra de los Andes; el héroe más eminente, la figura más culminante que aparece en los anales de la historia patria, y uno de los benefactores más insignes que ha conocido la doliente humanidad... ¡Oh, pueblos de la América Latina! Levantad a su memoria un monumento que sea digno de su nombre, de su fama y de su gloria; llevad a la realización aquella noble idea, aquel gran pensamiento de *Unidad* que para vuestro bien Surgió de su fantasía de genio; uníos, que esa unión es la mejor obra que podéis consagrar a su recuerdo y el mejor medio que podéis escoger para llegar al apogeo de vuestra grandeza y a la ascensión de vuestros elevados destinos; sí, uníos; y mientras tanto despunta la aurora del gran día, id a colocar en su sepulcro la corona de la gratitud y de la gloria, y a regar palmas y laureles sobre la tumba donde duermen Hidalgo y San Martín, Sucre y Morelos, Miranda y Morazán, esos ilustres y heroicos defensores de la libertad y de la patria, del derecho y de la ley.

***

He traído a la memoria el recuerdo amargo de los tiempos funestos del coloniaje español; de aquellos tiempos terribles de asolación y de miserias, de iniquidades y de llanto, de exterminio y orfandad; pero no se crea que es para afrenta de la Nación hispana, de esa Nación que, si es cierto que fue cruel con los hijos de este hermoso Continente, a ello fue conducida por las ideas dominantes de aquellos siglos de superstición y barbarie, que para bien de los hombres ya pasaron; a ello fue conducida por la intolerancia, el fanatismo y el espíritu aterrador de la Edad Media, por la dureza de sentimientos y la inhumanidad de aquel entonces, sí; y nosotros no debemos lanzar sobre su frente ni una sola palabra temeraria y afrentosa, de indignación y de oprobio, no; no debemos ofenderla, no debemos insultarla.

La América latina no puede maldecir el nombre de España, porque de ella ha recibido su sangre y sentimientos y participa de su ser; porque le ha legado costumbres, idioma y religión, y esto, siquiera, debe comprometer su gratitud.

La América latina no puede aborrecer a España; y si es verdad que tiene que resentir por el Gobierno despótico en que la mantuvo durante el periodo de la dominación, ese resentimiento pesa sobre "aquel rey pusilánime y cobarde, borrón de la historia española, que ordenó la lucha y que no era ni podía ser el genuino representante de los sentimientos del pueblo español".

Sí; la América no blasfema de la Nación a quien tanto le debe; la América tiene un corazón grande y generoso; y un corazón grande, cuando ha vencido y triunfado, no trata de humillar ni envilecer a los vencidos; sabe olvidar y perdonar.

Por eso ¡Oh, España! ¡La América triunfante y victoriosa te perdona! Y en cada fecha como hoy en que conmemora los días en que se emancipó de tu potestad y tu dominio, te recuerda para dirigirte una mirada de ternura y de cariño, una sonrisa dulce en que te manifiesta su infinito amor filial, y para enviarte, en las brisas que de aquí van hasta tus playas, un ósculo de paz y bendición; la América olvida sus vejaciones pasadas y los padecimientos a que la tuviese sometida, te quiere y te perdona.

***

Centroamérica adquirió su emancipación como una consecuencia legítima y precisa de la libertad alcanzada por las dos grandes naciones del Mediodía y Septentrión. ¡Ni se derramaron lágrimas, ni la sangre humedeció el suelo de nuestros bosques y campiñas! Entró a la vida de la libertad y del derecho sin hacer esfuerzos, sin sacrificios y sin luchas; y apenas vio los primeros albores de su independencia; apenas respiró los primeros ambientes de la libertad, y, para demostrar al mundo cuánto vale y cuándo puede un pueblo libre, dio un paso de gigante en beneficio de la humanidad, y la humanidad tiene que agradecérselo como la primera nación que llevó al terreno de la práctica uno de los más sagrados principios del Evangelio y una de las teorías más bellas de la doctrina de Jesús. Centroamérica proclama la abolición de la esclavitud de negros, de esa raza desventurada, que no tiene otra culpa que respirar las auras que vuelan por las riberas del Níger y del Nilo y tener la frente tostada por el simún abrasador; de esa raza envilecida y desgraciada, que no tiene otro pecado ni ha cometido otro delito que haber nacido en las despiertas estepas africanas...

¡Pobre raza! Desciendes de Caín, le ha dicho el mundo; y, como si fuera el hijo responsable de los crímenes del padre, la ha oprimido y despreciado y ha llenado su nombre de eterna execración, y solo Centroamérica ha sido la primera en ofrecerle un asilo y en tenderle su mano bienhechora; solo Centroamérica le hizo por la primera vez una palabra de consuelo al ofrecerle en su regazo una sombra donde pudiese reposar de su cansancio y de sus fatigas... Ven a mi seno, le dijo, aquí no tendrás amos ni señores; aquí puedes gozar tranquilamente del cariño de tus hijos y del amor de tus esposas; no tendrás sed ni tendrás hambre; vivirás bajo mi amparo y mi cuidado; nada me importa tu color; tienes alma y sentimientos, y eso basta para compadecerte y aliviarte; yo comprendo tu dolor.

Y Centroamérica se ha hecho digna y acreedora del aplauso y la gratitud universal por ese rasgo tan heroicamente humanitario que habla tan alto en favor de su grandeza de alma y de su magnanimidad de corazón; ¡yo la aplaudo y la bendigo!

Mas ¡ay! La América Central, que tan noblemente principiaba su carrera en la vida de la emancipación; la América Central, que fue tan feliz al adquirir sus derechos y al proclamar su independencia, triste es decirlo, no ha sabido aprovechar los beneficios y ventajas de su libertad, que le ha costado mantenerla más de lo que la hubiera costado conquistarla. Siempre sofocada por el espíritu de la revolución y la discordia; siempre abatida por el azote de las guerras y las luchas fratricidas, apenas ha avanzado unos pocos pasos en el camino del progreso, donde ya debiera estar muy adelante; no ha correspondido enteramente a las esperanzas de sus hijos que lucharon y murieron por su prosperidad y por su bien;

ha caminado lentamente; está muy lejos todavía de llegar al apogeo de su grandeza, ¡y aún brilla muy distante la luz de su bello porvenir!

Hubo un tiempo en que el poder teocrático hizo sentir en esta tierra toda la rabia, la furia y la ferocidad de que es capaz; tiempos nefandos en que caía sobre la frente de las masas populares el odio y el desprecio de una hipócrita nobleza que, caminando ciega y conducida por sus naturales instintos temerarios, solo se complacía en el exterminio y la matanza, en la ruina y destrucción; tiempos aciagos en que, bajo el dominio del fanatismo, iban a morir todas las ideas de adelanto y todos los pensamientos de progreso; tiempos, en fin, en que solo se oía el lamento del pueblo destrozado y la carcajada sarcástica que, para baldón del oprimido, salía de entre las paredes del convento y de entre la terrible oscuridad de las sotanas.

¡Todo era muerte y retroceso, venganzas y trastornos, ignorancia y confusión!

Y en tal estado de abatimiento, la antigua Patria de los Kicab y Nicarao, de Lempira y Atlacalt, necesitaba un salvador, un hombre que, sobreponiéndose al envilecimiento y a la miseria de todos, la levantara de su estado de abyección y le comunicara fuerzas y aliento para emprender su marcha de adelanto al arrullo del trabajo y de la paz.

¡Y ese hombre apareció...!

De entre las brumas de la guerra Surgió la figura portentosa del gran héroe que debía principiar la obra del engrandecimiento a que debe llegar algún día esta Patria aniquilada; ¡al son de los clarines y de los tambores se levantó para cambiar por completo la faz de los acontecimientos políticos de estos pueblos y para desafiar, frente a frente, la osadía y el furor de los tiranos!

Y ese hombre, ese héroe y ese genio es Morazán que, no pudiendo escuchar indiferente los gemidos de la Patria adolorida, voló a salvarla y redimirla, potente y atrevido, sin temer los peligros ni la muerte; Morazán, a quien ahora veis allí coronado por la gloria y recibiendo la palma del martirio, que viene a ofrecerle un ángel bajado de los cielos de la historia; Morazán, genio eminente que nació para la guerra, donde siempre caminó de triunfo en triunfo, y que vivió para la patria y la libertad, y a quienes consagró todas sus fuerzas y fatigas, todo su heroísmo y su vigor.

Mas ¡ah... yo no quiero recordarlo! Morazán, la personificación del liberalismo centroamericano; el hijo más digno y elevado que alimentó la savia de la Patria, no pudo escaparse de la saña de sus serviles adversarios, y fue a ser víctima de la traición más execrable y más cobarde allá en las faldas de las montañas del Dota. Y allí, con él, también cayó su estandarte en cinco pedazos fraccionado, y allí está todavía hecho pedazos, y así roto está cubriendo su tumba todavía.

Y vosotros, pueblos centroamericanos, ¿qué, no vais a levantarle? ¿Todavía queréis permanecer en vuestra criminal indiferencia? ¿No os entusiasman las ideas y el recuerdo del que en otro tiempo fue vuestro caudillo?

¡Oh! No; levántate, ardorosa juventud; yergue la frente, y altiva encamínate, siguiendo las huellas luminosas y brillantes del gran héroe; encamínate a la realización de sus ideas, pero sin mancillar la bandera que él ostentó en mil batallas, y que llevaba por lema: *¡Dios, Unión y Libertad!* — He dicho.

SALVADOR G. HERNÁNDEZ

15 DE SEPTIEMBRE DE 1821

SEÑORAS Y CABALLEROS:

¡Sesenta años hace hoy que el grito de independencia, resonando por primera vez en las selvas centroamericanas, hizo temblar en su carcomido trono al opresor del Nuevo Mundo!

¡Sesenta años, que representan para este pueblo generoso la infancia de la vida de los pueblos libres!

Cuando la mano del destino trazó en las páginas del tiempo la fecha gloriosa de esta redención, el porvenir sonrió gozoso y preparó sus triunfos, los triunfos de la libertad, para el pueblo que acababa de borrar de su frente la mancha que imprimiera en ella la tiranía, y que cual la señal de Caín encierra la maldición de Dios. La maldición, pues si la ignorancia, según el decir de Shakespeare, lo es, la tiranía, que es la madre de todos los males, no puede menos de serlo.

Esa maldición dejó de pesar sobre Centroamérica, que, a ejemplo de sus hermanas de cautiverio, supo enseñar a los déspotas que bajo el cielo puro de la América podía florecer el germen bendito de la libertad.

En estos bosques vírgenes, orgullo de la naturaleza; en estos perfumados Edenes americanos, es donde se respira ese ambiente puro que ahoga a los opresores de la humanidad. A la margen de sus arroyos y fuentes; junto a sus majestuosas cataratas; al pie de sus horrísonos volcanes, es donde se ve el verdadero reflejo de Dios, y palpita el corazón a impulsos de ese sentimiento, que es en el alma del hombre lo que el *fiat lux* de la palabra omnipotente en la noche tenebrosa del caos.

¡Libertad!... Palabra que encierra todo lo que de grande y de noble puede abarcar el espíritu humano; ¡cuántas veces la vista anhelosa ve perderse tu radiante luz en la oscura inmensidad de los tiempos! Pero tú apareces de nuevo rasgando las más negras tempestades, te levantas triunfante sobre las ruinas de miles de generaciones, y flotas en la atmósfera de los siglos, y eres el ideal sublime de la más bella de las esperanzas; el aliento vital del alma y el alma de la razón.

¡Quince de septiembre de mil ochocientos veintiuno!

¿Cómo no recordar con júbilo este día? Ved a este pueblo, que hace poco yacía sumido en la más negra ignorancia, levantar la frente para respirar la brisa embalsamada del progreso; vedle levantarse combatiendo las preocupaciones de ayer; vedle conmemorando este día, que es la prueba mayor de que ama sus libertades y comprende el valor inapreciable del tesoro que posee.

¿Qué era ayer? El ciego instrumento de la codicia ajena. Veía con estúpida indolencia su condición de siervo, y no osaba alzar la voz cuando veía los ricos dones que la mano de Dios derramó sobre esta tierra bendita servir solo para aumentar el fausto escandaloso de los déspotas, que negaban a sus miserables víctimas el alimento del alma; que trataban de abrumar a fuerza de ignorancia e ignominia, para que no comprendiesen la vergüenza de su estado.

¡Envilecimiento e ignorancia! He aquí las condiciones que deben tener los pueblos para saciar la sed de sus verdugos

¡Ay de ellos cuando la ilustración ilumina el horizonte ennegrecido que les rodea! ¡Ay de ellos cuando los pueblos se ven en el espejo de la razón y se horrorizan ante la asquerosidad de su fisonomía social! Porque entonces lucharán hasta derrocar a su victimario, lucharán con la fuerza de la desesperación hasta triunfar de él o dejarle su mísero cadáver, destruyendo al tirano al destruirse ellos mismos.

Esto sucedió en América. Llegó un momento en que el despotismo se halló impotente para ocultar a los ojos de los americanos el sol de la civilización, que, siguiendo su órbita fatal, había empezado a iluminar esta mitad del planeta. La lucha del progreso contra el oscurantismo empezó. Había sonado para el Nuevo Mundo la horade la lid, y entró a representar su papel en esa gran tragedia que no ha concluido aún; en esa gigantesca epopeya que tantas veces ha inundado al mundo en sangre; en esa lucha que los verdugos de los hombres se obstinan aún en seguir, sin ver en su ceguedad que el triunfo de la verdad es un hecho que presto quedará consignado en los fastos universales. Centroamérica, como una consecuencia natural, quedó libre poco tiempo después que Méjico y la América del Sur. Los efectos de la libertad se hicieron sentir bien pronto; y la civilización empezó a ejercer su poderoso influjo. Poco tiempo ha transcurrido, y en ese tiempo, Centroamérica ha adelantado en su camino de perfeccionamiento mil veces más que en los tres siglos en que estuvo bajo la tutela de la Metrópoli.

No se crea que, como ha dicho el gran poeta español Fernando Velarde, entro en la *salvaje moda de escarnecer a España*; no, bien comprendo que España, si bien ha sido tirana en América, ha sido como una consecuencia de su mal gobierno, y cambiar un Gobierno malo por uno bueno, es empresa que requiere tiempo. La España de hoy dará la razón a América, y sabrá apreciar en Bolívar, San Martín, Hidalgo y Morelos, héroes en cuyas venas corría la sangre de su valiente Pelayo, y verá reproducida en Junín y Ayacucho su jornada inmortal de Covadonga.

La república, que es la forma de gobierno que más hace adelantar a las naciones, ha sido quizá la causa principal del progreso centroamericano. Aunque las repúblicas no han sido hasta hoy entre nosotros modelos, y aunque haya habido épocas en que no se haya echado de menos la *tradicional tiranía* de los españoles, ya la idea de libertad se hallaba encarnada en todos los corazones; y hasta que un pueblo se llame libre, aunque no lo sea en toda la extensión de esta santa palabra, para que adelante más que bajo el gobierno de la monarquía absoluta.

Permitidme, señores, que antes de concluir rinda el homenaje de la admiración al genio más levantado que ha tenido Centroamérica. Al patriota de corazón, que comprendió que la verdadera libertad no sería un hecho para la Patria mientras la desunión, fomentando rencores, siguiera siendo para las cinco Repúblicas el semillero de todos los males. No necesito mentar el nombre de este héroe; vuestros corazones conservan su recuerdo venerando, todos decís interiormente: *"es el inmortal Francisco Morazán"*.

Al recordar este día tan sagrado, el recuerdo de ese grande hombre se presenta a la memoria y entristece el corazón. El quince de septiembre de 1842, en la misma fecha que 21 años atrás dejó Centroamérica de ser esclava, fue inmolado este héroe glorioso como un sarcasmo a las libertades proclamadas el quince de septiembre de 1821. ¿Debe la Patria reír o llorar este día? A mí me parece, señores, que en nada debe alterar este hecho el gozo de los centroamericanos.

Morazán fue sacrificado; pero su sacrificio no fue estéril. La Unión centroamericana es una idea que cada día va teniendo nuevos prosélitos, y no está lejano el día en que Centroamérica, unida ya, eleve al cielo un himno inmortal a la memoria del que dejó al morir el germen que debía más tarde darle vida y acabarla de hacer completamente libre.

Nuestra alegría, pues, señores, es justa: la patria conmemora hoy el día de su emancipación, y canta sobre la tumba del héroe. – He dicho.

ENRIQUE MARTÍ.

ALOCUCIÓN

SEÑORAS Y CABALLEROS:

Más allá... era imposible.

Dormía la virgen América el sueño del olvido; empero, su sueño no debía ser eterno.

Destinada por la providencia a la realización de los más grandes destinos, se descorrió el velo que la cubría y apareció esplendorosa en medio de dos mares, cuyas ondas habían arrullado su sueño desde tiempo incalculable.

Levanta su majestuosa frente, y al ver su placentero rostro, la contemplan con admiración las naciones que hasta entonces habían jugado con la suerte de la humanidad.

No quiero yo aseverar que ni aun había pasado su estupor cuando, según las crónicas, cayó bajo el pupilaje de la nación que interrumpiera su delicioso sueño.

Ni pretendo decir que España, que pudo considerarse como la madre de América, en vez de presentarla una mano cariñosa encaminándola al bien, se convirtiera luego en madrastra.

Ni deseo tampoco aplicar a la en otros tiempos orgullosa Iberia lo que dijo un escritor refiriéndose al destino del hombre: "La negra mano del destino (hijo) tiene cinco dedos de hierro, y cuando quiere oprimiros, os coloca dos sobre los oídos, dos sobre los ojos, y colocándoos el quinto sobre los labios, os dice: ¡calla!

Lo único que puedo afirmar, porque se puede presumir, es que la existencia de América rodaba entonces en medio de una noche de tinieblas y de angustia; pero que llegó un día en que *sintió*, llegó una época en que *raciocinó*, y con una voluntad omnipotente, puso en

337

acción la divina idea que cual meteoro misterioso había cruzado por su mente.

Y la pupila llegó a señora, dejando en la más completa estupefacción a la que soñaba con una dominación indefinida.

Yo hallo en esto, señores, la más natural consecuencia; como hallo natural la sucesión del día a la noche, la de calma a la tempestad...

La América está llamada a ser la directora de la humanidad.

Es aquí donde debían venir a respirar, y a respirar por vez primera, los que nacieran en medio de una pesada atmósfera donde flotan las fatídicas brumas del absolutismo.

Es de aquí de donde debe levantarse en toda su pureza la divina religión de la libertad.

Es aquí donde comienzan a realizarse las ilusiones de los que piensan en la fraternidad universal.

He allí por qué los esfuerzos para implantar en nuestro suelo el imperio de la democracia, deben ser grandes como los destinos de América.

Levantados veo ya los primeros peldaños de su excelso trono; pequeña conquista adquirida a costa de cruentos sacrificios.

Ella tiene sus mártires como tienen sus mártires todas las ideas grandes.

¿Qué importa?

Su recuerdo, en vez de servir para nuestro desaliento, debe servir para fortalecer nuestro espíritu en la persecución de la gran obra iniciada por ellos.

Levantemos, pues, a los mártires de la idea redentora.

Sepamos admirar sus glorias, y hagamos despertar el entusiasmo y la fe, fuentes de las grandes acciones, y por consecuencia, del patriotismo.

Porque, señores, allí donde el entusiasmo y la admiración son plantas exóticas, la virtud del patriotismo será también exótica.

Allí donde el genio consagrado al bien apenas se ve pasar como una sombra fugaz, sin que un corazón agradecido venere su nombre, allí, no vive un pueblo culto, sino un pueblo de salvajes.

Ya comprendéis cómo al correr del tiempo y a medida que los rayos de la civilización se esparcen, aparece más radiante la figura del redentor de media América: Bolívar.

Cabe a nosotros sacar del polvo de nuestra historia patria a los dioses de nuestra regeneración.

Trabajemos por que se graben por doquier sus nombres, para que así también se grabe en el alma de cada ciudadano que *primero somos para la patria y para nuestros hermanos, antes que para nosotros mismos.*

En cuanto a ti, ¡Oh, Morazán! Malogrado baluarte de las libertades centroamericanas, temo, al pronunciarlo, profanar tu augusto nombre, que solo es dado llevar en sus labios a la gloria y a la fama.

Pero al recordar el día más fausto que registran nuestros anales políticos, no puede olvidarse al que llegó hasta el último sacrificio para devolver a Centroamérica sus agonizantes libertades.

Tú, que habías nacido para redimirnos, identificaste tu ser con el de este pueblo, a quien con orgullo proclamo el más glorioso y el más liberal de Centroamérica.

¿Y cuál fue tu suerte; cuál el fruto de tu sobrehumano esfuerzo?

Ah, sí... tú también encontraste *judíos* que escarnecieran tu nombre y desconocieran tu misión redentora.

Caíste en manos de esos hombres que, con vestidura *de luto*, han tremolado siempre el estandarte del retroceso.

Yo los reconozco como hijos de las tinieblas; aún los veo parapetados tras las tinieblas; pero, tarde o temprano, se hundirán en las tinieblas.

Duerme en paz, que señalado tienes tu puesto en el cielo de los héroes.

Y si no tuviste un Homero, hoy en cambio sobran bardos que cantan e inmortalizan tus glorias.

"Declaro, dijiste al sucumbir, que mi amor a Centroamérica muere conmigo. Excito a la juventud, que es llamada a dar vida a este país, que dejo con sentimiento por quedar anarquizado..."

La luz de la esperanza, en tan supremo momento, iluminaba tu alma generosa.

El eco de tu voz ha repercutido lo bastante para vibrar en nuestros corazones.

Y hoy podrías sonreír y complacerte al contemplar a la generación que se levanta, acogiendo tu idea con religioso acatamiento.

La brújula aún oscila locamente, pero nuestra fe nos dice que estamos para llegar al destino que formó tu más hermoso pensamiento: la reconstrucción de la REPÚBLICA CENTROAMERICANA.

El esplendor de tus glorias iluminará el camino que para llegar allá habremos de recorrer.

¿Y os afanáis, compatriotas míos, en busca de cantares para entonar en este día?

Yo recuerdo uno que he oído repetir al niño, al joven, al anciano.

Fue dedicado a la libertad, a la democracia y a la independencia.

Es todo un poema, pequeño pero sublime e inmortal. Escuchadlo: ¡MORAZÁN!

MANUEL J. BARRIERE.

CAPÍTULO III
Monumento a Morazán en el Cementerio General de San Salvador

SUMARIO: Terremotos que tuvieron lugar en San Salvador. – Se manda levantar un monumento a Morazán. – Un decreto. – Fecha en que se inhumaron los restos de Morazán. – Discurso de Guevara Valdés.

En 1873 se sintieron en Sa Salvador fuertes terremotos, que arruinaron la ciudad casi por completo. Los mejores edificios se derrumbaron, y el mausoleo que en 1849 se había mandado levantar con el objeto de guardar allí las cenizas del general Morazán, fue destruido por completo.

Esto obligó al Gobierno de El Salvador a mandar construir un hermoso monumento, digno de aquel héroe, en el centro del Cementerio General de San Salvador, emitiendo para ello el siguiente decreto:

"El Poder Ejecutivo de la República de El Salvador. – Considerando: Que a consecuencia de los terremotos ocurridos en esta capital en 1873 ha sido completamente destruido el monumento que guardaba las cenizas del ilustre general don Francisco Morazán; que es un deber del Gobierno conservar en depósito manteniendo vivo el recuerdo y las virtudes cívicas de tan esclarecido caudillo, decreta:

Art. 1°. – Se erigirá en el centro del Cementerio General de esta capital un monumento nacional, donde se guardarán los restos de aquel benemérito patricio, fijando en diversas inscripciones su nombre y los homenajes de gratitud que el pueblo de El Salvador tributa a su memoria.

Art. 2°. – La Secretaría de Estado en el Departamento de Relaciones Exteriores queda encargada de la ejecución del presente decreto.

Dado en San Salvador, a 10 de mayo de 1880. – Rafael Zaldívar.

El ministro de Relaciones Exteriores. – Salvador Gallegos".

El 14 de septiembre de 1882 se inhumaron las cenizas del gran caudillo centroamericano en presencia de una multitud de gente.

El doctor don Antonio Guevara Valdés, comisionado por el Gobierno de El Salvador, pronunció en el Cementerio un juicioso y bien meditado discurso, en el acto en que iban a ser exhumadas dichas cenizas. Este documento dice así:

DISCURSO

Honorables presidentes de los Supremos Poderes: Ilustres representantes de naciones amigas, que os halláis aquí reunidos; señoras y señoritas:

Hoy, más que nunca, he sentido carecer de la elocuencia de un distinguido orador, hoy que celebramos un acontecimiento sin igual en los anales de nuestra historia; y si he aceptado del ciudadano presidente de la República la honrosa comisión de dirigiros la palabra en este día, lo he hecho solamente por atender a tan elevada invitación, al mismo tiempo que por obedecer a mis ideas verdaderamente republicanas. Apartad, pues, la atención de mi humilde personalidad, no la fijéis en la rudeza de mi expresión sin brillo, fijadla solamente en el gran acontecimiento que nos tiene hoy reunidos en la mansión de los que fueron.

El pueblo salvadoreño y las importantes naciones que hoy se ven representadas en este lugar de duelo, veneran con respeto la memoria del padre de nuestra patria, que murió víctima de la perfidia y mártir de sus bienhechores principios en favor de Centroamérica, a quien quiso legar un porvenir de felicidad.

Ocho lustros van a cumplirse desde que descendió a la tumba el benemérito Francisco Morazán, y el pueblo de su predilección, representado por un Gobierno de ideas levantadas, va a cumplir hasta hoy con el deber de honrar, dignamente la memoria de aquel prócer sacrificado en aras del patriotismo.

Esa urna que tenéis presente encierra las cenizas venerandas de Francisco Morazán, que él mismo legó al pueblo salvadoreño por su sincera y constante adhesión a los esfuerzos de aquel caudillo, que por doquiera que pasaba, era la victoria su compañera inseparable, hasta el día nefasto en que exhaló su vida en la República de Costa Rica. La historia ha juzgado ya con imparcialidad y buen criterio a los que privaron a Centroamérica de una existencia tan preciosa, y a nosotros toca solamente depositar una lágrima de dolor en la nueva tumba que encierra el último recuerdo material de aquella vida consagrada al bien de mil y mil generaciones. Morazán fue hombre honrado por esencia y patriota por naturaleza, y debemos llorarle y bendecirle los que tenemos a honra llamarnos sus hijos en la patria.

Pero no deben ser lágrimas estériles las que nosotros debemos derramar. Es necesario que al honrar la memoria del héroe centroamericano, procuremos con toda la fuerza de nuestras fuerzas hacernos dignos hijos de tan esclarecido padre; es necesario trabajar y más trabajar por que sea fecundo el árbol que regó con su sangre; pero que sea fecundo en bienes y no en los elementos disolventes que por desgracia se han agitado en nuestra vida política; elementos que nos han mantenido en criminal desunión, que nos han hecho vivir en la ignorancia y que nos han impedido explotar las riquísimas fuentes de progreso con que el SER SUPREMO se dignó adornar nuestro suelo, resultando de aquí, como lógica consecuencia, que Centroamérica es hoy una patria despedazada, cuando, por la unión y el patriotismo de sus hijos, debería ostentar ante el mundo la cultura más floreciente.

¡Cómo contemplarán a Centroamérica los manes venerandos de Francisco Morazán! ¡Si existe en realidad la visión beatífica, Dios no habrá permitido todavía que el alma del gran héroe dirija ni una sola mirada a los habitantes de estos países! ¡Si esas cenizas se animaran, siquiera por un instante, se lamentarían amargamente al ver que la generación que las ha sucedió, nada, casi nada ha hecho de positivo por concluir la obra que Morazán inició con su esclarecida inteligencia y con su espada legendaria, hasta lanzar en su prosecución el último suspiro!

Sí, debemos ser francos, tenemos que ser sinceros, particularmente en este día que, al mismo tiempo que es un día de gloria, es también un día de luto nacional. Estamos en la mansión de los muertos, en la morada de los desengaños, en el lugar donde desaparecen todas las ilusiones, y en este asilo de la verdad, solamente la verdad debe pronunciarse

Morazán quiso la unidad de Centroamérica, y a ese sublime y elevado pensamiento consagró todos los días de su vida pública; y si el plomo homicida de la traición no hubiera cortado el hilo de su existencia, hoy nos veríamos formando una importante entidad política, fuerte en sus instituciones y considerada con respeto por las naciones extranjeras; mas hoy no somos más que parodia de naciones; formamos tan solo cinco agrupaciones políticas que, separadas, nada significan en el concepto de las demás que pueblan el mundo. Las ambiciones bastardas nos mantienen desunidos, los intereses rastreros han hecho de cinco hermanas cinco celosas rivales, de las que cada una ha mirado como un mal el progreso y la cultura de las otras.

Hoy que la República de El Salvador ha puesto sus destinos en manos de un Gobierno ilustrado que, comprendiendo su misión, ha hecho a un lado las divisiones de partido, llamando a todos los salvadoreños para que colaboren en la obra magna del engrandecimiento de la patria, sin hacer más distinciones que las de la honradez y del talento, debemos todos trabajar sin descanso por honrar dignamente la memoria de Francisco Morazán, secundando los esfuerzos de los patriotas que se desvelan por reconstruir la Unión de Centroamérica; pero es preciso que nuestros trabajos sean positivos, que nuestros esfuerzos sean eficaces, sin que consistan en palabras que se evaporan al escucharse en la tribuna o al leerse en los delirios de la prensa.

La altura a que ha llegado El Salvador es innegable, su progreso es palpitante, su cultura es evidente; por todas partes se hace guerra a muerte a la ignorancia y al fanatismo; la escuela es el entretenimiento del niño, la universidad es la ocupación del joven, la ilustración, en una palabra, es el objeto que todos nos proponemos; y gozando de una situación tan próspera, ¿por qué no iniciamos la idea de la unidad nacional, poniendo todos los medios que tenemos en las manos para conseguir que sea un hecho la reconstrucción de la Patria de Morazán?

Disimulad, señores; disimulad que, arrastrado por mi decidido amor a la Unión de Centroamérica, me haya apartado tal vez del verdadero objeto de esta alocución, que ya os parecerá fastidiosa; pero las ideas se enlazan unas con otras, y no puede pronunciarse el nombre de Francisco Morazán, sin que al momento ocurra a la inteligencia la frase armoniosa de Zúñiga y de Jerez: *una sola Patria y un solo Gobierno*, frase que sintetiza fielmente la idea del verdadero padre de la patria...

Centroamérica fue por mucho tiempo el patrimonio de la Península Ibérica.

Todos sabéis lo que entonces eran los pueblos que dependían de la corona de España.

Hubo un día, el 15 de septiembre de 1821, en que logramos nacer a la vida de los pueblos libres, y desde aquella fecha hasta nuestros días podemos decir que nuestra existencia política no ha sido más que un cos.

El partido de los que se titulaban nobles, que no ha sido más que el partido de la ignorancia y del oscurantismo, tuvo que aceptar nuestra independencia como un hecho consumado; pero nunca ha dejado de trabajar por mantenernos bajo su siniestra dominación, para lo cual no había mejor medio que la ignorancia del pueblo, y preciso es confesar que no podía elegirse un medio más lógico.

Después, cuando a pesar de los manejos de la llamada nobleza, la luz comenzó a irradiar en algunos pueblos, se apeló a la idea satánica de dividirnos para atacarnos en detal, y hemos tenido que sufrir las consecuencias de la desunión.

Cuando nuestras rencillas fratricidas amenazaban destruir nuestra independencia, allá en Honduras, Patria de tantas inteligencias que honran a Centroamérica, se levantó un hombre que puso al servicio de la Patria su persona, sacrificando su tranquilidad y bienestar por oponer un dique a los trabajos de los eternos enemigos de la civilización. Este hombre, ya lo sabéis, fue Francisco Morazán, a cuya memoria consagramos una festividad nacional como un tributo de amor y de gratitud.

Apenas apareció en la arena política aquella figura colosal, el régimen de las ideas oscurantistas comenzó a temblar desde sus cimientos, amenazando precipitar a sus sostenedores en el abismo tenebroso de su propia obra.

Morazán, acompañado de un grupo de patriotas y comandando después un ejército de valientes, relativamente pequeño en número, pero grande en constancia y lealtad, atacó a los enemigos del progreso donde quiera que se le presentaban, sin atender jamás a las ventajas del número ni de la posición que pudieran tener, porque en aquel privilegiado cerebro ardía la bienhechora idea de la salvación, de los principios republicanos, y en aquella alma de espartano

345

palpitaba el valor de los héroes. Morazán caminó siempre de triunfo, con sus huestes vencedoras, y siempre dejaba por huella la redención de la democracia.

No es mi ánimo trazar en este discurso la historia de Francisco Morazán. Esta historia de prodigios es conocida de todos, y aún existen algunos de los valientes que acompañaron al héroe en su carrera de gloria. Solamente he querido recordar en globo todo lo que Centroamérica le debe, todo lo que le debe a la causa de la libertad y del progreso. Sin los esfuerzos de Morazán y de los patriotas que compartieron con él las fatigas y los peligros, tal vez nosotros seriamos aún el patrimonio de alguna testa coronada, la miserable alfombra donde pusiera su planta alguno de esos monarcas que creen en el derecho divino de los reyes; la ignorancia sería el único patrimonio del pueblo, el fanatismo constituiría el principal elemento de gobierno, la inquisición nos ofrecería el espectáculo de ofrecer a la Divinidad *banquetes de carne humana*; en una palabra, las tinieblas serían nuestra atmosfera, nuestro porvenir sería la esclavitud más abyecta.

Y no se crea que camino exagerado en mis apreciaciones, arguyéndoseme que al empuje de la civilización nosotros habríamos tenido que ser libres, y que lo seríamos en realidad. No, señores, allí tenemos a Cuba, gimiendo aún bajo el látigo de un rey, a pesar de que está rodeada de naciones interesadas en su dependencia y no obstante los esfuerzos de mil patriotas que han querido darla en libertad; y, ¿qué de extraño tendría que España, servida por sus nobles en Centroamérica y explotando nuestra inexperiencia política, nos hubiera reivindicado para reducirnos nuevamente a la vid monárquica?

Este porvenir siniestro que nos amenazaba se borró para siempre por la constancia y valor infatigables con que Morazán destruyó la mayor parte de los elementos que minaban nuestra autonomía; y si es cierto que aún quedaron algunos, estos fueron ya impotentes, para el buen éxito de los que agitaban, aunque no lo fueron para hacer correr la sangre de los centroamericanos ni para mantenernos reducidos a cinco insignificantes naciones; porque, para oprobio del partido oscurantista, la historia consigna en sus páginas que está llamado a ocasionar el mayor mal que puede, cuando no puede causar todo el mal que quisiera.

Justo, pues, ha sido el decreto en que se ordena tributar un homenaje de respeto y gratitud nacionales a la memoria de Francisco Morazán, inhumando sus cenizas con la mayor solemnidad y pompa. Ese decreto, al mismo tiempo que es un tributo al mérito relevante, es una lección para nuestros hombres públicos y un estímulo para la juventud, que constituye el porvenir de la nación.

Los gobernantes vulgares que poco o nada se han interesado en la felicidad de la República, no consiguen más que el olvido de las generaciones que les suceden; y los que no solamente han visto con descuido la felicidad de sus gobernados, sino que se han dejado llevar por las pasiones, dejando profundas heridas en el corazón de la Patria, no son acreedores sino a un recuerdo de oprobio y de maldición; porque si el hombre en su vida privada se deja arrastrar por los instintos de una naturaleza viciada, no merece más que el baldón de sus semejantes; aquel que teniendo en sus manos todos los elementos de la nación para hacer el bien, se vale de esos mismos elementos para hacer el mal, es más de digno que su nombre sea execrado por las generaciones futuras.

La juventud, ese poder omnipotente que simboliza el *adelanto* de la civilización, verá también en ese decreto un estímulo poderoso para esforzarse en adquirir las prendas que hacen de los hombres una gloria nacional.

Cenizas venerandas de Francisco Morazán: Recibid un tributo de amor, un homenaje de gratitud del pueblo que hoy os contempla con respeto; porque sois las reliquias del hombre a quien más debe, del hombre a quien más ha querido, del hombre cuyo recuerdo vivirá siempre en el corazón de los buenos centroamericanos.

Todos juramos conservar incólume tan sagrado depósito. Todos juramos seguir la senda que el héroe nos trazó para defender nuestra vida política; y ese juramento es la más bella corona que podemos ofreceros.

Ciudadano presidente de la República: Recibid un voto de agradecimiento nacional por vuestra iniciativa para la emisión del importante y aplaudido decreto en que se ha ordenado honrar la memoria del héroe centroamericano. – He dicho.

ANTONIO G. VALDÉS

MONUMENTO DE MORAZÁN EN SAN SALVADOR

CAPÍTULO IV
Inauguración del monumento a Morazán en uno de los parques de San Salvador

SUMARIO: Simpatías del pueblo salvadoreño a Morazán. – Contrata sobre el monumento a Morazán. – Invitación del Gobierno de El Salvador al de Honduras. – Programa de las fiestas. – Discurso de Álvaro Contreras. – Poesía de Rubén Darío. – A Morazán, por Joaquín Aragón. – Resumen. – Brindis del doctor don Carlos Bonilla.

El Gobierno de El Salvador fue el primero que tributó honores al mártir de la Unión Centroamericana, que prefirió sacrificarse en aras de la Patria antes que verla desmembrada y dividida en pequeñas y raquíticas naciones.

Aquí en esta tierra querida y predilecta de Morazán fue el primer lugar de Centroamérica donde se le mandó levantar un monumento en el parque que lleva al mismo nombre del héroe.

Ya se ha dicho que el pueblo salvadoreño permaneció siempre fiel al general Morazán, en todas las época favorables o adversas por que cruzó aquel gran caudillo. Todos los salvadoreños pronuncian el nombre de Morazán con marcada reverencia, y no hay un solo soldado, de aquellos antiguos soldados llenos de heridas cicatrizadas, que al recordar las hazañas de aquel genio predilecto de la gloria, no se les derrame una lágrima por sus arrugadas mejillas. El pueblo salvadoreño también fue el más fiel después de su muerte, porque al año siguiente de haber desaparecido Morazán, es decir, el 15 de septiembre de 1843, celebraba las honras fúnebres del general entre suspiros y lágrimas, y transido de dolor elevaba sus oraciones al Supremo Hacedor, mientras ¡quién lo creyera! el Gobierno de Honduras festejaba este día con bailes y diversiones públicas para conmemorar la muerte del *tirano* de Centroamérica.

Repetimos que El Salvador ha sido el primer pueblo del Centro que erigió una estatua al benemérito general Francisco Morazán, y para dar mejor idea de este bello monumento, insertamos a continuación la contrata:

"Ministerio de Hacienda y Guerra. – Monumento del general Morazán. – Contrata: Los infrascriptos Salvador Gallegos, secretario de Relaciones Exteriores, autorizado especialmente por acuerdo supremo de 22 de julio del corriente año, y Francisco A. Durini, por sí, hemos celebrado con esta fecha el siguiente contrato:

El segundo se compromete a hacer construir en Génova y colocar en esta capital dos monumentos de mármol que el Supremo Gobierno ha mandado erigir al benemérito general don Francisco Morazán, arreglándose para estas obras a la forma y dimensiones que ha presentado y que, firmados por los contratantes y con el sello de la Secretaría de Relaciones, quedan depositados en dicha oficina.

El principal de estos dos monumentos que, según el diseño respectivo, tendrá ocho varas de altura y cinco varas de base en su mayor diámetro, será colocado en el centro del parque mandado construir últimamente bajo el nombre de "Parque de Morazán"; y el segundo, en el centro del Panteón General de esta capital, observándose en su construcción las condiciones siguientes: En el monumento principal, el zócalo será hecho de material de piedra y cemento romano, terminado al exterior en la forma de granito picado. Las fachadas del basamento del primer cuerpo y los pedestales de las estatuas constarán de tres piezas cada una, que son zócalo y base, fuste y cornisa o capitel. El segundo cuerpo del monumento será hecho también de tres piezas: la base del zócalo del pedestal, fuste y la cornisa o capitel. El tercer cuerpo se compondrá de cuatro partes, que son: base, columna, cornisa y capitel. La base y estatua del general, que formarán el cuarto y último cuerpo del monumento, serán por sí una sola pieza.

A excepción de las piezas de las cinco fachadas del basamento, las demás se vaciarán interiormente con el objeto de aligerarlas para su más fácil manejo y seguridad.

Todo el trabajo, con excepción de los bajos relieves, será hecho de mármol de Carrara, llamado "Ravachón" de primera clase, que es el más a propósito por su dureza y tinta unida. Los bajos relieves de las fachadas del basamento serán hechos de mármol estatuario llamado "Crestola", que es el mejor por su blancura y por ser el más fuerte y resistente. La estatua del general se hará de bronce. Los cimientos serán hechos del mejor material y de una profundidad conveniente para la solidez y seguridad del monumento.

Toda la arquitectura quedará perfectamente pulida con piedra pómez. La escultura y ornamentos serán concluidos con perfección. El monumento será trabajado en Génova y parte en Carrara por los mejores artistas del establecimiento de los hermanos Durini e hijos, conforme al plano del citado monumento, haciéndose las siguientes explicaciones: la letra *A* significa el lugar donde se colocará la estatua del general Morazán; *B*, la inscripción en letras de oro: A LA GLORIA DEL BENEMÉRITO GENERAL FRANCISCO MORAZÁN. LA REPÚBLICA DE EL SALVADOR; *C*, las inscripciones que en seguida expresarán; *D*, lugar en donde irán colocadas las cinco estatuas que representarán a las Repúblicas de Centroamérica, colocadas en la forma siguiente: El Salvador y Guatemala, adelante; Honduras y Nicaragua, en los pedestales de los lados; y Costa Rica en el pedestal de atrás. Todas las estatuas llevarán en una mano un rollo de papel en donde se inscribirán las palabras: *Unión Centroamericana*, y en la otra, el escudo de armas respectivo. La estatua de El Salvador estará señalando con la mano derecha una bandera puesta en el mismo pedestal de dicha estatua, cruzada con una espada rota; *E,* los trofeos o emblemas de Guerra: *F*, los cuatro bajos relieves que representarán las batallas memorables del general Morazán.

En el monumento destinado a colocarse en el Cementerio General, el primer zócalo será de granito colorado y de una sola pieza. El segundo zócalo será de granito colorado y de una sola pieza. El segundo zócalo y base serán también de una pieza cada uno. El cuerpo del monumento será de tres piezas, en donde irán las columnas o lesenas, y la otra detrás para afianzar a ella las primeras. La cornisa y capitel del monumento serán de una sola pieza cada uno, como también la base de la meseta y ella misma. La urna que sirve de pedestal al busto del general, y que conservará los restos del mismo, será hecho con mármol azul llamado "Bardiglio", ilustrado. El busto de Morazán será de mármol estatuario llamado

"Crestola". Los demás trabajos, como terminación, encajonamiento, cimientos, etc., etc., serán iguales a los expresados para el otro monumento.

Este monumento tendrá cuatro varas y media de alto y una vara y tres cuartas de ancho.

El señor Durini se compromete a dejar colocados ambos monumentos en sus respectivos puestos, durante todo el año próximo de mil ochocientos ochenta y uno, sujetándose a la aprobación de peritos que el Supremo Gobierno puede designar para que se tenga por recibida la obra.

Todos los objetos pertenecientes a los monumentos serán introducidos libres de todo derecho.

Es entendido también que los monumentos serán puestos en San Salvador por cuenta y riesgo del contratista, cuya responsabilidad termina hasta la entrega y aprobación de las obras.

El Supremo Gobierno, por su parte, se obliga a pagar al empresario, como único valor de los dos documentos expresados, la cantidad de *veintitrés mil quinientos pesos*, de la manera siguiente: seiscientos pesos que se le entregarán dentro de diez días, lo más tarde, para poder hacer su viaje a Italia por el próximo vapor; tres mil ochocientos pesos en cada uno de los meses de enero, marzo, mayo, julio y septiembre del año entrante de mil ochocientos ochenta y uno, sumas que se le pagarán en el Banco Internacional de El Salvador; y el resto, de tres mil novecientos pesos, al darse por recibida y por aprobada la obra.

Se advierte que el señor Durini afianzará al Supremo Gobierno el valor de las cantidades que reciba, designándose desde luego, para que califique y reciba dicha seguridad, al señor doctor don Francisco Aguado y Llorente, ministro plenipotenciario de El Salvador en Portugal, residente en Roma, debiendo llenarse esta formalidad en tiempo oportuno, para que el Gobierno de El Salvador tenga aviso de haberse hecho, lo más tarde en el mes de diciembre próximo, de modo que en enero pueda ya hacer el pago estipulado con toda seguridad.

Para precaver los monumentos de los accidentes de los temblores, el contratista señor Durini, según lo estipulado en este contrato, vaciará algunas piezas, y colocará una fuerte varilla de hierro verticalmente, de ocho a diez pulgadas de espesor, cuya varilla penetrará hasta los cimientos de dichos monumentos. El hueco que quede entre las piezas de mármol, esto es, lo que falte para que la varilla de hierro llene los agujeros de las piezas, se llenará con material hecho de ladrillo y cemento romano. Las piezas tendrán llaves de latón que, agarrando a cada una de ellas por una extremidad con la otra, se afianzarán en los mismos cimientos o alma de los monumentos. Para mayor seguridad todavía, llevarán las indicadas piezas machos y hembras del mismo mármol, cuya colocación se hará con cemento romano y yeso de primera clase.

En fe de lo convenido, ambas partes firman por duplicado el presente contrato en la ciudad de San Salvador a 4 de octubre de 1880. – Salvador Gallegos. – Francisco A. Durini.

Inscripciones que debe llevar el monumento del general Morazán.

En el frente principal del zócalo llevará la siguiente:

A LA GLORIA DEL BENEMÉRITO
GENERAL FRANCISCO MORAZÁN
LA REPÚBLICA DE EL SALVADOR 1880

EN EL PATÍBULO: *Lego mis restos al pueblo salvadoreño en prueba de mi predilección y de mi reconocimiento por su valor y sacrificios en defensa de la libertad y de la Unión Nacional.*

DECLARO: *que mi amor a Centroamérica muere conmigo.*

Excito a la juventud, que es llamada a dar vida a este país, que dejo con sentimiento por quedar anarquizado, y deseo que imite mi ejemplo de morir con firmeza antes que dejarlo abandonado al desorden en que desgraciadamente se encuentra.

Primero es la Patria que la familia. – José Miguel Saravia. – Trinidad Cabañas. – Enrique Rivas. – Indalecio Cordero. – Nicolás

Angulo. – Gerardo Barrios. – Agustín Guzmán. – Domingo Asturias. – Carlos Salazar.

A LA COMISIÓN DE LOS CONSPIRADOS DE SAN SALVADOR: *Los rehenes que mis enemigos tienen, son objetos muy caros a mi corazón. Soy el jefe de la Nación y mi deber es atacar. Pasaré sobre los cadáveres de mi familia, escarmentaré a los rebeldes y no sobreviviré un solo instante más a tan escandaloso atentado.*

La Trinidad	11 de	noviembre	1827
Gualcho	6 —	julio	1828
San Antonio	9 —	octubre	1828
Mixco	18 —	febrero	1829
San Miguelito	6 —	marzo	1829
Las Charcas	15 —	marzo	1829
Guatemala	12 —	abril	1829
Jocoro	14 —	marzo	1832
San Salvador	28 —	marzo	1832
San Salvador	23 —	junio	1834
Las Lomas	28 —	marzo	1839
El Espíritu Santo	6 —	abril	1839

El Gobierno salvadoreño invitó al de Honduras para la inauguración del monumento, por medio del telegrama siguiente:

"Ministerio de Relaciones Exteriores. – República de El Salvador. – Por telégrafo de San Salvador, febrero 22 de 1882. – Recibido en Tegucigalpa a las 7 h. p. m. – Señor ministro de Relaciones: Tengo la honra de invitar, por medio de V. E., a ese Supremo Gobierno para la inauguración del monumento mandado a erigir al general don Francisco Morazán, que se verificará el 15 de marzo próximo en esta capital. Mi Gobierno desearía que esa República se hallara representada en aquel acto por medio de un comisionado, dándole el carácter de una fiesta centroamericana.

Soy de V. E., con toda consideración, su más atento y seguro servidor. – *Salvador Gallegos*".

El Gobierno de Honduras dio la siguiente contestación:

"Ministerio de Relaciones Exteriores. – República de Honduras. – Tegucigalpa, febrero 23 de 1882. – Señor ministro de Relaciones. – San Salvador. – Mi Gobierno ha recibido con particular agrado la invitación que el de esa República le dirige, por medio de V. E., para la inauguración del monumento mandado erigir al general don Francisco Morazán, a cuyo efecto se le excita para que nombre un comisionado que lo represente en aquel acto, digno de los elevados sentimientos del pueblo salvadoreño y de la civilidad e ilustración de su Gobierno.

Con gratitud acepta mi Gobierno la invitación de V. E.; y en breve nombrará un comisionado que lo represente en el acto de inauguración.

Honduras, señor ministro, al ver honrada en El Salvador la memoria de uno de sus hijos más ilustres, siente grande y legítima satisfacción, y tiene un motivo más para estar siempre unida, fraternalmente a esa noble Nación, que va a dar un testimonio de reconocimiento a los servicios del abnegado repúblico que tanto supo distinguirla y amarla.

Doy, en nombre de mi Gobierno, al de V. E. la más sincera felicitación porque, como intérprete del sentimiento nacional de ese pueblo generoso, va a hacer justicia a los méritos del que supo vivir y sacrificarse por la Patria, y a dar con ello una alta prueba de civilización que honra en gran manera a la América Central.

De V. E. muy atento servidor. – *Ramón Rosa*".

El señor licenciado don Cruz Ulloa, hijo político del general Morazán, fue el escogido por el Gobierno de Honduras para que lo representar en dicho acto. El nombramiento dice así:

"Tegucigalpa: 26 de febrero de 1882. – Señor licenciado don Cruz Ulloa. – San Salvador. – En esta fecha S. E. el señor presidente de la República se ha servicio emitir el acuerdo que literalmente tengo la honra de trascribir a Ud.: "Secretaría de Estado en el Despacho de Relaciones Exteriores. – Tegucigalpa: 26 de febrero de 1882. – Habiendo sido invitado el Gobierno de la República para que nombre un comisionado que lo represente en el acto solemne con que ha de inaugurarse, el día 15 de marzo próximo, el monumento que el Gobierno de El Salvador ha hecho erigir en honra de la memoria del benemérito general don Francisco Morazán; y en el deseo de corresponder como es debido a tan amistosa invitación a una fiesta verdaderamente centroamericana, y que, para el Gobierno de Honduras, tiene el particular y apreciabilísimo carácter de ver en ella reconocidos y glorificados los grandes hechos de uno de sus repúblicos más ilustres; por tanto, el presidente acuerda:

1°. – Nombrar al honorable don Cruz Ulloa, de origen hondureño y residente en la capital de aquella República, para que represente al Gobierno de Honduras en el acto solemne con que ha de inaugurarse, el día 15 de marzo próximo, el monumento consagrado a la memoria del benemérito general don Francisco Morazán.

2°. – Encargar al señor Ulloa haga presentes, en el acto de inauguración, en nombre del pueblo y Gobierno hondureños, al Gobierno y pueblo salvadoreños, los sentimientos de gratitud y alto aprecio de que se hallan animados por la justicia que se hace a los méritos del que fue mantenedor de las libertades y de la Unión de Centroamérica; y

3°. – Dar un voto de gracias al ilustrado Gobierno del doctor don Rafael Zaldívar por su honrosa invitación, y por el acto de cultura y de elevado patriotismo que ha ejercido al honrar y enaltecer la memoria del hijo más preclaro de esta República. – Comuníquese y regístrese. – Rubricado por el señor presidente. – *Rosa*".

Al comunicarle el acuerdo precedente, en que se nombra a Ud. comisionado de mi Gobierno para que lo represente en el acto solemne a que se refiere, me es muy grato decirle que, aparte de los relevantes méritos personales de Ud., que se han tenido en cuenta para nombrarlo, se ha tomado, a la vez, en consideración que Ud. es hondureño de origen e hijo político del GRANDE HOMBRE cuya memoria va a glorificarse; sobrados motivos para que Ud. acepte la representación que le confía mi Gobierno, siempre entusiasta por las glorias del benemérito general Morazán, que son las glorias de Honduras, y más que de Honduras, de Centroamérica.

En esta oportunidad, tan grata para mi Gobierno, y personalmente para mí, reitero a Ud. las seguridades de mi alta consideración. – *Ramon Rosa*".

Del número 149 de *La Gaceta* de Tegucigalpa, correspondiente al 25 de febrero de 1882, tomamos el siguiente editorial:

MONUMENTO DEDICADO A LA MEMORIA DEL ILUSTRE GENERAL FRANCISCO MORAZÁN

El Gobierno de El Salvador, cediendo a las inspiraciones del más noble patriotismo, e interpretando el sentimiento nacional del pueblo de aquella República, decretó erigir un monumento destinado a perpetuar la memoria del general don Francisco Morazán, del república más sincero, del batallador más heroico y de la víctima más ilustre con cuyos hechos egregios se honra la Historia de Centroamérica.

El nombre de Francisco Morazán, como el nombre de todos los grandes hombres que en lo político se colocan sobre las mayores eminencias sociales, resume la síntesis de toda una causa, de toda una historia, de todo un porvenir. El nombre de Francisco Morazán simboliza para nosotros, para todos los que reconocen el verdadero mérito y aspiran al verdadero bien, estos principios que infunden el aliento de nuestra vida: ¡*Libertad, Progreso, Unión Nacional Centroamericana!*

El nobilísimo pueblo salvadoreño, que fue el que mejor supo comprender y apreciar el genio y los trabajos redentores del héroe de Gualcho, es el que hoy, bajo los auspicios de un Gobierno justiciero, consagra un monumento al hijo más preclaro de Honduras, al grande hombre que aquí fue desconocido y combatido por una reacción tan desatentada como ingrata, tan criminal como feroz; y que allá fue apoyado y enaltecido por el patriotismo del pueblo salvadoreño, de aquel pueblo que se ha hecho célebre por sus tradiciones liberales y por sus incontables sacrificios en pro de la independencia y de las instituciones de la República; de aquel pueblo que supo amar en vida al genuino representante de nuestras libertades, y que hoy, sobre su tumba, prepara un monumento cuyos cincelados mármoles dirán a las generaciones futuras: *he aquí el recuerdo imperecedero de la más pura gloria centroamericana; he aquí simbolizada la gratitud de un gran pueblo.*

¡Qué hermoso día va a ser para el pueblo de El Salvador el 15 de marzo, en que se inaugurará, entre fiestas y regocijos públicos, la estatua de Morazán! ¡Qué hermoso día será también para Centroamérica ese día en que ha de darse por el patriotismo centroamericano la más alta prueba de justicia y de reparación! Pueblo salvadoreño, pueblo del trabajo, pueblo de la libertad, de la justicia y de la civilización, en tu grande y gloriosa fecha, en tu 15 de marzo, que será histórico, ya que no en persona, te acompañaremos desde aquí, desde esta tierra en donde se meció la cuna de tu héroe; te acompañaremos con todos nuestros recuerdos, con todas nuestras simpatías, con todos los votos más fervientes de nuestra alma, y recibiréis nuestro aplauso, que es grande y legítimo porque nace del corazón.

¡Cómo al disiparse los negros nubarrones de la tempestad, brilla pura y serena la luz del astro del día! ¡Cómo al dejar su puesto las supersticiones, las mentiras, las calumnias, las infamias, resplandecen radiantes de belleza la verdad, la justicia, la benevolencia, los más nobles y elevados sentimientos! ¡Cómo después de haber sido escarnecida la memoria del ilustre mártir, sacrificado por el salvajismo en el patíbulo, hoy se reparan tantas y tantas injusticias, se rectifican tantos y tantos errores, y la causa de la verdad y de la civilización triunfa, y ese triunfo espléndido, en El Salvador lo inmortalizará el mármol, y en Honduras la historia, la grande historia que ha de escribirse sobre la ejemplar vida y los legendarios hechos del hombre extraordinario que ilumina con los resplandores de sus elevadas ideas, de sus proezas gloriosas y de sus aspiraciones legítimas los dilatados horizontes de la Patria.

La brillante fiesta cívica del 15 de marzo es y será una grandiosa y fecundísima enseñanza, y es y será también un gran consuelo para todos los que sentimos la necesidad en nuestra América, tan vilipendiada por la ingratitud de los pueblos y por el salvajismo de las reacciones, de amar algo grande, bello y noble, de profesar un culto al patriotismo y de decir al mundo, con soberano pero legítimo orgullo, que aquí no siempre la República es ingrata, que aquí hay gratitud nacional, que nos inspiran altísimas ideas, que somos dignos de la libertad y de la civilización.

Sí; somos dignos de la libertad y de la civilización. Hasta ahora no se ha levantado un monumento en Centroamérica para honrar la memoria de tenebrosos retrógrados ni de estúpidos tiranos. ¡Que altísima enseñanza! Por lo contrario, el Gobierno y pueblo salvadoreños van a formar la apoteosis del representante de las ideas, de las libertades y de la Unión de Centroamérica, y esa apoteosis la perpetuará el cincelado mármol, vivificado por el aliento del arte; y en Honduras, en este país resucitado por un milagro del patriotismo, va también a perpetuarse la memoria del gran Morazán con la historia de su heroica vida, que tendrá una especie de resurrección animada por el soplo divino de la prensa.

No en vano se vive y se muere por las ideas y la libertad. De esto es y será un alto ejemplo el benemérito Francisco Morazán. ¡Manes de la ilustre víctima, reanimaos! ¡Francisco Morazán: allá en tu grande y predilecto pueblo se te hace justicia y se alza un monumento digno de tu espléndida grandeza! Aquí, en donde se meció tu cuna y en donde la ingratitud te hincó su negro diente, por los mandatos de un Gobernante ilustre se escriben ya, con rectitud y justicia, las páginas de tu gloriosa, de tu inmortal historia!

El 9 de marzo la Asamblea expidió el siguiente decreto:

"El presidente de la República de El Salvador, a sus habitantes, sabed: que el Poder Legislativo ha decretado lo siguiente: La Cámara de Senadores de la República de El Salvador, considerando: que el día 15 del corriente está señalando para la inauguración del monumento erigido en uno de los parques de esta capital para perpetuar la memoria del esclarecido patriota centroamericano, general don Francisco Morazán; que este día va a formar una de las más brillantes páginas de nuestra historia; y que el Ejecutivo ha traducido fielmente los sentimientos del pueblo salvadoreño, decreta:

Art. 1°. – El 15 de marzo se declara de hoy en adelante gran fiesta cívica nacional.

Art. 2°. – Se da un voto de gracias, a nombre de la Nación, al Poder Ejecutivo, por haber sabido interpretar los nobles sentimientos del pueblo salvadoreño.

Dado en el salón de sesiones de la Cámara de Senadores. – Palacio Nacional: San Salvador, marzo nueve de mil ochocientos ochenta y dos. – A la Cámara de Diputados. – Teodoro Moreno, presidente. – Antonio Liévano S., secretario. – Casimiro Lazo, secretario".

Con motivo de los grandes preparativos que se hacían, hubo necesidad de dar un programa de dicha fiesta, que en parte dice:

"El día 15, al salir el sol, se izará la bandera nacional en todos los edificios públicos, y será saludada con 21 cañonazos, enarbolándose igualmente las de las Legaciones y Consulados, que han sido invitados de antemano.

La ciudad se mostrará engalanada con cortinas, banderas, gallardetes, etc.

A las 8 a. m., el ejército, en número de 5,000 hombres, se presentará en gran valla de honor desde la casa presidencial hasta el Parque de Morazán.

A las 9 se pondrá en marcha la comitiva que acompañe al jefe de la Nación, y desfilará en el siguiente orden:

1°. – Una compañía de zapadores, seguida con otra de cazadores, precederá al Estado Mayor.

2°. – Los alumnos de los colegios.

3°. – La Corporación Municipal, precedida por el gobernador del departamento.

4°. – Los jueces de Paz y de 1ª Instancia y demás funcionarios subalternos del Poder Judicial.

5°. – La Universidad.

6°. – Los funcionarios de Hacienda.

7°. – El Cuerpo Consular.

8°. – Los miembros del Congreso.

9°. – El Tribunal Supremo de Justicia.

10°. – Los comisionados especiales de Centroamérica, secretarios de Estado y ministros extranjeros.

11°. – El jefe del Ejecutivo, del Congreso y del Poder Judicial.

Una vez llegada la comitiva al Parque de Morazán, los niños de las escuelas entonarán el himno nacional, y concluido este, el presidente de la República descorrerá el velo que cubre el monumento, declarándolo inaugurado. En este momento se tocarán dianas militares, repitiéndose las salvas de artillería.

Acto continuo, el orador oficial ocupará la tribuna; y si los representantes de los Gobiernos invitados quisieren tomar la palabra, lo harán en seguida y en el orden de su propia iniciativa.

Desde que haya terminado el acto oficial de la inauguración hasta las 6 de la tarde, los veteranos sobrevivientes del general Morazán formarán un cuerpo separado y harán la guardia de honor al pie del monumento, teniendo por jefe al más antiguo de ellos.

Terminada la inauguración, la comitiva se dirigirá al edificio del Teatro, donde se servirá en banquete de 300 cubiertos.

A las 4 p.m. habrá gran parada militar en la Plaza de Armas, a la cual asistirá el presidente y comandante general de la República.

Concluida la parada, se harán los honores a la bandera federal y se llevará triunfalmente a la plaza del Parque de Morazán, donde los jefes y oficiales depositarán coronas al pie del monumento. Ocuparán la tribuna el representante del Municipio el del Consejo de Instrucción Pública, el de la sociedad literaria "La Juventud", siguiendo el designado por el gremio de artesanos y demás personas que quieran hacer uso de la palabra".

El Dr. Rafael Zaldívar, presidente de la República, ocupó la tribuna y declaró inaugurado el monumento con estas breves y elocuentes palabras:

"SEÑORES:

Tengo a grande honra declarar inaugurado el monumento que, en nombre de los salvadoreños, he hecho levantar al más esforzado de sus caudillos y al más ilustre de sus héroes, el benemérito general Francisco Morazán. Habría deseado que la magnitud y la riqueza de esta obra correspondiesen a la importancia de su objeto, como que en ella está simbolizada la gratitud de un pueblo heroico que, fiel a sus gloriosas tradiciones, rinde hoy el homenaje de su reconocimiento y de su amor al que supo luchar y sacrificarse por sus libertades, sosteniendo bajo el sagrado estandarte de la Patria la majestad de la Nación.

CONCIUDADANOS: honremos la memoria de aquel esclarecido patriota, inspirándonos en las altísimas ideas y nobles sentimientos de su genio inmortal, y afiliémonos a la santa causa que él sostuvo, que es la del progreso y de la Unión Nacional, para que cuanto antes veamos realizado el más ferviente deseo de los salvadoreños, la reorganización de nuestra querida Patria, Centroamérica y podamos agruparnos todos bajo el pabellón bicolor, que es la más gloriosa enseña de nuestra nacionalidad".

El ilustre hondureño y orador centroamericano, Álvaro Contreras, a nombre del Ejecutivo, pronunció el siguiente discurso:

SEÑOR PRESIDENTE: SEÑORAS Y SEÑORES:
Estamos en presencia de la personificación en bronce del primer héroe centroamericano.

El cincel del artista ha venido a inmortalizar la noble imagen del hombre extraordinario que por maravillosa manera supo improvisarse el señor de la victoria, el numen del patriotismo, el genio de la libertad, el inmortal favorito de la gloria.

Desde que Morazán entra en escena deja de ser un hombre para convertirse en una misión.

Su figura gigantea no se puede medir por la talla de los caudillos, porque ha venido de lo ignorado con la fuerza prodigiosa de un destino que deslumbra, que se impone para realizar una grande idea, para ser el alma de un sistema, para luchar y morir por la transfiguración de un pueblo.

Esa idea es la unificación compacta de la nacionalidad centroamericana.

Ese sistema es el gobierno de la libertad, organizado en instituciones que promueven la constante ascensión del hombre hacia una vida superior

Esa transfiguración es la imagen de la Patria engrandecida por el desarrollo integral de todas sus fuerzas, de todas sus facultades, de todos sus elementos de perfección y de poder.

Suprimid el genio de Morazán, y habréis aniquilado el alma de la Historia de Centroamérica.

Sin la acción del héroe desaparece el drama en nuestra vida nacional.

Sin ella no es posible hallar clave de filosófica expresión a la biografía de la familia centroamericana.

Protagonista de una gran tragedia, nuestro gran capitán se destaca fascinador desde su primer campo de batalla, de donde se le ve de todas partes, llevando sobre su frente aquella aureola de los predestinados que se hacen sentir de un modo misterioso pero formidable.

Él es el sol que se alza en el Oriente de nuestra existencia como nacionalidad emancipada.

Desde su aurora hasta su ocaso, no es posible verle con el ojo sereno de la indiferencia.

Él no puede menos que causar deslumbramientos.

En unos, el éxtasis profundo de la admiración.

En otros, la insania de la cólera desesperada por su impotencia.

En los espíritus jóvenes y sedientos de progreso, ese deslumbramiento es algo como los embelesos de un ideal que llena la imaginación de pintorescas ilusiones.

Es algo como las perspectivas y lontananzas de lo porvenir, en que las palmas y las coronas de la gloria forman la primera visión de las almas elevadas.

Por eso el general Morazán es saludado, en acordes de admiración y simpatía, por el partido de la libertad, desde que se revela como el genio tutelar de la revolución emancipadora, como el apóstol armado del pueblo que quiere adelantar, como el reformador que necesita la sociedad para destruir los errores y las iniquidades que rebajan su naturaleza.

El último disparo del triunfo en el campo de La Trinidad, al Sur de Honduras, le proclaman, por decreto de la Providencia, el más eximio representante de la Patria en sus ardientes impulsos de civilización y libertad.

Esto pasa en el crepúsculo del año de 1827; y desde aquel momento histórico, el general Morazán es el espectro aterrador de la reacción colonial; es el hombre sobre cuya cabeza se condensan todas las tempestades de odio que se forman en el corazón y en el cerebro de los enemigos empedernidos del derecho, de los hombres envidiosos y cobardes, de los que tienen privilegios y granjerías que se nutren con la sangre y la carne de los pueblos.

El partido que en Centroamérica se ha llamado *conservador*, siguiendo la moda francesa, y que soñó *conservar a todo trance* y para siempre las prerrogativas y honores del poder en su provecho, se alzó en implacable guerra contra el coloso, que supo luchar por quince años contra los que al fin le asesinaron.

El general Morazán no es paladín que vibra su espada contra las huestes españolas, como muchos otros de este continente. Pero lucha conta los más genuinos y obcecados representantes del espíritu colonial, que brega con pertinacia y con furor por mantener impreso el sello de Felipe II y de Fernando VII sobre la frente del pueblo centroamericano.

La carrera de aquel genio es un gran combate librado contra más de 300 años de absolutismo y tinieblas.

El privilegio le miró con indignación y con horror.

La soberbia nobiliaria de los elementos materialistas de la sociedad que quieren fundar timbres y preponderancia en la sangre, le juró guerra sin tregua como el enemigo formidable de sus pretensiones, como el genio de sus terrores, como al vengador de los padecimientos populares.

El general Morazán emprende primero la reivindicación de las prerrogativas y derechos de los Estados federales; prerrogativas y derechos inicuamente conculcados en Honduras por el poder nacional, confundido por entonces en intereses y pasiones con el enemigo secular de la libertad.

Corre el año de 1827, y el Ejecutivo Federal lanza traidoramente desde Guatemala una expedición exterminadora que capitanea un hondureño sin entrañas.

¡La vieja capital de aquel Estado, país que meció al rumor de sus pinares la cuna del insigne Morazán, fuer educida a pavesas en *el año terrible* en que los llamados conservadores de la América Central se anticiparon a los comunistas y petroleros de París, de Alcoi y Cartagena...!

Comayagua envió al cielo en espirales el humo de sus escombros como el aliento satánico de sus quemadores.

El insigne presidente, profundo pensador y eminente político, don Dionisio de Herrera, es transportado a Guatemala entre profanaciones y tormentos.

Aquella tempestad de fuego, producida por la saña de la colonia encarnada en sus viejos instrumentos de iniquidad, sacudió con gran fuerza el nido del Águila centroamericana, que desde las cumbres de sus azuladas montañas arrebató su atrevido vuelo para Nicaragua, en demanda de auxilios que le permitieran volver en son de guerra.

Morazán obtiene del coronel Ordóñez unos pocos jefes y oficiales, con los que emprende su marcha sobre la costa meridional de Honduras, resuelto a castigar a los imperdonables quemadores de Comayagua.

Al poner planta en su nativo suelo, reúne tropas y se encuentra con una fuerza que El Salvador envía en auxilio del Gobierno legítimo de Honduras.

El pueblo salvadoreño, que ha llevado y llevará por siempre en su organismo mucho tuétano de león para defender la libertad y con ella todo lo que es grande, salió como amigo al primer encuentro del héroe que debía ser después el padre amoroso de sus glorias, el ídolo imperecedero de su culto...!

Con sus pocos hondureños, nicaragüenses y salvadoreños, el campeón improvisado del derecho se presenta en la *encañada* de La

Trinidad, donde besan el polvo los infames profanadores de su cuna. Él hace un gesto de mando a la victoria, y la victoria le obedece, levantándole en sus brazos hasta las más encumbradas eminencias de la gloria.

Sucesor legítimo en el ejercicio del Ejecutivo Supremo de Honduras, el antes desconocido consejero de Estado se transforma de pronto en república, en guerrero y en gobernante de primer orden.

Reorganiza y ensancha, como por encanto, sus pocos elementos, monta para proseguir su gloriosa cruzada hasta la metrópoli de Centroamérica, y el trotón de guerra que obedece a sus impulsos, salta de cumbre en cumbre por las montañas de Honduras, atraviesa sus pampas y salva sus ríos para venir al Oriente de El Salvador, donde las ondas cadenciosas del Pacífico cantan al héroe la más grandiosa epopeya de sus triunfos.

Está en San Miguel, y el comercio egoísta le niega su apoyo, y casi le trata con burla o menosprecio, porque no lejos de aquella ciudad se ve la luz del vivac y se descubre el campamento del más hábil y renombrado caudillo militar de la reacción.

Morazán monta otra vez y se presenta en Gualcho. Aquellos comerciantes y cuantos como ellos viven la vida del caracol, concurren a presenciar la liga, creyendo celebrar un festival por la muerte de la libertad. Pero el trotón de las montañas y las pampas hondureñas acentúa con sus relinchos la primer diana de la victoria en presencia de los aterrados enemigos del mejor hijo de la Patria.

A Gualcho sigue le prodigioso movimiento por el llano de La Pava; y la capitulación del fundo San Antonio hace caer de hinojos al coronel Aycinena con don Miguel García Granados y todos los secuaces del absolutismo, en presencia del gigante de la democracia centroamericana.

El ínclito vencedor sigue su marcha triunfal con rumbo a Guatemala.

Entonces le nombra general en jefe del Ejército destinado a combatir los elementos refractarios a la libertad, el Gobierno de El

Salvador, de esta bendita tierra, que debía ser el santuario de su corazón y el templo consagrado a su inmortalidad.

El héroe se sitúa en Ahuachapán, y de allí da un salto portentoso sobre el Paz para ir a caer en la Antigua, y después volar a San Miguelito con el noble objeto de proteger a los vencidos, auxiliar a los que cayeron con vida en la demanda y enaltecer a Terrelonge y Corzo, los héroes principales de aquella gran jornada.

Pocos días después está en Las Charcas. El número superior y todas las ventajas de sus enemigos abren paso al invencible misionero de la redención centroamericana.

La espada del predestinado es como el emblema de una nueva fe.

Ella vence, y después brilla en el espacio como un signo de esperanza, de justicia y libertad.

El arco triunfal de Las Charcas se extiende hasta Guatemala, y la antigua capital de Centroamérica abre sus puertas al vencedor laureado, se rinde ante el héroe, que marcha siempre alumbrado por el faro de la gloria, y lleva en su frente la centella de la inspiración.

¿En dónde aprendió la táctica, en dónde la estrategia el que tan alto levantó el pedestal de su fama en una rápida carrera de triunfos inmortales?

Morazán se hizo táctico y estratégico en presencia de sus enemigos, al vencerlos.

Él tenía el arte de la guerra escrito en el libro invisible de su genio, que reveló sus páginas al mundo en constantes y maravillosas intuiciones.

Sus colegios y academias militares fueron las escuelas primarias que empezó a bosquejar Honduras en tiempos anteriores a la independencia. Pero debo hacer constar aquí que las gotas de sangre corza, de sangre italiana que palpitaba en las venas del ilustre descendiente de los Morazani, pueden haber sido un oculto y poderoso resorte con que el Divino Artífice del hombre quiso engrandecer al nuestro, como formó tantos ejemplares humanos de singular elevación, que ilustraron el nombre de Italia, desde César hasta el Corzo colosal de Santa Elena.

El general Morazán vuelve de Guatemala con su cabeza coronada de laureles y se oculta modestamente en el silencio de su hogar.

No tiene mando alguno cuando la Patria vieja, la Patria grande le aclama como presidente de la República Federal de Centroamérica.

Gobernante de una gran Federación, descuella como el más avanzado reformador de su tiempo en la América Española.

Méjico, Venezuela, Colombia, Chile, la República Argentina y todas las otras del Sur, no habían intentado siquiera ensayar las instituciones liberales que Morazán puso en vigor hasta sacrificarse por ellas, cuando colocó a Centroamérica en el puesto de la vanguardia republicana entre las nuevas nacionalidades de origen español.

Ese fenómeno histórico, de gran valía para nosotros, es desconocido y olvidado por muchos; pero séame permitido decir que no pocos sudamericanos de talento superior, con quienes cultivó cordial amistad, se complacen en reconocer espontáneamente ese blasón supremo de nuestra gloria nacional.

La reacción colonial viene desde el extranjero en ondas de fuego, y aparece en los lindes de Méjico, en Omoa y en otros puntos del Centro.

Morazán, con la libertad de imprenta, de palabra, de asociación, de creencias y de cultos, con el juicio por jurados y la supresión del cadalso político, lucha en todas partes como el paladín invicto de la Patria.

Los taimados representantes de los privilegios tradicionales y del fanatismo, forman espuria alianza con el elemento bárbaro, que tiene a su cabeza una fiera perfectamente organizada para combatir la libertad.

Eso por Guatemala.

Por Honduras, un oscuro sacristán de villorrio calla de pronto las campanas, apaga los cirios y cierra las puertas de su templo para embrazar una arma en servicio de la Patria. Pero poco tiempo después se enciende en la soberbia del ángel rebelde, y entra en perenne combate contra el genio que fue siempre el castigo de su espíritu altanero.

Carrera, en Guatemala, Ferrera en Honduras y Quijano en Nicaragua, aúllan y se agitan como lobos hambrientos por vencer a Morazán.

El cacique de Mita y el sacristán de Cantarranas aparecen como los protagonistas más tenaces de aquel drama terrible, representando a fuego y sangre para llevarnos al fraccionamiento, a las rivalidades desastrosas, a la pequeñez y la miseria moral que nos afrenta cuando nos vemos sin la grandeza y le poder que debíamos haber alcanzado ya, según el designio manifiesto de la Providencia del Progreso.

Con el nombre de *reforma* de la Constitución Federal se levanta un cisma contra la religión de la Patria, y se enciende una guerra de secesión, una guerra separatista, que reduce a cinco fragmentos la unidad hermosa de la nación, y coloca sobre las aras rotas de sus altares a los tenebrosos representantes del *caudillaje*, que se alza torpe y orgulloso entre las ruinas ensangrentadas de pueblo centroamericano.

Reducido Morazán a los dominios de El Salvador, que fue siempre lealtad, siempre sacrificio y heroísmo en los grandes trances nacionales, sobrevino la invasión de Nicaragua con dos ejércitos debelados a un tiempo en El Espíritu Santo por el gran luchador que hizo a Ferrera poner pies en polvorosa con la frente abatida por el orgullo avergonzado.

Este sacristán de gran carácter y de gran talento, pero de funesta inspiración política para la Patria, no tuvo ningún designio moral, ningún alto pensamiento de humanidad, y solo se propuso ser el primer déspota de Honduras y rivalizar locamente con el genio cuya envidiable fama le desveló por mucho tiempo.

Osado y pertinaz, volvió a los campos de El Salvador, buscando el desquite de su primera desastrosa derrota.

Su flagelador marcha otra vez a castigarle en donde le encuentre; pero la reacción liberticida toma los cuarteles de esta ciudad y a la familia del héroe como rehenes, con cuya muerte le amenaza si no se rinde. Él prefiere la Patria a la familia, y por un acto sublime de insuperable abnegación, se transforma en el primer santo de nuestro calendario nacional. Retrocede como un rayo que viene a hacer explosión sobre la cabeza de los rebeldes; restablece en un instante el orden legal, y liberta y deja en seguridad a los objetos idolatrados de su corazón, para volver acto continuo a San Pedro Perulapán, en donde con número muy inferior al de su enemigo emprende otro combate formidable, que concluye con el puntapié que dio a Ferrera hasta hacerle ir a caer avergonzado en las concavidades de las montañas hondureñas.

A pesar de tanto prodigio, la causa de la libertad se desquicia y se derrumba por todas partes en la América Central.

En Guatemala está Carrera, que resume todos los instintos y propensiones de su raza y personifica la barbarie.

Aquella comarca se conmueve bajo las pisadas del guerrero bravío que se desprende sobre ella como el tigre aterrador de las montañas.

Morazán marcha con un pequeño ejército, y a viva fuerza penetra a la ciudad, donde comenzó a eclipsarse la estrella de su fortuna.

Las muchedumbres bárbaras le asedian como incontable hormiguero, y el grande hombre toma la resolución heroica de romper el cerco del fuego, encomendado la operación al inmortal Cabañas, quien abre paso a la más famosa retirada militar que ha tenido efecto en Centroamérica.

Morazán y los suyos vuelven a El Salvador, y sin darse punto de reposo hacen rumbo hacia las playas sudamericanas.

El mariscal Gamarra, el renombrado jefe del Estado mayor general en la función memorable de Ayacucho, brinda con el mando en jefe del ejército del Perú, para combatir a Santa Cruz, al insigne guerrero centroamericano, que se presenta como peregrino y se niega modestamente a recibir aquel honor.

Muere Gamarra en campaña, y muchas ilusiones se desvanecen en la mente de Morazán, que regresa con muy pocos elementos al seno desgarrado de la Patria. Toca en estas riberas de su amor y de su encanto, y sin pérdida de momento retrocede a Costa Rica, de donde le llama un partido poderoso que desea suprimir a Carrillo con su terrible dictadura.

El gran soldado de la libertad llega con una pequeña falange hasta muy cerca de la capital costarricense. El ejército de Carrillo capitula y se pone voluntario bajo las banderas del que penetra en San José como vencedor sin sangre y como aclamado por inmensa mayoría.

El pueblo le nombra su mandatario, y él establece un Gobierno liberal, un Gobierno representativo, en que las leyes son la norma de toda voluntad. Pero Nicaragua le amenaza por la frontera de El Guanacaste, y él desea mantener la integridad del Estado que gobierna y agrupar a la vez todos los elementos que quieran seguirle en sus propósitos de organizar a Centroamérica. Reúne fuerzas con aquel doble objeto para llegar a una solución trascendental. La mano de un cónsul inglés, cuyo nombre no quiere ni mentar, y el oro del viejo bando exterminador, se hacen sentir entre el pueblo ignorante, que se juzga comprometido por Morazán en una guerra de aventuras, y como conducido por su mano a perecer sin razón en extranjeros lares.

Aquel pueblo no pudo comprender, ni comprende aún, la idea redentora de una sola Patria centroamericana.

Creyéndose desde entonces una verdadera nacionalidad disgregada del gran todo que nos legó la España y trataron de constituir los padres de la independencia; el alzamiento de Costa Rica contra el general Morazán se explica perfectamente por una de las falsas concepciones del egoísmo disociador, por las intrigas y maquinaciones de todos los elementos reaccionarios empeñados en la obra impía del fraccionamiento.

La sublevación popular comienza, la tragedia sangrienta que termina en el cadalso abominable levantado el 15 de septiembre de 1842, para sacrificar al mártir a quien hoy glorificamos como al primer enviado de la Providencia para enseñar su destino al pueblo centroamericano.

Durante tres días de riña fratricida, de muerte y de pavor, el ilustre Cabañas defiende su bandera con un poco fuerza, y se bate en las calles de San José como si fuera la figura fabulosa de Marte realizada por la historia.

Pero al fin todo concluye con la traición de un hijo de Cartago, el engaño criminal de un extranjero y el asesinato perpetrado a la luz crepuscular del primer día memorable que acabo de mencionar.

Pocos momentos de vida dejan las turbas enfurecidas al mártir para consignar sus últimas palabras en el más bello y más elevado testamento, escrito para la humanidad por uno de los primeros hombres del Nuevo Mundo.

Ningún héroe, ningún patriota, ningún repúblico ha muerto con más fe que Morazán en el progreso indefinido de la libertad.

Ninguno, que yo sepa, ha pedido a la juventud que imite su ejemplo sublime de sacrificarse por la Patria.

Él se declara inculpable y sin rencores en presencia de sus verdugos, y con acento de apocalíptica tristeza afirma que los últimos latidos de su poderoso corazón se llevan a ultratumba su invencible amor a Centroamérica.

El patíbulo del general Morazán es para él una luminosa transfiguración; es "esplendente nube en que puso firme le pie para remontarse al cielo".

Yo condeno con severidad el crimen, pero jamás tendré una sola palabra de execración para maldecir a la familia costarricense. Una atmósfera moral preñada de pasiones y errores invencibles oscureció la conciencia de muchedumbres estultas y espíritus perversos, en aquella sociedad en que también tuvo Morazán muchos amigos, muchos admiradores que sufrieron por él hasta después de su muerte.

¿Y qué decir contra las dos generaciones que han venido después sin ninguna participación en aquel drama de horror?

Menos justificable es aún proferir algo rencoroso, cuando sabemos que Nicaragua y hasta el mismo Honduras ¡ay! ¡Celebraron con festines y regocijos el sacrificio atroz de Morazán...!

¡Silencio, pues, en este punto, si queremos la reintegración de la Patria por la concordia y la fraternidad!

Toca el actual Gobierno salvadoreño el honor de haber llevado a cabo la glorificación del héroe favorito de este pueblo, del capitán insigne que quiso legarle sus cenizas, como para identificarse con él hasta por el polvo que le sirvió de forma en este mundo.

El bien inspirado Gobernante, que está realizando esta primera apoteosis del heroísmo y del genio en la América Central, ofrece con ella ejemplos edificantes a la juventud, que debe ser elemento de regeneración por las virtudes; estímulo poderoso a los honrados servidores de la Patria; tentadora emulación a los que siguen la carrera de los héroes; aplicación del buen gusto por el arte a la cultura nacional.

¡Pueblo generoso de El Salvador, pueblo querido de mi corazón! Cuando sea necesario que vuelvas a luchar por las garantías sociales y los derechos del hombre, por la integridad y la independencia de la Patria centroamericana, congrégate al pie de este monumento pidiendo inspiraciones al semidiós de nuestra historia. Él pondrá su imagen en su pecho, y triunfarás en todos los grandes lances que te esperan.

Y vosotros, respetables veteranos, que marcháis en ardiente tropel en pos del Adalid glorioso, haciendo luz de libertad con vuestros aceros vencedores y con ellos segando laureles para su frente y para la vuestra, inclinaos un momento con gratitud y con respeto ante el gobernante liberal y civilizador que os ha traído a esta gran fiesta de la Patria para vincular su nombre y el vuestro a la gloria inmortal de Morazán.

¡JUVENTUD, a quien el prócer encomendó la coronación de sus esfuerzos malogrados! Apercíbete a desarrollar con valentía los gérmenes de nuevas creaciones y de vida nueva que llevas en tu alma, porque la sombra de Morazán estará moviéndose inquieta hasta que un espíritu de los tuyos vuele, como la paloma de Noé, llevándole el mensaje de la resurrección de su Patria, mientras llega la procesión de los nuevos mártires que deben ir a confundirse con él en la inmoralidad!

A continuación, todas las producciones literarias que se leyeron después del orador Álvaro Contreras.

AL GENERAL MORAZÁN

Esta sección del mundo americano
Hoy festeja al político, al guerrero.
Al Leónidas audaz, al espartano,
Por el valor y el patriotismo austero.

Festeja al que en la lucha fue severo,
Y después de vencer siempre fue humano;
Al que ahogar supo con potente mano
La ronca voz del despotismo fiero.

Lo saca de su estrecha sepultura,
Y en cincelado mármol lo levanta;
Y es tanto su esplendor, su gloria tanta,
Que ni el presente, ni la edad futura,
La talla medirán de esa estatura
Que el curso de los tiempos agiganta.

CALIXTO VELADO.

ANTE LA ESTATUA DE MORAZÁN

Allá en la tierra hermosa del Oriente,
Cuando Febo sus rayos encendía,
La estatua de Memnón frases decía
En un lenguaje incomprensible, ingente.

Cuando de Unión el sol resplandeciente
En su orto anuncie el venturoso día
Que al Centro de la América sonría
Y llene de entusiasmo un Continente;

Y cuando el grito por doquier se extienda
Que dé la Buena Nueva a todo el mundo
Y en cada pecho el patriotismo encienda

Con ardimiento férvido y profundo:
¡Un himno cantará de gloria entonces
Lleno de vida el insensible bronce!

RUBÉN DARÍO.

DISCURSO

PUEBLO SALVADOREÑO:

¡He aquí un monumento levantado a la inmortalidad!

Me parece oír en los rumores de esta fiesta las palpitaciones del corazón de Centroamérica.

Más todavía: me parece que en ella goza también la humanidad.

Pues qué, ¿no pertenece a la humanidad el hombre que, formando una gloriosa excepción entre sus conciudadanos, en su infinito amor al bien universal, desea que la humanidad se convierta en un solo individuo para estrecharla en un inmenso y fraternal abrazo?

Heme aquí, pues, insolente pigmeo, ante ese coloso de gloria, abrumado con el honor de ocupar mi oscuro pensamiento en enviar una palabra de admiración a *ese loco sublime e inmortal* que se llamó ¡FRANCISCO MORAZÁN!

Pero sé que la juventud, con su alma virgen, de toda corrupción, con un corazón amante del bien y la libertad, es la primera en proclamar la grandeza del héroe legendario, que puso su vida y su genio a disposición de la Patria para devolverla sus pérdidas libertades; y sé también que es la primera en dedicar sus recuerdos, de corazón, al amigo del pueblo, al que supo combatir con la razón y el fuego de su espada a los hijos del absurdo, a esa turba que en vez de ostentar la insignia de ciudadanos libres y unidos, ha preferido llevar en su frente el odioso estigma de la servidumbre.

¡Morazán! ¡Morazán! En vano ha luchado el ciego fanatismo por empañar tu historia; en vano ha pretendido envolver tu nombre en la tiniebla del olvido.

Semejante pretensión la calificaría yo de ridícula si no fuera absurda; como sería absurdo pretender que el hombre no tuviera conciencia de la sublimidad de las acciones humanas, como sería absurdo querer evitar que el sol y los demás astros que ruedan en el infinito espacio nos enviaran los rayos de su luz.

Él, pues, ese rudo fanatismo, en cada rasgo de tu vida no encontrará más que bellas páginas de gloria, y en tanto que tú te elevas en ascensión infinita al cielo de la inmortalidad, los partidarios del crimen y enemigos eternos de la humanidad se arrastran en los pantanos del desprecio.

Allí están esos restos venerados de nuestra perdida Federación. Decid, leales veteranos, si ese que fue vuestro ídolo no tuvo por única religión la libertad; decid si no fue el amor patrio el único que lo inspiró en aquella lucha tenaz que hubo de sostener contra las hordas caínicas que desgarraron el seno de la desgraciada Patria centroamericana.

No me desmentiréis, porque testigos fuisteis de esa época para vosotros de gloriosos recuerdos. Aún descubro pintarse en vuestros semblantes el orgullo, y que aplaudís más que ninguno esta demostración de la gratitud nacional.

SALVADOREÑOS: recordad que El Salvador y Morazán se identificaron siempre en un solo amor, en una misma idea: ¡Unión y Libertad!

Conservad eternamente ese recuerdo, y alimentad ese amor; que así, y con vuestras gloriosas tradiciones, podréis confirmar sinceramente y con orgullo, que El Salvador es el pueblo del progreso, el pueblo-libertad de Centroamérica; que así, veréis levantarse el pedestal de otro monumento más grande todavía y más glorioso, que debe consagrarse a Morazán; ¡ese monumento será la *Unión Centroamericana*!

¿Y dejará de ser el nombre de Morazán el primero en el corazón de los centroamericanos?

¡Sí...! ¡Dejará de serlo cuando desaparezca ese libro sublime de la humanidad que se llama Historia!

MANUEL J. BARRIERE.

HIMNO A MORAZÁN
(Música de Olmedo)

CORO
Salve, salve, gigante soldado,
De magnánimo, audaz corazón;
Salve, salve, guerrero esforzado,
De la Patria, el Honor y la Unión.

I
Desde un polo a otro polo del orbe
Con sus épicas trompas la Fama,
Con frenético orgullo te aclama
El Guzmán de la América, audaz.
De bondad, de virtud y heroísmo
Cual a un Dios te venera cada hombre,
Y al recuerdo inmortal de tu nombre
Los cobardes esconden su faz.

II
Desplegando sus alas radiantes
En el recio fragor de la guerra,
La victoria, sonriendo a la tierra,
Humillada admiraste a tus pies.

En *San Pedro, Las Charcas y Gualcho*,
Y doquier que tus huestes lanzaste,
Como nuevo Bolívar lidiaste
Con estoico valor y altivez.

III
Do rimbomba el cañón fratricida
Y la lucha sangrienta se enciende,
Conturbada tu sombra desciende
Empuñando tu fiel pabellón.
Nada importa que necios pretendan
Los enanos borrar tu memoria:
Vivirás lo que viva la historia
Proclamando la paz y la unión.

IV
Tras un siglo otro siglo rodando
En la noche sin fin del vacío,
Perderánse rindiendo a tu brío
La diadema del genio, inmortal.
Y más tarde, tal vez de las ruinas,
Surgirá, como el sol en Oriente,
Derramando su luz esplendente,
Nuestra Unión sacrosanta y triunfal.

MIGUEL PLÁCIDO PEÑA.

A MORAZÁN

No más callar, no más, santo es mi intento:
No más callar, no más, el alma siento
Entre el pecho agitarse,
¡Que me parece estrecho calabozo
Para encerrar mi corazón ardiente!
Abrasase mi mente,
Un extraño valor mi ser anima,

Desciende a mí la inspiración sagrada
Y alas presta a mi joven fantasía
Para dejar este querido suelo
Y, a la Patria cantando en este día,
Hasta do el héroe mora alzar el vuelo.

¿Y quién no ha de cantar si Centroamérica
Al contemplar de Morazán la estatua,
Las páginas leyendo de la historia,
Recuerda aquellos días de su gloria
Y se dispone a entrar de nuevo al templo
De la bendita Unión?

¿Quién no se siente
Por divinal corriente
Arrastrar al mirar la venerada
Imagen de aquel hombre, aquel que manda
A los desencadenados elementos
De la reacción callar; y, en fuego ardiendo,
De sacro patriotismo,
Postra a sus pies al negro servilismo
En cien batallas su poder venciendo?
¡Oh! No merece el nombre
De centroamericano el que no sienta
De libertad y unión santas ideas
Al contemplar al hombre
Que en vano el bronce retratar intenta
¿Y sabéis quién era él?

Pues era ingenio
De luz resplandeciente,
Fue un mártir inmolado
En aras de su idea;
Como Ulises prudente,
Sabio como Néstor, y como Aquiles,

Denodado y valiente;
Belona altiva, el furibundo Marte,
Seguían su estandarte;
Y, sembrando el estrago por doquiera,
Señor de los combates
Hizo que le llamara
La fama vocinglera.
Como raudo meteoro
Cruzó el espacio de su breve vida,
Y, al traspasar del arco los umbrales,
Nos dejó sin mancilla su memoria
Y una huella de gloria
Que, con su luz, la senda está alumbrando
Que conduce a los campos inmortales.
Y cada gota de su sangre eximia,
Por la más justa causa derramada,
Es un fanal de luz esplendorosa
Que a nuestra Patria amada
Por la senda gloriosa
De la Unión santa guía,
La Unión, la dulce Unión, que la hará un día
Entre las poderosas, poderosa.

Sublime ejemplo Morazán presenta
De abnegación sublime y patriotismo:
Mirad cómo chispea
En su ancha frente el genio, y cómo bulle
En su cerebro la grandiosa idea
De la fecunda Unión...!

¿Quién no venera
Al que terror de los combates era,
Al héroe ayer, mártir ahora?
¿Quién de coraje e indignación no llora
Al recordar la negra alevosía

De aquella turba de feroces monstruos
Que, en el solemne día
De la Patria ¡qué horror! Lágrimas, luto,
En vez de regocijo le brindaron
Y su ondulante pabellón rasgaron
Con salvaje furor, con gozo bruto?
¡Qué! ¿No pensasteis ¡oh, feroz caterva!
Que con inmundo lodo vuestra vida
Para siempre manchabais
Ejecutando aquella acción nefanda,
Digna solo del alma más proterva?
¡Qué! ¿No pensasteis que inmolando al hombre
Que al servilismo hacía cruda guerra,
Era matar la libertad querida,
Era matar la Unión?
¡Ay! Pobre tierra
De América Central, tan solo el nombre
De libre te quedó: fiero vestiglo,
Indio Nerón del siglo,
Se cebó en tus despojos, sin que hubiera,
Muerto el gran hombre, redentor del Centro
Que saliera a su encuentro
Y sus devastaciones impidiera.

El monstruo infame te arrojo a los vientos
Del despotismo y de la tiranía,
¡Ay, pobre patria mía!
Dividida en fragmentos;
Y el bárbaro deshizo
En un instante lo que en largos años
Rehacerse no ha podido,
Y orgulloso de obrar males tamaños,
En medio de placeres y orgías
Pasó gozando sus nefandos días...!

Pero, ¿por qué traer a la memoria
De nuestra dulce Patria las desdichas?
No maldigáis al monstruo, sobre él pesa
El anatema eterno de la historia,
Y todo el templo de su falsa gloria
Ella, imparcial, redújole a pavesa.
¡Oh, tú! Sombra querida
Del mártir de la Unión, permite ahora
Que en nombre de la Patria agradecida
Me atreva a saludarte y a ofrecerte
El corazón de un pueblo que te adora.

Sí, Morazán, el pueblo te comprende,
Porque ama el pueblo todo lo que es grande;
Comprende tu heroísmo y de ti aprende
A no sufrir que un déspota le mande.
¿No le vez cuál acude presuroso
A contemplar tu estatua
Para pagar a tu heroísmo el justo
Tributo merecido?
Mírale, se retrata en su semblante
Una expresión de mágico contento:
¡Con qué recogimiento,
Con qué entusiasmo santo el pueblo amante
Tu estatua mira...!

¡Oh, sí! Yo sí lo veo,
Una aureola de luz ciñe su frente,
Rayos despide su mirada ardiente,
Y en su pupila leo
Un pensamiento grande:
Juramos, dice, deponer los odios
Y de la libertad vibrar la palma;
Juramos ante vos no usar de dolo,
Los cinco Estados ser un pueblo solo,

Tener un solo pecho, una sola alma;
Juramos ante vos ser ciudadanos
Libres, unidos, fuertes, esforzados;
Juramos libertar a los hermanos
Que otra nación mantenga esclavizados;
Juramos evitar que sangre corra
En tierra americana;
Y juramos, en fin, que es soberana,
Libre e independiente,
La América Central, y si algún día
Una nación de América o de Europa
Tratara de matar su autonomía
O de usurpar su tierra,
Si no podemos evitar la guerra
Sin faltar al honor y a la hidalguía,
Las armas tomaremos, y ni un punto
De tierra cederemos;
Y si cruel persíguenos la suerte,
Imitando a Numancia y a Sagunto,
Gritando moriremos:
¡Atrás, infames, *libertad o muerte...*!
¿No miras, Morazán, cuál se enajena
Este pueblo, que ideas sacrosantas
Por mi boca ha expresado? ¡Oh! Cuál me llena
De sublime entusiasmo vuestra idea,
Pueblo de cuyo seno
El héroe y yo saliéramos un día;
Se anuda mi garganta,
Y mi lengua se anuda,
Y permanece muda
La misma inspiración al ver que tanta
Heroicidad se anida en vuestro pecho,
Digna solo de un alma americana,
¡Ay! Lo que ahora siento
No se puede expresar en lengua humana,

Pero, ¿por qué tiemblas? ¿habéis oído
Una voz como el trueno fragoroso?
Escuchad esa voz, es cual bramido
De la mar cuando el soplo poderoso
Del huracán tremendo
La hace brillar y en encrespadas ondas
Con su fragor horrendo
Se va a estrellar contra las fuertes rocas;
Los oídos abrid, cerrad las bocas,
Santo poder a vuestro ser anime,
Porque esa voz sublime
Es la voz del caudillo
Que habla a su pueblo congregado ahora:
Alzad la vista con respeto grande,
Y ved: de pedestal le sirve el Ande;
Bolívar a su diestra, a su siniestra
Morelos, San Martín y otros cien genios;
La diadema del genio le circunda,
Vestido con las ropas de la gloria,
La espada vencedora en una mano
La palma de los mártires en la otra,
La dulce claridad el cielo inunda;
Miradle, su mirada es penetrante,
Cual la del mismo Júpiter Tonante;
Y atentos escuchad:

Si yo soy grande,
Dice, con voz que el aquilón remeda,
Es porque grandes mis ideas fueron;
Unión y Libertad, tal fue mi lema;
Por él lidié, vencí; muchos cayeron
Postrados a mis pies, el servilismo,
La odiosa tiranía;
Y de la Patria en glorioso día
La palma de los mártires me dieron.

Traidores me tendieron negros lazos,
Inspirados quizá por el abismo;
Morí y se entronizó el despotismo,
Y América Central fue hecha pedazos.
Mucho tiempo he esperado, pero en vano,
Mirar reaparecer la obra grandiosa
De la Federación; ¿qué hicisteis, pueblo?
En vez de trabajar, con odio insano
Os destrozabais sin piedad, cual fieras,
Hollando vuestro honor y salpicando
De crímenes las páginas primeras
De vuestra nueva historia,

En vano, en vano lágrimas de sangre
mi mejilla escaldaban;
Los pueblos no se hartaban
De inundar con la suya el territorio:
Y a la luz de la pólvora se vía
El lecho mortuorio
De la Patria infeliz que, agonizante,
Entre el polvo yacía...
La libertad sagrada,
Al verse escarnecida,
Abandonó el país, tendió su vuelo
Y sollozando se remontó al cielo.
Así pagasteis, pueblos, mis afanes,
Mis desvelos, mi sangre derramada,
Inmolando a mis manes,
A la Patria adorada
Y a sus verdugos con amor premiando.
Lleno de horror el alma palpitante,
Quise apartar mis ojos
De aquel terrible cuadro, en ira ardiendo,
Los cinco Estados viendo

Convertidos en campo de Agramante,
Y el *león boreal* sus zarpas afilando
Para después cebarse en sus despojos;
Y en mis justos enojos
Pensaba maldecirla, hermanos míos.
Pero oí vuestra voz, sé vuestro intento
Y ahora os reconozco: el pensamiento
Que acabáis de expresar y vuestros bríos
Muestran que es digna el alma que os anima
De apellidaros hijos
Del alma libertad, obras sinceras
De su inminente ruina
A la Patria salvando
Y las generaciones venideras
Irán vuestras hazañas alabando.
Mas no olvidéis, tenéis que darme cuenta;
Y entonces ¡Ay! Del mísero que mienta.
¡Oh! Vosotros, a quienes ha confiado
La Patria sus destinos,
Llevadla por los mágicos caminos
De la unión y el progreso,
Y un asiento tendréis en el Congreso
De genios inmortales.
Mas si olvidando todo,
Para ella fueseis hijos inhumanos,
Celeste fuego tornará en cenizas
Vuestra fingida gloria, y yo en trizas
Y en polvo tornaré: ¡temblad, tiranos!
Y vosotros ¡oh, pueblos, adelante!
No temáis, obrad bien, que yo constante
Velaré por vosotros;
Y no permitiré que haya vestiglos
Que quieran desunirte ¡Patria amada!
Y libre, y poderosa, y respetada,
Serás honor de los futuros siglos

Que, al contemplarte con afán profundo,
Te tienen de llamar reina del mundo...!
Así dice, y al cielo se remonta
Entre nubes de fuego y filigrana.
Detente, pensamiento,
¿Qué más puede decir la lengua humana?
Al oír el acento
De la voz del gigante,
Torpe mi lengua al paladar se adhiere,
Palidece el semblante
Y en la garganta la palabra muere;
La misma inspiración acentos no halla,
Inclina la cabeza y tiembla y calla.

JOAQUÍN ARAGON.

En resumen, podemos decir que tomaron la palabra en aquel acto: el Dr. Rafael Zaldívar, presidente de la República, al correr el velo que cubría la estatua; el inspirado orador Álvaro Contreras, a nombre del Gobierno; los dotores Rafael Reyes y David Castro, y Juan J. Cañas, por la Universidad; el general Dr. Luciano Hernández, por el municipio; el bachiller Manuel J. Barriere, por la sociedad "La Juventud"; el Dr. Francisco Arriola y el Br. Miguel Plácido Peña, por la asociación "La Democracia"; el Dr. Pablo Buitrago, por el Gobierno de Nicaragua, y don Cruz Ulloa, por el de Honduras.

Del Parque de Morazán pasó la comitiva al Teatro Nacional, donde se tenía preparado un espléndido banquete. Aquí hablaron de nuevo muchos caballeros, entre ellos el doctor Carlos Bonilla, que pronunció el siguiente

BRINDIS

Como el cóndor que se alza a las alturas
Confiado solo en sus potentes alas,
Así se alzó del montañoso Honduras
El favorito de la augusta Palas,
Para cruzar la atmósfera sangrienta
Do tronaba la bélica tormenta

La América Central en desconcierto,
En fratricida guerra perecía;
Y presa de su aciago desacierto,
Entregado al horror de la anarquía,
Y en un fango de sangre encenagado,
Ruina amagaba el federal Estado.

Solo un hombre de brazo poderoso,
De grande corazón y grande aliento,
Podía detener el pavoroso
Desborde del anárquico elemento.
Oponiéndole al clero y la nobleza
Su genio, su valor y su entereza.

Y al clamor de la Patria desgarrada
Surge hercúleo ese genio que la escucha;
Y el frigio gorro y la desnuda espada
Toma, y se lanza a la intestina lucha,
Donde lauros le brinda la victoria
Y le encumbra a las nubes de la gloria.

Y es MORAZÁN perínclito el soldado
Que el roto lazo de la Unión reanuda;
El varón siempre heroico y denodado
A quien la América Central saluda

Cuarenta años después que exhaló el alma
Y logró del martirio la áurea palma.

Ved ahí la simpática figura,
En perdurable bronce modelada,
Del héroe que alcanzó con su bravura
Ver la negra discordia domeñada,
Y domeñada la anarquía fiera
Y triunfante en su mano la bandera.

Vedle ahí, en el marmóreo monumento
Que El Salvador consagra a su memoria;
Parece que aún rebulle el pensamiento
Tras de su frente, que cual lente ustoria
Inflama su cerebro portentoso
De libertad al rayo esplendoroso.

Nunca embargó su inteligencia clara
Más que de patria predilecta idea;
Jamás su noble corazón llevara
Más sentimiento que el que inspira Astrea,
Y eminente patriota entre patriotas
No quiso un pueblo gobernar de ilotas.

Que fue la libertad siempre sagrada
Para el que firme sostenerla supo,
Y ver la tiranía entronizada
En lo hidalgo de su ánimo no cupo,
Como no cupo el despotismo fiero
En el límpido puño de su acero.

¿Quién como él alcanzó tanto prestigio?
¿Quién como él fatigará a la victoria
En la arena del bélico litigio
Donde símil no tiene en nuestra historia?

¿Quién como él ha llegado en este suelo
De la gloria al pináculo en su vuelo?

Mas ¿a qué el panegírico yo haría
Del egregio Caudillo que hoy se aclama?
¡Ah! Detente, detente, musca mía,
Que calle mi entusiasmo ante su fama,
Y al prócer que esta estatua nos recuerda
Cante otra lira de sonora cuerda;

Porque la mía, sin acorde y rota,
No alcanza, no, de la epopeya el tono,
Y nunca, nunca una sublime nota
En épico vibrar tuvo en su abono,
Para que osara en mediocre canto
Hoy ensalzar al que merece tanto;

Al que fue de demócratas dechado,
De sagaces políticos modelo;
Al que fue de los suyos adorado,
Porque tuvo en su pecho el santo anhelo
De llevar a la Patria grande y una
A espaciarse en la próspera fortuna.

Pero si en fiesta nacional reunidos
Saboreado hemos suculenta sopa;
Por la sombra del héroe presididos,
Alta teniendo la ambarina copa,
Libemos el licor hasta las heces
Victoreando al unísono mil veces.

Al capitán del centroamericano
Que la bandera nacional tremola
Hasta que enfría su potente mano
La traición que terrífica le inmola

En el cadalso, sobre el cual aún gimen
Los pueblos deplorando ese gran crimen.

CARLOS BONILLA.

CAPÍTULO V
Monumento de Morazán en Tegucigalpa

SUMARIO: Honduras trata de honrar la memoria del general Morazán. – Se le manda erigir un monumento en Tegucigalpa. – Un decreto del Gobierno. – Fecha en que se inauguró la estatua de Morazán. – Discurso oficial.

Honduras, bajo la Administración liberal del Dr. Marco Aurelio Soto, trató de honrar también la memoria del hijo más grande que ha producido aquella Sección, y en donde se meció la cuna del héroe de EL Espíritu Santo.

Con este objeto se mandó erigir en la plaza principal de Tegucigalpa, capital de aquella República, el monumento más suntuoso que de aquel noble patricio existe en Centroamérica.

El decreto en que se ordena la erección de dicha estatua, dice:

"Marco Aurelio Soto, presidente constitucional de la República de Honduras, considerando: que todo pueblo culto debe honrar la memoria de sus grandes hombres, y que el BENEMÉRITO GENERAL DON FRANCISCO MORAZÁN fue para el pueblo hondureño el heroico sostenedor de sus derechos y el más ilustre representante del Gobierno Republicano de la Unión Nacional de Centroamérica; por tanto, decreta:

Art. 1°. – Levántese en la plaza principal de esta capital una estatua ecuestre, de bronce, del BENEMÉRITO GENERAL DON FRANCISCO MORAZÁN.

Art. 2°. – La estatua se asentará sobre un pedestal de piedra, bronce y mármol, que llevarán inscripciones que perpetúen en la posteridad las elevadas ideas y los heroicos hechos del abnegado defensor de la Unidad de Centroamérica.

Dado en Tegucigalpa, en la Casa de Gobierno, a los 27 días del mes de agosto de 1882. – Marco A. Soto. – El secretario de la Guerra, Ramón Rosa".

El pedestal llevará las siguientes inscripciones:

A FRANCISCO MORAZÁN
LA PATRIA

Al repúblico inmortalizado por la más grande de las ideas: la Unión Nacional de Centroamérica.

MONUMENTO DE MORAZÁN EN TEGUCIGALPA

Al héroe de La Trinidad, de Gualcho, de Las Charca, de El Espíritu Santo y de San Pedro Perulapán, que despreció la Dictadura para fundar el Gobierno de la Democracia.

Nació en Tegucigalpa el 3 de octubre de 1792.

Murió en San José de Costa Rica el 15 de septiembre de 1842.

El 30 de noviembre de 1883 se inauguró en Tegucigalpa el monumento mandado levantar al general Morazán.

El licenciado don Jerónimo Zelaya pronunció, por comisión del Gobierno, el siguiente

DISCURSO

SEÑORES:

Se destaca a nuestra vista el bello monumento mandado erigir a la querida y venerada memoria del general don Francisco Morazán. El Gobierno del Dr. Soto tuvo la justa y feliz idea de decretar su erección el 27 de agosto del año último; y el general don Luis Bográn, que acaba de tomar posesión de la Presidencia por el libre sufragio de los pueblos, lo inaugura este día y lo exhibe a la mirada pública como uno de los objetos más dignos de nuestra contemplación, de nuestro amor y nuestro culto.

Y yo vengo, señores, lleno de respeto, lleno de temor y, por decirlo así, anonadado, a pronunciar el discurso oficial que demanda ocasión tan solemne, tan grandiosa; ocasión tan soberanamente augusta, puesto que ella fija, en nuestros anales, la magnífica e inmortal fecha de la gratitud de la Nación, de la gratitud de la Patria, rindiendo expresivo y elocuente homenaje al más grande y preclaro de sus hijos.

Y ¿quién soy yo para comparecer aquí, en medio de sociedad tan escogida y en medio de inmensa, alborozada muchedumbre, llevando la palabra en elogio y en honra y prez de la primera de nuestras glorias y la primera de las glorias de Centroamérica? ¿Quién soy yo, señores, para acercarme a monumento tan grandioso, tan colosal e imponente, y alzar mi voz en alabanza del gran repúblico que inmortalizaron sus propios y dignísimos hechos y sus memorables e inauditas hazañas? ¿Quién soy yo?

Ah, señores, yo me fijo en mi humilde en mi modesto ser; yo inquiero mis títulos y merecimientos a la distinguida honra que me ha dispensado el Gobierno al designarme para usar de la palabra en este acto, y solo encuentro en mi persona el desaliento de la insuficiencia, la aridez y el vacío; y bien sé yo que para hablar de los grandes hombres con gala y lucidez, con pompa y majestad, se necesita semejarse a ellos, pues, como ha dicho un pensador ilustre, solo el genio puede comprender bien la gloria.

Señores: un pueblo hermano, que fue patria adoptiva del general Morazán y teatro de las mayores de sus glorias, el noble pueblo salvadoreño, elevándose a digna altura en sentimiento de gratitud, de justicia y de generosidad, ha erigido a su grata memoria, adelantándose a nosotros, la magnífica estatua que descuella en la plaza central de la capital salvadoreña, y que atestigua a un tiempo la gloria del egregio hondureño, objeto de tan señalado homenaje, y la hidalguía de aquel noble y generoso pueblo.

Felicitémonos, señores, por la erección, aunque tardía, entre nosotros, de este monumento, a los cuarenta y un años de la trágica muerte del héroe a quien está consagrado; del héroe que ha merecido que dos naciones se inclinen ante él y le tributen honores y apoteosis. Felicitémonos, porque este acontecimiento significa que en nuestra amada Patria no ha perecido, no ha muerto el noble sentimiento de la justicia, que en todos los países y en todas las épocas, discierne coronas, palmas y lauros a las grandes virtudes, a las grandes y sublimes abnegaciones. Honduras se ha rehabilitado. Honduras ha comprendido que las heroicas acciones y las proezas del valor rendidas en aras de la libertad y la Patria, deben perpetuarse por el arte en mármoles y bronces. Honduras ha comprendido que los hombres beneméritos forman le precioso tesoro y riqueza de los pueblos, y que su memoria, cuando ya no existen, es el fecundo y poderoso aliento que guardan las brisas para fortalecer las nuevas generaciones que el tiempo trae a la luz y a la vida en sus eternas olas.

Señores: ved ahí, puesta en lo alto, la figura del héroe magnánimo, del héroe legendario, cuyo nombre han hecho célebre sus propios esclarecidos hechos, y sus memorables hazañas. Ved ahí al guerrero de gallarda apostura, de serena mirada en los combates, de palabra de fuego que inflamaba al soldado. Vedle ahí, audaz con la audacia del genio, en ademán de vibrar la espada vencedora contra los enemigos aterrados. Lo rodean los elocuentes trofeos de los triunfos que alcanzara como hábil político y como hombre de guerra esforzadísimo; el escudo de la República Federal de Centroamérica, en bajo relieve de bronce, el simulacro de una de las más grandes batallas en que señaló su valor, y festones de laurel como premio de sus victorias.

¿Quién ha llegado en Centroamérica, a la altura de nuestro héroe en el arte de la guerra? ¿Quién ha podido igualarlo en el plan admirable de sus operaciones, en su sagaz estrategia y en su golpe de vista seguro y su pericia para encadenar la victoria a sus banderas? Ved sino como en sus campañas de diez años libradas contra tenaces e implacables enemigos, a paso de vencedor escribió su nombre con la punta de su espada en los campos de La Trinidad, en Gualcho, en El Espíritu Santo, en Jocoro y San Pedro Perulapán. En esas memorables campañas puso a prueba su inquebrantable constancia, su heroísmo jamás desmentido, sus altas dotes de mando, sus extensas vistas y táctica de capitán y sus sentimientos de humanidad para con los vencidos. ¿No son estos, señores, suficientes títulos para su nombradía y para su gloria?

Pero el mérito del general Morazán, el mérito de nuestro malogrado grande hombre, no consiste tanto en sus elevados talentos, en su inspiración o su genio en el arte de la guerra, en el arte de la humana carnicería; ene se arte desgraciado, ene se arte cruel e innoble de exterminar a los hombres, condenados a un tiempo a la destrucción y la muerte por las fuerzas mismas de la naturaleza y por los instintos famélicos de sus semejantes. No, señores, su distinguido, su relevante y excelso mérito tiene por base la civilización y los principios de una sana y generosa política; tiene por base su amor a la causa de las nacionalidades, que es la causa del bienestar perdurable de los hombres y del feliz desarrollo y engrandecimiento de toda la humanidad.

El general Morazán comprendió, señores, que el grande acontecimiento de la independencia de 1821, no bastaba a asegurar la ventura y porvenir de las secciones de Centroamérica, convertidas en débiles y frágiles Repúblicas; comprendió las serias desventajas, los inconvenientes y peligros del aislamiento y la disgregación de estos países, destinados por la naturaleza a formar un todo compacto y una gloriosa solidaridad; comprendió que la ley del progreso indefinido, que es el evangelio del siglo y de la humanidad, y el planteamiento de las instituciones democráticas destinadas a redimir al orbe entero, porque reconocen y proclaman, de acuerdo con el cristianismo, la igualdad de los hombres, no podían realizarse, no podían cumplirse, crecer ni tomar arraigo en medio del antagonismo de los partidos y de las ambiciones del caudillaje, asentado, entronizado en cada una de las provincias de la antigua Capitanía General, elevadas al rango de Repúblicas; comprendió que todo el territorio contenido entre Veraguas y Tehuantepec, no debía formar sino una sola Nación, una sola y grande Patria, que diese sombra, que diese amparo y reposo a la generación de entonces y a las generaciones venideras en la serie de los tiempos ; comprendió que solo la unión gloriosa de estas disgregadas secciones, íntimas hermanas por el idioma y la religión, los intereses y las costumbres, podía atraerles el respeto y aprecio y la consideración de las naciones cultas de Europa y de nuestro continente; y por eso se convirtió el grande hombre en protagonista esforzado, valiente, enérgico, infatigable de la Federación; y por eso, señores, por el poder irresistible de sus convicciones, consagró las altas facultades de su inteligencia y su brillante espada al triunfo de su causa, que abrazó con fe, con amor y con abnegación, y en cuyo holocausto inmoló sus intereses, su juventud, su reposo, su sangre, su vida, sirviéndola a toda hora con su palabra, con su pluma, con su propaganda, con su consejo y con su espada en los campamentos, en Honduras, El Salvador, en Guatemala, Costa Rica, casi en todo Centroamérica.

¡Qué gloria, señores, tan envidiable, tan serena y tan pura, la del gran repúblico hondureño, que abnegado hasta el sacrificio de sí mismo, solo tiene en mira los intereses sagrados de la Patria y la suerte venturosa de sus semejantes! ¡Qué espectáculo tan singular y tan bello el del noble ciudadano nacido de las filas del pueblo, y no amamantado a los pechos de insolente aristocracia, elevándose por su solo mérito sobre el nivel de sus compatriotas y empeñado en la lucha titánica de crear una gran Nación, contra la cual se han conjurado el retroceso, las oscuras tradiciones de la colonia, el glacial y duro egoísmo y las sórdidas ambiciones!

¡Qué maravilloso y sublime espectáculo el del joven Francisco Morazán, fija la mente en el porvenir de su América del Centro, esa hija adorada de sus ensueños, ocupado en enaltecerla y dignificarla ante el mundo, y tratando de hacer por ella, durante diez años, lo que hace poco han hecho la bella, encantadora Italia, y la profunda, la pensadora Alemania; lo que hará mañana la noble España unificando la Península con Portugal, y lo que hará un día Sudamérica y otras regiones del globo! Porque, señores, es ley de la civilización, es ley indefectible del progreso, el amplio desarrollo de la humanidad en el tiempo y en el espacio, por medio de las vastas agrupaciones de pueblos sin diferencia de latitudes, sin distinción de colores ni de razas, hasta llegar en el decurso de las edades al ideal venturoso de una sola, inmensa familia humana en toda la haz del planeta, unida en estrecho lazo por los vínculos de la paz, de la fraternidad y el amor, con una sola patria en la tierra, y una sola patria en los inescrutables senos de Dios.

Señores: continúo mi discurso, presentándoos algunos rasgos que revelan la elevación y alteza de carácter del general Morazán, del digno y respetable objeto de mis elogios. El año de 39, sus enemigos, en ocasión que el general Ferrera estaba en Suchitoto con 2,000 hombres, y cuando en Guatemala, foco de la facción separatista, se hacían los mayores aprestos para combatirlo; sus enemigos, decía, lograron apoderarse por el soborno y la intriga, de los cuarteles de la capital de El Salvador, en que existían elementos de guerra de consideración. Su esposa e hija, que a la sazón se hallaban en la capital, fueron puestas en rigurosa prisión.

El general Morazán, que se encontraba en el pueblo de San Martín, a cuatro leguas de San Salvador, recibió una comisión de notables encargada de manifestarle, de parte de los insurgentes; que si en el acto no deponía las armas, serían sacrificados sin remedio aquellos inocentes objetos de su cariño. Pero Morazán, en vez de abatirse ante la idea del inminente peligro suspendido como una cuchilla sobre su familia; Morazán, señores, elevándose hasta esa abnegación contra la naturaleza, la más rar y difícil de las abnegaciones, contesta como Guzmán el Bueno, aquel fiero y heroico castellano defensor de Tarifa –que primero había tenido patria que esposa e hijos, y que solo caerían las armas de sus manos cuando fuera vencido– y, sin vacilar, conferencia con sus jefes, se lanza contra la capital, que toma por sorpresa, rescata a su familia y salva a sus amigos. Regresa en el acto a San Martín y cae como un rayo con su columna de valientes sobre el ejército del general Ferrera, que se había movido de Suchitoto a San Pedro Perulapán. Con el éxito deslumbrante de estas victorias, la facción separatista tembló, y volvió a serenarse, aunque por poco tiempo, la marcha del Gobierno Federal.

He aquí otro rasgo no menos digno de la grande alma del general Morazán. La oligarquía de Guatemala; la oligarquía conservadora del oscurantismo de la colonia, de las añejas preocupaciones y de los insolentes privilegios, halagó la ambición de nuestro esclarecido, de nuestro egregio caudillo, ofreciéndole la dictadura sobre Centroamérica y debiendo fijar su resistencia en la capital de la extinguida Capitanía General. ¡Lo oís, señores! ¡La dictadura! Es decir, el fiero zote, la tiranía, el despotismo, el terrible y ominoso flagelo suspendido a cara hora sobre cerca de tres millones de hombres, sedientos de libertad, de instituciones, de bienestar, de luces, en una palabra, de justicia.

Mas, ¿sabéis señores, lo que contestó indignado el general Morazán? Contestó que él se debía a los grandes destinos de Centroamérica, su patria –que por consolidarla y hacerla feliz, estaba dispuesto a sobrellevar todas las amarguras y todas las adversidades– que prefería sucumbir en su empresa como leal y como bueno, antes que mancillar su nombre y malograr su causa con una condescendencia indigna, con una infame bajeza. Así responden, señores, las almas bien nacidas; así responden los espíritus elevados, a las ofertas insidiosas, a los halagos pérfidos, a los incentivos del poder ilimitado y de la criminal ambición. El general Morazán, nacido para lo grande, para lo noble y heroico, no podía errar en su recto y seguro camino.

¡Conocía bien la senda, la única senda que conduce a la gloria y a la inmortalidad, la rectitud, la honradez, la firme consagración a la causa santa de los pueblos contra los opresores y tiranos, y el amor bendito de la Patria! El general Morazán, señores, murió pobre; su infeliz esposa quedó sin patrimonio. Aun los bienes de esta fueron invertidos en la revolución; y el que administró durante diez años cinco Estados como presidente de la Federación; el que pudo convertirse en millonario opulento, llevando la impura mano a las arcas nacionales, permitió que la viuda, que la dulce compañera de sus borrascosos días, quedase sumida en la estrechez y el rigor de la miseria. Bien, señores, para la fama y renombre de nuestro héroe, y para ejemplo de los conductores de las naciones; de esos conductores infieles, que hacen de los dineros públicos, fruto del honrado sudor de la frente de los pueblos, su más pingüe patrimonio, y prefieren el regalo de la opulencia a la vida modesta del hombre de bien, no contaminado jamás del vicio y de la corrupción.

El general Morazán estaba adornado de prendas eminentes – hasta era gallardo, esbelto en su persona, y naturalmente debía morar una alma hermosa en aquel magnífico y perfecto organismo– de espíritu elevado, audaz y emprendedor, nunca inactivo; de irresistible ascendiente para todo el que disfrutaba su ameno trato, y valeroso y sereno en el peligro, que despreciaba; en una palabra, la naturaleza lo dotara con todas las cualidades de un grande hombre, y de aquí provino, señores, sí, de aquí provino que se suscitaran en su contra la envidia y los fieros rencores; de aquí provino que se levantara contra él el odio implacable y las iras de los separatistas y que fuera detenido en su rauda carrera por el gran desastre, por el enorme e inaudito crimen que lo acechaba; y así debía ser, porque está escrito que las acciones magnánimas son aquellas cuyo resultado previsto es la degradación o la muerte.

Tal es el eterno apotegma, tal es la sentencia impuesta, a los grandes hombres, y que se cumple en los siglos: ¡A Sócrates, la cicuta! ¡A Juana de Arco, la hoguera! ¡A Galileo, de rodillas abjurando la verdad de que la tierra giraba! ¡A Lincoln y Garfield, por su lealtad al deber, el golpe del asesino! ¡A Morazán, el cadalso! Así, pues, sonó la infausta hora de la negra e impía catástrofe; la hora en que debía ser ultimada la valiosísima vida del intrépido y heroico caudillo; y si logró vencerlo lanzando contra él inmensa muchedumbre, y se apoderaron de su persona como de un nuevo Cristo, y en consejo de caníbales lo condenaron a muerte y condujeron al patíbulo; el plomo homicida destrozó su noble pecho, morada de amor para su Patria, e hirió su corazón, de que brotó raudal copioso de generosa sangre... ¡Asesinos! ¡Asesinos! Así atentáis contra una rica y vigorosa existencia puesta al servicio de los santos principios de la igualdad y fraternidad de los hombres; ¡así atentáis contra una noble y dignísima existencia consagrada a labrar el engrandecimiento y dignísima existencia consagrada a labrar el engrandecimiento y la gloria de cinco Estados empequeñecidos, raquíticos y miserables, fundiéndolos en una sola y poderosa nacionalidad! ¿Y no pedimos venganza contra los victimarios, contra los feroces y despiadados verdugos? ¡No, señores! ¡Que solo la barbarie se venga; solo la barbarie responde al odio con el odio; solo la barbarie pide víctimas y sacrificios de sangre! ¡La civilización pide concordia, la civilización pide cariño y pide amor para fecundizar el mundo!

Los enemigos del héroe lo aniquilaron, lo inmolaron ciegos de furor, ignorando que le tejían las palmas del martirio, de la apoteosis y de la inmortalidad; y mientras sus oscuros y míseros nombres solo merecen la execración y el olvido, el nombre de Morazán, de nuestro mártir, llena los ámbitos de Centroamérica y se une a los nombres gloriosos de otros mártires de la democracia y de la emancipación de la especie humana en nuestra vasta América; se une a los nombres de Lincoln y de Garfield, que, como él, fueron derribados, fueron abatidos en la mitad de su carrera por la mano del crimen; se une a esos grandes hombres de imperecedero recuerdo, por haber tenido como ellos la misma suerte en la tierra, para tener el mismo galardón, la misma palma del cielo.

Amemos mucho, señores, sí, amemos mucho la memoria del grande hombre cuyo monumento inauguramos consagrándole esta ovación solemne, esta festividad nacional. Sus levantados y generosos sentimientos, sus esclarecidas acciones e insignes proezas en pro de la unidad de Centroamérica, forman un gran patrimonio de gloria, legado a la posteridad, legado especialmente a sus conciudadanos, legado a nosotros. Acojamos con respeto y cariño, con veneración y reconocimiento, ese glorioso patrimonio, que a la vez que encierra una alta y saludable enseñanza –la del acendrado amor a las instituciones que enaltecen al hombre, y el sacrificio por la salud de la Patria– es nuestra honra y más bien preciado blasón, y será también la honra y el blasón de nuestros últimos descendientes.

Juventud hondureña: que no sean estériles para vosotros los monumentos erigidos a nuestras glorias patrias, que son también gloria y honor de Centroamérica. Tenéis a vuestra vista una constelación de héroes y de sabios, en otros tantos monumentos modelados por el arte para perpetuar su memoria. Recoged de Morazán sus últimas palabras, su testamento inmortal, en que os lega, con el recuerdo de su inmenso infortunio, la defensa y el sostén de la noble causa por que rindió con serenidad su hermosa vida. Aprended de Valle el asiduo cultivo de la ciencia y sus eminentes virtudes cívicas; de Cabañas, el valor guerrero y la honradez inmaculada y aprended de Trinidad Reyes su consagración a la juventud, al bien y a las letras, y su caridad evangélica, esa dulce caridad que nunca aborrece, que no tiene hiel, que todo lo ama y todo lo perdona.

La juventud de Norteamérica educa su corazón, más que con los libros de los sabios, con la lectura de las vidas de sus hombres célebres, de Washington y Franklin, de Hamilton y Jefferson. De tan elocuentes modelos, limpios espejos de las grandes virtudes que dan lustre a su Patria, aprenden los jóvenes americanos a ser íntegros, honrados y virtuosos, independientes de todo yugo y tiranía, desinteresados, magnánimos y amantes de su Patria y de su unión gloriosa, que hace su fuerza y poderío.

¡Patria mía! Al honrar con mi pobre y lánguida palabra al más grande y preclaro de tus hijos que han derramado sobre ti tan radiante lustre, ¡yo te saludo y bendigo! Le habéis hecho justicia dedicándole suntuoso y digno monumento, y estimuláis así el celo y las virtudes de la generación presente, para honraros un día con hechos dignos de ti y de la posteridad. Que su memoria no se ahogue en el torbellino y las evoluciones del tiempo, y que en las más remotas edades puedan tus innumerables hijos que aun vendrán a la vida, pronunciar con orgullo el ínclito nombre de ¡MORAZÁN! ¡MORAZÁN!

CAPÍTULO VI
Monumento de Morazán en Amapala

SUMARIO: El Salvador obsequia una estatua a Honduras. – El Gobierno de este Estado manda formar un parque en Amapala. – Decreto:

El generoso pueblo salvadoreño no se conformó solo con levantar dos monumentos al general Morazán en la capital del Estado, sino que encargó además otro para obsequiarlo a su hermano el de Honduras.

El Gobierno hondureño mandó construir entonces en el puerto de Amapala un parque, y que se levantará en el centro de él un pedestal donde se asentaría la estatua obsequiada.

Creemos muy importante el decreto en que se ordena lo anterior, por los conceptos amistosos y fraternales en que está concebido, y por eso lo insertamos a continuación:

"Marco Aurelio Soto, presidente constitucional de la República de Honduras, considerando: que no es posible, sin grave riesgo, transportar a esta capital la estatua del benemérito general don Francisco Morazán, obsequiada por el pueblo y Gobierno de El Salvador al pueblo y Gobierno de Honduras; y que el lugar que queda, como más a propósito para colocar la estatua, es el puerto de Amapala, bello por su forma e importantísimo por estar en el centro de la costa Sur de la América Central; por tanto, decreta:

Art. 1°. – Fórmese un parque en el puerto de Amapala, en el lugar elegido por el arquitecto del Gobierno, y de conformidad con el plano levantado para dicho efecto.

Art. 2°. – El parque que se construya llevará el nombre de *Parque de San Salvador*.

Art. 3°. – Levántese en el centro del parque, con sujeción al plano aprobado, el pedestal donde debe colocarse la estatua del general Morazán.

Art. 4°. – En la parte interior del pedestal se pondrá, en mármol, esta inscripción: A FRANCISCO MORAZÁN: EL SALVADOR Y

HONDURAS: 1882. En la parte posterior del pedestal, también en mármol, se pondrá esta inscripción: FRATERNIDAD Y UNIÓN DE LOS PUEBLOS LIBRES DE EL SALVADOR Y HONDURAS. – 15 DE SEPTIEMBRE DE 1821.

Art. 5°. – La estatua se colocará de tal modo, que la efigie del héroe parezca ver hacia el rumbo de El Salvador, país que tanto amó el ilustre Morazán, y que tan dignamente guarda la memoria de aquel benemérito hondureño; y

Art. 6°. – La Secretaría de Relaciones Exteriores comunicará lo decretado a quienes corresponda, a fin de que se hagan todos los gastos necesarios para la formación del parque y construcción del pedestal, y de que la estatua del benemérito general Morazán se inaugure solemnemente, a más tardar, a principios del mes de abril del año próximo.

Dado en Tegucigalpa, en la Casa del Gobierno, a los veinte días del mes de noviembre de 1882. – Marco A. Soto. – El secretario de Estado en el Despacho de Relaciones Exteriores. – Ramón Rosa. – Y por disposición del señor presidente, imprímase y publíquese. – Rosa".

MONUMENTO DE MORAZÁN EN AMAPALA

CAPÍTULO VII
Monumentos de Morazán en Guatemala

SUMARIO: Decreto de la Asamblea Nacional Constituyente.

Tarde o temprano los pueblos rinden culto a sus grandes hombres. El pueblo guatemalteco lo está haciendo hoy con motivo de los dos monumentos que dentro de poco se levantarán en la *noble* como *aristócrata* ciudad de Santiago de los Caballeros, a la figura más ilustre de Centroamérica.

He aquí los dos decretos por los cuales se le mandan hacer honores al héroe:

"Decreto número 16, – La Asamblea Nacional Constituyente de la República de Guatemala, decreta:

Artículo único. – Autorizase al Poder Ejecutivo para que, en la Plaza de Armas de la capital de Guatemala, erija un monumento digno de la memoria de los generales FRANCISCO MORAZÁN, Justo Rufino Barrios, Gerardo Barrios, Trinidad Cabañas y Máximo Jerez, héroes y caudillos de la idea federal centroamericana.

Dado en el Palacio del Poder Legislativo, en Guatemala, a diez y seis de noviembre de mil ochocientos ochenta y siete. – Ramón Uriarte, presidente. – R. A. Salazar, secretario. – Rafael Montúfar, secretario. – Palacio del Poder Ejecutivo: Guatemala, noviembre 19 de 1887. – Cúmplase. – M. L. Barillas. – El secretario de Estado en el Despacho de Fomento. – Salvador Barrutia".

"Palacio del Poder Ejecutivo: Guatemala, 27 de septiembre de 1892. – Vista la solicitud de los secretarios de la junta formada para organizar las fiestas del centenario del general don Francisco Morazán, el presidente constitucional de la República acuerda:

Autorizar para hacer uso de la parte correspondiente del sitio que queda al Sur de la fuente pública de Jocotenango, a efecto de erigir un monumento en honor de la memoria del propio general Morazán. – Comuníquese. – Reina Barrios. – El secretario de Estado en el Despacho de Gobernación y Justicia. – Manuel Estrada C."

**MONUMENTO DE MORAZÁN EN GUATEMALA
SU ESTADO ACTUAL**

Manuel Montúfar pronunció en el acto de colocar la primera piedra en el monumento del general Morazán el siguiente discurso:

No hay que dudarlo, señores, tarde o temprano la humanidad hace justicia a los hombres que han sabido separarse de la corriente común para hacer el bien. Los que ayer fueron sacrificados como infames, hoy, cuando las pasiones apagan sus hogueras de venganza, cuando la historia escudriña minuciosamente los sucesos, cuando la razón examina con frialdad los hechos, cuando el tiempo disipa los vapores tenebrosos de una atmósfera preñada con las exageraciones de partido, el que fue criminal, según un criterio, se convierta en víctima inmolada sin piedad; el que fue juzgado como hereje y carbonizado en las llamas de una intolerancia salvaje, se torna luego en mártir de una idea; el que avanzando a una época, vivió en el pasado alcanzado el porvenir y tuvo por sola recompensa maldiciones y el infamante patíbulo, se levanta al fin desde el fondo del sepulcro solitario y se trepa sobre gloriosos pedestales.

Todo hombre que se lanza al combate por una idea, es un criminal si sucumbe y es un héroe si triunfa, juzgado por sus contemporáneos. Pero cuando la historia emite su fallo inexorable, muchos héroes van a la cárcel eterna de la humana condenación, y muchos condenados se levantan, puros, sin mancilla, llenos de gloria y arrastrando con su nombre el respeto imperecedero de esa historia.

Basta recordar a Colón, cargado de cadenas y muriendo abandonado, y ver hoy al orbe celebrando el aniversario de su arribo al continente americano, y sentir que al solo nombre del ilustre marino, que como dijo uno de nuestros inspirados poetas, "hizo redonda la extensión del mundo", se estremece la tierra bajo el peso de su audaz ingenio, como si fuese sacudida con violencia por la fuerza poderosa que mantiene en constante giro los millones de mundos que se agitan sin cesar en el espacio. Basta recordar a Galileo, basta recordar a Giordano Bruno, mártir de la libertad del pensamiento, quemado vivo por la iglesia católica, bajo la dirección de Clemente VIII, y tantas otras víctimas, cuyo único delito consistió en pensar mejor que pensaron sus contemporáneos.

Señores: si con motivo del primer centenario del general Morazán, no fuera indispensable defender su memoria de injustos e inconscientes insultos con que como siempre obsequian los verdugos a las víctimas, en esa prensa que tanto nos combatió en la pasada lucha esgrimiendo las armas del rencor y el odio, yo no haría ciertas dolorosas reminiscencias en estos solemnísimos momentos; no habría lanzado concepto alguno que pudiese herir la delicada susceptibilidad de un bando que jamás se da por vencido, porque jamás pierde las esperanzas y porque nunca suspende sus incesantes trabajos, que solo varía en la forma según las diversas oportunidades que se presentan; que ayer nos llamó asesinos y bandoleros y hoy busca un sitio al amparo de las libertades y reformas por ellos tan combatidas como aprovechadas.

No, señores, me habría concretado a hablaros de la significación de esta importantísima ceremonia, enalteciendo el espíritu de tolerancia de que siempre ha dado muestras el partido liberal y aprovechando esta solemnidad en que nos congregamos impulsados por los mismos sentimientos, resueltos que nos guíe siempre el mismo espíritu; pero ya que levantamos un monumento material al caudillo de la Federación, estrechémonos para formar un monumento inconmovible a nuestras instituciones, y defendiendo y afirmando más a cada instante esos principios de reforma y libertad, sigamos la huella y el ejemplo que nos marcó en su vida el vencedor de La Trinidad. Marchemos serenos por esa senda, en que escollarán los desahogos del vencido, y esperemos tranquilos el fallo de la posteridad, conduciendo a la querida Patria al progreso positivo y a la gloria.

Contra el cadalso que unos pocos levantaron el 15 de septiembre de 1842, se levantan hoy muchos monumentos erigidos por los pueblos. Tegucigalpa, Amapala, San Salvador y San José de Costa Rica, recuerdan espléndidamente el nombre de Francisco Morazán, y al fin Guatemala, enseñada y convencida por su propia historia; este pueblo, por tanto tiempo engañado, se arranca la venda, que con pedazos de sotana le habían cubierto los ojos durante medio siglo, y se agrupa reverente para rendir justo y cumplido homenaje al primero de sus políticos, la primero de sus soldados y al más inflexible cumplidor de sus leyes.

Aún resuena el repique a vuelo de las campanas de los templos, aún sube en los altares el incienso del *Te Deum* con que aquí, no el pueblo, sino un Gobierno monárquico en el fondo, celebrara a infausta nueva de que había expirado en el patíbulo el hijo más ilustre de nuestra antigua y quería Patria, el sostén de la Unidad Nacional, el vencedor en cien combates contra la soberbia y ridícula aristocracia, el ilustre general Francisco Morazán, azote de todos los despotismos e inquebrantable y severo juez para todas las bastardas y mezquinas aspiraciones de risibles banderías.

Morazán vino al mundo, hace hoy un siglo, cuando Centroamérica era una sola entidad política; figuró cuando Centroamérica era su Patria, y por tanto su nombre glorioso debe ser respetado por Honduras, como por Guatemala, por Costa Rica y El Salvador, como por Nicaragua. Ruines son los que quieren continuar engañando a nuestro pueblo, propalando la idea de que el héroe de Gualcho no tenía un profundo amor por cada uno de los Estados, que con tanto acierto gobernó en dos periodos constitucionales. Si castigó al círculo reaccionario de Guatemala, que había conculcado la Carta Fundamental de la Federación, para implantar una dictadura teocrática, también desenvainó su espada para reprimir a los que rompían las leyes en El Salvador y a los que las pisotearon en Honduras.

Fue por tanto el vigilante centinela de aquellas leyes, en toda la extensión de la República, y se vio en la necesidad de convertirse en el dios de las batallas; bien sabéis, señores, que fue a consecuencia de que en el tiempo aciago en que mandaba, las graves cuestiones de política no tenían otra solución que los combates; pero jamás consideró Morazán en cada Sección de Centroamérica otra cosa que un pedazo de su idolatrada Patria, cuya unidad solo él supo mantener.

¿Aún cegará tanto la pasión política, que se niegue a Morazán ser el genio de la guerra de la América Central, como lo fue Bolívar en el Sur y como lo fue en Europa Napoleón? ¿Tanto obstruye el común sentido a la reacción, que niegue que en el continente latinoamericano, fue Morazán el primero que inició la reforma, de acuerdo con los principios que nuestro siglo ha implantado, a pesar de la constante e inútil resistencia del bando iracundo y vengativo que sucumbió en 1871?

Si el general Morazán fue el primer reformador, si fue el primer guerrero y el primer pacificador, y si fue la constante amenaza de los tiranos, si mantuvo incólumes nuestra dignidad nacional y la integridad de nuestro territorio, si supo rechazar los halagos y adulaciones del servilismo que le brindaba una dictadura, Morazán no es el caudillo de una bandería política, como le llaman sus implacables enemigos, sino el modelo de los gobernantes desinteresados, la gloria más legítima de la Patria, una estrella luminosa en su continente y en su raza, y acreedor al respeto universal.

El presidente de la República de Centroamérica jamás pudo inclinarse ni acceder a los ruegos de sus enemigos solapados, a los miembros del partido que tanto luchó por volvernos al coloniaje, llevarnos al protectorado o convertirnos en provincia de potencias extranjeras. Sabía muy bien que ellos son esclavos simulados de todo gobernante que se afirma en el poder, aun cuando la víspera hubiesen sido los calumniadores y difamadores de ese gobernante; y previsor experto, no sucumbió nunca, como en 1848, sucumbió el general Paredes, entregándose incondicionalmente a la reacción.

El ilustre vencedor de La Trinidad los mantuvo bajo el amparo de las leyes, pero sin darles participación en una causa que no es humanamente posible que sirvan sino para traicionarla en la primera oportunidad que se les presente. Esa energía, el triunfo contra las intrigas y maquinaciones del servilismo, la iniciación y sostenimiento de la reforma, el decidido cuidado por nuestra sacrosanta independencia, el sostenimiento de nuestra unidad nacional y su pericia en el combate, son los títulos que Morazán ha tenido para ser el blanco de la odiosidad reaccionaria. Pero, señores, esas son las piedras con que los pueblos de nobles aspiraciones levantan pedestales, esas son las virtudes del héroe cuya memoria recordamos y esos los motivos por que le admiramos y que nos reúnen reverentes en este sitio.

Si el día de hoy hubiese pasado desapercibido en Centroamérica, ¿qué sería de nuestro amor a la reforma, qué sería de la estabilidad de sus principios, que sería de tanta pelea, de tanto afán y de tanta abnegación empleados para sostenerlas? ¿Qué sería, señores, de tanta sangre derramada en luchas fratricidas, qué triunfo positivo habríamos alcanzado desde el 71 y cuál la enseñanza adquirida por nuestras masas populares desde entonces? ¿Cómo habríamos demostrado que el patriotismo y la virtud convierten inicuos patíbulos en grandiosos altares, ante los que se postran respetuosas las generaciones? ¿En dónde estaría el partido liberal triunfante, si hoy al clamor de las dianas y al estampido del cañón no se hubiese rodeado del pueblo recordando a Francisco Morazán, águila altanera y vigorosa que supo arrebatar de la garra de la pretendida aristocracia al oprimido y esclavizado pueblo, víctima ilustre que mantuvo siempre glorioso, de la vieja Patria, el pabellón augusto, en cuyos pliegues al fin cayó para siempre tiñéndola en su propia sangre...?

El general Morazán se levanta de su sepulcro, cubierto con los laureles de la victoria y las palmas del martirio. ¡Bendita mil veces la verdad, que se abre paso entre las sinuosidades de la calumnia y la pasión desenfrenada!

Guatemala no podrá ser ingrata con sus grandes hombres, no será jamás ingrata con sus defensores. El monumento cuya primera piedra acaba de colocarse lo atestigua, sirviéndonos no solo para hacer imperecedera la memoria del ilustre patricio centroamericano, sino también como un estímulo noble y levantado, como una lección perenne y como aliciente que ha de impulsarnos en nuestra vida política para imitar las virtudes del héroe a que se consagra, y merecer el respeto de la mayoría de nuestros conciudadanos.

Señores: esa piedra que será la base en que descansará el eterno recuerdo de un pueblo agradecido, es el símbolo de la victoria de la luz; es el emblema del triunfo de una causa en que somos soldados incansables; es que Guatemala ha despertado, es que la razón ha vencido, es la apoteosis de la verdad histórica, es que la Patria ice a la memoria de Francisco Morazán, como Cristo al Lázaro: ¡levántate y camina!

¡Levántate, pues, memoria inmarcesible, y entre el clamor de un pueblo entusiasmado, sube al trono inmortal que la gratitud de la patria te erige!

Sube, Morazán, esas gradas que solo pisan las grandes, y reposa allí tranquilo el sueño eterno. ¡La urna que guarda tus cenizas no será otra vez hollada por las plantas miserables de las hienas que ultrajaron tu nombre y tu propia sepultura!

Los pueblos cuidarán de ella, y al amparo de las reformas que implantaste, conducidos a un engrandecimiento positivo, sabrán mirarla cada día con mayor veneración. – He dicho. [1]

CAPÍTULO VIII
Parque de Morazán en San José de Costa Rica

SUMARIO: Creencia de algunos centroamericanos. – Cooperación de los costarricenses en la guerra de Walker. – Participio tomado por Costa Rica a favor de la Unión. – Trabajos de los serviles de Guatemala para sublevar al pueblo contra Morazán. – Comportamiento de los costarricenses cuando Morazán entró preso a San José. – Formación de un parque de Morazán.

Por mucho tiempo han tenido la errónea creencia algunos centroamericanos que el pueblo costarricense ha sido el autor de la muerte del general Morazán, y han tratado de maldecirlo,

---

[1] Este monumento estaba casi concluido en julio de 1894, en que el autor se ausentó de aquella capital.

dirigiéndole improperios y frases insultantes en que no se ve más que la saña o el espíritu de partido.

Ya es tiempo de que descorramos el velo que ha ocultado los hechos por tanto tiempo y hagamos la justicia a que es acreedora Costa Rica.

Este pueblo, hijo del trabajo, se ha dedicado siempre a la industria como una ocupación más útil y más positiva, y también porque ha comprendido que el trabajo es la mejor oración que se puede elevar a Dios. Es por esta razón que ha permanecido retraído de la política; y le vemos tomar parte en ella solo cuando la soberanía del país está amenazada.

Cuando la guerra de Walker, es el primer pueblo de Centroamérica que acude a socorrer a su hermano el de Nicaragua, para ayudarle a arrojar de su suelo las huestes extranjeras. Entonces le vimos pelear con un valor, denuedo y bizarría sin igual.

Como unionista ha tomado parte todas las veces que sobre este grandioso pensamiento se ha tratado; y cuando formó parte de la República como Estado Federal, fue el más exacto en cumplir sus obligaciones, remitiendo las cuotas que le correspondían para el sostenimiento del Gobierno Federal.

Así es que no hay ninguna razón para que se le haga ningún cargo a Costa Rica, porque ni en tiempo de la Federación ni después de ella ha faltado a sus deberes; y respecto de la muerte del general Morazán, diremos, que si el pueblo se sublevó, no fue por odio a aquel jefe, pues hacía poco que lo había aclamado como el salvador de sus instituciones, sino porque los serviles de Guatemala trabajaron para que el clero de aquella sección lo lanzara a la insurrección como en efecto lo lanzó.

En estos países de la América Latina, en que el clero ha echado profundas raíces sobre el pueblo, es imposible evitar estas maquinaciones clericales, hasta que el mismo pueblo por medio de la instrucción vaya comprendiendo sus deberes para con Dios y para con la Patria. Hasta entonces dejará de ser el instrumento de las ambiciones de los que representan el partido del oscurantismo y que quieren subyugar y dirigir las conciencias.

La prueba más evidente de que los costarricenses no son culpables en el *asesinato* cometido el 15 de septiembre de 1842, es que aquel mismo día, cuando el héroe entraba a pie a San José, las calles de aquella ciudad estaban ocupadas por miles de personas esperando la llegada de los prisioneros –y de aquellas muchedumbres agolpadas por todas partes no salió una sola palabra contra Morazán– no hubo un insulto para aquella figura ilustre.

En aquella misma tierra, donde fue inmolado aquel genio, empieza ya a hacérsele justicia; véase sino el decreto siguiente:

"Bernardo Soto, presidente constitucional de la República de Costa Rica, decreta:

Artículo único. – Procédase por la Secretaría de Fomento a formar en la plaza de "La Laguna" de esta capital, un parque que se llamará *de Morazán*.

Dado en San José, en el Palacio Presidencial, a los quince días del mes de septiembre de mil ochocientos ochenta y siete. – Bernardo Soto. – El secretario de Estado en el Despacho de Fomento. – Cleto González Víquez".

CAPÍTULO IX
Un brindis

SUMARIO: Brindis del doctor don Marco Aurelio Soto

En la velada patriótica que se dio con motivo de la celebración del LIX aniversario de la independencia de Centroamérica, varias personas de reconocida importancia pronunciaron notables discursos que honran en mucho a sus autores, entre los cuales pueden citarse a los doctores don Ramón Rosa y don Adolfo Zúñiga. Pero ninguna de esas producciones se refiere tanto a nuestro héroe como el brindis que pronunció el entonces presidente de Honduras, doctor don Marco Aurelio Soto, y que literalmente dice:

SEÑORES: ¡Qué magníficas palabras, qué ideas tan levantadas, qué sentimientos tan generosos se expresan en este día memorable, en toda la faz de Centroamérica, al celebrar el aniversario del inmortal 15 de septiembre de 1821!

Acabamos de oír, embelesados, a oradores insignes ensalzar con soberana palabra la independencia de la Patria, y proclamar muy alto el pensamiento salvador de la Unión Nacional.

Si nos fuera dable escuchar al mismo tiempo el coro de elocuentes discursos que se han pronunciado hoy en todos los pueblos de la América Central, extrañeza nos causaría no ver realizadas en un hecho tantas y tan nobles aspiraciones por la nacionalidad de Centroamérica.

Y ¿cuál es, señores, el resultado práctico de esas aspiraciones de esos discursos, modelos de elocuencia, de esas fiestas entusiastas y patrióticas? ¡Triste es decirlo! Esas arrebatadoras palabras no tendrán siquiera eco que las repita mañana; notas bellísimas se perderán en el silencio del olvido. Desconsoladora parecerá esta creencia mía, pero es la verdad desnuda. ¿Y sucederá eso porque los centroamericanos no tengamos en nuestras almas el sentimiento de la patria, porque no deseemos ardientemente la fusión de las cinco Repúblicas hermanas? No, señores, estoy muy lejos de pensarlo.

Se olvidan los más nobles acentos del patriotismo, porque hay una preocupación fatal, un error funesto, que no nos deja abrazar con fe la causa nacional. Estamos acostumbrados a considerar la unión de Centroamérica como un bello ideal, como un ensueño del patriotismo. Estamos acostumbrados a creer que solo el tiempo, con fatalismo ciego, puede unir los disgregados miembros de la antigua Patria. Estamos acostumbrados a pensar que la unidad de Centroamérica tiene de ser la obra de un genio que con la punta de espada vencedora escriba desde los Cuchumatanes hasta el Chiriquí la palabra sagrada de *Unión* entre relámpagos de gloria.

No, señores, la Unión Centroamericana no debe ser un ideal, debe ser un hecho que podemos ver pronto y fácilmente realizado. No nos crucemos de brazos esperándolo todo del tiempo, ni fiemos a la fuerza, aunque venga coronada de laureles, la marcha de los destinos de Centroamérica. Lo que importa es que la generación presente se persuada de que ella puede resolver nuestro gran problema nacional. Lo que falta es que todos los buenos centroamericanos pongan mano a la obra sin darse un momento de reposo.

Combatamos con perseverancia el egoísmo, la indiferencia, el *personalismo* y los bastardos intereses que embarazan nuestro camino. Propaguemos la idea, que ella dará sus frutos. Llevemos hasta la mente del último aldeano el convencimiento de que la unión, que da la fuerza, es la base más sólida del orden y la paz; que la unión, que da la fuerza, es el más poderoso motor del progreso y de la civilización; y que la unión es la única que puede dar positiva prosperidad y grandeza a Centroamérica.

Tan solo trabajando sin cesar, con buena fe, con ardimiento, puede realizarse la Unión Nacional. De otra suerte, continuando en el indiferentismo en que vivimos ¡ah, nunca tendremos patria! ¡Y qué dolor cerrar los ojos a la luz sin dejar a nuestros hijos por herencia una patria! Os confieso ingenuamente: yo no siento en este día las inefables dichas que estoy cierto sentiría si fuera hijo de los Estados Unidos, y se conmemorara hoy el aniversario del gran 4 de julio. ¿Por qué, señores? ¿Será porque no se estremece en mi alma la fibra del patriotismo? No, señores. Es porque hoy se celebra la independencia de la República de Centroamérica, y la República de Centroamérica no existe; está hecha pedazos, y estos viven despedazándose en luchas fratricidas. Es porque hoy se me presenta la sombra majestuosa del gran mártir, y veo que con semblante severo pide a la juventud estrecha cuenta del encargo que le hiciera en sus últimos sublimes momentos. El testamento general Morazán casi no se conoce, cuando es la hoja en que debieran aprender a leer los niños de Centroamérica. Ese documento venerable es la oración del patriotismo que las madres debieran hacer rezar a sus hijos al dormirlos en sus blancas cunas, para que todo centroamericano desde la infancia sepa que no tiene patria.

Señores: yo tengo confianza ciega en las ideas y en el poder vital de las nacionalidades. Esperemos y confiemos en el porvenir y en los destinos de Centroamérica. Señores: brindemos por que el pueblo centroamericano se una, se levante inflamado de amor patrio, borre con mano sobrenada las fronteras y enarbole en su robusto brazo la enseña libertadora que tremoló el 15 de septiembre de 1821; esa enseña de los padres de la patria que vieron hundirse en su negro ocaso a la colonia; esa enseña gloriosa a cuya sombra nació la bella República de Centroamérica, y que flotará eternamente sobre esta tierra querida, como símbolo de libertad, de unión, de progreso y de gloria.

CAPÍTULO X
Morazán ante la historia[1]

SUMARIO: Morazán juzgado por Vargas Vila.

En Centroamérica hay uno como dulce rumor de gratitud. Aleteo de la gloria en torno de una tumba. Parece que despierta el recuerdo nacional y va en pos de un heroísmo así olvidado. Sombra augusta a quien toca con su ala de luz la justicia de la historia.

Después de Santander, que fue el hombre, en la esfera intelectual política, más grande de su tiempo, el liberalismo americano no registra en aquellos tiempos figura más simpática, más innovadora, más gallarda que Morazán.

Caudillo juvenil, atrevido, generoso; temperamento apasionado y heroico; hombre superior a su tiempo y al medio en que vivía, pasó por la historia con un fulgor de relámpago y el ruido de un guerrero homérico.

Era en épocas de lucha.

La revolución patriótica del general Gainza, con su obra de independencia, había perecido en el oleaje con que los conservadores y aristócratas de Guatemala iban en absoluta

---

[1] Con motivo de haber salido el autor precipitadamente de El Salvador, el año de 1892, se le extravió el escrito que tenía para este capítulo, y por esta razón da cabida al brillante artículo que, para el centenario del héroe, escribió el renombrado escritor J. M. VARGAS VILA.

turbamulta al pie del trono de Iturbide a pedir que les unciera al yugo de su cetro de Emperador aventurero.

La cumbre más alta del liberalismo centroamericano ha sido siempre la República de El Salvador. Allí se refugió en aquel eclipse el águila liberal herida.

La bandera del Imperio cubrió a Centroamérica sostenida por las manos del general Filísola.

¡Cayó Iturbide! El partido conservador y liberal volvieron a encontrarse frente a frente. Los *serviles* había perdido su amo, pero conservaban su odio a la libertad. Los liberales conservaban su bandera y su derecho.

Triunfó el liberalismo.

La Constitución de 1824 fue una aurora.

Aquel evangelio liberal abolió la esclavitud, la nobleza hasta el título de *don*, la venta de bulas del Papa y proclamó la República Centroamericana.

Hécuba aulló, dice Homero. El clericalismo aulló, diremos nosotros. Grito de hiena en medio de la sombra.

El papa sintió por primera vez que el aliento del liberalismo americano le daba en el rostro. Fulminó excomuniones y lanzó los rayos del Vaticano sobre los mandatarios de El Salvador. A la cólera papal se respondió por el liberalismo con el nombramiento del obispo Delgado, hecho por el Gobierno Nacional. El heredero de San Pedro devoró la afrenta. Desde el bofetón de Nogaret, que hizo vacilar la tiara en la cabeza de Bonifacio VIII, la mejilla de los papas no enrojece.

Los *serviles*, es decir, el *clero* y la *nobleza*, hicieron la guerra poniendo a su cabeza al marqués de Aycinena, resto apolillado de aquella aristocracia parroquial.

Hubo conjunción de tinieblas. El fanatismo poderoso y el conservatismo rencoroso pelearon unidos para siempre.

Los *sangre azul* vencieron al fin, y el partido liberal cayó envuelto en su bandera gloriosa, que era la bandera de la República, seguido de los hombres libres y de los esclavos libertados en la sangrienta y espantosa batalla de Sabanagrande, el 28 de septiembre de 1827.

La sombra entonces fue completa.

El clero imperó solo.

Algo semejante a lo que pasa hoy en Colombia y en el Ecuador sucedió allí.

En medio de la densa obscuridad se vio de súbito uno como centelleo de astros en el horizonte, el avance de algo como el carro de Ezequiel, y se percibió en el profundo silencio un ruido como de bandadas de águilas que avanzaba, grito de pelea de cóndores. La claridad y el ruido salían de las espesas selvas hondureñas. Era Morazán; Morazán que aparecía en la historia seguido de dos mil compañeros, para ser el caballero Bayardo de aquella democracia herida.

Es imposible que la historia pase por delante de esta figura sin descubrirse; veintiocho años, figura seductora, imaginación ardiente, corazón de héroe, mente llena de ideales, inteligencia cultivada, soñador de la libertad, caballero del honor; he ahí al héroe.

¡Venció! Sobre las ruinas de aquella teocracia caída, levantó el más bello edificio del derecho humano.

Castigó al clero conspirador y corrompido. Expulsó al obispo Casaus, alma de la última sombría cruzada; hizo embarcar en el puerto de Izabal a todos los frailes de Guatemala, soliviantando así la libertad y la moral con esta peregrinación de vicios tonsurados; de los conventos hizo prisiones modelos; fundó escuelas por el método de Lancaster, el más avanzado entonces, que no había Surgido Pestalozzi; introdujo el sistema de procedimientos judiciales de los Estados Unidos, la adopción del jurado, la libertad de cultos; realizó todas las grandes reformas; todo lo iluminó con el esfuerzo de su genio innovador, en la escuela de la conciencia y la justicia, en el templo de la ley; llevó la luz a todos y penetró con ella hasta el claustro sombrío, donde oraban de rodillas vírgenes arrancadas a la vida por engaños pasajeros o por imposiciones paternales; conciencias pervertidas por un misticismo sombrío, o naturalezas enfermas por un heroísmo ardiente, abriéndoles las puertas, les volvió la libertad y prohibió tomar el velo.

La guerra sacerdotal se refugió entonces en los campos. La conspiración fue rural. Los curas comenzaron a sublevar las indiadas en nombre de Dios y de la religión, con esas frases y esas promesas que forman su repertorio, y que pasados los tiempos vimos lucir con tanto donaire en el clero de Colombia y en la literatura venenosa y sombría del obispo Restrepo, en Pasto.

En tanto la Confederación se hacía fragmentos.

El Salvador se separó de ella en 1833. Nicaragua en 1834. Costa Rica poco tiempo después.

Morazán quedó solo. Era la inmensa, solitaria roca en medio del océano, desafiando el horizonte negro y el turbio oleaje.

¡Sombrío y terrible el cuadro de esa lucha!

Las revoluciones suelen tomar no sé qué extraña condensación en sus hombres y los hacen así a su imagen y semejanza, dándoles sus virtudes y sus pasiones, sus tempestades y sus ideales, su grandeza y su carácter.

El liberalismo atrevido, innovador, brillante, generoso, un tanto soñador, en alto grado heroico, había tenido su personificación en Morazán, el partido conservador iba a tener su genuina representación, su figura excelsa, su ídolo.

Fue a buscarlo en la piara, en la profunda selva, en el intrincado matorral, en plena barbarie. Como un puñado de pieles rojas, como una bandada de cuervos, como una avalancha, como las sombras de una oscura noche, descendieron de la sierra las inmensas indiadas al grito de la religión y con su jefe a la cabeza. Era Rafael Carrera, el *cholo* guardador de puercos en la sierra de Mita, aquel *ladino* semisalvaje y astuto, aquel indio pérfido y feroz, llamado a eclipsar a Guardiola y a asombrar a la historia con su crimen y su audacia.

Así han sido siempre los conservadores. En su constante necesidad de un amo lo buscan donde se halle, ya sea en las piaras de Mita, ya en las riberas del Adriático, entre las flores del Miramar.

Cerdo o príncipe, todo es igual para su sed de esclavos.

Ellos hicieron vacilar la cabeza poderosa del general Bolívar, ofreciéndole una corona; ellos entraron en la aventura de Iturbide y fueron a mendigar un príncipe austriaco para Méjico; ellos sacaron de las selvas a Carrera para hacerlo su amo; ellos hicieron de Santa Ana un ídolo; ellos siguieron en el Ecuador por el laberinto de sus traiciones a Flores, aquel modelo eterno de la traición humana. Lo mismo en Europa que en América, ya se llame Boulanger o Luis Napoleón, siempre en busca de un aventurero para ungirlo. Todas sus preocupaciones sociales, su moralidad cómica, sus teorías de austeridad, todo lo arrojan por el lodo y lo pisotean en un monumento que de adquirir el poder se trata.

Siempre espiando la silueta de un traidor, o el sueño de un aventurero para alentarlo.

Así se les vio con Núñez, el poeta ateo, el bígamo histórico, en premio de su traición, hacerlo Pontífice de su iglesia y jefe de su alta sociedad que invadía en oleajes de adulaciones y brillantes aquel hogar no consagrado todavía.

Carrea bajó como una tempestad, derrotó las tropas de Morazán en Santa Rosa y sembró el pavor por donde quiera.

El héroe liberal tuvo aún tiempo de reponerse, lanzó sus huestes contra el indio, e hizo replegar sus turbas siniestras de curas y de indios a las lejanas sierras. Pero la lucha era imposible. Morazán estaba casi solo. Carrera volvió a bajar al frente de cinco mil hombres, cercó a Guatemala y la tomó.

La bandera liberal desapareció del horizonte.

Morazán escapó a Valparaíso.

Allí, proscripto, solitario, no tuvo más sueño que la libertad y vivió abrazado a sus ideales.

Su indomable arrojo lo lanzó de nuevo en la contienda.

Embarcado a bordo del *Coquimbo*, echó pie a tierra en Costa Rica, seguido de un puñado de bravos, y comenzó su épica campaña.

Su antigua querida, la victoria, lo besó en su frente juvenil; mas ¡ay! Luego, voluble como siempre, le volvió la espalda, y el héroe, vencido, cayó en poder de sus contrarios.

No le fue dado envolverse, para morir, en la bandera, en medio del fragor de la batalla.

La tempestad no le envolvió como a Rómulo para desaparecer entre sus alas. Murió como Ney.

El patíbulo fue su pedestal.

Erguido sobre él, cayó a los tiros de los soldados conservadores de Carrera, como una estatua que el huracán dobla sobre su zócalo.

Así desapareció aquel generoso soldado.

Decid si ante esta historia y este muerto sublime, el Partido Liberal puede pasar sin descubrirse.

Son voltarios los pueblos e ingratos los partidos; solo la historia es justiciera.

El olvido injusto no mancilla.

Pasaron dos mil años sobre la Venus de Milo, sepultada entre el polvo, y cuando la azada del campesino griego la sacó debajo de un campo de trigo, con sus brazos mutilados y su ceguera de diosa, eclipsó cuanto existía, y llenó con su serena belleza los horizontes del arte.

La gloria, como la belleza suprema, es inmortal.

Así, cuando pasa la historia, despertando las sombras heroicas y exhumando las ilustres figuras, ellas, al ponerse de pie, hacen palidecer los héroes apócrifos y llenan de sagrado estupor y sublime gratitud las generaciones que las ven salir de la penumbra.

Ya sus verdugos son fantasmas; la pálida envidia no les roe los talones, la calumnia no las mancha; ya son grandes.

Así Surge Morazán.

Su centenario es gran fiesta del liberalismo americano.

El periodismo liberal tiene el deber de hacer aureola sobre la frente de sus grandes hombres. Bastante trabaja la calumnia conservadora, para que la indolencia liberal la ayude en su tarea de desfigurar o sumir en el olvido a los grandes fundadores del liberalismo.

La mayor señal de la virilidad de un partido es la admiración hacia sus grandes hombres.

En los pueblos esta indiferencia es señal de decadencia.

Los conservadores y sacerdotes de Centroamérica se oponen hoy al centenario de Morazán y arrojan en ondas tumultuosas la calumnia para obscurecer su nombre. ¡Estéril trabajo de odio! Podrán hasta lograr que no se alzara estatua, podrían hasta eclipsarlo y proscribirlo de la mente de las turbas ignorantes; mas ¿cómo lo arrancarían de las páginas de la historia? El pueblo, al abrir el sagrado libro, tropezaría siempre con aquel nombre que llena de uno a otro extremo sus páginas más brillantes.

Hay glorias que no se eclipsan y hay que sufrir su tremendo resplandor. El sol es el encanto de las águilas y el martirio de los búhos. Así pasa con el resplandor de ciertos nombres en la historia. Morazán es uno de ellos. [1]

CAPÍTULO XI
Batallas de Morazán

SUMARIO: Número de acciones en que se encontró el general Morazán

Por ser muy considerable el número de batallas que libró el general Morazán, y en atención a que no habrá en América otro guerrero que se haya batido como él en tantas acciones, las publicamos a continuación:

Comayagua[2]		abril	de 1827
La Maradiaga		abril	— 1827
La Trinidad	11	noviembre	— 1827
Gualcho	6	julio	— 1828
San Antonio	9	octubre	— 1828
Mixco	18	febrero	— 1829
San Miguelito	6	marzo	— 1829
Las Charcas	15	marzo	— 1829

---

[1] Este hermoso artículo, aunque con algunas pequeñas inexactitudes históricas, fue tomado de *El Progreso* de New York.

[2] Aquí Morazán peleó como subalterno.

Guatemala............................	12	abril .... — 1829
Las Vueltas del Ocote	21	enero .... — 1830
Opoteca	19	febrero .... — 1830
Jocoro	14	marzo .... — 1832
San Salvador	28	marzo .... — 1832
San Salvador	23	junio .... — 1834
Mataquescuintla		octubre .... — 1838
Chiquimulilla		diciembre .... — 1838
Las Lomas	28	marzo .... — 1839
El Espíritu Santo	6	abril .... — 1839
San Salvador	20	septiembre ...... — 1839
San Pedro Perulapán	25	septiembre ...... — 1839
Guatemala............................	18	marzo .... — 1840
Guatemala (retirada)	19	marzo .... — 1840
La Laguna............................	24	marzo .... — 1840
El Jocote (convenio)	11	abril .... — 1842
San José de Costa Rica (retirada)..............................	14	septiembre ...... — 1842

ÍNDICE

LIBRO PRIMERO

Nacimiento de Morazán hasta la toma de Guatemala por él mismo, en 1829

LIBRO SEGUNDO

La toma de Guatemala por Morazán hasta su salida para el Sur

LIBRO TERCERO

Salida de Morazán para el Sur hasta su muerte en San José de Costa Rica

LIBRO CUARTO

Honores que se han tributado a Morazán después de su muerte

ILUSTRACIONES